KB140672

대한민국 임시정부의 **지도자들**

대 한 민 국
임시정부의
지도자들

| 한시준 지음

대한민국 정부는
대한민국 임시정부에서 비롯되었다

역사에도 '정의正義'라는 게 있다. 그 말은 어렵지 않다. '돌아갈 몫이 마땅히 받아야 할 사람에게 돌아가는 것', 그것이 정의라고 생각한다. 건설현장에서 하루 종일 노동한 사람이 대가로 일당을 받는 것이 정의다. 힘 있는 깡패나 머리 좋은 사람이 일당을 가로챈다면, 그것은 정의라고 할 수 없다. 모든 재산과 목숨을 바쳐가며 조국과 민족을 위해 독립운동을 한 사람보다 개인의 출세와 안일을 위해 조국과 민족을 배반하고 일제에 협력하였던 반민족행위자가 높게 평가받는 것은 정의롭지 못하다.

어제오늘 일이 아니지만, 특히 지난 2008년 이명박 정부가 들어선 이후 역사의 정의가 혼돈을 겪고 있다. 대한민국이 1948년에 '건국'되었다고 하는 것과 '광복절'을 '건국절'로 바꾸자는 주장이 바로 그 원천이다. 이는 간단히 생각할 문제가 아니다. 여기에는 '건국'이란 문제를 부각시켜 일제에 협력하였던 반민족행위자들을 건국의 공로자로 만들려는 의도가 숨겨져 있다. 또 독립운동의 역사를 평가절하하고, 대한민국 임시정부의 존재를 부정하는 결과가 되기도 한다.

역사의 정의가 잘못되어 가는데 눈감고 있을 수만은 없다. 독립운동사를 펌훼하고 대한민국 임시정부를 부정하려는 시도에 대해, 독립운동사를 연구하는 사람으로서 참고 견디는 일이 어려웠다. 그동안 글과 언론, 강연으로 목소리를 내보기도 했다. 하지만 소용없었다. 그렇다고 해서 가만히 있을 수만 없어서 생각한 것이 이 책이다.

이 책을 펴내려고 한 데는 의도가 있다. 독립운동사와 대한민국 임시정부의 존재를 더 많이 알려야 한다는 것이 가장 큰 이유이다. 지도자의 역할이 중요하다는 것을 생각해 보아야 한다는 의도도 작용하였다. 그동안 대한민국 임시정부를 이끌었던 지도적 인물들에 대해 연구한 논문들이 있었다. 통일된 생각을 갖고 쓴 것은 아니지만, 지도자의 역할이 얼마나 중요한가를 함께 생각해 보고자 하는 뜻에서, '대한민국 임시정부의 지도자들'이라는 제목으로 묶어 책을 내게 되었다.

제1부에서는 임시정부 수립과 초창기 임시정부의 기반을 마련하는 데 큰 역할을 한 홍진과 안창호를 다루었다. 홍진은 한성정부를 수립하는 데 주도적 역할을 한 인물이고, 안창호는 상해에서 수립된 대한민국 임시정부의 기반을 마련하는 데 큰 역할을 담당하였던 인물이다.

임시정부는 1919년 3·1독립선언을 계기로 수립되었다. 3·1독립선언은 일제의 식민지지배를 부정하고 '독립국'임을 선언한 것이 핵심이었다. '독립국'임을 선언한 후, 독립된 나라를 세우기 위한 움직임이 임시정부 수립으로 이어졌고, 연해주에서 대한국민의회, 상해에서 대한민국 임시정부, 국내에서 한성정부가 수립되었다. 이 세 임시정부는 국내에서 수립된 한성정부를 정통으로 인정하며, 명칭은 '대한민국 임시정부'로 하는 데 합의하고 통합을 이루었다. 한성정부 수립에 주도적 역할을 한 인물이 홍진이다.

홍진은 한말 법관양성소 출신으로 변호사로 활동하고 있었다. 3·1독립선언이 발표된 직후 홍진은 이규갑과 함께 서울을 중심으로 기독교계·유교계·법조계·학생 등의 세력을 규합하여 임시정부 수립을 추진하였다. 이들과 함께 '한성정부'라는 명칭의 임시정부조직안을 마련하고, 1919년 4월 2일 인천 만국공원에서 13도대표자대회를 개최하여 국민적 기반을 확보하는 절차를 밟았다. 그리고 4월 23일 국민대회라는 형식을 통해 한성정부의 수립을 선포하였다. 홍진은 국내에서 수립한 한성정부를 품에 안고 상해로 갔다.

그러나 상해에는 이미 대한민국 임시정부가 수립되어 있었다. 한성정부 문제를 가지고 논란이 일어났지만, 상해에서 수립한 임시정부를 유지하는 것으로 결론이 났다. 한성정부의 존재는 사라질 뻔하였다. 그렇지만 되살아났다. 세 임시정부의 통합이 추진되는 과정에서 한성정부의 정통성을 인정하고, 이를 토대로 1919년 9월 11일 통합을 이룬 것이다.

안창호는 내무총장으로, 대한민국 임시정부의 기반을 마련한 지도자다. 1919년 4월 11일 대한민국 임시정부가 수립될 당시 상해에는 법무총장 이시영만 있었다. 국무총리 이승만을 비롯한 각원들 대부분이 상해에 없었다. 내무총장에 선임된 안창호는 곧바로 미국을 출발하여 상해로 부임하였다. 6월 내무총장으로 취임하고, 동시에 국무총리를 대리하며 사실상 행정수반의 역할을 맡았다.

안창호가 취임하였을 당시에는 임시정부만 수립되어 있던 상태였다. 정부의 조직이나 체제도 갖추어지지 않았고, 운영과 활동에 대한 방안도 마련되어 있지 않았다. 뿐만 아니라 연해주와 국내에서 수립된 임시정부가 있었고, 위임통치문제로 인해 국무총리 이승만을 인정하지 않으려는 움직임, 이승만이 상해와 관계없이 미국에서 대통령으로 활동하는 문제 등 여러 가지 해결해야 할 문제가 있었다.

안창호는 이러한 문제들을 해결해 나갔다. 우선 위임통치문제에 대해 해명하면서 이승만을 국무총리로 인정할 것을 호소하였다. 그리고 차장들을 중심으로 정부의 조직과 체제를 갖추고, 정부의 청사를 마련하는 한편, 연통제·교통국 등 국내의 국민들과 연계하는 제도 등을 마련하고, 정부를 이끌어갈 시정방침을 발표하였다. 이와 함께 세 임시정부의 통합도 성사시켰다. 국내에서 수립된 한성정부에 정통성을 두고, 위치는 상해에, 명칭은 대한민국 임시정부로, 행정수반은 대통령으로 한다는 방안으로 합의를 이끌어냈다.

이러한 작업은 임시정부를 새롭게 수립하는 것이나 다름없는 일이었고, 1919년 9월 11일 통합정부를 구성하는 것으로 결실을 맺었다. 세 임시정부가 통합을 이루어 대통령 이승만과 국무총리 이동휘를 중심으로 한 대한민국 임시정부가 새롭게 조직되었고, 정부를 유지·운영해 나갈 헌법도 제정하였다. 이로써 대한민국 임시정부가 정부로서의 조직을 갖추고, 본격적으로 활동할 수 있는 기반이 마련되었다.

제2부에서는 행정수반을 지낸 이승만·박은식·홍진·김구를 다루었다.

행정수반의 명칭은 몇 차례 변화가 있었다. 1919년 4월 11일 수립 당시에는 국무총리였고, 그해 9월 11일 통합정부를 구성하면서 대통령이라고 하였다. 1925년 대통령 탄핵을 계기로 국무령, 그리고 1927년 집단지도체제인 국무위원회로 하였다가 1940년에 주석으로 바뀌었다.

초대 대통령은 이승만이었다. 수립 당시 국무총리였던 이승만은 1919년 9월 세 임시정부가 통합을 이루고 대통령제를 채택하면서 대통령으로 선출되었다. 대통령은 임시정부를 유지·운영하는 최고 책임자였지만, 동시에 국내외 각지에 흩어져 있는 민족의 역량을 임시정부로 결집시켜 독립운동을 총괄 지휘해야 하는 임무도 갖고 있었다. 선출 당시 미국에 있었던 이승만은 상해로 부임하지 않았다. 미국에서 행정수반의 직책과 독립운동 지휘라는 임무를 수행하고자 하였다.

임시정부는 상해에, 대통령은 미국에 있게 되면서 혼란이 일어났다. 당시 임시정부의 헌법에는 '대통령은 임시의정원의 승낙 없이 국경을 멋대로 벗어나지 못함'이란 내용이 있었다. 대통령이 헌법을 어긴 것이나 다름없었다. 뿐만 아니라 당시 상해는 신변 보장은 물론, 경제적으로도 어려운 상황이었다. 이러한 요인들로 인해 상해에서 활동하는 정부 인사들과 대통령 사이에 마찰이 일어났고, 임시정부는 수립 초기부터 혼란에 휩싸였다.

상해 부임 요구가 빗발치고 임시의정원에서 불신임 움직임이 일어나는 가운데, 이승만은 1920년 12월 상해에 부임하였다. 그러나 국무총리 이동휘 등 국무위원들과 불화를 겪다가 6개월 만인 1921년 5월 하와이로 돌아갔다. 대통령이 떠나면서, 국무총리 이동휘를 비롯하여 노백린·안창호 등 국무위원들도 대부분 임시정부를 떠났다. 이로써 임시정부는 조직을 유지·운영할 수 없을 정도의 무정부상태가 되었다.

이승만은 하와이에서 별도로 동지회를 조직하여 활동하면서, 임시정부는 사실상 방치하고 있었다. 그렇다고 해서 대통령직을 그만두지도 않았다. 당시 헌법에는 대통령 임기가 규정되어 있지 않아 방법도 없었다. 임시의정원에서 대통령에 대한 불신임안을 제기하고, 이동녕을 대통령 대리로 임명하는 등 방안을 강구하기도 하였지만, 뚜렷한 해결방안을 찾지 못했다. 혼란을 거듭한 끝에 찾은 방안이 탄핵이었다. 1925년 3월 임시의정원은 이승만 대통령에 대한 탄핵을 결의하였다.

이승만 대통령을 탄핵한 후, 제2대 대통령으로 선출된 인물이 박은식이었다. 박은식은 정치인이라기보다는 역사학자였다. 정치적 야심도 없던 인물이었다. 그런 박은식을 대통령으로 선출한 데는 이유가 있었다. 수립직후부터 이승만 대통령 문제를 둘러싸고 임시정부 인사들 사이에 많은 대립과 갈등이 있었다. 이를 봉합하는 것이 당면과제였다. 또 그동안 갈등과 혼란을 빚어온 정국을 수습할 필요도 있었다. 이를 위해서는 모두가 따를 수 있는 원로가 필요했고, 이것이 박은식을 대통령으로 선출한 이유였다.

박은식은 대통령으로서 혼란을 수습할 방안을 마련하였다. 헌법을 개정하여 대통령제를 국무령제로 바꾼 것이다. 대통령은 권리만 갖는 것이 아니라 의무도 있는 직책임을 표시하기 위해서였다. 명칭을 결정하는 과정에서 '국민의 종', '나라의 심부름꾼'을 뜻하는 '국복國僕'을 사용하자는 논의가 일어난 것이 그런 상황을 말해 준다. 행정수반의 명칭에 '종'을 뜻하는 글자를 쓰는 것은 문제라고 하여, 국무령으로 결정되었다. 박은식은 헌법을 개정하여 대통령제를 국무령제로 바꾸었고, 그것이 실행됨과 더불어 대통령직을 사퇴하였다.

국무령제로 바꾸었지만, 이는 쉽게 정착되지 못하였다. 서간도지역의 지도자인 이상룡을 국무령으로 선출하였지만, 내각을 구성하는 데 어려움을 겪다가 서간도로 돌아갔다. 이어 양기탁과 안창호를 국무령에 선임하였지만, 이들은 취임하지 않았다. 대통령 탄핵문제를 둘러싸고 겪었던 갈등과 대립을 해소하지 못한 것이 주요 원인이었다. 국무령제가 정착하지 못하면서 무정부상태가 계속되었다. 이러한 상황이 계속되는 가운데, 국무령으로 발탁된 인물이 홍진이었다.

임시정부는 1940년 중경에 정착하면서, 조직과 체제를 확대, 강화하였다. 이 과정에서 집단지도체제를 단일지도체제로 바꾸는 헌법 개정이 추진되었다. 개정 헌법에서 행정수반의 명칭을 주석이라 하였고, 김구를 주석으로 선임하였다.

김구는 주석으로 행정수반의 역할과 독립운동을 총괄하면서, 민족의 대표기관이자 독립운동 최고기구라는 임시정부의 위상을 완전히 회복시켰다. 한국광복군을 창설하여 무장조직을 갖추고, 그동안 임시정부와 관계없이 활동하던 좌익진영의 세력들과 통일을 실현하여 좌우연합정부를 구성한 것이다. 그리고 연안에서 활동하던 조선독립동맹을 비롯하여 국내외 세력들과 연합을 추진하는 한편, 영국군과 미국의 전략첩보국(OSS)과 연계하여 공동작전을 추진하고, 서안으로 가서 OSS와 함께 광복군 대원들을 국내로 진입시키는 국내진입작전을 지휘하였다.

제3부에서는 임시정부의 이론가로서, 헌법을 기초한 조소앙과 신익희를 다루었다. 대한민국 임시정부는 '대한민국'이란 국가와 이를 유지·운영하는 임시정부를 뜻하는 것으로, 우리나라 역사상 처음으로 건립된 국민주권 국가이고 민주공화제 정부였다. 그렇지만 국가로서 또 정부로서 완전한 조직과 체제를 갖추어 출범한 것은 아니었다. 국가와 정부의 형태를 갖추어 나가야 했고, 이를 위한 이론적 기초와 헌법 등을 마련해야 했다. 이런 역할을 수행한 인물이 조소앙과 신익희였다.

조소앙은 일본 메이지대학 법과 출신으로 1913년 상해로 망명한 이래, 일제가 패망할 때까지 주로 임시정부에서 활동하였다. 1917년 상해에서 활동하던 인사들이 임시정부를 수립하자는 취지로 발표한 '대동단결선언', 1919년 만주 길림에서 발표한 '대한독립선언서'는 조소앙이 기초한 것으로 알려져 있다. 수립 당시 제정한 '대한민국임시헌장'을 기초한 것도 그였고, 이후 임시정부에서 발표한 각종 선언서 등도 그의 손을 거쳤다.

조소앙이 임시정부에서 활동하며 가장 심혈을 기울였던 문제가 있었다. 다양한 정치이념을 가진 독립운동세력을 통일하는 문제, 그리고 광복 후 어떠한 민족국가를 건설하느냐 하는 독립운동의 목표를 정립하는 문제였다. 그 방안으로 창안한 것이 삼균주의다. 삼균주의는 1920년대 후반 창안되어 이론적 체계를 갖추었고, 임시정부를 비롯하여 좌우익 독립운동 단체에 채택·수용되면서 독립운동의 정치이념으로 정립되었다.

삼균주의는 민족 대다수가 행복하게 살 수 있는 균등사회 건설을 당면

목표로, 궁극적으로는 세계평화를 지향한 정치이념이다. 그 방법으로 정치·경제·교육의 균등을 통해 개인과 개인의 균등을 실현하고, 이를 토대로 민족과 민족, 국가와 국가와의 균등을 이루며, 나아가 세계일가를 추구한다는 이론체계를 갖고 있다. 조소앙은 자본주의와 공산주의의 장단점을 분석한 기초 위에 자본주의와 공산주의보다 더 나은 세계를 구상하였고, 그것을 이론적으로 체계화시켰다. 그것이 삼균주의였다.

신익희는 일본 와세다대학 정치경제학과 출신으로, 헌법을 기초하는 등 임시정부 수립에 큰 역할을 수행하였다. 임시정부 수립을 추진하면서 헌법을 제정하는 문제가 있었다. 신익희는 이시영·조소앙과 함께 헌법을 기초하는 일을 맡았다. 이들이 기초한 헌법은 임시의정원의 결의를 거쳐 '대한민국임시헌장'이란 이름으로 공포되었다. 제1조에 '대한민국은 민주공화제로 함'이라고 한 대한민국임시헌장은 우리나라 역사에서 처음으로 국민이 주권을 갖는 민주공화제 정부의 헌법이었고, 대한민국 헌정사의 시발점이 되었다.

1919년 9월 11일 제정, 공포된 대한민국임시헌법도 신익희가 기초하였다. 연해주·상해·국내에서 수립된 세 임시정부가 통합을 이루어 새롭게 출발하면서, 헌법도 새로 제정해야 했다. 당시 신익희는 법무차장이었다. 신익희는 전문 및 58개조로 된 헌법개정안을 기초하였고, 이는 9월 6일 임시의정원의 결의를 거쳐, 9월 11일에 공포되었다.

제4부에서는 한국광복군 총사령 이청천과 서안총사령부에서 총사령 대리로 활동한 황학수를 다루었다. 한국광복군은 1940년 9월 17일 대한민국

임시정부의 국군으로 창설된 무장조직이었다.

이청천은 일본육군사관학교 출신으로, 제1차 세계대전 때 중국 청도에서 벌어진 독일군과 전투에 참전하였던 일본군이었다. 3·1운동이 전개되는 것을 보고 일본군을 탈출하여 독립운동에 참여하였다. 이후 서간도의 신흥무관학교 교관, 서로군정서 사령관, 고려혁명군관학교 교장, 그리고 북만주에서 한국독립군을 조직하여 총사령관으로 활동하며 쌍성보전투·사도하자전투·경박호전투·동경성전투·대전자령전투 등을 지휘하였던 군사전문가이자 전투지휘관이었다.

이청천은 1940년 9월 중경에서 한국광복군을 창설할 때, 창설 실무작업을 담당하였고, 총사령에 선임되어 1946년 5월 광복군이 해산될 때까지 6년여 동안 총사령으로 광복군을 이끌었다. 창설 당시 30여 명이었던 광복군을 해방될 때는 700여 명에 달하는 군사조직으로 발전시켰다. 그리고 인도와 버마 전선에 인면전구공작대를 파견하여 영국군과 함께 대일항전을 전개하였고, 미국의 OSS와 공동으로 국내진입작전을 추진하기도 하였다.

황학수는 대한제국 육군무관학교 출신이다. 3·1운동 직후 상해로 망명하여 임시정부의 군무부와 육군무관학교 교관으로 활동하다가 만주로 이동하여 독립군으로 활동하였다. 서간도의 서로군정서에서 군사부장을 역임하였고, 북만주에서 한국독립군을 조직하고 총사령 이청천과 함께 부사령관을 맡아 일본군과 수많은 전투를 치렀다.

임시정부가 광복군 창설을 추진할 때, 군사특파단의 책임을 맡고 최전방인 서안으로 가서 병력을 모집하는 활동을 전개하였다. 당시 그는 환갑을 넘은 나이였다. 광복군이 창설된 후 총사령부를 서안으로 옮겼다. 총사령 이청천은 중국과의 교섭을 위해 중경에 남았고, 황학수가 총사령 대리로 임명되었다. 총사령 대리로 서안총사령부를 이끌며, 일본군 점령지역을 대상으로 초모활동을 통해 병력을 모집하는 등 초창기 광복군의 조직과 체제를 갖추어 활동기반을 마련하였다.

대한민국 임시정부는 우리나라 역사상 처음으로 수립된 국민주권 국가이고 민주공화제 정부이다. 1910년 대한제국이 망할 때까지 우리 역사는 군주가 주권을 가진 군주주권 국가였고 전제군주제였다. 수천 년 동안 지속되어 온 군주주권이 국민주권으로, 전제군주제에서 민주공화제로 바뀌게 된 것은 1919년에 수립된 대한민국 임시정부를 통해서였다. 수립 이후 대한민국 임시정부는 국민주권 국가와 민주공화제 정부로서의 조직과 체제를 갖추어 나가면서 이를 발전 정착시켰다. 오늘날 국민이 국가의 주권을 행사하고, 민주공화제 체제에서 살게 된 것은 대한민국 임시정부에서 비롯된 것이라는 사실을 염두에 두어야 한다.

"열 아름드리 되는 나무도 처음 생겨날 때는 어린 새싹이었다十圍之木 始生如蘗"는 말이 있다. 오늘날의 대한민국은 처음부터 거목이 아니었다. 1919년에 새싹이 나고, 이것이 자라서 거목이 된 것이다. 그동안 대한민국은 놀랍게 성장·발전하였다. 거목이 되었다고 해서 새싹의 존재를 부정하는 일은 옳지 않다. 마찬가지로 오늘의 대한민국이 놀랍게 성장·발전하였다고 해서, 대한민국 임시정부의 존재를 부정하는 일은 옳지 않다. 그것은 역사적으로는 물론이고, 상식적으로도 정의롭지 못한 일이다.

이 책을 준비하면서 많은 분들의 도움을 받았다. 은사인 송병기·윤병석·조동걸 교수님으로부터 커다란 학은을 입었다. 학문의 동지인 최기영·김희곤·장석흥 교수의 격려와 조언도 큰 힘이 되었다. 제자 이재호·오대록·양지선·김민호·김영장은 원고를 수합·정리하는 수고를 해주었다. 든든한 후원자인 아내와 세 딸 재은·지연·유경에게도 고마움을 전한다.

역사공간 주혜숙 사장에게는 특별히 감사한 말씀을 드린다. 송병기 교수님이 몹쓸 병으로 투병하시며 병상에서 『울릉도와 독도』란 책을 일부 손보셨다. 4판째라며 모두 거들떠보지 않았지만, 역사공간에서는 이를 기꺼이 출판해주었다. 그때의 감사함을 잊을 수 없다. 보기 좋은 책을 만들어준 역사공간 식구들에게도 감사한다. 감사 인사를 하지 않을 수 없는 분들이 또 있다. 일제에 협력하지 않고 자신의 생명과 재산을 다 바쳐 일제와 싸웠던 독립운동 선열들에게 가슴저린 감사의 말씀을 올린다.

2016년 11월
한 시 준

1부 임시정부
기반을 마련한 지도자

2부 임시정부의 행정수반을 지낸 지도자

3부 임시정부의 이론가

4부 한국광복군의
지휘관

大韓民國臨時政府臨時政廳

1919년 10월 11일 촬영한 대한민국 임시정부 청사 모습

상하이에 복원되어 있는
대한민국임시정부구지기념관

중경의 대한민국 임시정부 청사 전경

중경의 청사 정문과 경비병.
정문에 한글로 '대한민국림시정부',
한자로 '大韓民國臨時政府',
영어로 'PROVISIONAL GOVERNMENT OF THE
REPUBLIC OF KOREA'라고 새겨 놓았다.

大韓民國臨時議政院紀事錄
第一回集

一 會期
大韓民國元年四月十日下午十時에開會하야四月十一日上午十時에閉會하니라

二 議場
中華民國上海法界金神父路

三 議員
玄楯　申翼熙　曹成煥　李光　李光洙
孫貞道　南亨祐　李會榮　趙琬九　崔謹愚　白南七　趙素昂
金大地　申鐵　李始榮　申采浩　金澈　鮮于爀
韓鎭敎　申鍚雨　李漢根　趙東珍　趙東祜　呂運亨　呂運弘
玄彰運
余東善

四 本院名稱의決定
四月十日開會때에本會의名稱을臨時議政院이라稱하기로趙素昂의動議와申鍚雨의再請으로可決되니라

大韓民國臨時議政院紀事錄　第一回集　三

八 國號·官制·國務員에關한決議와人選
四月十一日에國號·官制·國務員에關한問題를討議할새國號는大韓民國이라稱하자는玄楯의動議와趙素昂의再請이可決되고……

대한민국 임시정부를 수립한 제1회 임시의정원 회의록(기사록).
가장 먼저 국호를 '대한민국'으로 결정하였다. 이어 국무총리를 행정수반으로 한 관제와 국무원을 선출하였고,
헌법인 대한민국 임시헌장을 제정 통과시켰다. 이로써 국호를 '대한민국'으로 한 임시정부가 수립되었다.

大韓民國臨時政府의成立

國務總理　　李承晩
內務總長　　安昌浩
外務總長　　金奎植
法務總長　　李始榮
財務總長　　崔在亨
軍務總長　　李東暉
交通總長　　文昌範

大韓民國臨時憲章宣佈文

神人一致로中外協應하야漢城에起義한지三十有餘日에平和的獨立을三百餘州에光復하고國民의信任으로完全히自主獨立의福利로我子孫黎民에世傳키爲하야臨時議政院의決議로臨時憲章을宣布하노라

大韓民國臨時憲章

第一條　大韓民國은民主共和制로함
第二條　大韓民國은臨時政府가臨時議政院의決議에依하야此를統治함
第三條　大韓民國의人民은男女貴賤及貧富의階級이無하고一切平等임
第四條　大韓民國의人民은信敎·言論·著作·出版·結社·集會·信書·住所·移轉·身體及所有의自由를享有함
第五條　大韓民國의人民으로公民資格이有한者는選擧權及被選擧權이有함
第六條　大韓民國의人民은敎育納稅及兵役의義務가有함
第七條　大韓民國은神의意思에依하야建國한精神을世界에發揮하며進하야人類의文化及平和에貢獻하기爲하야國際聯盟에加入함
第八條　大韓民國은舊皇室을優待함
第九條　生命刑·身體刑及公娼制를全廢함
第十條　臨時政府는國土恢復後滿一個年內에國會를召集함

大韓民國元年四月　日

臨時議政院議長　　李東寧
臨時政府國務總理　李承晩
內務總長　　　　　安昌浩
外務總長　　　　　金奎植
法務總長　　　　　李始榮
財務總長　　　　　崔在亨
軍務總長　　　　　李東暉
交通總長　　　　　文昌範

수립 당시 헌법으로 제정 공포한 대한민국임시헌장.
제1조에 "대한민국은 민주공화제로 함"이라 하였고, 국민의 자유·권리·의무 등을 규정하였다.

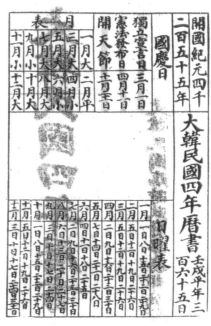

대한민국 임시정부에서 제정한 국경일.
독립을 선언한 3월 1일은 독립선언일(후에 3·1절),
대한민국임시정부의 헌법을 제정 공포한 4월 11일은 헌법발포일,
건국기념일로 단군이 개국한 10월 3일(음력)을
개천절로 제정하였다.

대한민국 임시정부에서 발행한 여권

1부

임시정부 기반을
마련한 지도자

한성정부를 수립한 홍진

임시정부의 기반을 마련한 안창호

한성정부를 수립한
홍진

홍진(본명 홍면희洪冕熹, 1877~1946)은 일반인들에게 잘 알려져 있지 않은 낯선 인물이다. 활동이나 역할에 비해 잘 알려져 있지 않은 독립운동가들이 적지 않은데 홍진도 그런 경우이다. 그렇지만 그는 독립운동에서 커다란 역할과 활동을 하였던 지도자였다. 1930년대 전반기 북만주에서 한국독립당을 결성하고 중앙집행위원장으로 활동하면서, 이청천을 사령관으로 한 한국독립군을 편성하여 일본군과 치열한 무장투쟁을 전개하였던 인물이 바로 홍진이었다.

그는 또한 대한민국 임시정부에서 활동한 대표적인 지도자이기도 하다. 대한민국 임시정부는 '대한민국'이라는 국가와 '임시정부'라는 정부, 그리고 국회 역할을 하던 임시의정원으로 구성되어 있었다. 홍진은 1926년 행정수반인 국무령에 선출되었고, 임시의정원에서는 세 번에 걸쳐 의장을 맡기도 하였다. 대한민국 임시정부에서 행정수반과 임시의정원 의장을 역임하였던 인물은 홍진이 유일한다.

이러한 활동 가운데에서도 홍진의 가장 큰 역할은 한성정부를 수립하였다는 점이다. 1919년 3월 1일 '독립국'임을 선언한 독립선언이 발표되면서, 국내외 각지에서 임시정부가 수립되었다. 국내에서는 서울과 경기도를 중심으로 한성정부가 수립되었다. 한성정부는 13도대표자대회와 국민대회라는 절차를 거쳐 4월 23일 수립을 선포하였다. 한성정부를 수립하는데 주도적인 역할을 한 인물이 바로 홍진이었다.

이 글에서는 홍진의 여러 활동 중에서 한성정부를 수립한 과정과 그의 역할에 대해 살펴보고자 한다. 우선 3·1독립선언이 발표된 후 국내에서 일어났던 임시정부 수립을 위한 움직임을 살펴보고, 홍진이 이규갑과 함께 임시정부 수립을 추진하는 과정, 13도대표자대회 개최와 국민대회 개최, 그리고 한성정부를 품에 안고 중국 상해로 망명한 과정과 한성정부 수립의 의미에 대해 언급하려고 한다.

3·1독립선언과 임시정부 수립 움직임

1919년 3월 1일, 독립선언이 발표되었다. "오등吾等은 자玆에 아조선我朝鮮의 독립국獨立國임과 조선인의 자주민임을 선언하노라"로 시작되는 독립선언의 핵심은 크게 두 가지이다. 하나는 한국민족은 일본제국주의의 식민지 지배를 부인한다는 것이고, 다른 하나는 '독립국'임을 선언한 것이었다.

독립선언 발표와 더불어 '독립국'을 세우려는 움직임이 일어났다. 독립선언서를 통해 '독립국'임을 선포하였으니, 독립국임을 나타낼 수 있는 기구를 세워야 하는 것이 과제로 대두된 것이다. 또 독립선언이 발표된 이후 전민족이 나서서 전개한 만세시위운동은 일제의 식민지통치를 거부하고 절대독립을 요구한 독립운동이었다는 점에서, 민족을 대표할 수 있는 기구를 수립하는 것이 필요하기도 하였다.

'독립국'은 임시정부를 수립하는 것으로 추진되었고, 임시정부를 수립한다는 것은 독립선언 발표 직후 신문을 통해 보도되었다. 3·1운동 당시 소위 지하신문으로 발행된 『조선독립신문朝鮮獨立新聞』1919년 3월 3일과 5일자에 다음과 같은 내용의 기사가 실린 것이다.[1]

> 가정부假政府조직설. 일간 국민대회를 개開하고 가정부를 조직하며 가假대통령을 선거하얏다더라, 안심안심安心安心 불구不久에 호소식好消息이 유有하리라(제2호, 3월 3일자).

> 13도 각 대표자를 선정하여 3월 6일 오전 11시 경성京城 종로에서 조선독립대회를 개최할 것이므로 신성한 아我 형제자매는 일제히 회합하라(제3호, 3월 5일자).

이 보도는 '국민대회를 열어 임시정부를 조직한다'는 것과 3월 6일 '종로에서 13도 대표자들이 모여 조선독립대회를 개최한다'는 것을 알려주고 있다. 3·1독립선언이 발표된 지 이틀 후에 임시정부를 조직한다는 내용이 신문을 통해 기정사실로 보도된 것이다. 그리고 임시정부를 조직하는 방법(13도대표자), 절차(조선독립대회), 일정(3월 6일) 등에 대해서도 언급하고 있다.

비교적 구체적 내용을 담고 있는 것으로 보면, 임시정부 수립은 3·1독립선언이 발표되기 이전에 계획되었다고 보여진다. 특히 '가假대통령을 선거하얏다더라'고 하여, 과거형을 쓰고 있다는 점이다. 정부의 조직은 이루어지지 않았지만, 이미 정부의 수반으로 '대통령'이라는 명칭이 정해졌고, 대통령에 대한 선거까지 마쳤던 것처럼 보도하고 있다.

그렇다면 임시정부 조직을 추진한 세력은 누구였을까 하는 문제가 있다. 이에 대해서는 알려진 것이 없다. 우선 떠오르는 것은 3·1독립선언을 계획하고 추진한 민족대표들이다. 하지만 이들 사이에 임시정부 수립에 대한 논의가 이루어졌다는 증거가 없다. 민족대표들에 대한 일제측의 재판기록이 남아 있고, 또 후일 그들이 남긴 회고나 증언이 있지만, 어디에서도 임시정부 수립과 관련한 언급이 보이지 않는다.

꼭 임시정부 수립을 계획한 것이라고 할 수는 없지만, 민족대표들은 적어도 그러한 바램이나 후속조치에 대한 생각을 하고 있었던 것 같다. 현순玄楯을 상해에 파견한 것이 그러한 생각을 갖게 한다. 3·1독립선언을 계획하는 단계에서 국내의 운동을 국외에 선전하고 열국에 선포하여 세계여론을 환기시킬 필요가 있고, 이를 위해 상해에 사람을 파견하자고 결의, 현순을 상해로 파견한 것이다.[2] 현순은 최창식崔昌植과 함께 최남선이 작성한 선언서를 가지고 3월 1일 상해에 도착하였고, 자신의 임무를 수행하고 있었다. 독립선언서를 영문으로 번역하여 각국에 발송하고, 미주동포들에게도 국내에서 3·1운동이 폭발하였음을 알린 것이다.

현순의 임무는 여기에만 한정되었던 것 같지 않다. 상해에 도착한 후 현순은 그곳의 신한청년당원들과 함께 독립임시사무소를 설립하고 그 총무를 맡아 활동하면서, 임시정부 수립운동에도 참여하게 되었다. 상해에는 3·1독립선언이 발표된 직후 여러 지역에서 많은 인사들이 모여들면서 임시정부를 조직하자는 논의가 일어나고 있었다. 이러한 논의에서 현순이 그곳의 인사들과는 다른 주장을 펴고 있는 것이 주목된다.

익일야翌日夜에 법계法界 보창로寶昌路 모처某處에 각방인사들이 회집하니 자

아령自俄領으로 이동녕李東寧, 자만주自滿洲로 이회영李會榮·이시영李始榮, 자북경自北京으로 이광李光·조성환曺成煥·조용은趙鏞殷이더라. 재호인사在滬人士들과 합석하여 최고기관조직안을 토의할새 조용은이 열변을 토하여 차안此案을 성립코져 하였으나, 여余는 국내에서 무삼 명령이 오기 전前까지는 차안을 토의할 필요가 없음을 주장하였다.[3]

이는 3월 26일에 있었던 이야기이다. 각처에서 모여든 인사들이 상해에 있던 인사들과 자리를 함께 하여 최고기관, 즉 임시정부를 조직하자는 논의를 하였다. 이 자리에서 조소앙이 임시정부 조직을 강력하게 주장하였지만, 현순은 '국내에서 명령이 올 때까지 임시정부 조직문제는 토의할 필요가 없다'는 주장을 한 것이다. 현순이 이러한 주장을 할 수 있었던 것은 국내에서 임시정부가 조직될 것이라는 확신을 갖고 있었기 때문으로 보아야 할 것이다.

여기서 한 단계 더 유추해보면, 3·1운동을 계획하는 과정에서 민족대표들 사이에, 적어도 현순이 관계한 기독교측 인사들 사이에 임시정부 수립에 대한 논의가 있었을 가능성이 있다. 현순이 용산역에서 기차를 타고 국내를 떠난 것이 2월 24일이었다. 현순이 국내에서 임시정부가 수립된다는 사실을 이후 상해에서 들었을 수도 있지만, 상해로 출발하기 전에 알고 있었던 것으로 보아야 할 것 같다. 그렇다면 3·1운동이 계획되는 단계에서 이를 추진하는 인사들 사이에 임시정부 수립문제가 논의되고 있었다는 이야기가 된다. 3·1운동이 발발한 지 이틀 후 『조선독립신문』에 임시정부 수립이 기정사실화되어 보도될 수 있었던 것도 이러한 맥락에서 본다면, 이해할 수 있는 일이다.

민족대표들이 취한 후속조치의 또 하나는 『조선독립신문』의 발간이었

3·1운동 당시 지하에서 발행된
《조선독립신문》(1919년 3월 1일자)

다. 『조선독립신문』은 민족대표 33인 중의 1인이었던 이종일李鍾一이 이종
린李鍾麟에게 '우리가 체포된 뒤 후계자로서 전국민이 호응하도록 독립선언
의 일을 내외에 보도해 달라'는 요청을 한데서 비롯되었다.[4] 신문의 발행은
천도교 인사들이 주도하였다. 이종일은 천도교 대표의 한 사람이었다. 그
리고 천도교월보사 주필이던 이종린이 창간호의 원고를 집필하고, 보성법
률전문학교 교장인 윤익선尹益善을 사장으로, 보성사감독인 김홍규金弘奎를
인쇄담당으로 하여 1919년 3월 1일부터 신문을 간행하기 시작하였다. 3월
1일 창간호를 낸 이래 조선독립신문은 그해 8월 29일 국치기념호에 이르기
까지 6개월에 걸쳐 간행되면서, 3·1운동의 기관지와 같은 역할을 하고 있
었다.

　현순이 상해에 파견되고, 『조선독립신문』이 간행된 것은 3·1운동을 준

비한 민족대표들과 관련이 있는 일이었다. 『조선독립신문』에 보도된 임시정부 조직에 관한 것이, 3·1운동을 준비하는 과정에서 민족대표들에 의해 계획된 일인지는 단정하기 어렵다. 그렇지만 적어도 3·1운동을 전후하여 국내에서 임시정부를 조직하려는 움직임이 있었다는 사실만은 분명하다. 국내에서 임시정부 수립을 추진하는 그 핵심에 홍진이 있었다.

임시정부 수립 추진

독립선언이 발표된 직후 국내에서 임시정부 수립이 추진되고 있었다. 임시정부의 수립은 극비리에 추진되었다. 임시정부의 수립을 추진하는 주도자가 바로 홍진과 이규갑李奎甲이었다. 홍진이 3·1운동과 어떠한 관계에 있었는지, 그리고 『조선독립신문』에 보도된 임시정부 조직과 관련이 있었는지는 확인되지 않고 있다. 어쨌든 홍진은 3월초부터 서울과 인천을 중심으로 여러 사람들과 접촉하면서 이규갑과 함께 임시정부 수립을 추진하고 있었다.

홍진과 이규갑은 아주 각별한 사이였다. 이규갑(1888~1970)은 충남 아산 출신으로 협성신학교協成神學校와 일본의 와세다早稻田대학을 졸업하고, 한말에 의병으로 활동하였던 인물이다. 이후 충남 공주의 영명永明학교 교감으로 있기도 했고, 또 비밀결사운동을 하다가 투옥되기도 하였다. 3·1운동 당시에는 평양의 남산현南山峴 교회에 전도사로 있었다.[5] 이들이 서로 만나게 된 계기나 사정은 알려져 있지 않지만, 홍진이 평양에서 변호사로 활동하고 있을 때 만나 교류하였던 것 같다. 홍진이 11살이나 위였지만, 이들은 함께 임시정부 수립을 추진한 동지로서, 그리고 후일 상해로 망명할 때는 의형제를 맺기도 하였다.

홍진이 임시정부 수립을 추진하게 되는 것은 3·1운동을 보다 조직적이고 계통적인 독립운동으로 발전시켜야 한다는 생각 때문이었다. 홍진이 이러한 생각을 갖고 있었다는 것은 다음과 같은 한남수韓南洙의 진술에서 찾아볼 수 있다.

손병희가 조선의 독립선언을 한 이래로 각처에서 시위운동이 있으나 모두 통일이 없고 각자 생각대로였으니 잘 유지자를 모아서 국민대회를 열고 각개의 독립운동단을 망라하여 조선 임시정부를 수립하고 계통적으로 독립운동을 해야 하지 않겠느냐.[6]

이는 1919년 11월 26일에 있었던 한남수의 공판신문에 나와 있는 것으로, 홍진이 한남수에게 임시정부 수립에 참여를 종용하면서 하였다는 이야기이다. 이로 보면 홍진은 3·1운동이 전개되는 상황을 보면서, 그것을 통일적이고 계통적인 독립운동으로 발전시켜야 하고, 이를 위해 임시정부를 수립해야 한다는 생각을 가지고 있었다. 그리고 이러한 취지로 동지들을 설득, 임시정부 수립에 참여시키고 있었던 것이다.

이규갑 또한 같은 생각을 갖고 있었다. 그는 1969년에 쓴 「한성임시정부 수립의 전말」이란 회고에서 "이것이(3·1운동) 제대로 통수統帥계통을 가지고 조직적으로 일어나는 운동이 아니고 당장 독립이 될 듯이 흥분된 군중들이 들고 일어나는 산발적인 운동인지라"하고 있다.[7] 3·1운동을 보면서 지휘계통을 갖는 조직적인 독립운동으로 발전시켜야 한다는 생각과 이를 위해 임시정부를 조직해야 한다는 생각을 갖게 된 것이다.

홍진이 이규갑과 어떤 계기로 임시정부 수립에 나서게 되었는지는 확인되지 않는다. 이들의 뒤에 기독교 세력이 있다는 주장이 있다.[8] 기독교청

홍진과 함께 한성정부 수립을 주도한 이규갑

년회의 지도급 인물인 이상재李商在·박승봉朴承鳳·신흥우申興雨·오기선吳基善 등이 그 배후세력이었다고 하며, 여기에는 연동교회가 깊게 관련이 있다고 하였다. 한성정부에 장로교 대표로 참여하는 장붕張鵬과 박용희朴容義는 이 상재·박승봉과 함께 연동교회에 다닌 적이 있고, 대한제국과 일제 초기에 법률가로 활동한 이준李儁·유성준兪星濬·홍재기洪在祺·함태영咸台榮 등이 연 동교회의 교인이었다는 것이다.

홍진과 이규갑이 이들 기독교 인사들과 어떤 관계인지는 알려져 있지 않 다. 다만 이규갑이 감리교 전도사로 활동하였다는 점, 그리고 연동교회의 교인인 이준·홍재기·함태영 등이 법관양성소 출신으로 홍진의 선배들이 라는 점에서 보면 연계 가능성도 배제할 수 없다.

홍진은 이규갑과 함께 3월초부터 사람들을 접촉, 임시정부 수립하는 일 에 끌어들이기 시작하였다. "우선 국민의 총의를 대표할만한 지역대표라든 지 또는 각 단체의 대표들을 모아 그 이름으로 밀고 나가야 한다"는 것이 이들의 생각이었다.[9] 임시정부를 수립하기 위해서는 기본적으로 각 지역의 대표자를 선정해야 하고, 또 3·1운동과 같이 정부 수립에 각 종교계도 참여시켜야 할 필요성을 가진 것이다. 접촉하는 대상을 서로 분담하였던 것 같다.

홍진은 주로 법조계 인사들을 접촉하였다. 현직 검사로 있던 한성오韓聖五, 법관양성소 4회 졸업생으로 변호사인 권혁채權赫采 등이 그들이었다. 이외에도 홍진은 다양한 사람들과 만났다. 앞에서 언급하였던 한남수의 경우는 홍진이 만나 참여시킨 인물이다. 한남수는 재판정에서 홍진과의 관계를 묻는 질문에 '홍면희와는 7, 8년 전부터 아는 사이였고, 3월 상순 인천에서 보낸 전보를 받고 홍면희의 집에 들렀다'라 하고 있다.[10]

홍진이 한남수를 참여시킨 것은 그의 자금조달 능력과 수완 때문이었던 것으로 보인다. 전남 영암 출신인 한남수는 일본 와세다대학早稻田大學을 졸업하고 동양척식주식회사의 토지매매중개인으로 근무한 적이 있었고, 1914년에는 '배임죄背任罪'로 대구복심법원에서 1년 3개월의 징역형을 선고받기도 하였으며, 경편철도輕便鐵道 경영에 나서기도 할 정도로 상당한 재산을 가지고 있던 인물이었다.[11] 뿐만 아니라 그에게는 남다른 수완도 있었던 것 같다. 정화암鄭華岩의 회고록에 한남수는 "호랑이똥하면 모르는 사람이 없을 정도로 유명한 사람이다"라고 하면서, "아래로는 작은 구멍가게로부터 위로는 총독부에 이르기까지 모두 안 통하는 곳이 없는 팔방미인격의 인물이다"라 한 것이 그렇다.[12]

유교계 인사들도 홍진이 접촉하였다. 유교 대표로 참여한 김규金奎는 경성복심법원 법정에서 있은 공판진술을 통해 "나는 당시 인천에 있었는데 홍면희에게서 조선 국민대회를 조직하여 독립운동을 일으키는데 있어서 대표자를 인천의 만국공원으로 모이게 하고 상의하게 되었는데 나에게는 유교의 대표자로 참가해 달라는 것이었다"라 하고 있다.[13] 김규는 본명이 김교훈金敎勳으로, 충남 대전 유성 사람이다. 그는 1907~8년에 충청도와 강원도에서 의병으로 활동한 적이 있었고, 1910년대에는 대구에 근거지를 둔 조선국권회복단에서 활동하기도 하였다.

그리고 김규는 유림들을 임시정부 수립에 참여시키는 역할을 담당하게 되었다. 유교측 인사들로 1906년 제2차 홍주의병에 참여하여 활동한 이만직李晚稙 · 이용규李容珪 · 이내수李來修, 최익현의 문인으로 의병항쟁에 참여했던 최전구崔銓九, 유생 중심의 비밀결사인 대한독립의군부에 가담하여 활동한 윤용주尹龍周, 전라도 의병장 기삼연의 후손인 기식奇寔을 비롯하여 김탁金鐸 · 윤이병尹履炳 · 윤용주尹龍周 등의 유림들이 참여하였다.

이규갑은 주로 기독교 인사들을 접촉하였다. 장로교의 장붕 · 박용희 등이 기독교 대표로 참가하게 되었다. 뿐만 아니라 천도교 대표가 되는 안상덕安商惠을 비롯하여, 학생조직과 연계하여 국민대회를 개최하는 역할을 맡게 되는 김사국金思國의 경우도 이규갑이 접촉하여 끌어들였다. 3월 중순경 종로의 어느 약방에서 김사국을 만나 '국민대회를 조직하고 독립운동을 하고 있으니 가입하라'고 하여 참여시켰다.[14] 그리고 김사국은 다시 명치대에 재학중인 김유인金裕寅을 비롯하여 장채극張彩極 · 김홍식金鴻植 · 이철李鐵 · 최상덕崔上德 등을 끌어들였다.[15]

한성정부 조직

임시정부를 수립하는 일은 극비리에 추진되었다. 장소는 알 수 없지만, 이들은 일정한 거점을 마련하고 일을 추진하였던 것 같다. '비밀독립운동본부'라는 것이 그것이다. 이는 이규갑의 회고에 "비밀독립운동본부의 한남수 · 홍면희 · 김사국 · 이민태李民台 · 민강閔橿 제씨와 의논하여"라고 한 데서

만 보인다.[16] 비밀독립운동본부는 이들의 활동거점이자 연락처였던 것으로 생각된다.

이들은 종교계를 비롯하여 여러 사람들을 접촉하는 한편, 임시정부 수립을 준비하였다. 임시정부 수립에 대한 논의는 주로 내수동 64번지에 있는 한성오의 집에서 이루어졌다. 한성오는 현직검사로 홍진과 교분이 있는 사람이었다. 홍진이 일경의 눈을 피하기 위해 일부러 현직검사의 집을 논의 장소로 정한 것이다. 이규갑이 이야기한 비밀독립운동본부가 한성오의 집이 아니었나 생각된다.

한성오의 집에서 임시정부가 수립되었다. 임시정부 수립과 관련된 내용은 이규갑의 회고가 유일하게 전해지고 있을 뿐이다. 이에 의하면 3월 17일 홍진과 이규갑을 비롯하여 이교헌·윤이병·윤용주·최전구·이용규·김규·한남수·김사국·이민태·민강 등이 한성오의 집에 모였고, 이 회합에서 임시정부를 조직하였다고 한다.[17] 그리고 임시정부를 수립하는 과정에 대해서도 정부의 이름은 '한성정부漢城政府'라 하였고, 각원의 명칭은 '여러 논란 끝에 총장總長이라는 이름으로 합의가 되었다'고 하면서, "정부조직을 대통령제로 하지 말고 제국식帝國式의 이름을 그대로 이어받는 것이 좋겠다"는 주장도 있었던 것으로 설명하고 있다.

당시 한성오의 집에 참석한 인사들은 크게 보면 기독교계와 유교계 인사들이었다. 이들이 정부를 조직하는데 있어 통일된 의견을 산출하기가 쉽지 않았을 것임은 충분히 짐작할 수 있다. 아마도 기독교계 인사들은 대통령제를 거론하였던 것 같고, 유교계 인사들은 제국식의 이름을 그대로 잇자고 주장한 것으로 보인다. 정부 수반의 명칭을 흔히 쓰이지 않는 '집정관총재'*로 한 것은 이러한 데서 연유한 산물이었다고 생각된다.[18]

정부수반을 비롯하여 각원의 명칭 등에 대해서도 논란은 있었지만, 이들은 서로의 의견을 절충하여 합의점을 이끌어냈다. 정부의 이름은 '한성정부'로, 정부수반의 명칭은 '집정관총재'로, 각원은 '총장'으로 결정하였다. 그리고 집정관총재를 비롯한 총장, 평정관, 파리강화회의 파견대표 등을 선출하고, 정부의 헌법인 약법約法도 제정하였다. 정부의 각원閣員과 약법의 내용은 다음과 같다.

임시정부 각원

집정관총재: 이승만李承晩

국무총리총재: 이동휘李東輝

외무부총장: 박용만朴容萬

내무부총장: 이동녕李東寧

군무부총장: 노백린盧伯麟

재무부총장: 이시영李始榮   차장: 한남수韓南洙

법무부총장: 신규식申圭植

학무부총장: 김규식金奎植

교통부총장: 문창범文昌範

노동국총판: 안창호安昌浩

참모부총장: 유동열柳東說   차장: 이세영李世永

평정관

조정구趙鼎九 · 박은식朴殷植 · 현상건玄尙健 · 한남수韓南洙 · 손진형孫晉衡

---

* 　『한성정부의 수반인 '집정관총재'라는 명칭은 로마의 '집정관'이라는 용어에서 착상된 것이고, '대한제국의 황제로부터 권력을 위임받은 최고의 행정관'이라는 해석이 있다.

신채호中采浩 · 정양필鄭良弼 · 현순玄楯 · 손정도孫貞道 · 정현식鄭鉉湜

김진용金晉鏞 · 조성환曹成煥 · 이규풍李奎豊 · 박경종朴景鍾 · 박찬익朴贊翊

이범윤李範允 · 이규갑李奎甲 · 윤해尹海

파리강화회의 출석 위원

이승만 · 민찬호 · 안창호 · 박용만 · 이동휘 · 김규식 · 노백린

약법約法

제1조: 국체國體는 민주제民主制를 채용함

제2조: 정체政體는 대의제代議制를 채용함

제3조: 국시國是는 국민의 자유와 권리를 존중하고 세계평화의 행운을 증진

　　　케 함

제4조: 임시정부는 하下의 권한이 유有함

　　　－ 일체 내정, 일체 외교

제5조: 조선국민은 하의 의무가 유함

　　　－ 납세, 병역

제6조: 본 약법은 정식국회를 소집하야 헌법을 선포하기까지 차를 적용함.

　이로써 '한성정부 조직안'이 만들어졌다. 한성정부는 국체를 민주제로
하고, 정체를 대의제로 채용한 임시정부였다. 정부의 수반인 집정관총재는
당시 미국에 있던 이승만이 선출되었다. 그리고 정부의 각원 대부분이 국
외에 있는 인사들로 구성되었는데 이규갑은 "한성정부를 해외망명정부로
유지할 수밖에 없었다. 그래서 우리가 임명한 각원들도 전부 그 당시 해외
에서 활동하고 있는 애국지사들로 충당한 것이다"라 설명하고 있다.[19]

홍진은 한성정부를 조직하는 데 주도적이고 핵심적인 인물이었지만, 각원 명단에서 그의 이름을 찾을 수 없다. 함께 정부수립을 추진한 이규갑과 한남수는 각각 평정관과 재무부 차장에 이름이 올라있다. 홍진이 포함되지 않은 이유를 알 수 없다. 아직 한성정부 수립과정에 대한 내용이 정확하게 밝혀져 있지 않고, 또 그것을 짐작할만한 근거도 없어 추론하기도 어렵다.

13도대표자대회

홍진을 비롯한 인사들은 '한성정부 조직안'을 마련한 후, 어떠한 절차와 방법으로 한성정부의 수립을 공포하느냐 하는 문제를 논의하였다. 그 방안은 두 단계로 결정되었다. 우선 각 지역의 대표들을 소집하여 13도대표자대회를 개최하고, 여기서 '한성정부 조직안'을 통과시킨다는 것이었다. 그리고 13도대표자들이 주도하는 국민대회를 개최하고, 이를 통해 한성정부의 수립을 공포한다는 것으로 합의를 이루었다.

이 결정에 따라 13도대표자대회의 소집이 추진되었다. 홍진은 이규갑·김규·민강 등과 함께 이에 대한 준비작업에 들어갔다. 준비의 하나는 각 지역대표들을 만나 참여를 권유하는 것이었고, 다른 하나는 시기와 장소를 정하는 것이었다. 시기는 4월 2일로 결정되었고, 장소는 인천만국공원으로 정하였다. 인천으로 정한 것은 일경의 눈을 피하기 위한 것이었지만, 홍진의 연고, 즉 그의 선영이 인천에 있었던 때문이었다.[20]

3월 말 4월 초는 3·1운동이 전국으로 확산되어 가던 때로 일제의 탄압과 경계도 어느 때보다 삼엄해지고 있던 시기였다. 13도대표자대회는 어려운 상황속에서 추진되었고, 극비리에 이루어졌다. 참석할 대표들에게 "우리 동지끼리만 알아볼 수 있도록 손가락에 흰종이나 헝겊을 감도록 하고 필요없는 말은 일체 하지 말도록 일러두었다"는 것이[21] 당시의 분위기를 전해준다.

4월 2일 13도대표자대회가 소집되었다. 그러나 만국공원에는 많은 사람이 참여하지 못하였다. "참회參會한 동지들을 은밀히 점검하여 보니 20명 내외밖에 모이지 않았다. 서울에서 내려가기로 한 각 단체 대표로는 천도교 대표 안상덕, 야소교耶蘇敎 대표로 박용희·장붕·이규갑·홍면희·권혁채, 유림대표 김규 등이었는데 대부분 참석하였고, 지방대표는 거의 나오지 않았으며, 수원·강화·인천 등 인근지역에서 십여 명이 모였으나"라고 한데서 알 수 있듯이,[22] 참석인원은 20명 내외였다. 지방대표는 인근지역에서만 일부가 참여하였고, 주로 종교단체의 대표들이 참여한 것이다.

13도대표자대회는 각 지역대표들이 참여하여 구성한 것으로 국민적 기반과 절차를 거친다는 의미를 가지고 있다. 이와 더불어 일종의 국회와 같은 기능을 담당하는 것이 바로 13도대표자대회였다. 한성오의 집에서 마련한 한성정부의 조직안과 헌법인 약법을 통과시키고, 한성정부 수립을 결정짓는 역할을 하는 것이 13도대표자대회였던 것이다. 그리고 국민대회를 개최하여 정부의 수립을 선포한다는 방침이었다.

홍진은 13도대표자대회에서 임시정부 수립을 위한 모든 절차와 문제들을 종결시킨다는 생각을 갖고 있었다. 그러나 대회가 개최되면서 다른 의견이 제기되었다. 한남수가 "현재로서는 강화회의의 상황은 물론, 상해의 사정도 알아본 위에 해야 할 것"이라는 신중론을 주장한 것이다.[23] '상해의 사정'이란 한성정부의 수립을 결정하고 선포하기에 앞서, 상해에서 임시정부가 수립되었는지의 여부를 먼저 확인할 필요가 있다는 의견이었다.

3·1운동 직후 상해에서 활동하고 있던 이광수李光洙·여운형呂運亨·선우

혁鮮于爀 등의 신한청년당이 독립임시사무소를 설치하고, 국내외 독립운동 자들과 연락을 취하기 시작하였다. 이를 계기로 국내외 각지에서 많은 독립운동자들이 상해로 모여들었고, 이들을 중심으로 임시정부 수립이 추진된 것이다.

상해에서의 임시정부 수립은 국내를 의식하며 추진되었다. 우선 민족대표 등 3·1운동 지도자들이 임시정부 수립과 관련하여 남겨놓은 의사를 확인하려고 하였다. 이를 알아보기 위해 독립임시사무소에서 국내로 사람을 파견하였다. 이광수가 "천도교의 정광조鄭廣朝를 만나되, 그가 잡혀가고 없거든 남아 있는 천도교의 중심인물이나 김성수金性洙·송진우宋鎭禹·현상윤玄相允 중 한사람을 만나 정부조직에 관한 33인의 의사를 알아오라"는 임무를 주어, 이봉수李鳳洙를 국내로 파견한 것이 그것이었다.[24]

임시정부 수립을 위해서는 국민의 지지와 기반이 필요하였지만, 상해에는 이것이 없었다. 때문에 국내와 연계하여, 즉 국내에서 임시정부를 수립하여 가지고 오기를 기다리고 있었다. 상해에 모여든 인사들 중 조소앙이 임시정부 조직을 강력하게 주장하였지만, 현순이 국내에서 어떤 명령이 오기 전까지 기다리자고 한 것이었다.

그러나 상해와 국내와의 연락은 제대로 이루어지지 못하였다. 상해에서는 국내에서의 임시정부 수립이 극비밀리에 추진되고 있던 관계로 그 주도자를 파악하지 못한 점도 있었고, 중간 연락자가 그 역할을 제대로 수행하지 않은 점도 있었다. 국내에서도 상해에서 이루어지고 있는 논의나 진행상황을 전혀 알지 못하고 있었다.

13도대표자대회에서 '상해의 사정'을 알아보자는 의견이 대두된 것은 이러한 상황 때문이었다. 서로의 사정을 알지 못하는 상황에서, 자칫 국내와 상해에서 두 개의 임시정부가 수립될 것을 우려한 것이었다. 논의는 상해에서 임시정부가 수립되었는지의 여부를 확인한 후, 즉 '상해의 사정'을 알아본 후 결정짓는 것으로 귀결되었다.

홍진은 이를 위해 직접 상해에 사람을 파견하여 그곳의 사정을 알아보도록 하였다. 상해로 파견할 인물로 한남수가 선정되었다. 그는 4월 8일 상해로 출발하였다. 연락방법은 전보였다. 홍진은 그에게 상해에 가서 파리회의의 상황이 좋고 임시정부가 서 있지 않으면 「인삼시세가 좋으니 사라」는 전보를 보내고, 반대인 경우에는 「인삼시세가 나쁘니 사지 말라」는 전보를 보내도록 하였다.[25] 전자의 전보가 오면 임시정부 수립을 계획대로 추진할 것이고, 후자의 전보가 오면 계획을 중지한다는 것이었다.

임시정부 수립을 둘러싼 갈등과 혼선

홍진이 13도대표자대회를 개최한 직후, 그에게 사람이 찾아왔다. 상해에서 왔다는 사람이었다. 4월 3일 천도교 대표로 참여하고 있던 안상덕이 "상해에서 임시정부를 조직할 것을 획책하고 있는 사람"이라고 하면서 데리고와 소개하였다.[26] 그의 이름은 홍진의洪鎭儀였다.

홍진은 상해에서 왔다고 하는 홍진의를 만났다. 이들 사이에 어떠한 의견이 오고갔는지는 알려져 있지 않다. 그러나 관련인사들의 심문조서에 의하면, 이들 사이에 한성정부 선포를 둘러싸고 의견 충돌이 있었음을 알 수 있다. "임시정부의 선포문은 4월 8일경에 반포하자 하고, 한쪽은 그 이후에 하자고 하여 상의가 정해지지 못했다"는 것이 그것을 짐작케 한다.[27] 홍진은 한성정부의 수립을 4월 8일에 선포하자고 하였고, 홍진의는 이를 뒤로 미루어야 한다고 한 것이다.

그러나 홍진을 찾아온 홍진의[*]는 상해에서 온 사람이 아니었다. 홍진의는 국내에서 이춘숙李春塾 등과 함께 천도교측과 연계하여 임시정부 수립을 추진하고 있던 인물이었다.[28] 상해에서 온 사람은 이봉수였다. 앞에서 언급했듯이, 상해에서 임시정부 수립을 추진하고 있던 이광수가 33인의 의사를 알아보기 위해 국내로 파견한 인물은 이봉수였다. 이봉수는 함경도 흥원 태생이면서 명치대 출신으로, 홍진의와는 고향과 대학의 선후배 사이였다. 국내에 온 이봉수는 주로 천도교측 인사들을 접촉하였고, 홍진의는 바로 이러한 일에 관련되어 있는 인물이었던 것이다.

국내에서 적어도 두 세력에 의해 임시정부 수립이 추진되고 있었다. 홍진과 이규갑이 주도한 것, 그리고 구체적인 내용은 알 수 없지만 천도교측에서도 임시정부 수립을 추진하고 있었던 것이다. 홍진의가 홍진을 찾아온 것은 두 세력에 의해 추진되고 있는 임시정부 수립을 통합해보려는 의도가 있었다고 한다. '한성정부'에 참여하고 있던 천도교측의 신숙申肅이 양측의 통합을 중재, 안상덕을 내세워 홍진과 홍진의의 만남을 주선하였다는 것이다.[29] 그러나 이들 사이에는 적지 않은 의견의 차이가 있었고, 결국 양측의 통합은 실현되지 못하였다.

한남수를 상해로 파견한 것은 홍진의와 만난 후였다. 홍진이 홍진의를 만난 것은 4월 3일이었다. 한남수는 4월 8일 서울을 출발하였다. 그러나 한남수가 상해에 도착하기 전에, 이미 상해에는 국내에서 조직한 '임시정부

---

[*]   洪鎭儀(가명 洪濤)는 함경도 함흥 출신으로 명치대학을 졸업하였으며, 일본 중앙대학 출신인 이춘숙과 함께 국내에서 임시정부 수립을 추진한 인물이다. 홍진의와 이춘숙은 1918년 7월 이후 함께 만주와 시베리아지방을 시찰하였고, 니콜리스크에서 文昌範 尹海 등을 만나 독립운동에 대해 깊은 감명을 받고 1919년 2월 국내에 들어와 활동하고 있었다.

안'이 도착해 있었다. 4월 8일 강대현姜大鉉이 경성독립단본부의 임시정부 각원 명단과 헌법초안을 가지고 상해에 도착한 것이다.[30] 그것은 한성정부와는 다른 것이었다. 강대현이 가지고 온 각원 명단은 다음과 같다.

집정관: 이동휘　　　총리: 이승만

내무총장: 안창호　　차장: 조성환

외무총장: 박용만　　차장: 김규식

재무총장: 이시영　　차장: 이춘숙

교통총장: 문창범　　차장: 현순[31]

이 명단은 직제와 명칭에서 약간 다른 면은 있지만, 4월 17일 평북의 철산·의주 등지에서 전단으로 살포된 '신한민국정부新韓民國政府'와 거의 일치한다.** 신한민국정부는 누가 어떤 과정을 통해 조직하였는지 알려져 있지 않다. 강대현이란 인물에 대해서도 거의 알려진 것이 없다. 다만 3·1운동 이후 국내에서 홍진의와 더불어 임시정부를 조직하기 위하여 비밀리에 활동하고 있었다는 사실만 확인될 뿐이다.[32] 이렇게 된 데에는 홍진의가 크게 작용하였던 것으로 보인다. 그는 홍진을 찾아가 한성정부가 수립되는 실상과 진척상황을 파악하였던 것 같다. 그리고 홍진에게는 한성정부의 선포를 미루자고 해놓고, 자신들이 관여한 정부의 조직안을 강대현을 통해 4월 8일 상해에 전달한 것이 아닌가 생각된다.

**　　신한민국정부에는 직제가 '國務總理'로 되어 있고, 각원은 '部長'이라 하고 있다. 그리고 내무부장은 공석이고, 교통차장은 이희경, 노동부장에 안창호와 차장에 민찬호가 들어 있다.

강대현이 가지고 간 각원명단이나 신한민국정부는 홍진의·이춘숙·이봉수·강대현 등의 작품이라는 연구가 있다.[33] 강대현을 제외한 3명은 모두 함경도 출신으로 일본에 유학한 경력을 가지고 있었다. 이들은 국내와 상해에서 추진되는 임시정부 수립에 관여하면서, 기호지역에 편중된 한성정부의 각료 인선에 불만을 품고 독자적으로 이동휘를 집정관으로 한 신한민국정부를 조직한 것으로 추론하고 있다.

강대현의 출현은 상해에 적지 않은 파문을 일으켰다. 이 무렵 상해에서는 독자적으로 임시정부 수립을 추진하여 최종 결정단계에 있었던 것이다. 강대현이 도착하던 4월 8일에는 임시정부의 형태와 임시의정원을 조직하고 이동녕李東寧을 의장으로 선출한 상태였다.* 이러한 때에 국내에서 수립된 임시정부조직안이 도착하였던 것이고, 이를 둘러싸고 적지 않은 논란이 일어난 것이다.

4월 10일 상해의 김신부로에서 임시의정원회의가 열렸다. 그동안 상해에서 추진해 온 임시정부를 정식으로 수립하기 위한 회의였다. 이 회의에

---

*   현순은 상해에서 임시정부가 수립되는 과정에 대해 비교적 상세하게 기록해 놓고 있다. 그 과정은 크게 4단계였다.
      하나는 국내와 연계하여 수립코자 하였다. 3월 말 국내운동을 應援하는 내외기관 설치안이 통과되어 연구위원으로 이동녕, 이시영, 조소앙, 이광, 조성환, 신헌민, 이광수, 현순 등 8인을 선정하였고, 이들은 수차 회합하여 상의하였으나 결과가 없었다는 것이다. 둘째는 국내와의 연계가 어렵게 되자 독자적인 수립을 추진하였다. 4월 초순 이동녕, 이시영, 이회영, 신헌민, 신성, 신익희, 신채호, 조성환, 조용은, 이광수, 이광, 현순 등이 南京路 여관에 회합하여 임시정부조직안을 토의하였다고 한다. 그러나 論調가 歸一치 못하여 산회하였다고 한다. 셋째는 "寶昌路 모처로 위의 인사 이외에 다수 청년들과 협동하여 임시의정원을 조직하고 원장은 李東寧이 당선하고 임시정부는 統領制를 하고 總理制를 채용하다"라 하고 있다. 이것이 4월 8일이었다. 넷째는 "법계 金神父路 부근에 일대 洋屋을 賃得하고 臨時議政院을 開하였다"고 하였다. 이는 4월 10일이었다.

서 주요한 논란이 되었던 것이 국내에서 조직된 임시정부를 어떻게 하느냐 하는 문제였다.

> 본국本國에서 조직된 임시정부는 부인否認하자는 백남칠白南七의 동의와 이영 근李漢根의 재청이 유有하였으나 차此는 부결否決되고, 본本 문제의 토의가 장 시간을 긍亘하다가 임시정부의 소재만 표명表明하고 관제官制와 국무원國務員 은 별別로히 의결하자는 조소앙의 동의와 선우혁의 재청이 가결되니라.[34]

'본국에서 조직된 임시정부'라는 것은 강대현이 가지고 온 것을 말하는 것이었다. 국내에서 수립된 임시정부를 부인하자는 의견이 있었지만, 부결 되고 말았다. 이후 의정원회의에서는 밤을 새워가며 국호를 대한민국大韓 民國, 관제를 국무총리제로 결정하고, 국무총리를 비롯하여 각원들을 선출 하였다. 이때 선출된 각원은 다음과 같다.

국무총리: 이승만
내무총장: 안창호　　　차장: 신익희
외무총장: 김규식　　　차장: 현순
교통총장: 문창범　　　차장: 선우혁
재무총장: 최재형　　　차장: 이춘숙
군무총장: 이동휘　　　차장: 조성환
법무총장: 이시영　　　차장: 남형우[35]

이로써 1919년 4월 11일 상해에서 국호를 '대한민국'으로 한 임시정부가 수립되었다. 강대현이 가지고 온 각원들 대부분이 상해에서 수립된 임시정부의 각원으로 그대로 선출되었다. 각원을 추천하고 선출하는 방법도 "국무총리에는 경성에서 조직된 임시정부의 국무총리 이승만으로 선정하자"는 식으로 이루어졌고, 내무총장 안창호, 교통총장 문창범, 재무차장 이춘숙 등이 같은 방법으로 동일한 직책에 선출되었다. 상해에서 수립된 임시정부는 강대현이 가지고 온 임시정부조직안을 토대로 한 것이나 다름없었다.

한성정부를 품에 안고 상해로

홍진은 상해에 파견한 한남수로부터 연락이 오기를 기다렸다. 한남수가 보내오는 전보 여하에 따라 한성정부의 수립을 계획대로 선포할 것인지, 아니면 중단할 것인지의 여부가 결정되기 때문이었다. 그러나 한남수로부터는 아무런 소식도 오지 않았다.

당시 한남수는 전보를 보낼 수 있는 처지가 아니었다. 4월 8일 서울을 출발한 그는 4월 16일 상해에 도착하였다. 그가 도착하였을 때는 이미 임시정부가 수립되었다. 그러나 한남수는 그곳의 사정을 알 수 없었다. 3, 4일 동안 자신을 밀정으로 알고 만나주지 않았다는 것이고, 또 경찰의 단속이 엄중하여 사람을 찾아 돌아다닐 수 있는 상황도 못되었다고 한다. 상황을 파악하는데 적지 않은 시간이 걸렸고, 그는 4월 21일이 되어서야 "인삼시세가 나쁘니 사지 말라"는 전보를 보낼 수 있었다.[36]

홍진은 언제까지고 기다릴 수만 없었다. 더욱이 상해에서 왔다며 자신을 찾아온 홍진의를 만난 후, 그는 서둘러 상해로 가야겠다는 생각을 갖게 되었다. 홍진의가 찾아온 의도가 심상치 않았던 것이다. 상해로 간다는 것은 이미 한성정부의 수립을 추진하면서 계획되어 있었다. 국내에서, 그리고 국민적 기반 위에 임시정부를 수립하고, 이를 국외로 옮겨 활동한다는 것이, 당시 이들의 생각이었다.[37] 국외는 바로 중국 상해였다.

홍진은 이규갑과 함께 상해로 향했다. 13도대표자대회를 통해 결정된 '한성정부의 조직안'을 국민대회를 통해 선포해야 하는 절차가 남아 있었다. 그렇지만 이들은 상해로 가는 발길을 서둘렀다. 국민대회 개최와 한성정부 수립을 선포하는 일은 현석칠玄錫七 등에게 인계하였다. 그리고 한성정부의 각원명단과 약법, 국민대회 취지서 등을 담배갑과 성냥갑 속에 감추어 국내를 떠났다.[38] 국내에서 한성정부가 수립되었다는 것을 상해에 서둘러 알리려는 것이었다.

홍진이 국내를 출발한 일자는 분명치 않지만, 4월 15, 16일경으로 짐작된다. 한남수에게 연락을 받지 못하고 출발하였다. 홍진은 먼저 평양으로 갔다. 그리고 서울에서 올라오는 이규갑을 평양역에서 만나, 용천의 용천교회龍川敎會에서 하룻밤을 지내고 통나무 배로 압록강을 건너 안동安東에 도착하였다. 이 길을 교회 인사들이 안내하고 있다. 유확신柳確信이란 부인이 서울에서부터 길 안내를 하였고, 용천교회의 백조사白助事의 도움으로 압록강을 건넜다.[39]

압록강을 건널 당시 홍진의 나이 마흔 셋이었다. 압록강을 건넌다는 것은 그동안 국내에서 쌓았던 모든 것을 포기하는 것이나 다름없었다. 그러나 홍진은 조국이 식민지가 되었다는 현실을 받아들이기 어려웠다. 압록강을 건너면서 "나라의 원수가 이미 평생의 한이 되고 말았으니, 그 적을 어찌 죽은들 가까이 할 수 있으랴"라고 읊은 시가 전해지고 있다.[40]

홍진은 이름도 바꾸었다. 그의 본명은 홍면희였고, 당시까지 이를 사용하고 있었다. 압록강을 건너면서 그는 홍면희란 이름 대신에 홍진洪鎭이란 이름을 쓰기 시작한 것이다. 이후 진鎭자를 진震자로 바꾸었고, 그는 본명

대신에 홍진洪震이란 이름을 사용하였다. 아마도 이전까지 검사와 변호사로 살아온 삶을 버리고, 독립운동에 참여하는 새로운 삶을 시작하는 뜻에서 이름을 바꾼 것이 아닌가 한다. 그리고 함께 한성정부 수립을 추진하고, 같이 상해로 망명하는 이규갑과 의형제를 맺었다.[41]

압록강을 건너 안동에 도착하였다. 안동에서는 또 다른 청년이 도와주었다. 이규갑의 제자로 공주 영명학교 출신인 정약한鄭約翰이란 사람이었다. 홍진과 이규갑은 그가 가르쳐주는 대로 콧수염을 깎았다. 옷도 중국옷으로 갈아 입었다. 홍진은* 이규갑과 함께 중국인으로 변장, 기차를 타고 산해관을 거쳐 4월 20일경 상해에 도착하였다.[42]

한성정부의 선포

홍진을 비롯하여 한성정부 수립을 추진하던 주요 지도자들은 대부분 상해로 떠났다. 인천만국공원에서 13도대표자대회를 개최한 후, 한남수가 상해로 향했고, 이어 홍진과 이규갑·장붕 등 주도자들도 상해로 향했다. 이들에게는 과제가 있었다. 한성정부의 수립을 선포하는 일이었다. 한성정부의

---

*   홍진이 상해에 언제 도착하였는지는 분명치 않다. 함께 간 이규갑은 4월 20일경이라 하고 있다. 그러나 이규갑의 회고는 50년이 지난 후에 있은 것이어서, 일자의 정확성을 다시 생각해 보아야 할 곳이 많다. 당시 상해에 있던 玄楯은 홍진 등이 4월 말경 상해에 도착한 것으로 기록해 놓았다. 일제의 정보자료에는 "평양의 耶蘇敎 목사 李奎昉 (이규갑의 오기)이 평양 辯護士 洪晃熹와 같이 상해에 왔다"고 되어 있고, 4월 29일자로 상해의 독립운동지도자들을 조사하여 보고한 정보자료에 홍진의 이름이 보이고 있다. 이로보면 홍진은 적어도 4월 29일 이전에 상해에 도착하였을 것이다.

수립은 국민대회를 개최하여 선포하도록 되어 있었다.

홍진은 이규갑과 함께 상해로 떠나면서, 국민대회 개최와 한성정부 선포에 관한 일을 현석칠에게 위임하였다. 이 일은 김사국을 중심으로 한 학생 조직이 맡았다. 김사국은 이규갑의 권유로 참여하였던 인물로 임시정부 수립에 주요 지도자의 한 사람이었다. 김사국은 학생들을 끌어들였다. 3월 중순 보성전문학교 출신으로 3·1운동에서 학생들의 주요 지도자였던 주익朱翼을 만난 것을 비롯하여, 주익의 소개로 김유인金裕寅을 만났다. 이어 장채극·김홍식·전옥결全玉玦·이철·최상덕 등 주로 보성고보 학생들을 끌어들였다.[43]

이러한 학생조직을 이용하여 국민대회를 개최하기로 하였다. 일자는 4월 23일로 정하였고, 계획은 크게 두 방향으로 잡았다. 하나는 13도대표자들이 서린동 봉춘관에 모여 임시정부의 수립을 선포한다는 것이고, 다른 하나는 학생들이 종로 보신각을 중심으로 대규모 시위운동을 벌인다는 계획이었다. 자동차 세 대에 '국민대회國民大會'와 '공화만세共和萬歲'라고 쓴 깃발을 달고 동대문·남대문·서대문에서 출발하여 인쇄물을 배포하고, 종로 보신각으로 사람들을 모은다는 것이 시위운동 계획의 핵심이었다. 방법상으로 보면 3·1독립선언서를 선포하는 것과 같은 방식이었다고 할 수 있다.

국민들에게 배포할 인쇄물은 준비되어 있었다. 인쇄물은 13도대표자 명의로 된 '국민대회취지서', 그리고 임시정부의 각원명단, 평정관 및 파리강화회의에 출석할 위원명단, 약법, 선포문이었다. 이 인쇄물은 이규갑의 집안사람인 이민홍李敏洪의 집에서 조각공 두 사람을 데려다가 목판木版으로 새겨 6천 매를 인쇄하였다.[44]

그러나 국민대회는 계획대로 순조롭게 진행되지 못하였다. 우선 13도 대표자들이 봉춘관에 나타나지 않은 것이다. 그리고 종로 보신각을 중심으로 대규모의 시위운동을 벌인다는 것도 계획대로 추진되지 못하였다.

4월 23일 오후 0시 10분 종로 보신각 부근에서 4, 5명의 학생같은 자가 3본
本의 소기小旗를 흔들고 만세를 부르면서 질주하여 종로서 방면으로 향하는
것을 보고 추격하였다. 소기를 종로통에 버리고 관철동 소로로 도망하여 소
재를 알 수 없었는데 24일 5명 중에서 2명을 체포했다. 소기는 목면제이며
2본本에는 국민대회國民大會라고 쓰고, 1본本에는 공화만세共和萬歲라고 묵서
한 것이다. 4월 23일 경성에서 「임시정부선포문」「국민대회취지서」 등 불
온인쇄물을 발견하였다.[45]

3·1운동으로 일제의 경계망이 삼엄한 가운데, 더욱이 서울 한복판에서
13도대표자들이 모이고, 많은 인원들이 참여하여 시위운동을 전개한다는
것은 어려운 일이었다. 그렇지만 일제측의 보고서가 증명하듯이, 4월 23일
학생들은 계획한대로 '국민대회'와 '공화만세'라고 쓴 깃발을 들고 종로 일
대에서 시위를 벌였으며, 「임시정부선포문」과 「국민대회취지서」를 배포하
였다. 이로써 한성정부의 수립이 선포되었다.

국민을 기반으로 한성정부 수립

1919년 3월 1일 독립선언 발표와 더불어 임시정부를 수립하려는 움직임이
있었다. 1919년 3월 3일자와 5일자 『조선독립신문朝鮮獨立新聞』에 "국민대회
를 열어 임시정부를 조직한다", "13도대표자를 선정하여 종로에서 조선독
립대회를 개최한다"는 내용과 함께 "가대통령假大統領을 선거하얏다더라"고

하여, 임시정부 수립이 기정사실로 보도된 것이다. 당시 임시정부 조직을 추진한 세력이 누구인지에 대해서는 아직까지 밝혀진 것이 없다.

이것과의 관련은 확인되지 않지만, 홍진이 3월 초부터 극비리에 임시정부 수립을 추진하였다. 서울과 인천을 중심으로 여러 사람들과 접촉하면서, 이규갑과 함께 임시정부 수립에 참여할 것을 종용하고 있었다. 3·1운동이 전개되는 상황을 보면서 그것을 통일적이고 계통적인 독립운동으로 발전시켜야 하고, 이를 위해 임시정부를 수립해야 한다는 것이 홍진의 생각이었다.

홍진은 국민적 기반에 의한 임시정부 수립을 추진하였다. 임시정부 수립을 위해서는 기본적으로 각 지역의 대표자를 선정해야 하고, 각 단체의 대표들과 종교계도 참여시켜야 한다는 것이었다. 그 방법으로 홍진은 법조계 및 유교계 인사들을, 이규갑은 기독교 인사들을 접촉하면서 정부 수립을 준비해 나갔다.

임시정부 수립에 대한 구체적 논의가 이루어졌다. 3월 17일 현직 검사 한성오의 집에서 회합을 갖고, 정부의 이름은 '한성정부'라 하고, 논란 끝에 정부 수반의 명칭은 집정관총재, 각원의 명칭은 총장으로 결정하였다. 그리고 이승만을 집정관총재, 이동휘를 국무총리총재로 한 각원을 선출하고, 국민대회취지서와 임시정부선포문을 작성하여, 정부의 수립을 공포하기로 의견을 모았다.

한성정부를 조직한 홍진은 13도대표자대회의 소집을 추진하였다. 13도대표자대회는 일종의 국회와 같은 기능을 담당하는 것이었다. 이 대회에서 한성정부의 조직안을 상정하여 통과시키고, 그 다음에 국민대회를 개최하여 임시정부 수립을 선포한다는 방침이었다. 4월 2일 인천 만국공원에서 각 지방대표들이 참가한 가운데 13도대표자대회가 열렸다. 그러나 참석인

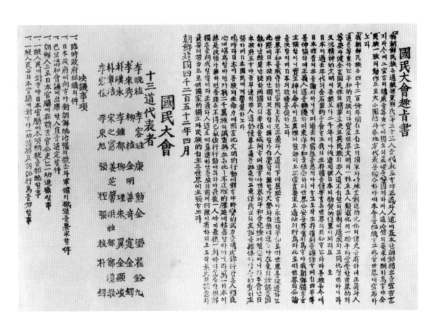

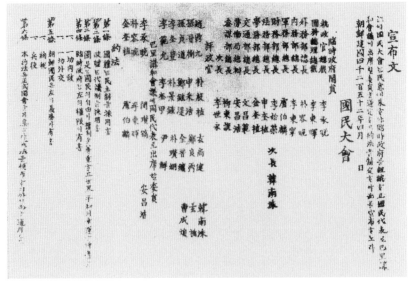

서울에서 수립된 한성정부의 국민대회 취지서와 선포문

원이 적었고, 또 상해의 사정을 알아보자는 의견도 대두되었다.

이때 상해에서 왔다고 하는 홍진의洪鎭儀가 찾아왔다. 홍진의는 천도교측에서 추진하고 있는 임시정부 수립에 관련된 인물이었고, 양측에서 추진하고 있는 임시정부 수립을 통합하고자 하였다. 그러나 의견이 통일되지 않았다. 홍진은 주도자 중 한 사람인 한남수를 상해로 파견하여, 상해의 사정을 알아보도록 하였다. 한남수가 상해에 도착하였을 때, 이미 상해에는 국내에서 수립되었다고 하는 임시정부 각원 명단이 도착해 있었다. 평안북도 지방에서 전단으로 살포된 신한민국정부의 명단이었다. 홍진의·이춘숙·이봉수·강대현 등이 한남수보다 한발 앞서 가지고 간 것이었다. 이로써 국내에서 임시정부가 수립되기를 기다리고 있던 상해에는 한성정부가 아닌 신한민국정부가 먼저 전달되었고, 상해에서는 이를 근간으로 하여 임시정부를 수립하였다.

홍진은 상해에 파견한 한남수로부터 소식이 없자, 한성정부의 조직안과 명단을 성냥갑 속에 감추어 가지고 이규갑과 함께 상해로 떠났다. 국내에는 김사국金思國을 중심으로 한 학생조직에 국민대회를 개최하여 정부조직을 선포하도록 하였고, 이들에 의해 4월 23일 국민대회가 개최되고 한성정부 수립이 선포되었다.

홍진은 4월 하순 상해에 도착하여 한성정부의 수립 사실을 알렸다. 그러나 상해에는 이미 국내에서 가지고 온 것을 참고하여 4월 11일에 대한민국 임시정부가 수립되어 있었다. 상해에서 한성정부 문제가 거론되었지만, 상해에서 조직한 임시정부를 그대로 유지하자는 것으로 결정되었다. 이로써 한성정부의 존립가치는 사실상 상실되고 말았다. 이후 상해의 임시정부와 노령의 대한국민의회가 통합을 추진하는 과정에서 한성정부에 정통성을 두기로 하면서, 한성정부의 존재는 정신적 가치로 남게 되었다.

1   尹炳奭, 「朝鮮獨立新聞의 拾遺」, 『韓國近代史料論』, 일조각, 1982, 232쪽; 연세대 현
    대한국학연구소, 『雩南李承晚文書』 東文篇 4, 1998, 73쪽.
2   현순은 기독교 인사들과 3·1운동 계획에 참여하였던 사람으로, 자신이 상해로 파견되
    는 과정에 대해 "太皇帝 國葬日을 임박하야 擧事키로 하고 部員 幾人을 각처에 파견
    하야 獨立宣言書에 署名할 人士들을 얻기로 하며 庶務, 外交及通信, 會計의 3部를 分
    하야 部務를 擔任하니 서무에 李承薰·咸台榮·吳基善, 외교통신에 현순·安世煥·李
    甲成, 회계에 朴熙道였다. 국내의 運動을 국외에 宣傳하야 外洋同胞들에게 알리며 列
    强에 宣布하야 세계여론을 起케 할 필요를 切感한 部員들은 외교통신원 1인을 上海
    로 파견하야 巴里平和會에와 美布僑同胞들에게 通告하며 外洋形勢를 時時로 살피어
    국내로 통신케 할 使命을 주자함을 결의하고 玄楯이 該任에 당선하였다"라 하고 있다
    (「玄楯自史」, 윤병석 교수 소장).
3   Soon Hyun, My Autobiography, 「玄楯自史」.
4   국사편찬위원회, 『韓民族獨立運動史資料集』 18, 1994, 9~10쪽.
5   「한국사연구」 97, 1997, 181쪽.
6   「韓南洙의 공판시말서」(국사편찬위원회, 『韓民族獨立運動史資料集』 19, 1994, 25
    쪽).
7   李奎甲, 「한성임시정부 수립의 전말」, 『新東亞』 1969년 4월호, 179쪽.
8   고정휴, 「세칭 한성정부의 조직주체와 선포경위에 대한 검토」, 173~174쪽
9   이규갑, 「한성임시정부 수립의 전말」, 176쪽.
10 「공판시말서(5)」(국사편찬위원회, 『韓民族獨立運動史資料集』 19, 25쪽).
11 고정휴, 「세칭 한성정부의 조직주체와 선포경위에 대한 검토」, 193~194쪽.
12 鄭華岩, 『이 조국 어디로 갈 것인가』, 자유문고, 1982, 44쪽.
13 국사편찬위원회, 『韓民族獨立運動史資料集』 19, 73~74쪽.
14 국사편찬위원회, 『韓民族獨立運動史資料集』 19, 30쪽.
15 이현주, 「3·1운동 직후 國民大會와 임시정부 수립운동」, 『한국근현대사연구』 6,
    1997, 117쪽.
16 이규갑, 「한성임시정부 수립의 전말」, 176쪽.
17 이규갑, 위의 글, 177쪽.
18 韓哲昊, 「대한민국임시정부의 대통령제」, 『대한민국임시정부수립80주년기념논문집』
    상, 1999, 130쪽.

19   이규갑, 「한성임시정부 수립의 전말」, 179쪽.

20   이현주, 「3·1운동 직후 國民大會와 임시정부 수립운동」, 115쪽.

21   이규갑, 「한성임시정부 수립의 전말」, 181쪽.

22   천도교대표 安商應은 참석하지 않았다. 그는 제1심 공판에서는 인천집회에 참여하였
      다고 하였지만, 제2회 공판부터는 인천에 가지 않았다고 하면서 참석사실을 부인하고
      있다(『韓民族獨立運動史資料集』19, 33쪽).

23   「공판시말서(5)」(『韓民族獨立運動史資料集』19, 26쪽).

24   李光洙의 「己未年과 나」(『李光洙全集』13, 삼중당, 1962, 234쪽).

25   「공판시말서(8)」(『韓民族獨立運動史資料集』19, 62~63쪽).

26   「공판시말서(5)」(『韓民族獨立運動史資料集』19, 34쪽).

27   위와 같음

28   이현주, 「3 1운동 직후 국민대회와 임시정부 수립운동」, 138~139쪽.

29   申肅, 『나의 一生』, 日新社, 1963, 50쪽.

30   국사편찬위원회, 『한국독립운동사』임정편 4, 1968, 207~208쪽.

31   이현주, 「3·1운동 직후 국민대회와 임시정부 수립운동」, 137쪽.

32   고정휴, 「세칭 한성정부의 조직주체와 선포경위에 대한 검토」, 199쪽.

33   고정휴, 위의 글; 이현주의 「3·1운동 직후 국민대회와 임시정부 수립운동」.

34   국회도서관, 『大韓民國臨時政府議政院文書』, 1974, 39쪽.

35   김희곤, 『대한민국임시정부연구』, 지식산업사, 2004, 90쪽.

36   『韓民族獨立運動史資料集』19, 63쪽.

37   李奎甲은 이에 대해 "우리가 臨時政府를 조직했다고는 하지만 國內에서 日警의 눈을
      피하여 정부구실을 하기는 불가능하였다. 3·1만세 이후 일경은 눈에 불을 켜들고 우
      리 독립운동자들을 잡는데 血眼이 돼 있었고, 政府를 地下로 끌고 들어간다 하면 결과
      적으로 그 機能이 有名無實하게 된다. …… 정부도 만들었으니 이를 海外로 가지고 가
      서 行動의 자유가 보장된 국제무대에 가서 외교적으로 독립운동을 하는 것이 좋겠다
      는 것이고"라 하고 있다(「한성임시정부 수립의 전말」, 182쪽).

38   이규갑, 「한성임시정부 수립의 전말」, 184쪽.

39   이규갑은 해방 후 한성정부 수립을 회고하는 과정에서, 상해로 망명하는 과정과 이를
      도와 준 유확신에 대해 "그때의 정부조직을 현 의정원의장 洪冕熹 선생과 나와 단 둘
      이서 그것을 품에 꼭 품고 상해로 향하여 갈 때의 北鮮이 고향인 東大門敎會 劉確信

傳道婦人이 길을 안내해주어 우리는 무사히 平北 龍川敎會에 가서 密船을 타고 압록강을 무사히 건너가게 되었다. 고국에서 우리를 보내며 마음 노치 못하는 이들을 위하여 유확신 전도부인 치마고름에다 도장을 찍어 무사히 갔다는 票를 해주었으나, 그는 돌아오다 경찰에 붓들리어 얼마후에 獄死하였다는 소식을 퍽 오랜 후에 듣고 생각날 때마다 마음이 압헛다"라는 회고를 하고 있다(張時華 편, 『建國訓化』, 敬天愛人社, 1945, 7쪽).

40 홍진은 압록강을 건널 때 그 감회를 「渡鴨綠江」이란 제목의 한시로 남겼다. "臨風慟哭鴨江春 興廢人間夢耶眞 半壁靑邱都劫火 一線黃道總腥塵 國讐已足平生恨 公敵何堪沒世親 倚劒斜陽還獨嘯 煙波無限白鴻隣"(『독립신문』 1919년 10월 2일자)

41 이규갑, 「한성임시정부 수립의 전말」, 183쪽.

42 李奎甲, 「한성임시정부 수립의 전말」, 183~184쪽.

43 이현주, 「3·1운동 직후 국민대회와 임시정부 수립운동」, 117쪽.

44 이규갑, 「한성임시정부 수립의 전말」, 179쪽.

45 국회도서관, 『韓國民族運動史料』 3·1운동편 3, 1979, 323쪽.

임시정부의 기반을 마련한

안창호

독립운동 시기에 안창호(1878~1938)만큼 활동한 기간이나 지역의 범위가
넓었던 지도자는 드물다. 안창호는 1897년 독립협회에 가입하여 활동한 이
래 1938년 서거할 때까지 독립운동 최일선에서 활동하였다. 시간적으로 보
면 활동기간이 50년에 가깝다. 또 국내를 비롯하여 만주와 연해주, 미주지
역과 중국대륙 등 활동한 지역적 범위도 넓었다.

　활동한 기간과 범위뿐만 아니라 독립운동에서 수행한 그의 역할도 컸다.
국내에서 비밀결사로 신민회를 결성하였고, 이는 한말 국권회복운동을 주
도하던 대표적 단체로 역할하였다. 미주지역에서는 대한인국민회를 결성
하여 하와이와 미국대륙 각지에 흩어져 있던 한인들을 하나로 묶었다. 대
한인국민회는 미주지역의 독립운동을 주도하는 한편, 대한민국 임시정부
를 비롯한 중국지역에서 전개된 독립운동에도 커다란 후원자가 되었다. 그
리고 흥사단을 창립하여 인재를 양성하기도 하였다.

　이러한 안창호의 활동과 역할 가운데 특별히 주목받을 만한 것이 하나

더 있다. 대한민국 임시정부에서의 활동과 역할이다. 안창호는 1919년 4월 11일 중국 상해에서 수립된 대한민국 임시정부에서 내무총장으로 선출된 이래, 1921년 5월 노동국총판을 사임할 때까지 2년여 동안 대한민국 임시정부에서 활동하였다. 이 시기 동안 안창호는 내무총장으로, 동시에 행정수반인 국무총리 대리를 겸직하면서, 초창기 대한민국 임시정부의 조직과 체제를 마련하고 활동기반을 마련하는 데 크게 공헌한 것이다.

이 글은 안창호가 대한민국 임시정부에서 수행한 활동과 역할을 통해, 그의 지도자적인 면모를 살펴보려는 데 목적이 있다. 우선 안창호가 3·1운동 이후 지도자로 부각되고, 내무총장으로 취임하는 과정을 언급하고자 한다. 그리고 내무총장으로, 또 취임하지 않은 이승만을 대신하여 국무총리를 겸직하면서, 대한민국 임시정부의 조직과 체제를 갖추어 나가는 과정과 활동기반을 마련하는 과정에 대해 살펴보고자 한다.

내무총장 취임과 임시정부 출범

3·1 운동 이후 임시정부 지도자로 부각

1919년 3월 1일 독립선언이 발표되었다. "오등吾等은 자玆에 아조선我朝鮮의 독립국獨立國임과 조선인朝鮮人의 자주민自主民임을 선언宣言하노라"며, 독립국임을 선언한 것이다. 국내 인사들이 주도하여 발표한 독립선언은 일제의 식민지지배를 거부하고, 조선이 독립국이라는 것은 대내외에 천명한 것이었다.

독립을 선언한 후, 독립국을 세우고자 하였다. 독립국을 세우려는 움직임은 국내외 각지에서 일어났다. 그 방법은 임시정부 수립으로 나타났고,

정부 명칭	수립일	지역	직책	비고
대한국민의회	3월 21일	노령	내무총장	국무총리(이승만) 군무총장(이동휘)
조선민국임시정부	4월 10일	평안도	학무경	부도령(이승만)
대한민국임시정부	4월 11일	상해	내무총장	국무총리(이승만) 군무총장(이동휘)
고려임시정부	4월 15일	길림	내무	총통(이동휘) 국무총리(이승만)
신한민국임시정부	4월 17일	평안도	노무부장	집정관(이동휘) 국무총리(이승만)
한성정부	4월 23일	서울	노동국총판	집정관총재(이승만) 국무총리(이동휘)

3·1운동이 국내외로 확산되어 가던 3월과 4월 사이에 국내외에서 모두 8
개의 임시정부가 수립되었다. 이 과정에서 임시정부의 주요 지도자로 부각
된 인물이 있었다. 이승만·이동휘 그리고 안창호가 그들이다. 수립 사실이
알려진 8개의 임시정부 중 정부로서의 조직 및 각원 명단을 발표한 것은 6
개인데, 안창호는 6개 임시정부에서 모두 각원으로 선출되었다.

안창호는 세 곳에서 내무총장, 두 곳에서 노동부, 그리고 한 곳에서 학무
경으로 선출되었다. 이채로운 것은 국내에서 수립된 임시정부에서 노동부
각원으로 선출되었다는 점이다. 평안도의 신한민국임시정부에서는 노동
부, 서울의 한성정부에서는 노동국총판으로 선출하였다. 이는 안창호가 미
주지역에서 노동이민을 온 한인들과 함께 노동을 하며 활동하고 있었다는
점 때문이 아닌가 싶다.

안창호는 3·1운동 당시 미국에서 활동하고 있었고, 독립선언이나 임
시정부 수립에 직접 관여한 일이 없었다. 3·1운동 발발 소식을 접한 것은

3월 9일 현순玄楯이 보내온 전보를 통해서였다. 3·1운동이나 임시정부 수립과 직접 관련이 없던 그가 국내외에서 수립된 임시정부에서 각원으로 선출된 것이다. 6개 임시정부 각원 명단에 모두 이름이 올라있는 것은 안창호와 이승만이었고, 이동휘가 5개 임시정부에 이름이 올라있다. 3·1운동을 계기로 안창호가 이승만·이동휘와 더불어 민족의 주요 지도자로 부각된 것이다. 그 이유는 그의 활동경험과 기반이 중요하게 작용된 것으로 생각된다. 안창호는 독립협회에 참여하여 활동한 이래, 1907년 신민회를 조직하여 애국계몽운동을 추진하였고, 중국 청도靑島와 러시아 연해주에 독립운동기지를 건설하고자 하였다. 그리고 미국에서도 공립협회를 조직한 이래 미주지역 한인들의 대표적 단체인 대한인국민회, 흥사단 등을 결성하여 지도자로 활동하고 있었다. 이러한 활동기반과 경험이 국내외 각지에서 임시정부를 수립하면서, 그를 각원으로 선출한 것이라 하겠다.

상해 도착과 내무총장 취임

3월 1일 독립선언이 발표된 후, 국내외에서 활동하고 있던 많은 지도자들이 중국 상해로 모여들었다. 상해는 1910년 경술국치를 전후로 많은 애국지사들이 망명하여 활동하면서 독립운동의 주요한 거점이 되었던 곳이다. 그리고 1917년 신규식·박은식·조소앙 등이 임시정부 수립을 제창하는 대동단결선언大同團結宣言을 발표한 곳이기도 하다.[1] 국내외에서 활동하던 지도자들이 상해로 모여든 것은 임시정부를 수립하기 위해서였다.

안창호도 상해로 향했다. 그가 상해로부터 직접 연락을 받았는지는 확인되지 않는다. 그러나 3·1운동 발발 소식을 전해준 현순이나, 당시 상해에서 임시정부를 수립하자며 국내외 각지로 연락하던 독립임시사무소로부터 연락을 받았을 것으로 생각된다. 안창호는 4월 1일 황진남黃鎭南·정인과鄭仁

娘와 함께 뉴욕을 출발하여, 하와이 호놀룰루와 홍콩을 거쳐 5월 25일 상해에 도착하였다. 안창호가 도착했을 때는 이미 상해에서 대한민국임시정부가 수립되어 있었다.

3·1운동 발발 직후 상해로 모여든 인사들은 4월 10일 저녁 29명의 대표들이 참가한 가운데 임시의정원 회의를 개최하였다. 그리고 밤을 새워가며 회의를 진행하고, 4월 11일 국호를 대한민국으로 한 임시정부를 수립한 것이다. 대한민국임시정부는 국무총리를 수반으로 하였고, 안창호는 내무총장으로 선출되었다.[2]

임시정부는 곧바로 출범하지 못하였다. 국무총리 이승만을 비롯하여 각원 대부분이 상해에 있지 않았던 것이 가장 큰 이유이다. 총장 중 유일하게 법무총장 이시영만 상해에 있었다. 이로써 수립 직후 임시정부는 차장 중심으로 운영될 수밖에 없는 상황이었다.

임시정부가 곧바로 출범하지 못한 또다른 이유는 이승만을 국무총리로 선출하는 과정에서 일어난 논란때문이었다. 임시의정원 회의에서 이승만을 국무총리로 선출하자는 제안이 있었을 때, "이승만은 위임통치 및 자치문제를 제창하던 자이니 국무총리로 신임키 불능하다"며,[3] 반대하는 의견이 개진된 것이다. 강력히 반대한 사람은 신채호申采浩였다. 위임통치를 청원한 사람이 민족의 지도자로서, 더욱이 독립운동을 총괄할 최고 책임자가 될 수 없다는 논리였다. 이승만의 국무총리 선출과 위임통치청원을 둘러싼 논란은 심각한 문제가 되었고, 법무총장 이시영과 군무차장 조성환도 상해를 떠나 북경으로 가버렸다.

안창호는 상해에 도착하였지만, 곧바로 내무총장에 취임하지 않았다. 그곳의 실정을 제대로 파악하지 못하였기 때문이다. 이승만의 위임통치문제를 둘러싼 논란도 있었고, 국내에서 수립된 한성정부와의 관계, 노령에서 수립된 대한국민의회가 통합을 제의하는 등 복잡한 문제들이 있었다. 상해에 도착한 다음 날 북경로北京路 예배당에서 통일을 강조하는 연설을 하였지만, 그는 주로 김창세의 병원에 머물러 있었다. 그리고 대외적으로 활동하지 않고, 여러 사람을 만나며 의견을 듣고 정세를 관망하였다.

안창호는 상해에 도착한 지 한 달여만에 내무총장에 취임하였다. 취임에 앞서 6월 25일 교민단僑民團에서 연설회를 가졌다. 연설의 핵심 중 하나는 임시정부가 정부로서 확고한 위치에 오르기 위해서는 정부의 통합을 이루어야 한다는 것이었다. 다른 하나는 이승만의 위임통치문제는 접어두고, 그가 국무총리직을 수행할 수 있도록 도와주어야 한다는 것이었다. 특히 그는 이승만의 위임통치청원에 대해 이승만이 여행권을 얻지 못해 파리강화회의에 가지 못하게 되자 어떤 법학자의 권고에 따라 위임통치를 청원하게 되었다는 것, 이는 정식으로 제출되지 못하였다는 것, 그리고 3월 1일독립선언 이후 절대적으로 독립을 위해 일한다는 것 등의 논리로 이승만을 옹호하면서, 그를 도와주어야 한다고 호소하였다.

> 이미 어떠한 기회에라도 한 번 맨더토리(위임통치)를 요구한 인물을 국무총리로 선정함은 아닌 것만 못하겠지요마는, 이미 선정한 그이가 국무총리로서 절대독립을 청원한 이때, 그이를 배척함은 대단히 이롭지 못한 일이외다. 오늘날 우리가 그 세력을 후원함이 우리에게 큰 이익이외다. 실수한 것은 책망해야 하겠소마는 용맹스럽게 나아가게 하기 위해 도와주어야 하겠소.[4]

안창호는 이승만을 배척하는 것은 대단히 이롭지 못한 일, 또 그를 후원하는 것이 더 큰 이익이 된다는 것을 강조하며, 이승만을 돕자고 하였다. 이

것이 한 달여 동안 고민한 끝에 내린 안창호의 결론이었다. 이승만을 국무총리로 인정하고, 그를 중심으로 임시정부를 유지 운영해야 한다는 결론을 내린 것이다.

안창호는 6월 28일 내무총장에 취임하여 업무를 시작하였다. 그가 내무총장에 취임하면서, 임시정부는 공식적으로 출범하게 되었다. 그는 미주에서 가지고 온 2만 5천 달러로 임시정부 청사를 마련하였다. 이승만이 취임치 않고 있는 국무총리도 겸임하였다. 이로써 임시정부는 안창호가 내무총장으로 국무총리를 대리하고, 차장들을 중심으로 한 조직을 갖추게 되었다.

그는 임시정부가 추진해 나갈 시정방침을 천명하였다. 7월 8일 임시의정원 회의에 출석하여 인구조사·공채발행·인두세 등으로 재정을 마련하고 군사와 외교활동에 대한 계획을 밝혔다.[5] 이어 국내의 국민들을 기반으로 삼기 위한 연통제聯通制와 교통국交通局 등의 법령을 제정하고, 특파원을 파견하여 국내의 국민들과 연계를 맺는 활동을 시작하였다.[6]

한성정부를 중심으로 임시정부 통합

삼두체제 구상

안창호가 상해에 도착하여 고민해야 할 또다른 문제가 있었다. 임시정부가 하나가 아니라, 여럿이라는 점이었다. 실제적인 조직과 기반을 갖춘 것만도 셋이었다. 노령에 대한국민의회, 상해에 대한민국임시정부, 국내에서 수립된 한성정부가 그것이다. 세 임시정부는 수립된 지역도 달랐고, 인적 기반도 달랐다. 그렇다고 임시정부 셋을 그대로 둘 수도 없었다.

또 노령의 대한국민의회측에서 통합을 제의해 온 문제도 있었다. 상해에

대한민국 임시정부가
1919년에 발행한
독립공채

서 임시정부가 수립되자, 노령측의 원세훈元世勳이 4월 15일 대한국민의회
와 임시의정원을 병합하고 정부의 위치는 노령으로 하자고 제의해 온 것이
다.[7] 그러나 당시 상해측은 통일된 의견을 갖지 못하고 있었다. 정부의 위
치를 노령에 두자는 제의에 대해 일부 부서를 이전하자는 의견과 상해에
두어야 한다는 의견으로 나뉘어 대립한 것이다.

안창호가 상해에 도착하여 곧바로 내무총장에 취임하지 않은 데는 이러
한 고민도 이유가 되었다. 그는 내무총장으로 취임하기에 앞서 세 임시정
부를 통일해야 한다는 것으로 방향을 잡았다. 그 방안으로 구상한 것이 삼
두체제三頭體制였다. 그리고 6월 25일 「독립운동방침」이란 주제로 행한 연

설에서, 삼두체제에 대한 자신의 구상을 밝혔다.

> 독립운동이 일어나 우리나라 최고기관을 세우려 할 때 교통이 불편하므로
> 동서에서 기관이 일어났으니, 오늘날은 이를 다 통일하여야겠소. 아령 국민
> 회가 있소. 이로 인하여 각처에서 의혹이 많으오. 그런즉 우리가 다시 정식
> 대의사를 소집하되 이미 있는 대의사와 아령·중령·미주 각지에서 정식으
> 로 투표한 의정원을 다시 모아 거기서 지금 있는 7총장 위에 우리 집권 셋
> 을 택하여 이 세 사람으로 파리와 워싱턴의 외교도 감독시키고 군사상 행동
> 도 통일적으로 지휘함이 어떻소.[8]

안창호가 구상한 삼두체제는 집권자를 세 명으로 하자는 것으로, 일종의
집단지도체제라고 할 수 있다. 그 방안은 상해에서 수립된 임시정부의 7총
장은 그대로 두고, 7총장 위에 집권자 세 명을 별도로 두자는 것이었다. 그
리고 세 명은 이미 구성되어 있는 임시의정원 의원과 더불어 아령·중령·
미주에서 정식으로 의정원 의원을 선출하고, 이들로 구성된 임시의정원에
서 뽑자고 하였다.

안창호는 6월 28일 내무총장에 취임하면서, 다시 한번 삼두체제를 제안
하였다. "아·중·미 각지로부터 정식 의정원을 소집하여 거기서 주권자 삼
인을 택하여 그 셋이 일곱 차관을 뽑아 의정원에 통과시키려 합니다"라고
한 것이다.[9] 6월 25일 연설에서 한 내용과 약간의 차이가 있다. 임시의정원
회의에서 주권자 3인을 선출하고, 주권자 3인으로 하여금 7차관을 뽑자는
내용이다.

안창호가 삼두체제를 구상한 데는 두 가지 목적이 있었다고 생각된다.
하나는 노령·상해·한성에서 수립된 세 임시정부를 통일하기 위한 것이고,

다른 하나는 중국·연해주·미주지역에 흩어져 있는 교포들의 단합을 위해서였다. 집권자 3인은 노령·상해·한성에서 수립된 정부에서 각 1명씩 선출하자는 것이고, 또 중국·연해주·미주지역의 교포들을 대표할 수 있는 3인으로 하자는 것이었다. 이렇게 하면 세 곳의 임시정부를 통일할 수 있고, 동시에 중국·연해주·미주지역의 동포들을 아우를 수 있다는 것이 안창호의 생각이었다고 할 수 있다.[10]

안창호는 '삼두'를 누구로 할 것인지에 대해 밝히지는 않았지만, 자신과 이승만·이동휘를 집권자로 구상하고 있었던 것 같다. 앞에서 언급했듯이 3·1운동을 계기로 민족의 지도자로 부각된 것이 이들 3인이었다. 그리고 당시의 현실적 상황으로 보아도 이미 상해에 와서 내무총장으로 취임한 안창호 자신은 상해의 임시정부와 중국지역을, 이승만은 한성정부와 미주지역을, 이동휘는 노령의 대한국민의회와 연해주지역을 대표할 수 있는 위상을 갖고 있었다.

그러나 안창호의 삼두체제 구상은 현실화되지 못하였다. 여기에는 상해의 임시정부와 노령의 대한국민의회 사이에 서로를 견제하는 가운데 국내의 한성정부를 내세우고 있었다는 점도 작용하였지만, 가장 큰 이유는 이승만이 한성정부를 배경으로 활동을 시작하였다는 점이었다. 이승만은 6월 12일 '대한민주국 대통령 겸 집정관총재'라는 명의를 사용하여 파리강화회의에 파견되었던 김규식金奎植을 '대한민주국 대표 겸 전권대사'로 임명하였다. 그리고 임시정부의 명칭을 영어로 'Republic of Korea'라고 호칭하고, '집정관총재'를 '대통령(President)'으로 번역하여 대외적 명칭으로 삼았다.[11]

뿐만 아니라 이승만은 임시정부 수립 및 자신이 대통령이라는 사실을 국내외에 선전하고 있었다. 6월 14일 '대한공화국 대통령' 명의로 대한제국과 조약을 체결하였던 미국·영국·프랑스·이태리 등 열강정부에, 그리고 6월

27일에는 파리강화회의 의장 끌레망소(George Clemenceau)에게 한국에 '완벽한 자율적 민주정부'가 수립되었다는 것과 자신이 그 정부의 대통령으로 선출되었다는 사실을 통보한 것이다.[12]

이승만은 국내외 동포들에게도 자신이 한성정부에서 대통령으로 선출되었다는 사실을 알렸다. 7월 4일 '대한민주국 대통령선언서'를 발표하여 한성정부 대통령에 선출된 사실을 공포하였고, 13도대표자 명의로 된 국민대회 취지서와 내각명단 및 임시약법이 들어있는 선포문도 공개하였다.[13] 그리고 7월 17일 워싱턴의 메사추세츠가에 사무실을 마련하고, 한성정부의 대통령으로 본격적인 활동을 시작한 것이다.

세 임시정부의 통합추진

안창호가 세 곳 임시정부의 통일방안으로 구상한 삼두체제는 더 이상 진전되지 못하였다. 이승만이 이미 한성정부의 존재와 자신이 대통령이라는 사실을 국내외에 선전하고, 임시정부 대통령으로서 활동을 전개하고 있었기 때문이었다. 안창호가 삼두체제에 대한 구상을 이승만에게도 제의하였는지의 여부는 알려지지 않는다. 그렇지만 안창호는 이승만에게 대통령 칭호 사용을 중지하도록 요청한 사실은 있다. 8월 25일 이승만에게 다음과 같은 전문을 보낸 것이다.

> 처음의 정부는 국무총리 제도이고 한성정부는 집정관총재이며, 어느 정부에나 대통령 직명이 없으므로 각하는 대통령이 아닙니다. 지금은 집정관총재 직명을 가지고 정부를 대표하실 것이오, 헌법을 개정하지 않고 대통령 행사를 하시면 헌법위반이며 정부를 통일하던 신조를 배반하는 것이니, 대통령 행사를 하지 마시오.[14]

이승만에게 한성정부의 집정관총재로 활동할 수는 있지만, 대통령이란 이름으로 활동하지 말라는 요청이었다. 그리고 대통령으로 활동하는 것은 결과적으로 정부를 통일하는 데 방해가 된다는 것임을 강조하였다. 그러나 이승만은 이러한 요청을 단호하게 거절하였다.

> 우리가 정부승인을 얻으려고 진력하는 데 내가 대통령 명의로 각국에 국서를 보냈고, 대통령 명의로 한국사정을 발표한 까닭에 지금 대통령 명칭을 변경하지 못하겠소. 만일 우리끼리 떠들어서 행동일치하지 못한 소문이 세상에 전파되면 독립운동에 큰 방해가 될 것이며, 그 책임이 당신들에게 돌아갈 것이니 떠들지 마시오.[15]

안창호는 별다른 방도를 택할 수 없었다. 이미 이승만이 임시정부의 대통령이라는 것을 국내외에 선전하고, 또 그렇게 활동하고 있는 상황이었다. 안창호는 한성정부를 중심으로 하여 세 임시정부를 통합하고, 이승만을 대통령으로 선출하는 쪽으로 방향을 잡았다. 그렇게 밖에 할 수 없는 이유를 안창호는 8월 28일 임시의정원 회의에서 다음과 같이 밝히고 있다.

> 상해의 임시정부와 동시에 한성의 임시정부가 발표되어 이승만박사는 전자의 국무총리인 동시에 후자의 대통령을 겸하야 세상으로 하여곰 아민족我民族에게 2개 정부의 존재를 의疑케 한다. 동시에 우리 정부의 유일무이함을 내외에 표시함은 긴요한 일이니 여차如此히 하려면 상해정부를 희생하고 한성의 정부를 승인함이 온당할지라. 혁명시대를 제際하야는 피차彼此의 교통과 의사意思의 소통이 불편함으로 각기 필요에 의하여 일시一時에 이삼二三의 정부가 출현됨이 또한 불가면不可免할 사세事勢니 차此는 오직 애국심에서 출

出함이오 결코 하등何等의 사감私感이 유有함이 아니라. 이자二者에 일一을 취取한다 하면 우리 국토의 수부首府에서 조직된 정부를 승인함이 또한 의미있는 일이라.[16]

이는 안창호가 임시의정원에 출석하여 의원들에게 한성정부를 중심으로 통일을 이루자고 설득하는 내용의 일부이다. 정부를 하나로 통합해야 하는데, 이미 이승만이 한성정부의 대통령으로 활동하고 있으니, 또 한성정부가 국내에서 조직되었으니, 상해에서 수립된 정부를 희생하고 한성정부를 승인하자고 한 것이다.

안창호는 두 방향으로 일을 추진해 나갔다. 상해측 인사들을 설득하여 헌법의 개정 및 임시정부의 개조작업에 착수하였고, 다른 한편으로는 노령측에 한성정부를 중심으로 하여 통일을 이루자는 방안을 제시하고 협상을 전개한 것이다.

헌법개정과 임시정부 개조작업은 임시의정원을 통해 이루어졌다. 이를 위해 정부에서 임시의회 소집을 요구하였고, 8월 18일 제6회 임시의회가 열렸다. 정부는 집정관총재를 대통령으로 고치고, 상해의 임시정부를 한성정부의 조직안대로 하자는 정부개조안과 이에 따른 헌법개정안을 제안하였다. 의정원에서는 8월 28일부터 이에 대해 토의하였고, 9월 6일 정부에서 제출한 헌법개정과 임시정부개조안을 통과시켰다.[17]

노령측과도 한성정부를 중심으로 하여 통일을 이루자는 방안을 제시하고, 대표를 파견하여 협상을 전개하였다. 노령측에 제안한 협상안은 다음과 같다.

1. 상해와 아령에서 설립한 정부들을 일체 작소하고, 오직 국내에서 13도대

표가 창설한 한성정부를 계승할 것이니 국내의 13도대표가 민족전체의 대표인 것을 인정함이다.

2. 정부의 위치는 아직 상해에 둘 것이니 각지에 연락이 비교적 편리한 까닭이다.

3. 상해에서 설립한 정부의 제도와 인선을 작소한 후에 한성정부의 집정관 총재 제도와 그 인선을 채용하되, 상해에서 수립이래 실시한 행정은 그대로 유효를 인정할 것이다.

4. 정부의 명칭은 대한민국임시정부라 할 것이니, 독립선언 이후에 각지를 원만히 대표하야 설립된 정부의 역사적 사실을 살리기 위함이다.

5. 현재 정부 각원은 일제히 퇴직하고 한성정부가 선택한 각원들이 정부를 인계할 것이다.[18]

상해와 노령에서 수립한 임시정부는 모두 없애고, 국내에서 수립한 한성정부를 계승하는 형식으로 통일을 이루자는 것이다. 정부의 위치는 상해에 두고, 정부의 이름은 대한민국임시정부로 하자고 하였다. 그리고 상해와 노령의 각원은 모두 사퇴하고, 한성정부에서 선출한 각원으로 하여금 통합을 이룬 정부의 각원을 맡도록 하자는 것이었다.

안창호는 일단 상해에 와 있던 원세훈의 동의를 얻었다. 이어 노령에 직접 대표를 파견하였다. 내무차장 현순玄楯과 김성겸金聖謙을 블라디보스톡으로 파견하여, 대한국민의회측에 협상안을 전달하도록 한 것이다.[19] 이때 안창호가 현순에게 특별히 밀명한 것이 있었다. 대한국민의회측과 협상이 이루어지지 않더라도 "이동휘만은 꼭 배를 태워 이리로 보내라"는 것이었다.[20] 안창호는 어떻게 해서든지 이동휘를 상해로 불러오려고 하였다.

노령측에서도 한성정부를 중심으로 통합을 이룬다는데 찬성하였다. 안

세 임시정부의 통합을 추진한 임시의정원 의원들 (1919. 9)
앞줄 왼쪽부터 이유필, 신익희, 윤현진, 안창호, 손정도, 정인과, 최창식

창호가 보낸 협상안을 받고, 문창범文昌範·이동휘李東輝를 비롯한 대한국민
의회의 인사들은 8월 30일 이 문제를 협의하기 위해 의원총회를 열었다.
그리고 '한성정부를 봉대한다'는 전제하에 통일을 이루기로 하고, 그 자리
에서 만장일치로 대한국민의회의 해산을 선포하였다.[21] 자신들이 수립한
임시정부를 해산하고, 한성정부를 봉대하는 형식으로 상해의 임시정부와
의 통합을 결의한 것이었다.

　이로써 3·1운동으로 수립된 노령의 대한국민의회와 상해의 대한민국임
시정부, 그리고 국내에서 수립된 한성정부의 통합기반과 절차가 마련되었
다. 그 방법은 한성정부를 '정통정부'로 인정하고 이를 중심으로 통합한다

는 것, 정부의 각원은 한성정부의 각원을 그대로 계승한다는 것이었다. 그리고 정부의 위치는 상해에 두고, 정부의 명칭은 대한민국임시정부로 한다고 하였다.

세 임시정부의 통합과 출범

안창호가 주도하여 추진한 노령의 대한국민의회와 상해의 대한민국임시정부, 국내의 한성정부의 통합이 실현되었다. 세 정부의 통합은 임시의정원 회의를 통해 이루어졌다. 의정원에서는 9월 6일 대통령제를 중심한 헌법개정안과 집정관총재를 대통령으로 한다는 정부개조안을 통과시켰다. 그리고 9월 8일 개정된 협법에 의해 대통령 선거를 실시하여, 이승만을 대통령으로 선출하였다.[22]

대통령 선출에 이어 통합정부의 각원도 선출되었다. 정부의 각원들은 한성정부의 각원을 그대로 계승한다고 하였으므로 대통령이 관여할 수 없었다. 대통령은 이들을 임명하는 형식을 취했고, 9월 11일 통합정부가 다음과 같이 조직되었음을 선포하였다.

대통령: 이승만
국무총리: 이동휘
내무총장: 이동녕   외무총장: 박용만   군무총장: 노백린
재무총장: 이시영   법무총장: 신규식   학무총장: 김규식
교통총장: 문창범   노동국총판: 안창호[23]

이는 한성정부 각원 그대로이다. 다만 집정관총재라는 명칭이 대통령으로 바뀌었을 뿐이다. 안창호가 노동국총판이 된 것도, 한성정부에서 노동

국총판이었기 때문이다.[24] 이로써 노령의 대한국민의회와 상해의 대한민국 임시정부가 한성정부를 중심으로 통합을 이루어, 새로운 대한민국임시정부가 탄생되었다.

안창호는 통합정부를 수립하는 과정에서 대통령 대리로 선출되기도 했다. 이승만을 임시대통령으로 선출한 의정원에서 안창호를 대통령 대리로 선출한 것이다. 가장 큰 이유는 이승만이 미국에 있다는 것 때문이었다. 그리고 안창호가 그동안 국무총리 대리로 사실상 원수元首의 직을 수행해 왔다는 것, 또 당시 인물로 보더라도 안창호를 제외하고는 적임자를 찾기 어렵다는 이유도 있었다. 의정원에서 대통령 대리로 선출하였지만, 안창호는 대통령 대리를 사퇴하였다. 그 이유를 『독립신문』은 다음과 같이 추정하고 있다.

> 만일 안창호씨가 정부개조를 주창하야 이박사를 대통령으로 추천한 후에 자기가 몸소 대통령대리가 되면 세상의 오해도 불무不無할지니 모처럼 국민의 통일을 위하야 막대한 희생과 노력으로써 성成한 사업이 일부국민一部國民의 상술上述한 반감反感으로 하야 수포에 귀歸할가 외구畏懼함이 아마 씨氏의 심사心思일지라.[25]

안창호로서는 대통령 대리직을 수락하기가 어려웠다. 자신이 세 임시정부의 통합을 주도하였고, 이승만을 대통령으로 선출해 놓았는데, 자신이 대통령 대리를 할 수 없었던 것이다. 더욱이 안창호는 세 임시정부의 통합을 추진하면서, '지방열을 가지고 있다'거나 '야심을 가지고 있다'는 비판을 받기도 하였다. '상술한 반감'이란 이를 말하는 것이었다. 이러한 현실에서 대통령 대리를 수락하면, 그동안 애써서 성사시킨 통일도 수포로 돌아갈 우려도 없지 않았다.

세 정부의 통합은 이루어졌지만, '통합정부'는 곧바로 출범하지 못하고 있었다. 우선 대통령으로 선출된 이승만이 상해에 부임하지 않았다. 이승만은 국무총리 이동휘가 부임한 후 "원동遠東의 일은 총리總理가 주장主張하여 하고 중대重大한 사事만 여余와 문의하여 하시오. 구미歐美의 일은 여余의게 임시로 전임全任하시오, 중대한 사事는 정부와 문의하겠소"라는 전문을 보내,[26] 상해의 일은 국무총리가, 미주의 일은 대통령인 자신이 담당하되 중요한 일은 서로 상의하자는 뜻을 전해왔다. 자신은 미국에 있으면서 상해에 있는 임시정부의 대통령직을 수행하겠다는 것이었다.

국무총리 이동휘도 상해에 왔지만, 한 달여 이상 취임하지 않고 있었다. 이동휘는 안창호가 파견하였던 현순·김성겸과 함께 9월 18일 상해에 도착하였다. 그러나 국무총리 취임을 보류하고 있었다. 주요한 이유는 상해에 도착하여 이승만의 위임통치청원 사실을 알게 되었고, 이를 근거로 하여 이승만에 대해 '독립정신이 불철저한 썩은 대가리'라고 공격하면서, 이승만 밑에서 총리가 될 수 없다는 것이었다.[27]

각원들의 취임도 늦어지고 있었다. 내무총장 이동녕과 재무총장 이시영은 북경에, 법무총장 신규식은 항주에 머물고 있었고, 군무총장 노백린과 학무총장 김규식은 미국에 있었다. 그리고 외무총장으로 선출된 박용만은 북경을 근거로 활동하면서 임시정부 참여자체를 거부하였고, 교통총장 문창범은 뒤에서 언급할 승인 개조문제를 제기하며 취임하지 않았다. 각원 중 상해에는 블라디보스톡에서 도착한 국무총리 이동휘와 노동국총판 안창호 두 사람 뿐이었다.

'통합정부'가 출범하는 데는 두 달이 걸렸다. '통합정부'의 출범이 지연되자, 안창호는 한성정부 수립을 주도하였던 홍진洪震 등 여러 인사들과 더불어 조속한 출범을 위한 노력을 기울였다. 국무총리에게 조속히 취임하도록 종용하였지만, 이동휘는 다른 각원들과의 합동취임을 내세우며 취임을 보류하였다. 안창호는 신익희를 항주로 보내 신규식을 청해 오고, 북경으로는 현순을 파견하여 이동녕과 이시영을 오게 하였다. 이동휘는 취임을 더이상 미룰 수 없는 상황이 되었다.

각부 총장들이 상해로 집결하면서, 국무총리가 취임을 받아들였다. 그리고 11월 3일 국무총리 이동휘를 비롯하여 내무총장 이동녕, 법무총장 신규식, 재무총장 이시영, 노동국총판 안창호가 참여한 가운데 취임식을 거행하였다.[28] 이로써 9월 11일 '통합정부'의 수립이 선포된 지 50여 일만인 11월 3일 '통합정부'가 공식적으로 출범하게 되었다.

'통합정부'의 출범은 커다란 의미를 갖는다. 일제에게 나라를 빼앗긴 지만 9년만에 민족을 대표하는 유일한 정부를 수립하였다는 데 그 의미가 있다. 그리고 3월 1일 독립을 선언한 후 노령·상해·국내의 세 곳에서 각각의 기반을 갖고 수립된 임시정부가 하나로 통합을 이루면서, 민족의 독립운동 역량을 총결집한 것이기도 하였다. 세 정부가 통합을 이루기까지에는 노령이나 상해측의 희생이 중요한 전제가 되었지만, 안창호의 역할이 무엇보다도 컸다.

'통합정부'가 갖는 또다른 의미도 있다. 3·1운동 이후 민족의 지도자로 부각된 이승만·안창호·이동휘 세 사람이 한 조직체의 구성원으로 활동하게 되었다는 점이다. 이는 삼두체제를 구상하고 있던 안창호가 의도적이고 계획적으로 추진한 결과가 아닌가 한다. 안창호가 위임통치문제로 비난을 받고 있던 이승만을 국무총리로 인정하고 그를 대통령으로 선출한 일, 그리고 대한국민의회와 협상이 결렬되더라도 이동휘만은 꼭 데리고 오라고 한 것 등이 그러한 생각을 갖게 한다.

1920년 새해를 맞아 한 자리에 모인 대한민국 임시정부 요인들 (1920. 1. 1)
둘째 줄 가운데 신규식, 이동녕, 이동휘, 이시영, 안창호

사퇴와 임시정부의 파국

승인·개조를 둘러싼 갈등

1919년 11월 3일 국무총리를 비롯한 각원들이 취임하면서 '통합정부'가 출범하였지만, '통합정부'는 곧바로 그 기능을 상실하게 되었다. 뿐만 아니라 정부도 제대로 운영되지 못하였다. 여기에는 여러 가지 요인들이 있었다. 그 중의 하나가 노령의 대한국민의회측에서 제기한 '승인 개조'문제이다.

통합의 한 축이었던 노령의 대한국민의회측에서 '승인 개조' 문제를 제기하였다. 노령측은 상해와 노령의 정부를 모두 해산하고 한성정부를 승인하는 전제하에 통합에 찬동하고 대한국민의회를 해산하였는데, 상해에 와

보니 상해의 임시의정원은 해산하지 않은 채 그대로 존속하고 있다는 것이고, 또 통합정부도 한성정부의 봉대가 아닌 개조의 형식을 취하였다며 문제를 제기하고 나섰다.[29]

이러한 문제는 통합정부를 선포한 후 한 달여만에 제기되었다. 10월 20일 교통총장에 선임된 대한국민의회 의장 문창범과 원세훈이 상해에 도착하여, 승인 개조 문제를 제기한 것이다. 이들은 대한국민의회와 상해의 임시의정원이 동시에 해산하기로 한 것이 아니냐, 그리고 상해의 임시정부나 의정원이 정부를 개조하거나 헌법을 제정할 권한이 없다고 하면서 안창호에게 개조의 책임을 추궁하였다.

이로써 노령과 상해측 사이에 '승인 개조'를 둘러싸고 논쟁이 일어났다. 이는 상호 불신으로 확대되었고, 대한국민의회가 통합을 파기하는 것으로 결말이 났다. 문창범·원세훈 등 노령측 인사들은 상해측이 '개조'라는 기만적인 방법으로 대한국민의회를 해산케 하였고, 이동휘를 속여 국무총리에 취임케 하였다고 하면서, 1920년 2월 해산한 대한국민의회의 재건을 선언하였다.[30] 대한국민의회가 재건을 선언함으로써, 사실상 통합을 파기한 것이나 다름없었다. 이로써 통합정부는 상해와 노령의 이동휘를 중심한 한인사회당 세력 일부만 참여한 부분적 통합에 그친 결과가 되었다.

안창호는 '승인 개조' 문제에 대해 해명하였다. 의정원 의원들이 그 전말에 대해 질문하자, 그 과정을 밝힌 것이다. 안창호는 집정관총재를 대통령으로 바꾸고 한성정부를 개조하게 된 경위에 대해 '국무총리이거나 집정관총재이거나 대통령이거나 그 최고 주권을 행사함에는 동일하다'는 점을 강조하면서, 세 정부를 통일하는 데는 "한성의 정부를 개조하고 이승만박사를 대통령으로 선거하는 외에 통일의 길이 없었다"라는 내용으로 해명하였다.[31]

이승만도 대통령 칭호 채택 및 정부개조에 반대하고 집정관총재라는 명칭을 사용하면서, '개조' 문제를 제기하기도 하였다. 이승만은 1919년 12월 30일 신규식에게 편지를 보내 "당초 집정관총재라고 하는 것은 대통령과 동칭인데 어찌 그것을 개조하려고 합니까"라고 하여,[32] 대통령 칭호에 대한 반대의사를 밝혔다. 그리고 대통령 명의를 사용하지 않고, 집정관총재라는 명칭을 사용한 것이다.

이승만이 '개조' 문제를 제기하고, 또 대통령 칭호를 쓰지 않고 집정관총재를 사용한 데는 나름대로의 이유가 있었던 것 같다. 『태평양잡지』에 실린 "이것을(대통령) 만들어 놓고 전보와 편지로 말하기를 안모씨(안창호: 필자)가 당신을 대통령으로 만들었으니 모씨와 악수하야 그의 뜻을 준행하라고 한 적이 여러 번인 것을 다 아는지라"라는 글이 그것을 짐작케 한다.[33] 대통령이란 칭호를 사용하면, 그것을 만들어 준 안창호에게 구속될 수 있다는 염려가 있었던 것이다.

당황한 것은 안창호였다. 안창호는 이승만이 한성정부의 집정관총재를 대통령으로 사용하자 그것을 중지하도록 요청한 일이 있었다. 그렇지만 이승만이 이를 중지할 수 없다고 하자, 한성정부를 개조하는 형식으로 통합정부를 수립하고, 헌법을 개정하면서까지 이승만을 대통령으로 선출하였다. 그런데 대통령으로 선출하고 나니, 대통령이란 명칭을 사용하지 않고, 집정관총재를 사용하면서, 임시정부를 개조하였다고 비판한 것이다.

이로써 '통합정부' 수립을 통해 일단락 되었던 대통령 칭호 문제가 또다시 대두되었고, 상해의 임시정부측과 대통령 사이에 수많은 논쟁이 오갔다. 그 중에서도 통신원 현순은 이승만에게 "의정원에서 대통령으로 추선推選하였지 집정관총재로 추선치 아니하였다"는 임시정부측의 공론을 전하면서, "공문이나 전보가 올 때 집정관총재 명의만 있으면 사리의 이해곡직을 불문하고 망패妄悖한 언사까지 있어서 이동휘 왈 '대가리가 썩었다'하며 안창호 왈 '정신병 들린 자'라 한다"는 내용의 편지를 보내기도 하였다.[34]

이와같이 '통합정부'는 수립 직후부터, 또 정식으로 출범하기 전부터 '승인 개조' 문제에 휩싸였다. 그리고 이를 둘러싸고 노령측과 상해측 사이에 불신이 확대되었고, 해산을 선언하였던 대한국민의회가 재건을 선언함으로써 '통합'은 그 의미가 축소되고 말았다. 여기에 대통령 이승만도 '개조' 문제를 제기하고, 대통령 명칭 대신에 집정관총재를 사용하면서, 대통령과 상해의 임시정부측 사이에도 갈등과 대립이 일어났다.

대통령과 국무총리의 갈등

정부내에서도 대통령 이승만과 국무총리 이동휘 사이에 대립과 불화가 일어났다. 대통령과 국무총리 사이의 대립은 '통합정부' 출범 당시부터 표면화되었다. 상해에 도착한 이동휘는 이승만의 위임통치청원을 비판하면서 국무총리 취임을 미루고 있었다. 그리고 이승만을 '썩은 대가리'라고 공격하면서, 이승만 밑에서는 국무총리가 될 수 없다고 한 것이다.

이승만은 상해에서의 비난에 관계없이 미국에서 독자적으로 활동하고 있었다. 그는 상해에 부임하지 않고, 통신원들이 보내오는 편지를 통해 임시정부의 실정을 파악하면서 대통령으로 활동하였다. 그렇지만 대통령이란 명칭 대신에 집정관총재라는 명칭을 사용하면서 마찰을 불러 일으켰다. 그리고 상해의 각원들과 상의없이 독립공채를 발행하면서, 자신이 설립한 구미위원부를 기반으로 재정권을 장악하고 있었다.[35]

대통령과 국무총리의 대립은 임시정부를 파국으로 몰고 갔다. 국무총리가 공개적으로 대통령에 대한 축출을 시도한 것이다. 이동휘는 1920년 5월 자신의 측근인 국무원 비서장 김립金立을 비롯하여, 이승만에 대해 강한 불

만을 갖고 있던 윤현진尹顯振·이규홍李圭洪·김철金澈·김희선金義善·정인과鄭
仁果 등 젊은 차장들로 하여금 대통령 불신임안을 제출토록 하였다.[36] 국무
총리에 의한 대통령 축출이 시도되면서, 임시정부는 파국의 상황으로 치닫
게 되었다.

안창호는 이러한 상황을 보면서, 대통령에 대한 축출만큼은 막아야 한
다고 생각하였다. 그는 대통령 축출을 추진하고 있는 차장들을 찾아다니며
불신임안 철회를 종용하였다.[37] 내무총장 이동녕·재무총장 이시영도 이를
지지하고 나섰다. 이로 인해 국무총리와 각원들 사이에도 충돌이 일어났
다. 각원들이 반대하고 나서자, 이동휘는 1920년 6월 18일 이승만에 대한
불신임 이유서와 국무총리직 사퇴서를 총장들에게 송부하고 중국 산둥반
도의 위해위威海衛로 떠나버렸다.

'통합정부'는 정치적 위기를 맞게 되었지만, 일단 수습되었다. 국무총리
가 돌아오고, 1920년 12월에는 대통령 이승만도 상해에 부임하여 1921년
1월 신년축하식을 계기로 공식적인 집무를 시작한 것이다. 그리고 대통령
의 부임과 함께 미국에 있던 학무총장 김규식과 군무총장 노백린도 상해에
도착하였다. 이로써 '통합정부' 수립 후 처음으로 대통령과 국무총리를 비
롯한 각원들이 한 곳에 집결하여 임시정부를 운영할 수 있게 되었다.

그러나 대통령과 국무총리의 갈등과 불신은 해소되지 못하였다. 이들은
정치적 이념과 독립운동 노선에도 커다란 차이가 있었다. 1918년 한인사회
당을 결성하여 활동하던 이동휘는 국무총리로 부임한 이후에도 상해의 인
사들에게 공산주의를 선전하면서 세력을 규합하고 있었고, 만주와 연해주
지역의 독립군들을 기반으로 무장투쟁을 전개할 것을 주장하고 있었다. 이
승만은 소련과의 협력은 조국을 공산주의 국가의 노예로 만들자는 것이나
다름없다며, 미국을 배경으로 한 외교독립노선을 주장한 것이다.

대통령과 국무총리가 한 자리에 모였지만, 대립과 불신은 더욱 격화되었다. 국무회의에서도 대통령과 국무총리 사이에 의견의 충돌이 잦았다. 이러한 충돌은 결국 국무총리가 사임하는 것으로 비화되었다. 1921년 1월 24일 이동휘는 "쇄신의안을 국무회의에 제출했는데 한마디 심의도 없이 묵살하는 고로 자신의 실력으로는 이 난관을 헤쳐나가기 어렵다"는 것을 이유로 국무총리직을 사임하였다.[38]

국무총리에 이어 각원들의 사퇴도 이어졌고, 대통령 사임에 대한 요구도 일어났다. 군무총장 노백린의 경우는 "나는 이승만 밑에서의 군무총장이 아니고 한성정부의 군무총장인 고로 시베리아로 간다"며, 이승만과의 결별을 선언하고, 동시에 대통령직 사퇴를 요구하였다.[39] 뿐만 아니라 이승만에 대한 성토문을 발표하려는 움직임도 일어났다.

안창호는 사태수습 방안을 강구하였다. 그 방법은 대통령의 사임이라고 판단, 이승만에게 대통령 사임을 권고하였다.

대통령을 방訪하야 전자前者에 위임통치문제로 외면外面에서 성토聲討한다 떠든 즉 그냥 대통령위大統領位에 좌坐하엿다가는 불호不好한 광경을 당하고 축출逐出하야 국국國局이 와해瓦解하고 아령俄領과는 영원히 결렬을 작作할지니 당신이 자발적으로 사직을 제출하고 다시 이동휘와 악수하야 독립운동을 계속 진행케 하자.[40]

안창호는 대통령이 가만있다가는 축출을 당할 것이고, 그렇게 되면 연해주 세력과는 영원히 결별될 것이라고 보았던 것 같다. 그렇게 되지 않기 위해 일단 대통령이 스스로 사직하고, 이동휘와 다시 손잡는 것이 독립운동을 계속할 수 있는 방법이라고 생각한 것이다. 이승만도 사직하기로 마음

을 먹고 3월 5일 상해를 떠나 남경으로 향했다.[41]

그러나 이승만은 사직을 번복하고 임시정부 조직을 정비하였다. 그는 몇 몇 각원들의 압력으로 대통령직을 사퇴할 수 없다며, 사퇴한 국무총리와 각원들을 면직시켰다. 그리고 5월 초에 법무총장 신규식으로 하여금 국무 총리를 겸임토록 한 것을 비롯하여 손정도(교통), 조완구(내무), 이희경(외무), 김인전(학무), 이시영(노동국총판), 신익희(국무원비서장), 홍진(의정원의장) 등을 새로이 임명하였다.[42] 주로 기호지역 인사들을 중심으로 내각을 조직한 것 이다. 이로써 이동휘와 안창호를 대표로 하는 서북지역 인사들이 사퇴한 가운데, 기호지역 인사들이 임시정부를 장악하게 되었다.

임시정부를 떠나다

대통령이 정부를 다시 조직하여 파국을 수습하려고 하였지만, 임시정부는 더욱 더 심각한 파국으로 치달았다. 그동안 정부 밖에서 이승만을 비판하 던 인사들이 그 화살을 임시정부로 돌린 것이다. 위임통치문제를 이유로 이승만을 비판하던 세력들이 상해와 북경을 중심으로 활동하고 있었다. 이 들이 이승만에 대한 성토와 함께 임시정부를 부정하기 시작하면서, 임시정 부는 더 큰 혼란에 빠져들게 되었다.

수립 당시부터 이승만을 비판하던 세력들이 임시정부로 화살을 돌린 것 은 1921년 초부터였다. 1921년 2월 상해와 북경에서 활동하던 박은식·원 세훈·왕삼덕 등 14명이 '우리 동포에게 고함'이란 성명을 발표한 것이 그 계기였다고 할 수 있다. 이들은 이를 통해 임시정부의 무능과 분열을 비판 하면서, '통일적 강고한 정부조직'과 '독립운동의 최량방침 수립'을 위한 국 민대표회의 소집을 요구하고 나섰다.[43] 이승만을 중심으로 한 임시정부에 대한 무능과 불만을 정면으로 제기한 것이었다.

이승만에 대한 성토와 함께 임시정부에 대한 비난도 일어났다. 1921년 4월 19일 박용만·신숙 등이 북경에서 국내외 단체대표들을 참여시켜 군사통일회의를 개최하면서, "아我 이천만 형제자매를 향해 이승만과 정한경이 대미 위임통치청원 곧 매국매족의 청원을 제출한 사실을 들어 그 죄를 성토한다"로 시작되는 성토문을 작성, 54명의 공동명의로 발표한 것이다.[44] 이 성토문은 이승만에게만 한정되지 않았다. 안창호와 임시정부에 대한 비판도 제기되었다.

> 위임통치청원에 대하야 재미在美 국민회중앙총회장國民會中央總會長 안창호는 동의同意던지 묵인黙認이던지 해회該會의 주간자主幹者로서 이정李鄭(이승만과 정한경: 필자)등을 대표로 보내어 해청원該請願을 올리엇으니 그 죄책罪責도 또한 용서할 수 없으며 상해의정원上海議院이 소위 임시정부를 조직할 때에 발서 전파傳播된 위임통치청원 운운의 설說을 이등李等과 사감私憾있는 자者의 주출做出이라 하야 철저히 사핵査核하지 않고 이승만을 국무총리로 추정推定함도 천만千萬의 경거輕擧어니와 제2차 소위내각所謂內閣을 개조할 때에는 환하게 해청원該請願의 제출이 사실됨을 알엇는데 마츰내 이승만을 대통령으로 선거한 죄는 더 중대하며 …….

위임통치청원 문제와 관련하여 안창호도 책임이 있다고 하였다. 국민회중앙총회장으로 이승만을 대표로 선정한 것이 위임통치청원을 동의 또는 묵인한 것이 아니냐는 것이었다. 그리고 임시정부 수립 당시에 위임통치문제를 철저히 조사하지 않고 이승만을 국무총리로 선출한 것도 경솔하거니와, 더욱이 그 사실을 뻔히 알게 된 후에도 이승만을 대통령으로 선출한 것은 더 중대한 죄가 된다고 하였다.

이승만과 임시정부에 대한 비난은 임시정부를 부정하는 것으로 확대되었다. 1921년 4월 27일 북경의 군사통일회의에서 임시정부와 임시의정원을 총체적으로 부정한다는 불신임안을 결의한 것이다.[45] 이들은 임시정부에 대한 불신임을 결의한 것 뿐만 아니라, 1919년 4월 국내에서 발표된 대조선공화국임시정부의 계통을 잇는 새로운 정부를 조직하자고 하였고, 이를 위해 국민대표회의 개최를 결의하기도 하였다. 그리고 이들은 신성모申性模를 상해로 보내 임시정부측에 이를 통보하였다.

안창호는 임시정부가 처한 이러한 내외적인 상황을 타개할 방도를 찾지 못했다. 그렇다고 임시정부를 현상태 그대로 유지할 수도 없다고 보았다. 더욱이 이승만이 기호세력을 중심으로 정부를 재조직하면서, 안창호는 정부 각원에서도 제외되었다. 안창호는 다른 방도를 찾고자 하였고, 1921년 5월 11일 노동국총판을 사임하였다.[46] 이로써 안창호는 1919년 6월 28일 내무총장에 취임한 이래 2년여만에 임시정부를 떠났다.

안창호가 찾고자 한 방도는 국민대표회의 소집이었다. 그는 임시정부를 떠난 다음날인 5월 12일 연설회를 개최하고, "우리 독립운동은 우리 민족의 손으로는 성공이 불능하며 미국이 원조해주지 않으면 안된다고 하여 미국만 우러러보고 있소. 그러나 이것은 독립정신을 위배하는 것이오"라고 하여, 이승만의 노선을 정면으로 비판하면서, 임시정부에 대한 해결책과 민의의 통일을 위한 국민대표회의 소집을 요구한 것이다.[47]

이승만도 임시정부를 떠났다. 이승만은 협성회를 조직하여 자신에 대한 반대세력에 정면으로 대응하였지만, 북경과 상해를 중심한 반대세력들의 압력은 더욱 강화되어 갔다. 북경에서 모험단원 10여 명이 상해로 왔고, 이들은 이승만을 비롯한 정부 각원의 총사직을 강요하면서, 비상수단을 취하려고 하였다. 이에 이승만은 5월 17일 '외교상의 긴급과 재정상의 절박'으

로 인해 상해를 떠난다는 교서를 남기고 잠적하였다가, 5월 29일 비밀리에 미국으로 향했다.[48]

이로써 3·1운동 이후 민족의 지도자로 부각된 이동휘·안창호·이승만이 임시정부로 모여 함께 활동하다가 차례로 모두 떠나게 되었다. 이들이 임시정부로 모일 수 있었던 것을 안창호의 삼두체제 구상에 의한 것이라고 단언하기는 어렵지만, 무관하다고 볼 수도 없다. 집권자 3인으로 임시정부를 구성하고 운영하려던 안창호의 구상은 어느 정도 실현되었지만, 그것은 임시정부를 파국으로 몰아간 결과가 되고 말았다.

임시정부의 활동기반 마련

안창호는 1919년 6월 28일 임시정부 내무총장으로 취임한 이래, 1921년 5월 11일 노동국총판을 사임할 때까지 2년여 동안 임시정부에서 활동하였다. 이동안 안창호는 국무총리 대리로 사실상 행정수반의 역할을 담당하였고, 주요 지도자로서 임시정부를 이끌었다.

내무총장에 취임하면서, 안창호가 당면한 문제는 크게 네 가지였다. 하나는 임시정부가 수립되었지만 국무총리와 총장을 비롯하여 각원 대부분이 상해에 있지 않은 점, 둘째는 위임통치청원 문제로 국무총리 이승만이 불신임받고 있는 점, 셋째는 노령·상해·한성에서 수립된 세 개의 정부가 존재하고 있다는 점, 넷째는 노령의 대한국민의회측이 상해의 임시정부측에 통합을 제의한 것 등이었다.

안창호는 우선 임시정부의 체제를 갖추고자 하였다. 자신이 내무총장 취임을 결정하고, 위임통치 문제를 해명하면서 이승만을 국무총리로 인정할 것을 호소하였다. 그리고 국무총리를 대리하면서 차장들을 중심으로 조직을 갖추고, 임시정부 청사를 마련하는 한편, 임시의정원에 출석하여 임시정부를 이끌어갈 시정방침을 밝혔다. 이로써 임시정부가 본격적으로 활동할 수 있게 되었다.

임시정부를 운영하기 위한 방안으로 삼두체제를 구상하였다. 삼두체제는 세 명의 집권자가 임시정부를 운영하자는 것으로, 일종의 집단지도체제라고 할 수 있다. 삼두체제의 구상은 노령·상해·한성에서 수립된 세 임시정부를 통일하고, 노령측이 제의한 통합을 이룰 수 있는 방안이었다. 또 중국·연해주·미주지역의 교포들을 단합하기 위한 방안이기도 했다. 삼두를 누구로 할 것인지는 밝히지 않았지만, 자신과 이승만·이동휘 3인을 상정하였던 것 같다. 이들은 세 곳의 임시정부를 대표할 수 있는 인물이었고, 동시에 중국·연해주·미주지역을 대표하는 인물이기도 했다. 그러나 이승만이 한성정부의 존재를 국내외에 알리고, 그 대통령으로 활동하면서, 삼두체제 구상을 실현시킬 수 없게 되었다.

안창호는 한성정부를 중심으로, 세 임시정부를 통합하였다. 이승만이 한성정부의 대통령으로 활동하고 있는 상황이 크게 작용한 것이었다. 이승만에게 통일에 방해된다며 대통령 칭호 사용중지를 요청하였지만, 이승만이 이를 거절하고 한성정부의 대통령으로 활동하고 있었던 것이다. 안창호는 노령측에 협상안을 제시하는 한편, 한성정부의 집정관총재를 대통령으로 고치고 각원을 그대로 계승한다는 내용의 정부개조안과 헌법개정안을 만들었다. 그리고 1919년 9월 11일 노령·상해·한성 세 정부의 통합을 실현시켰다.

통합을 추진하면서, 안창호는 삼두체제 구상을 버리지 못했던 것 같다. 노령측과의 협상을 위해 현순을 파견하면서, 이동휘만은 꼭 데려오라는 밀명을 내렸다는 것이 그런 생각을 갖게 한다. 이승만은 대통령으로 선출될 것이고, 자신은 상해에 있었다. 결국 이들 세 명이 통합을 이룬 임시정부에서 대통령·국무총리·노동국총판으로 함께 활동할 수 있는 기회를 마련하였다.

그러나 세 지도자는 융합하지 못하였고, 그것이 임시정부를 파국으로 몰아가는 결과가 되었다. 지역적 기반·정치적 이념·독립운동노선 등에서 커다란 차이가 있었다는 것이 주요한 요인이었지만, 상호 대립과 불신도 크게 작용하였다. 이동휘는 위임통치문제를 두고 이승만을 지도자로 여기지 않았다. 그리고 이승만이 한성정부의 대통령으로 행사하여, 헌법을 개정하면서까지 대통령으로 선출하였지만, 선출된 후에는 대통령이 아닌 집정관총재 칭호를 사용한 것이다. 대통령 칭호를 사용하면, 그것을 만들어 준 안창호에게 구속될 수 있다는 염려가 작용한 것이었다. 세 지도자는 출발전부터 서로 대립·갈등·불신을 일으켰고, 결국 이동휘가 국무총리직을 사퇴하고, 이어 안창호와 이승만도 떠났다. 이로써 임시정부는 그 조직을 유지할 수 없을 정도로 어려운 상황과 파국을 맞게 되었다.

안창호가 2년여 동안 임시정부를 이끌면서 보여준 지도자로서의 면모는 '통일'과 '단합'이었다고 생각한다. 3·1독립선언과 임시정부 수립은 국내외 각지로 흩어져 있던 한민족의 통일과 단합을 이룰 수 있는 좋은 기회였다. 삼두체제는 이를 위한 방안이었다. 불완전 하지만, '통일정부'를 수립하면서 안창호는 이승만·이동휘와 함께 삼두체제의 기회를 마련하였다. 그러나 상호 대립·갈등·불신이 일어나면서 '통일'과 '단합'은 이루어지 못하였고, 임시정부를 파국으로 몰아간 결과가 되고 말았다.

1   조동걸, 「임시정부수립을 위한 1917년의 대동단결선언」, 『한국학논총』 9, 국민대 한국학연구소, 1987, 131쪽.

2   윤대원, 『상해시기 대한민국임시정부 연구』, 서울대 출판부, 2006, 39쪽.

3   「臨時議政院紀事錄」(국사편찬위원회, 『대한민국임시정부자료집』 2, 2005, 17쪽).

4   「독립운동방침」(도산안창호선생기념사업회, 『島山安昌浩全集』 6, 77쪽).₩

5   「內務總長 安昌浩의 施政方針演說」(『도산안창호전집』 6, 83쪽).

6   이명화, 『도산안창호의 독립운동과 통일노선』, 56쪽.

7   반병률, 「대한국민의회와 상해임시정부의 통합정부 수립운동」, 『한국민족운동사연구』 2, 1988, 98쪽.

8   「독립운동방침」(『도산안창호전집』 6, 78쪽).

9   「내무총장에 취임하면서」(『도산안창호전집』 6, 80~81쪽).

10   박만규, 「초기 임시정부의 체제정비와 안창호」, 『도산사상연구』 6, 1997, 157쪽.

11   한시준, 「이승만과 대한민국임시정부」, 『이승만연구』, 연세대 출판부, 2000, 168쪽.

12   유영익, 『이승만의 삶과 꿈』, 중앙일보사, 1996, 148쪽.

13   『신한민보』 1919년 7월 10일자, 「대한민주국 대통령선언서」.

14   김원용, 『재미한인50년사』(독립운동사편찬위원회, 『독립운동사자료집』 8, 1971, 859쪽).; 주요한, 『안도산전서』 상, 범양사, 1990, 222쪽.

15   김원용, 『재미한인50년사』, 위와 같음.

16   『獨立新聞』 1919년 9월 2일자.

17   「臨時議政院紀事錄 제6회」(국사편찬위원회, 『대한민국임시정부자료집』 2, 2005, 39~46쪽).

18   반병률, 「대한국민의회와 상해임시정부의 통합정부 수립운동」, 105~106쪽.

19   『독립신문』 1919년 9월 6일자, 「我政府特派員의 一行」.

20   현순, 『My Autobiography』, 연세대 출판부, 2003, 135쪽.

21   반병률, 「대한국민의회와 상해임시정부의 통합정부 수립운동」, 107쪽.

22   「臨時議政院紀事錄 제6회」(『대한민국임시정부자료집』 2, 47쪽).

23   『독립신문』 1919년 9월 16일자, 「新內閣成立」.

24   『도산안창호전집』 6, 61쪽. 1919년 4월 23일 국민대회 명의로 발표된 한성정부의 각원은 다음과 같다. 집정관총재: 이승만, 국무총리: 이동휘, 내무부총장: 이동녕, 외무부총장: 박용만, 재무부총장: 이시영, 재무부차장: 한남수, 교통부총장: 문창범, 군무

부총장: 노백린, 법무부총장: 신규식, 학무부총장: 김규식, 노동국총판: 안창호, 참모부총장: 유동열, 참모부차장: 이세영.

25 위와 같음.

26 『大韓民國臨時政府公報』 제7호. 1919년 11월 17일(국사편찬위원회, 『대한민국임시정부자료집』 1, 2005, 65쪽).

27 반병률, 『성재 이동휘 일대기』, 범우사, 1998, 215쪽.

28 『독립신문』 1919년 11월 4일자, 「國務總理三總長 就任式의 光景」.

29 반병률, 「대한국민의회와 상해임시정부의 통합정부 수립운동」, 109~110쪽.

30 반병률, 위의 글, 116~117쪽.

31 『독립신문』 1920년 3월 25일자. 「安總辦의 國民議會事件顚末演說」.

32 연세대 현대한국학연구소, 『雩南李承晩文書』 東文篇 16, 1998, 53쪽.

33 문순익, 「정부와 주권자의 구별」, 『태평양잡지』 10월호, 27쪽.

34 1920년 1월 17일자로 현순이 이승만에게 보낸 편지(『雩南李承晩文書』 東文篇 18, 320쪽).

35 고정휴, 『이승만과 한국독립운동』, 연세대 출판부, 2004, 124쪽.

36 반병률, 『성재 이동휘 일대기』, 286쪽.

37 「도산일기」 1920년 5월 15·16·17일(『島山安昌浩全集』 4, 912~918쪽).

38 『독립신문』 1921년 1월 27일자. 「國務總理辭職說」.

39 국회도서관, 『韓國民族運動史料』 3·1운동편 1, 1977, 924쪽.

40 「도산일기」 1921년 2월 27일(『島山安昌浩全集』 4, 985쪽).

41 유영익, 『이승만의 삶과 꿈』, 156쪽.

42 연세대 현대한국학연구소, 『雩南李承晩文書』 東文篇 6, 342~354쪽

43 국회도서관, 『한국민족운동사료』 중국편, 1976, 276~277쪽.

44 연세대 현대한국학연구소, 『우남이승만문서』 동문편 8, 263~265쪽.

45 『大同』 제3호, 1921년 7월 9일(이화장 소장).

46 『大韓民國臨時政府公報』 제21호, 1921년 5월 31일(국사편찬위원회, 『대한민국임시정부자료집』 1, 106쪽).

47 국회도서관, 『한국민족운동사료』 3·1운동편 1, 549쪽.

48 한시준, 「이승만과 대한민국임시정부」, 194~195쪽.

2부

임시정부의
행정수반을 지낸 지도자

주석 김구

제2대 대통령 박은식

국무령 홍진

초대 대통령 이승만

초대 대통령
이승만

1919년 3월 1일 독립선언과 더불어 민족의 대표자로 부각된 인물들이 있다. 대표적 인물이 이승만(1875~1965)이다. 3월 1일 '독립국'임을 선언한 독립선언 직후 국내외 각지에서 모두 8개의 임시정부가 수립되었고, 이 중 정부로서의 조직과 각원 명단을 발표한 것은 6개 정부였다. 6개 정부에서 모두 행정수반 급으로 추대된 인물은 이승만 뿐이었다는 점에서 그렇다.

이승만은 1919년 4월 11일 중국 상해에서 수립된 대한민국 임시정부에서 국무총리로 선출되었다. 이후 대한민국 임시정부는 연해주에서 수립된 대한국민의회와 국내에서 수립된 한성정부와 통합을 이루었고, 1919년 9월 11일 대통령 중심제를 핵심으로 한 헌법을 개정하였다. 이때 국무총리였던 이승만이 초대 대통령으로 선출되었다. 이후 이승만은 1925년 3월 대통령직을 탄핵당할 때까지 6년 가까이 대통령으로 활동하였다.

대통령에 선출되었지만, 이승만은 상해로 부임하지 않고 미국에 있었다. 상해에 부임하여 활동한 것은 1920년 12월부터 1921년 5월까지 6개월 동안으로 나머지 대부분은 하와이와 워싱턴에 있으면서 대통령직을 수행하였다. 정부는 상해에, 대통령은 미국에 있었던 것이다. 상해와 미국은 지구의 반대편에 위치하여 있었고, 그 사이에는 태평양이 가로놓여 있었다.

이 글에서는 이승만이 대한민국 임시정부의 대통령으로 수행한 활동과 역할을 살펴보려고 한다. 우선 이승만이 대한민국 임시정부의 대통령으로 선출되는 과정, 그가 미국에 있으면서 상해에 소재하고 있던 대한민국 임시정부의 대통령직을 수행한 실상, 그리고 이승만에 대한 반대운동과 1925년 대통령직에서 탄핵 면직되는 과정에 대해 언급하려고 한다.

임시정부 수립과 이승만

한성정부의 집정관 총재

이승만이 한민족 독립운동의 주요 지도자로 부각된 것은 3·1운동 직후였다. 3·1운동은 전 민족이 일치단결하여 조국독립에 대한 열망과 의지를 표출시킨 거족적인 독립운동이었고, 그 산물의 하나로서 임시정부를 탄생시켰다. 3·1운동을 계기로 국내외 각지에서 임시정부가 수립되었는데, 그 과정에서 이승만이 대표적인 지도자로 부상한 것이다.

3·1운동이 국내외로 확산되어 가던 3월과 4월 사이에 국내외 각지에서 모두 8개의 임시정부가 수립되었다. 1919년 3월 17일 노령에서 대한국민의회가 성립을 선포한 이래, 4월 11일에는 상해에서 대한민국임시정부가, 그리고 4월 23일에는 국내에서 한성정부가 그 수립을 선포하였다. 이외에 전단이나 신문 등을 통해 수립 사실이 알려진 정부들도 있었다. 대한민간정부(기호지방), 조선민국임시정부(서울), 신한민국정부(평안도), 고려공화정

부(만주 길림), 간도임시정부 등이 그것이다. 수립이 선포되거나 수립 사실이 알려진 8개의 정부 중 정부로서의 조직 및 각원 명단을 발표한 것은 6개의 정부였고, 이들 정부에서 이승만은 주요 지도자로 추대·임명되었다. 그 내용을 보면 다음과 같다.[1]

대한국민의회(3월 21일, 노령)

대통령 손병희	부통령 박영효	국무총리 이승만
내무총장 안창호	탁지총장 윤현진	산업총장 남형우
군무총장 이동휘	참모총장 유동열	강화대사 김규식

조선민국임시정부(4월 10일, 평안도)

정통령 손병희	부통령 이승만	내각총무경 이승만
내무경 김윤식	외무경 민찬호	재무경 이상
교통무경 조용은	군무경 노백린	법무경 윤익선
학무경 안창호	식산무경 오세창	

대한민국임시정부(4월 11일, 상해)

국무총리 이승만	내무총장 안창호	내무차장 신익희
외무총장 김규식	외무차장 현순	재무총장 최재형
재무차장 이춘숙	교통총장 문창범	교통차장 선우혁
군무총장 이동휘	군무차장 조성환	법무총장 이시영
법무차장 남형우	국무원비서 조소앙	

고려임시정부(4월 15일, 길림)

총통 이동휘	국무총리 이승만	내무 안창호
외무 김규식	재무 이시영	교통 문창범

신한민국임시정부(4월 17일, 평안도)

집정관 이동휘	국무총리 이승만	내무부장 미정
내무차장 조성환	외무부장 박용만	외무차장 김규식
재무부장 이시영	재무차장 이춘숙	교통부장 문창범
교통차장 이희경	노무부장 안창호	노무차장 민찬호

한성정부(4월 23일, 국민대회 명의 발표)

집정관총재 이승만	국무총리 이동휘	내무부총장 이동녕
외무부총장 박용만	재무부총장 이시영	재무부차장 한남수
교통부총장 문창범	군무부총장 노백린	법무부총장 김규식
노동국총판 안창호	참모부총판 유동열	참모부차장 이세영

6개 정부의 각원 명단에 모두 이름이 올라 있는 것은 이승만과 안창호 두 사람뿐이다. 그리고 이동휘가 5개 정부에 이름이 올라 있다. 3·1운동을 계기로 이승만·안창호·이동휘 세 사람이 민족의 주요 지도자로 부각된 것이다. 그 중에서도 이승만은 모두 국무총리·부통령·집정관총재라는 명칭의 수반급 지도자로 추대·선출됨으로써, 민족의 대표적 지도자로서의 위상을 갖게 되었다.

이승만은 3·1운동 당시 미국에서 활동하고 있었고, 국내외 임시정부 수립에도 직접적으로 관여한 일이 없었다. 3·1운동이나 임시정부 수립 사실도 사후에 인편이나 전보를 통해 알게 되었다. 이승만이 3·1운동 발발 소식을 접한 것은 3월 10일 서재필徐載弼을 통해서였다.[2] 그리고 임시정부에서 자신을 선출하였다는 사실도 나중에서야 알았다. 노령의 대한국민의회에 국무급 외무총장으로 선출된 사실은 4월 5일 신문을 통해서 알았고, 상해의 임시정부에서 국무총리로 선출되었다는 것도 4월 15일 현순玄楯이 전보로 알려주었다.[3] 그리고 한성정부에서 집정관총재가 되었다는 사실은 한국에서 미국에 간 신흥우申興雨를 통해 5월 말에야 알게 되었다고 한다.

국내외에서 수립된 여러 임시정부에서 이승만에게 선출 사실을 공식적으로 통보했는지는 분명치 않다. 그리고 자신이 지도자로 선출되었다는 소식을 접한 후, 이승만이 어떠한 반응을 보였는지에 대해서도 알려진 바가 없다. 하지만 이승만은 곧바로 국내에 수립된 한성정부를 배경으로 해서 최고지도자로서의 활동을 시작하였다. 아마도 그는 국내에서 수립된, 또 '13도대표자대회'라는 절차를 거쳐 선포된 한성정부가 다른 어떤 정부보다도 정통성이 있다고 생각하였던 것 같다.

이승만이 한성정부를 배경으로 활동을 시작한 것은 6월부터였다. 6월 12일 '대한민주국 대통령 겸 집정관총재'라는 명의를 사용하여 파리강화회의에 파견되어 있던 김규식金奎植을 '대한민주국 대표 겸 전권대사'로 임명한 것이다. 그리고 임시정부의 명칭을 영어로 'Republic of Korea'라고 호칭하고, '집정관총재'를 '대통령(President)'으로 번역하여 대외적 명칭으로 삼았다. 이어 이승만은 임시정부 수립 및 자신이 대통령으로 선출된 사실을 각국에 통보하였다. 6월 14일 '대한공화국 대통령' 명의로 구한국과 조약을 체결하였던 미국·영국·프랑스·이태리 등 열강 정부에, 그리고 6월 27일에는 파리강화회의 의장인 끌레망소(George Clemenceau)에게 한국에

'완벽한 자율적 민주정부'가 수립되었다는 것과 자신이 그 정부의 대통령으로 선출되었다는 사실을 통보하고 있다.[4]

이승만은 국내외 동포들에게도 자신이 한성정부에서 대통령으로 선출되었다는 사실을 알렸다. 7월 4일 '대한민주국 대통령선언서'를 발표하여 한성정부 대통령에 선출된 사실을 공포하였고, 이를 통해 13도대표자 명의의 국민대회취지서와 내각명단·임시약법이 들어 있는 선포문을 공개하였다.[5] 국내외 동포들에게 자신이 한성정부의 대통령이라는 것을 공개적으로 천명한 것이다. 그리고 7월 17일 워싱턴 D.C.의 메사추세츠가에 사무실을 마련하고 본격적인 활동을 시작하였다.

이승만이 우선적으로 추진한 것 중 하나는 재정의 확보였다. 그는 8월 13일 집정관총재 명의로 "우선 공채표를 발행하여 내외국 사람에게 발매한 재정을 모아 국사에 만만시급한 수용에 보충코저 하노라"라는 취지의 '국채표에 대한 포고문'을 발표하고, 김규식·송헌주宋憲澍·이대위李大爲 등 3인으로 구성된 재무위원부를 설치하였다.[6] 국채표를 발행하여 재정을 확보한다는 방안은 한성정부나 상해의 임시정부와 협의하여 이루어진 것이 아니었다. 이승만 자신이 입안하고 결정한 것이었다. 그리고 9월 1일부터 '대한민국집정관총재 이승만과 특파주차구미위원장 김규식'의 공동명의로 된 '대한민국공채표'를 발행·판매하기 시작하였다.

다른 한편으로는 독자적인 활동기구의 설립을 추진하였다. 파리강화회의에 파견되었던 김규식이 8월 22일 미국으로 건너오자, 이승만은 8월 25일 집정관총재 명의로 임시정부행정령 제2호를 발하여 김규식을 위원장으로 한 한국위원회를 설립하였다.[7] 한국위원회의 정식명칭은 구미주차한국위원부이고, 이를 약칭하여 구미위원부라고 불렀다. 구미위원부는 이승만이 집정관총재 직권으로 설립한 것이었고, 형식상으로는 미주와 유럽지역에

서 임시정부의 사무를 대표하는 기관이었다. 이후 구미위원부는 국민회 중
앙총회가 담당하고 있던 인구세 징수와 공채발행 업무를 넘겨받으면서 미
주지역의 재정 및 외교의 실권을 장악해 갔고, 이승만의 사조직이 되었다.

　이러한 이승만의 활동은 한성정부나 상해의 임시정부와 협의 하에 이루
어진 것이 아니었다. 한성정부에서 자신을 집정관총재로 선출한 것을 근거
로 하여, 집정관총재 또는 대통령이란 명칭을 사용하면서 독자적으로 결정
하고 행동한 것이다. 상해의 임시정부 측에서는 이러한 이승만의 독자적인
활동과 자의적인 명칭 사용에 대해 제동을 걸었고, 이것이 이승만과 상해
측 간에 마찰을 불러일으키는 요인의 하나가 되었다.

통합임시정부의 대통령

이승만이 미국에서 한성정부를 배경으로 활동을 개시하고 있을 때, 국내외
에서 수립된 임시정부 사이에서는 통합을 위한 노력이 진행되고 있었다.
통합운동은 주로 실제적인 조직과 기반을 갖고 있던 노령의 대한국민의회
와 상해의 임시정부 사이에서 추진되었다. 통합에 대한 논의는 상해에서
임시정부 수립이 선포된 직후, 노령측의 원세훈元世勳이 4월 15일 대한국민
의회와 임시의정원을 병합하고 정부의 위치는 노령으로 하자고 제의한데
서 비롯되었다.[8]

　노령과 상해 사이에 통합교섭이 추진된 것은 5월부터였다. 원세훈이
5월 7일 상해에 도착, 상해측 인사들과 접촉하기 시작한 것이다. 그러나 당
시 상해측은 통일된 의견을 갖지 못하고 있었다. 정부의 위치를 노령에 두
자는 노령측의 주장에 대해, 일부 부서를 이전하자는 의견과 상해에 두어
야 한다는 의견으로 대립을 보이고 있었다. 이 과정에서 이동녕李東寧은 국
무총리 대리직을 사임하였고, 이시영李始榮도 법무총장을 사임하였다. 또 다

른 문제는 상해의 임정측에 통합문제를 추진할 책임자가 없다는 점이었다. 국무총리 이승만은 미국에 있었고, 총장들도 사임하거나 부임하지 않고 있었다.

통합문제가 구체적으로 추진된 것은 안창호가 부임한 이후였다. 미국에서 상해로 건너온 안창호는 6월 28일부터 내무총장으로서 업무를 집행하였다.[9] 그리고 이승만이 취임치 않고 있는 국무총리직도 겸임하였다. 이로써 상해의 임정은 안창호와 젊은 차장들을 중심으로 체제가 정비되었고, 이를 기반으로 통합문제에 적극적으로 나섰다. 통합문제에 대한 안창호의 구상은 노령·중국·미주 세 지역을 대표하는 3인을 선출하여, 이들을 중심으로 독립운동을 전개하자는 소위 삼두정치三頭政治였다. 그러나 이 방안은 구체화되지 못했고, 주요 방향은 노령의 대한국민의회와 상해의 임시정부를 통합하는 것으로 추진되었다.

노령측과 상해측은 노령의 대한국민의회와 상해의 임시정부를 통합하는 데는 별다른 이견이 없었다. 하지만 통합정부를 구성하는데 있어 걸림돌이 되는 두 가지 문제가 있었다. 하나는 통합정부의 소재지를 어디에 두느냐 하는 문제였고, 다른 하나는 국내에서 수립된 한성정부를 어떻게 처리하느냐는 문제였다. 이러한 문제는 통합정부를 구성하였을 때, 통합정부의 주도권과 향후 운동노선을 결정짓는 문제들이었다.

노령과 상해측이 이러한 문제를 둘러싸고 협상을 전개하고 있을 때, 이승만은 미국에서 '집정관총재'와 '대통령'이라는 명칭을 사용하면서, 임시정부 대통령으로서의 활동을 전개하고 있었던 것이다. 이러한 이승만의 움직임은 노령과 상해의 통합교섭에 대해서는 아랑곳 없이 한성정부를 기정사실화 해간 것이라고 볼 수 있다.

노령과 상해측은 이승만의 이러한 태도에 당황하지 않을 수 없었다. 상해측이 나서서 이승만의 의도를 저지하려고 하였다. 안창호와 이승만 사이에는 수많은 전문이 오갔다. 안창호는 이승만에게 대통령 칭호 사용을 중지하도록 여러 번 요청하였다.

8월 25일 안창호가 이승만에게 보낸 다음과 같은 전문이 그러한 요청이자 시도였다.

> 처음의 정부는 국무총리 제도이고 한성정부는 집정관총재이며, 어느 정부에나 대통령 직명이 없으므로 각하는 대통령이 아닙니다. 지금은 집정관총재 직명을 가지고 정부를 대표하실 것이오, 헌법을 개정하지 않고 대통령 행사를 하시면 헌법위반이며 정부를 통일하던 신조를 배반하는 것이니, 대통령 행사를 하지 마시오.[10]

대통령 칭호 사용에 대한 일종의 경고였다. 한성정부의 집정관총재라는 명칭은 사용할 수 있지만, 대통령이란 명칭으로 행사하는 것은 헌법위반이라고 하면서, 대통령 칭호 사용 중지를 요청한 것이다. 그리고 대통령 칭호의 사용은 결과적으로 통합정부를 실현하는데 방해가 된다는 것을 강조하였다. 그러나 이승만은 이러한 요청을 단호하게 거절했다.

> 우리가 정부승인을 얻으려고 진력하는데 내가 대통령 명의로 각국에 국서를 보냈고, 대통령 명의로 한국 사정을 발표한 까닭에 지금 대통령 명칭을 변경하지 못하겠소, 만일 우리끼리 떠들어서 행동일치하지 못한 소문이 세상에 전파되면 독립운동에 큰 방해가 될 것이며, 그 책임이 당신들에게 돌아갈 것이니 떠들지 마시오.[11]

이승만의 역공이었다. 그의 논리는 대통령 명의로 국서를 보내 정부승인을 얻으려고 노력하는데, 대통령 명칭 문제를 가지고 왈가왈부하면 독립운동에 방해가 된다는 것이었다. 난감해진 것은 상해측의 안창호였다. 하지만 노령측과의 통합을 추진하고 있던 안창호는 별다른 방도가 없었고, 결과는 이승만의 의도대로 흘러갔다.

노령측과 통합교섭을 주도하고 있던 안창호는 두 방향으로 해결방안을 강구하였다. 하나는 노령측에 한성정부를 중심으로 한 통일안을 제시한 것이다. "상해와 아령俄領에서 설립한 정부들은 일체 작소하고 오직 13도 대표가 창설한 한성정부를 계승할 것이니, 국내의 13도 대표가 민족 전체의 대표인 것을 인정한다"는 원칙 하에, "정부의 소재지는 상해에, 명칭은 대한민국임시정부로 한다"는 내용이었다.[12] 이러한 통일안은 상해에 와 있던 원세훈의 동의를 얻었고, 안창호는 노령측과의 협상을 위해 내무차장 현순과 김성겸金聖謙을 노령으로 파견하였다.[13]

다른 한편으로는 헌법의 개정 및 임시정부의 개조작업에 착수하였다. 안창호는 헌법을 개정하고 임정의 개조작업을 추진할 수밖에 없는 상황과 그 방향을 8월 28일에 열린 임시의정원 회의에서 다음과 같이 설명하고 있다.

상해의 임시정부와 동시에 한성의 임시정부가 발표되어 이승만 박사는 전자의 국무총리인 동시에 후자의 대통령을 겸하야 세상으로 하여금 아我민족에게 2개 정부의 존재를 의疑케 한다. 동시에 우리 정부의 유일무이唯一無二함을 내외에 표시함은 긴요한 일이니 여차如此히 하려면 상해정부를 희생하고 한성의 정부를 승인함이 온당穩當할지라.[14]

정부를 하나로 통합해야 하는데, 그 방법은 상해에서 수립된 정부를 희

이승만의 임시대통령 당선을 보도한 《독립신문》 (1919년 9월 9일자)

생하고 한성정부를 '정통정부'로 인정하자는 것이고, 정부의 각원도 한성정부의 각원을 그대로 두자는 것이었다. 동시에 국무총리제의 헌법을 대통령제의 헌법으로 개정한다고 하였다. 이승만에게 대통령 명칭을 합법적으로 부여하기 위한 것이었다.

일부의 반대 의견이 없지 않았지만, 안창호의 이러한 방안은 급속히 진행되었다. 8월 30일 노령의 대한국민의회가 한성정부를 봉대하기로 하고 만장일치로 해산을 선포한 것이다.[15] 또한 상해의 임시의정원에서도 그의 의도대로 결말이 났다. '임시정부 개조 및 임시헌법 개정'에 관한 정부안이

의정원의 토의를 거쳐 9월 6일 통과된 것이다.[16]

이러한 과정을 거쳐 이승만은 통합임정의 '임시대통령'으로 선출되었다. 즉 정부개조안과 헌법개정안이 통과됨과 동시에 의정원에서는 대통령 선출을 위한 투표를 실시, 이승만을 임시대통령으로 선출하였다.[17] 정부의 각원들은 한성정부의 각원을 그대로 계승한다고 하였으므로 대통령이 관여할 수 없었다. 대통령은 이들을 임명하는 형식을 취해 9월 11일 국무총리: 이동휘, 내무총장: 이동녕, 외무총장: 박용만朴容萬, 군무총장: 노백린盧伯麟, 재무총장: 이시영, 법무총장: 신규식, 학무총장: 김규식, 교통총장: 문창범文昌範, 노동국총판: 안창호를 국무원으로 한 내각의 성립을 공포하였다.[18]

이로써 3·1운동 직후 노령·상해·한성에서 수립된 세 정부가 통합을 이루었고, 통합정부인 대한민국임시정부가 성립되었다. 한성정부를 중심으로 통합을 이룰 수 있었던 것은 한성정부가 국내에서 13도대표자대회라는 절차를 거쳐 수립되었다는 명분 때문이었다. 하지만 여기에는 이승만이 한성정부를 배경으로 대통령 행사를 하면서, 자신을 대통령으로 선출하지 않을 수 없게끔 상황을 몰아간 측면도 적지 않았다.

임시정부의 대통령직 수행

전문과 통신원을 통한 업무수행

이승만은 1919년 9월 노령·상해·한성정부가 통합을 이룬 '통합정부'의 대통령으로 선출되었다. 통합정부는 민족의 대표기구이면서 동시에 독립운동을 지휘·통할해 나갈 중추기구이기도 했다. 대통령으로 선출된 이승만은 민족의 대표자인 동시에 독립운동을 지휘 통할해야 하는 최고 책임자가 된 것이다. 그러나 이승만은 임시정부가 소재하고 있는 중국 상해로 부임하지 않았다. 예전처럼 미국에 그대로 머물러 있었다.

이승만은 미국에 있으면서 상해에 있는 임시정부의 대통령직을 수행하고자 하였다. 대통령직을 수행함에 있어 이승만은 나름대로 원칙 같은 것이 있었다. 역할분담이 그것이다. 1919년 11월 3일 국무총리 이동휘를 비롯한 정부 각원들이 취임하자, 이승만은 19일자로 축하 전문을 보내면서 "원동遠東의 일은 총리가 주장하여 하고 중대한 사事만 여余와 문의하여 하시오. 구미의 일은 여余에게 임시로 위임하시오. 중대한 사事는 정부와 문의하겠오. 정부와 이곳은 절대적으로 협력할 필요가 있소"라고 하여,[19] 대통령직 수행에 대한 자신의 원칙을 천명하였다. 상해의 일은 국무총리가, 미주의 일은 대통령인 자신이 담당하되 중대한 일은 서로 상의하자는 것이다. 하지만 이것은 이승만 자신의 의도에 지나지 않았다. 국무총리 이동휘와 불화를 겪게 되면서, 이러한 역할 분담은 이루어지지 못했다.

이승만이 대통령직을 수행한 주요한 방법은 전문과 통신원이었다. 이승만은 상해 임시정부와의 주요 연락수단으로 전문을 이용하였다. 1919년 5월 안창호가 상해에 부임하여 내무총장 겸 국무총리 대리직을 수행하면서 이승만과 안창호 사이에 빈번한 연락이 이루어졌다. 그 방법은 전문이었다. 당시 임시정부에서는 '코포고kopogo'라는 전문부호를, 이승만은 '코릭Koric'이라는 전문부호를 사용하였다.[20] 전문이 워싱턴과 상해를 연결하는 주요 수단이 되었던 것이다. 이승만은 이를 통해 대통령이 발發하는 교령敎令, 국무원에 치致하는 공첩公牒, 임시대통령의 유고諭告, 임시의정원에 치致하는 교서敎書 등을 보내어, 임시정부와 관련된 업무를 수행하고 있었다.

전문과 더불어 이승만이 대통령직을 수행하는데 중요한 역할을 한 것은 통신원들이었다. 통신원들은 이승만의 조력자들이었다고 할 수 있다. 통신원들의 주요한 역할은 상해의 실상과 국내외 정보를 소상하게 조사 분석하여 이승만에게 보고하는 일이었다. 통신원들의 보고를 통해 이승만은 미국에 있으면서도 상해를 비롯한 국내외 사정을 훤하게 알게 되었고, 이들이 보낸 정보를 기초로 하여 대통령직을 수행하고 있었다.

이승만은 상해에 통신원들을 두고 있었다. 연세대 현대한국학연구소에는 이들이 보낸 편지들이 상당수 보관되어 있다. 이승만이 통신원들을 두게 된 과정이나 경로는 분명치 않지만, 상해에는 임시정부가 수립된 직후부터 이승만에게 각종 정보를 수집 보고하는 통신원들이 있었다. 최초로 통신원 역할을 담당한 인물은 현순이었다.[21] 현순은 감리교 목사로 3·1운동 직전 기독교측 대표로 상해에 파견되어 독립임시사무소를 설치하고 상해에서 임시정부를 수립하는데 큰 역할을 담당하였던 인물이었다.[22] 현순과 함께 안형경安玄卿도 통신원으로 활동하였다. 이들이 미국으로 건너가면서 1920년 중반부터는 장붕張鵬이 그 역할을 이어 받았다. 그리고 1924년 이후에는 조소앙이 통신원의 역할을 수행하기도 하였다.[23]

이승만은 이러한 통신원들을 통해 임시정부의 실상은 물론, 주요 인물들의 움직임까지도 소상하게 파악하였다. 이승만은 이들에게 상세한 정보의 수집을 요구하고 있었다. 예를 들면, "내정을 소상히 탐지하야 누구는 어디서 무엇하며 주의가 어떠한 것과 누구는 또 어떻게 마음먹는 것을 다 상고한 후에"라든가 "내각원 중에도 누구는 어떠하고 아무는 어떠한가를 먼저 알아보아 통정하되" 등의 주문이 그것이다.[24] 그리고 통신원들의 편지도 비밀을 유지하도록 하였다. 자신에게 보내는 편지는 가급적 미국에 왕래하는 인편을 이용하여 전달하도록 하고, 그렇지 못한 경우에는 암호를 사용하도록 권고하였다.*

통신원들을 통해 이승만은 상해의 실정을 꿰뚫고 있었다. 통신원들은 국무원·의정원을 비롯한 임정의 동향과 움직임에 대한 것은 물론이고, 상해에서 활동하고 있는 인물들의 성격이나 이들 간의 관계에 대해서까지도 소상한 정보를 수집하여 보고하고 있었던 것이다. "상해정부에 형편을 보면 총장 이하 각원이 합 61명이온대 그 중에 48인이 평안도 사람이외다"라고 하여,[25] 안창호를 중심한 평안도 사람이 임정을 장악하고 있다는 내용의 보고를 하고 있다.

뿐만 아니라 이승만과 대립·경쟁관계에 있는 인물들과 접촉하여 그 결과를 보고하기도 하였다. 한 예로 국무총리직을 사임하고 위해위威海衛로 갔던 이동휘가 1920년 8월 11일 상해로 귀환하였을 때, 그를 만나본 결과를 "기언其言을 분석하면 각하는 정신상으로 적위敵位에 재在한대 철두철미 반대하겠다 하며 각하를 지指하야 매국자라 하난대"라 하고 있다.[26] 이러한 통신원들의 보고를 통해 이승만은 미국에 있으면서도 상해의 실정과 중요 인물들의 동정을 낱낱이 파악할 수 있었던 것이다.

통신원들이 정보를 수집하는 범위는 상해만 한정되지 않았다. 통신원들이 보낸 편지에는 '본국소문', '본국형편' 등 국내에 관한 정보를 비롯하여, 만주와 연해주 지역에 관한 정보들이 포함되어 있었다. "봉텬에도 우리 심복으로 한 사람을 엇더는데"에서 짐작할 수 있듯이,[27] 국내외 정보수집을

＊　1919년 7월 11일자로 이승만이 안현경에게 보낸 편지에는 암호사용에 대해 지시한 내용이 있다. 암호통신으로 ABC Code Book을 사용하라는 것과, 다른 방법으로는 다섯 글자마다 암호를 넣도록 하면서 그 방법을 예시하기도 했다. 즉 '내월 3일에 배목사가 상해로 가니 통정하시오'라는 내용을 전달하고자 할 때, "**내**년에는 세**월**이 좋아서 **삼**사월 장장**일**에 남산우**에** 이리저리 **배**회하는 안**목**이 종남산 **사**방에 좋할**가**. 우리는 심**상**히 객중에 **해**를 보내기**로** 종사하다**가** 늙고 말지**니** 진실로 가**통** 가련한 사**정**이라. 이러**하**다가 공업**시** 죽고 말가**오**"라 하여, 다섯 글자마다 암호를 넣어 지시한 내용을 표시하고 있다.

위해 각 지역에 연락원을 두었던 것 같다. 이들을 통해 이승만은 국내외 각지의 독립운동과 인물들의 동향을 파악하고 있었다.

통신원들은 정보를 수집할 뿐만 아니라, 그것을 분석하여 보고하기도 하였다. 한가지 예를 들면, 1920년 3월 22일 의정원에서 이승만의 상해 부임을 촉구하는 안이 제출되었을 때, 이 안은 함경도와 평안도 양 지방의원 17명이 연명한 것이라고 하면서 "이 수단은 대통령을 상해로 오시게 한 후 안씨(안창호: 필자)는 미쥬로 가서 포와급미주布哇及美洲를 자기 수중에 넛고자 함인 바"라 하고 있다.[28] 통신원들의 이러한 분석을 이승만이 어떻게 받아들였는지는 알 수 없다. 그렇지만 이러한 분석 보고들은 이승만이 대통령직을 수행하는데 중요한 참고자료로 활용되었을 것이다.

통신원들은 때로는 대통령직 수행에 필요한 건의나 의견을 개진하기도 하였다. 1920년 국무총리 이동휘를 비롯한 정부 각원들이 연이어 사임하였을 때, 대통령이 각원 중에서 국무총리를 지명하여 임시 서리로 사무를 집행하는 것이 좋겠다고 하면서 "이동녕씨를 국무총리로 택하고 제諸 각원은 이동녕씨로 책임을 부負하고 선천選薦하게 하면 여하할런지요"라고 한 것이 그러한 예이다.[29]

이승만이 상해에 오는 문제에 대해서도 분위기 변화에 따라 조언을 하고 있다. 1920년 4월에는 "결단코 이곳으로 오지 마시옵소서"라고 했다가,[30] 그해 9월에는 임시정부를 비롯한 각원들이 심각한 재정난에 빠진 상황을 설명하면서 "상해에 왕림하시려면 시기가 조금 이른 듯하고 또 돈 기만원은 준비되어야 하겠소이다"라고 하여,[31] 몇 만 달러를 마련할 수 있을 경우에는 상해에 와도 좋다는 의견을 개진하고 있다.

그리고 독립된 후를 상정한 이승만의 행보와 태도에 관해 조언하기도 하였다. 광복 후 손병희와 제휴를 위해 서신을 왕래해야 한다거나[32] 임정을 둘러싼 상해의 여러 세력들이 복잡한 형세를 이루며 이승만에 대한 반대여론을 형성하고 있을 때, 다음과 같은 조언을 하고 있는 것이 그러한 예이다.

> 각하는 각파의 분쟁을 상관치 마시고 초연적 태도로 하시며 차편 피편을 물론하고 공론공담만 하시며 공정히 판단하시고 당파분쟁에 참여치 마시옵소서. 이리하셔야 내지의 신용을 더욱 돈독히 할 수 있소이다. …… 각하여 형님은 이천만의 수령이시고 이천만이 흠앙하는 바이오니, 설혹 각하를 반대한다던지 각하의 사업을 방해하더래도 다 용서하시옵소서.[33]

반대여론의 형성

이승만이 미국에 머물면서 임시정부의 대통령직을 수행하는 동안, 상해에는 이승만에 대한 반대여론이 형성되고 있었다. 반대여론의 형성에는 임시정부를 둘러싼 정치적 역학관계를 비롯하여 여러 가지 요인들이 있었지만, 이승만 자신이 그러한 빌미를 제공하거나 문제의 소지를 일으킨 면도 적지 않았다.

이승만에 대한 반대여론이 일어난 것은 1919년 4월 임시정부가 수립될 때부터였다. 4월 11일 임시정부를 수립하기 위한 임시의정원회의에서 이승만을 국무총리로 선출하자는 제안이 있었을 때, "이승만은 위임통치 및 자치문제를 제창하던 자이니 그 이유로써 국무총리로 신임키 불능하다"[34]며 그의 선출을 반대하는 의견이 개진된 것이다. 강력히 반대한 사람은 신채호였다. 위임통치를 청원한 사람이 민족의 지도자로서, 더욱이 독립운동을 총괄할 최고 책임자가 될 수 없다는 것이 신채호의 논리였다. 잘 알려져 있듯이, 이승만은 파리강화회의 참석이 좌절되자 정한경과 공동명의로 국제연맹에 위임통치를 청원하는 청원서를 작성하여 미국 대통령 윌슨에게 제출한 일이 있었다.[35] 이것이 이승만에 대한 반대를 불러일으킨 요인이 되었고, 위임통치문제는 이승만에 대한 성토로 이어지면서 끝내는 대통령 탄핵으로 귀결되었다.

대통령 칭호 사용문제도 반대여론을 형성하는 주요 이슈가 되었다. 이승만이 한성정부를 배경으로 활동하면서 집정관총재 대신에 대통령이란 명칭을 사용한 것과 상해의 임정측에서 그것을 제지하려고 하였다는 것은 앞에서 언급하였다. 이로 인해 상해의 임정과 이승만 사이에 마찰이 빚어졌다. 결국에는 상해 임정측이 노령측과 통합을 추진하면서 임정개조 및 헌법개정을 통해 이승만을 대통령으로 선출함으로써, 대통령 칭호를 둘러싼 문제는 일단락되었다.

그러나 대통령으로 선출된 이후에, 이승만이 대통령 칭호 채택 및 정부개조에 반대하고 집정관총재라는 명칭을 사용하면서 또 다시 문제가 되었다. 1919년 12월 30일 편지에서 이승만은 "당초 집정관총재라고 하는 것은 곧 대통령과 동칭인데 어찌 그것을 개조하려고 합니까"라고 하여,[36] 대통령 칭호에 대한 반대의사를 밝혔다. 여기에는 이승만 나름대로의 이유가 있었던 것 같다. 『태평양잡지』에 실린 "이것을(대통령) 만들어 놓고 전보와 편지로 말하기를 안모씨(안창호)가 당신으로 대통령을 만들었으니 모씨와 악수하야 그의 뜻을 준행하라고 한 적이 여러 번인 것을 다 아는지라"라는 글이 그것을 짐작케 한다.[37] 임정을 개조하여 이승만을 대통령으로 선출하는데 주도적 역할을 한 안창호와의 관계가 깊게 작용하였던 것이다.

당황한 것은 안창호를 비롯한 상해 임정측이었다. 이승만이 대통령이란 명칭을 사용하면서 그것의 사용을 중지할 수 없다고 하여 임정의 개조와 헌법을 개정하면서까지 대통령으로 선출하였는데, 공문이나 전보에 대통령 대신에 집정관총재를 사용하고 있었기 때문이었다. 이로써 일단락되었던 대통령 칭호문제가 또 다시 대두되었고, 상해 임정측의 반발이 거세게 일어났다. 이를 둘러싸고 수많은 논쟁이 오갔다. 그 중에서도 통신원 현순의 "의정원에서 대통령으로 추선推選하였지 집정관총재로 추선치 아니하였다"는 임정측의 공론을 전하면서, "공문이나 전보가 올 때 집정관총재 명의만 있으면 사리의 이해곡직을 불구하고 망패妄悖한 언사까지 있어서 이동휘 왈 '대가리가 썩었다'하며 안창호 왈 '정신병 들린 자'라 한다"는 내용의 편지가 그 실상을 대변한다고 할 수 있다.[38] 이러한 분위기를 이승만에게 전하면서, 현순은 같은 편지에서 "일체 공문이나 전보 상에 대통령 명의를 쓰시는 것이 사리에 적의適宜하다"고 건의하고 있다.

구미위원부의 설치와 공채발행 등, 이승만의 독단적 행동과 재정권 장악을 둘러싸고 커다란 불만이 야기되었다. 앞에서 언급하였듯이, 이승만은 대통령으로의 행사를 시작하면서 1919년 8월 그 활동기구로 구미위원부를 설치하고, 재무위원을 임명하여 '대한민국 공채표'를 발매하였다. 구미위원부는 그것을 설치하는 과정은 물론이고 사후에도 임정측과 협의한 일이 없다. 독자적으로 기구를 설치하고 운영한 것이다. 그리고 공채표를 발매하기 시작하면서, 그동안 대한인국민회 중앙총회에서 주관하던 애국금 수합운동을 중단시키는 한편, 기왕에 거둔 애국금도 구미위원부로 넘겨 줄 것을 요구하였다.[39] 이는 미주교민들로부터 거둬들이는 독립운동자금을 자신이 장악하겠다는 것이나 다름없는 것이었다.

이에 대한인국민회가 크게 반발하였다. 국민회는 미주 한인사회의 자치단체로서 '정부'나 다름없는 역할을 하면서 애국금을 수합하여 상해 임정에 보내고 있었다. 그런데 구미위원부가 설립됨으로써 그 위상이 흔들리게 되었고, 애국금 수합마저 중단된 것이다. 구미위원부가 미주한인사회의 재정권을 장악할 경우, 국민회는 물론이고 상해의 임정도 이승만의 영향권 에서 벗어나기 어렵다는 것이 국민회측의 우려였다. 이로써 국민회와 구미위원부 사이에 충돌이 야기되었고, 국민회를 중심한 미주한인사회와 상해에서 이승만에 대한 불신과 불만이 증폭되어 갔다.

국무총리 이동휘와의 의견대립도 커다란 요인이 되었다. 이동휘는 국무총리에 취임한 후 이승만에게 "우리 두 사람이 3·1운동 후 민족지도자로서의 책임을 맡게 되었다"고 전제하면서, 시정방침에 관한 이승만의 답변을 요구하였다. 내용은 대통령과 집정관총재 명칭에 관한 것과 시정방침에 관한 두 가지였다. 하나는 "독립이 국제연맹에 대한 요구에 있는가 아니면 무장투쟁에 있는가", 다른 하나는 "공채표 발매보다는 동포들의 애국열성이 담긴 애국금이 절대독립을 기할 수 있는 것 아니냐"는 것이었다.[40] 이것은 국무총리와 대통령 사이에 시정방침을 둘러싼 논의로도 볼 수 있지만, 집정관총재 명칭 사용과 독립운동 노선을 둘러싼 이승만과 이동휘간의 의견대립의 표출이기도 했다.

이들 사이의 의견대립은 해소되지 못했다. 이승만은 답장을 통해, 대통령이나 집정관총재는 영어로 표기하면 'President'인데 그것을 가지고 왜 자꾸 문제를 일으키느냐고 하였다.[41] 그리고 독립운동 노선에 대해서는 '최후수단'(무장투쟁)은 준비가 없어 할 수 없고 미국에서 미국 인심을 고동할 것이며, 재정문제는 공채표를 계속 발행할 것이라 하고 있다. 두 사람은 객관적으로 볼 때 이념이나 노선면에서 현격한 차이가 있어 두 사람 사이의 대립과 갈등은 증폭되었다. 이후 이동휘는 "이승만 밑에 있을 수 없다는 주장을 계속하면서 절대독립을 구호처럼 외쳤다"고 하는 주요한의 증언에서 알 수 있듯이,[42] 이승만에 대한 반대의 목소리를 높여 갔다.

이승만에 대한 반대여론은 날이 갈수록 점점 확산되었다. 이승만 개인에 대한 반대에만 그친 것이 아니라, 임시정부를 비난 부정하는 것으로 발전되어 갔다. 위임통치론을 들어 이승만의 국무총리 선출을 강력히 반대하였던 신채호는 통합정부에서 이승만을 대통령으로 선출하자, 이승만과 임정을 싸잡아 비판하기 시작하였다. 그는 1919년 10월 28일 주간신문『신대한新大韓』을 창간하고, 이를 통해 위임통치론·독립운동방략으로서의 외교론·임정의 무능과 파쟁 등에 대해 맹렬한 비판과 공격을 가하고 나선 것이다.[43]

이승만에 대한 반대여론이 임정에 대한 비판과 공격으로 확대·발전되면서, 이승만과 임정의 반대를 주도하는 세력이 형성되어 갔다. 상해의 신채호와 북경과 천진을 중심으로 활동하고 있던 박용만·신숙 등이 연계하여, 이승만과 임정을 반대·비난하는 중추세력을 형성한 것이다. 1910년대 하와이에서 이승만과 대립하였던 박용만은 임정의 외무총장으로 선임되었지만, "자신은 군사의 주의가 유㑷함으로 외교의 일은 보지 못하겠다"며 취임하지 않고[44] 천도교측의 신숙과 함께 북경을 근거로 활동하고 있었다. 이들은 이승만이 상해에 부임하자 세력을 조직화하고, 이승만에 대한 성토와 임정을 부정하면서 국민대표회의를 추진하게 된다.

상해 부임

상해를 중심으로 반대여론이 형성되고, 그것이 임정에 대한 비판으로 확대되어 가던 무렵에 이승만은 상해행을 결심하였다. 반대여론이 드높아지는 상황에서의 상해행은 이승만에게 커다란 부담이 아닐 수 없었을 것이다. 그러나 임정측으로부터 상해 부임 압력이 강하게 제기되었고 상황도 변하고 있었다.

대통령으로 선출된 직후부터 임정에서는 이승만에게 여러 통로를 통해 상해 부임을 촉구하고 있었다. 그러나 이승만이 부임하지 않자, 의정원에서 대통령의 상해 부임을 촉구하는 결의안을 채택하기에 이르렀다. 1920년 3월 22일 의정원 회의에서 이유필李裕弼을 비롯한 17명 의원의 제안으로 대통령의 조속한 부임을 촉구하는 결의안을 통과시킨 것이다.[45]

또한 국무총리 이동휘는 친미외교노선을 비판하면서 자신의 세력을 배경으로 이승만에 대한 퇴진운동을 전개하고 있었다. 1920년 5월 김립金立을 비롯한 차장들이 의정원에 이승만에 대한 불신임안을 제출한 것이다.[46] 이는 안창호·이동녕 등의 만류로 중지되었지만, 그 대신 국무회의에서 구미위원부를 폐지하고 주미재정관을 따로 두자는 안이 결의되었다.[47] 미주교포들에 대한 이승만의 직접적인 행정권과 재정권을 회수하자는 것이나 마찬가지였다.

이렇듯 상황이 변하면서, 통신원들도 이승만의 상해 부임을 거론하기 시작하였다. 의정원에서 상해 부임을 촉구하는 결의안이 통과되었을 때만 해도 통신원 안현경은 "누가 상해에서 오시라 하든지 곧이 듣지 마시옵소서", "결단코 이곳으로 오지 마시옵소서"라고 건의했다.[48] 그러나 7월에 접어들어서는 "각하의 선전사업이 잘 이루어지고 또 공채의 성적이 양호하여 재정문제에 궁핍이 없으면 반대세력은 겁낼 것이 없다"고 하면서, "각하의 쓰실 돈 기만원만 있으면 상해에 오셔도 무방할 것"이라 하고 있다.[49] 돈만 있으면 모든 문제들이 해결될 수 있다는 것이었다. 9월에 이르러서는 "상해에 왕림하시려면 시기가 조금 이른 듯하고 또 돈 기만원은 준비되어야 하겠소이다. 재정이 고갈된 정부, 생활곤란을 당한 각 관료들, 서북에서 무장준비하는 제諸 군단들, 또 동지들의 생활비에 대하여 얼마간이라도 쓸 돈이 있어야 하겠소이다"라 하여,[50] 돈만 준비되면 상해에 와도 좋다는 건의를 하고 있다.

이러한 상황변화가 이승만의 상해행을 결심하게 만든 것으로 보인다. 그가 상해행을 결심한 것은 1920년 여름이라고 한다.[51] 그는 워싱턴에서 하와이를 거쳐, 그 해 12월 5일 상해에 도착하였다.[52] 1919년 9월 통합정부의 대통령으로 선출된 후 1년여 만에 현지에 부임한 것이다. 상해에 도착한 이승만은 임정의 각원들과 교민들로부터 정중한 환영을 받았다. 1920년 12월 28일 상해교민단의 주최로 대통령 환영회가 화려하고 성대하게 개최되었다. 박은식은 환영사를 통해, "이승만 박사는 우리들이 늘 희망해 온 공화정치를 집행할 분이다"라 하였고, 안창호는 "금일 이후에는 일본간인日本奸人에게 동족을 팔아먹는 관공리와 탐정 이외에는 전부 이승만 박사에 복종하여 전진할 것을 희망한다"며, 대통령을 중심으로 단결하여 독립운동을 발전시켜 가자고 하였다.[53] 이승만의 상해 부임에 대한 환영과 기대는 1921년 『독립신문』 신년호 1면 톱에 실린 다음과 같은 글이 그것을 대변한다고 할 수 있다.

국민아 우리 임시대통령 이승만 각하 상해에 오시도다. …… 우리의 원수, 우리의 지도자, 우리의 대통령을 따라 광복의 대업을 완성하기에 일심하쟈. 그는 우리의 대원수시니 독립군인이 되는 국민아 우리는 그의 지도에 순종하쟈 그의 명령에 복종하쟈. 죽든지 살든지 괴롭거나 즐겁거나 우리는 우리의 생명을 그의 호령에 바치쟈.[54]

이승만의 상해 부임을 계기로 임정의 조직은 정상화되었고, 독립운동에 대한 기대도 높아졌다. 대통령의 부임과 함께 미국에 있던 학무총장 김규식과 군무총장 노백린도 상해에 도착함으로써, 그동안 차장 중심으로 운영되던 정부의 조직이 활력을 찾게 된 것이다. 이러한 상황을 『독립신문』은 다음과 같이 전하고 있다.

본 대통령 내림來臨을 시始로 하여 (중략) 사직중에 재在한 국무총리와 아직 결원중인 외무총장의 양석을 제하고는 전반의 각원이 일실一室에 회집會集하게 되다. 이로부터는 대통령의 총람總攬하에 각의를 수遂하며 진행할 터인즉 금후로는 아我임시정부의 제반 계획이 진전되겠더라.[55]

대통령 주도하에 임정의 독립운동이 크게 진전될 것을 기대한 것이다. 그러나 이승만은 상해로 부임하면서 임정의 운영이나 독립운동에 대해 별다른 대책이나 방안을 준비한 것 같지 않다. 그가 상해에 도착하여 공개적으로 임정의 각원 및 교민들과 만난 것은 12월 28일 상해교민단이 주최한 대통령환영회였다. 이 자리에서 그는 "금일 여余가 차처此處로 래來함에 만흔 금전이나 대정략을 가지고 래함이 안이라 재미동포의 차처에서 일하시는 제위에게 감사하고저 하는 소식을 지내持來하였나이다"라는 정도의 이야기와 3·1운동을 계기로 외국인이 한국인을 칭찬하고 동정을 표시한다는 설명으로 답사를 마감하였다.[56] 임정이나 독립운동에 대해서는 한마디의 언급도 없었다.

이승만이 상해에 부임하여 자신의 시정방침과 독립운동에 대한 견해를 밝힌 것은 교서를 통해서였다고 할 수 있다. 교서는 1921년 2월 28일 의정원 개원식에서 발표되었다.[57] 내용은 크게 세 가지로 요약될 수 있다. 하나는 정부에 대한 방침으로, 행정쇄신을 통해 직원을 감축하고 경비를 절약하여 예산을 절감토록 한다는 것이다. 둘째는 독립운동 방략으로 "아국의 독립운동은 정의인도를 주장하여 강폭무도한 적을 벌伐함에 재在하니 혹 개인이나 단체가 적국인에 대하여 비인도적 행동이 없기를 주의할지라"고 하여, 무장투쟁이나 의열투쟁을 비인도적 행동으로 규정하고 이를 삼가라는 뜻을 표명하였다. 그리고 자신은 "외양外洋 각지에 교거僑居하난 인사 급及

학생의 협조로 내지의 혈전순국하난 동포의 대의진충大義盡忠을 천하에 선포하야 여세주선與世周旋함이 아我의 책임으로 인認함이라"하여, 선전활동만을 지속해 나간다고 하였다. 셋째는 "대저 민의라는 것은 일이一二 개인이나 일이 단체의 의견과 언론을 위함이 안이오 다만 정식으로 조직된 기관을 달達하여 정식으로 발표된 자를 전국의 민의라 칭함이니 여차히 민의가 발표된 후에는 일반 인민이 일률복종함이 즉 공화정체의 기초적 통례라"고 하여, 임정을 비판하는 세력들에 대한 경고를 하고 있다.

상해로 부임한 후 이승만이 임정과 교민에게 공개적으로 밝힌 것은 대통령환영회 때의 연설과 의정원에서 낭독한 교서가 전부였다. 그러나 대통령으로서 임정이 당면하고 있던 현안들에 대한 대책이나 독립운동에 대한 방안을 제시한 내용은 별달리 없었다. 그보다는 자신의 노선과 주장을 강하게 내세운 것이라고 할 수 있다. 결국 임정은 내부적으로 대통령과 각원들 사이에 갈등이 증폭되어 갔고, 외부에서는 이승만과 임정을 비판 부정하는 움직임이 거세게 일어나고 있었다.

이승만은 1921년 1월 1일 신년축하식을 계기로 대통령으로서의 공식적인 업무를 수행하기 시작하였다. 그러나 직무를 시작하자마자 국무회의에서 국무총리 및 각원들과 심각한 대립을 빚게 되었다. 당시 현안으로 대두된 것은 임정의 운영과 활동방향을 비롯하여, 상해와 북경을 중심으로 일어나고 있는 임정에 대한 비판을 어떻게 무마할 것인가 하는 문제들이었다. 이에 대해 국무총리를 비롯한 일부 각원들은 임정의 운영을 '대통령제大統領制에서 위원제委員制로 전환'할 것, 활동방향으로는 만주에 무장부대를 조직한 후 국내에 진입시켜 일제의 조선총독부를 불안상태로 몰아넣을 것과 일제의 관청 및 고위관리에 대한 폭파·암살 그리고 외교적으로는 소련과의 협력을 도모하고 임정을 시베리아로 이전할 것 등을 주장하였다.[58] 임

상해에 부임한 대통령 이승만 환영회 (1920. 12. 28)
왼쪽부터 손정도, 이동녕, 이시영, 이동휘, 이승만, 안창호, 박은식, 신규식

정의 운영방식을 개혁하고, 소련과도 외교관계를 맺어 노령의 세력들을 끌어들이고, 무장투쟁 등의 적극적인 독립운동을 전개하는 것이 현실 타개책인 동시에 임정을 반대하는 세력들도 잠재울 수 있다는 방안이었다.

그러나 이승만과 국무총리 이동휘 사이에는 이념과 노선상에서 엄청난 차이가 있었다. 1918년 한인사회당을 결성하여 활동하였던 이동휘는 국무총리로 부임한 이후에도 연해주의 한인사회당 세력들과 연계를 맺고 있었고, 상해의 인사들에게 공산주의를 선전 보급하면서 세력을 규합하는 한편, 만주와 연해주 지역의 독립군들을 기반으로 무장투쟁을 전개할 것을 주장하고 있었다. 이승만과는 정치적 이념이나 독립운동 노선이 근본적으로 달랐다. 한마디로 이승만은 "소규모 무장부대의 국내진입은 오히려 국내동포들의 탄압과 피해를 가중시킬 것이며, 소련과의 협력은 조국을 공산

大韓民國三年一月一日
臨時政府及臨時議政院新年祝賀式紀念撮影

1921년 새해를 맞아 자리를 함께 한 임시정부와 임시의정원 인사들
둘째 줄 가운데 대통령 이승만, 왼쪽은 국무총리 이동휘

주의 국가의 노예로 만들자는 것이나 다름없다"라는 등의 논리로 반대하였
다.[59] 미국을 배경으로 한 외교독립노선을 주장하고 자유민주주의 이념을
신봉하던 이승만으로서는 받아들일 수 없는 방안이었다.

　이로써 대통령과 국무총리를 비롯한 각원들 사이에 대립과 불신이 심화
되었다. 그리고 임정은 점차 혼란의 늪으로 빠져들어 갔다. 1921년 1월 24
일 국무총리 이동휘가 "쇄신의안刷新議案을 국무회의에 제출했는데 한마디
심의도 없이 묵살하는 고로 자신의 실력으로는 이 난관을 헤쳐 나가기 어
렵다"는 이유로 사임한 것이다.[60] 국무총리에 이어 각원들의 사퇴도 이어

졌다. 학무총장 김규식과 군무총장 노백린, 그리고 노동국총판 안창호 등이 연이어 사퇴하였다.

국무총리 및 각원들이 사퇴하면서, 대통령직 사임에 대한 요구도 일어났다. 노백린은 "나는 이승만 밑에서의 군무총장이 아니고 한성정부의 군무총장인 고로 시베리아로 간다"며,[61] 이승만과의 결별을 선언하면서 대통령직 사퇴를 요구하였다. 안창호는 이승만을 찾아가 "위임통치문제로 외면外面에서 성토한다 떠든즉 그냥 대통령의 위에 좌座하였다가는 불호不好한 광경을 당하고 축출하여 국국局이 와해하고 아령俄領과의 영원히 결별을 작作할지니 당신이 자발적으로 사직을 제출하고 다시 이동휘와 악수하야 독립운동을 계속 진행케 하자"며 대통령 사직을 권유하였다.[62] 이승만도 사직하기로 마음을 먹었던 것 같다. 안창호에 따르면, 1921년 2월 23일 사직의 뜻을 밝혔다는 것이다.[63] 그리고 이승만은 3월 5일 상해를 떠나 장붕과 함께 남경으로 갔다.

그러나 이승만은 사직을 번복하고 임정의 조직정비를 추진했다. 그는 "여余가 출퇴出하면 소수인의 언言으로 출퇴出할 바 아니오, 국민대회나 국무원이나 의정원에서 탄핵을 하면 그 후에야 출하겠다"며 사직을 번복하였다는 것이다.[64] 몇몇 각원들의 압력으로 대통령직을 사퇴할 수 없다는 논리였다. 그리고 이승만은 사퇴한 국무총리와 각원들을 공식적으로 면직시키고, 5월 초에 이르기까지 국무총리는 법무총장인 신규식이 겸임토록 하는 조처와 함께 손정도(교통)·조완구(내무)·이희경(외무)·김인전(학무)·이시영(노동국총판)·신익희(국무원비서장)·홍진(의정원의장) 등을 새로이 임명하였다.[65] 이로써 임정은 이동휘와 안창호를 대표로 하는 서북지역 인사들이 사퇴한 가운데 '기호파' 인사들을 중심으로 재정비되었다.

이와 같이 대통령이 부임한 다음에도 임정이 혼란을 거듭하게 되자, 상해와 북경을 중심으로 임정을 부정하는 움직임이 일어났다. 1921년 2월 박은식·원세훈·왕삼덕 등 14명이 '우리 동포에 고함'을 통해, 임정의 무능과 분열을 비판하면서 '통일적 강고한 정부조직'과 '독립운동의 최량방침 수립'을 위한 국민대표회의 소집을 요구하고 나섰다.[66] 임정에 대한 불만이 표출되기 시작한 것이다.

이러한 움직임은 북경에서도 일어났다. 그 방향은 이승만에 대한 성토와 임정에 대한 부정으로 전개되었다. 신채호·박용만·신숙 등은 이승만의 상해 부임을 계기로 위임통치론을 본격적으로 거론하면서 세력을 결집하고 있었다. 이들은 1921년 4월 17일 남북만주·시베리아·하와이 및 국내의 10개 단체 대표들이 참여한 가운데 군사통일회의를 개최하였다.[67] 이때 미주 하와이에서 독립단 대표로 출석한 권성근權聖根이 위임통치 청원 기사가 실린 영자신문을 제시하였다고 한다.[68] 이를 근거로 이들은 "이승만과 정한경은 조선이 미국의 식민지가 되려고 한다는 요구를 미국정부에 제출하여 매국매족의 행위를 감행하였다"고 비난하면서, 이들에 대한 성토를 결정하였다. 그리고 4월 19일 54명의 공동명의로 "아我 이천만 형제자매를 향해 이승만·정한경 등이 대미위임통치청원 곧 매국매족의 청원을 제출한 사실을 들어 그 죄를 성토한다"로 시작되는 성토문을 작성·발표하였다.[69] 내용도 "독립에 대해大害를 하는 …… 독립정신을 위해 …… 독립운동의 전도를 위해 이李·정鄭 등을 주토誅討하지 않으면 안된다"는 등의 격렬한 표현으로 일관되어 있다.

이들은 임정 자체를 부정하면서 국민대표회의 소집을 주장하였다. 군사통일회의에서는 4월 27일 임정과 의정원을 총체적으로 부정한다는 불신임안을 결의하고, 1919년 4월 국내에서 발포된 대조선공화국임시정부의 계통을 잇는 새로운 정부를 조직하자고 하면서[70] 이를 위한 국민대표회의 개최를 결의하였다. 그리고 신성모申性模를 상해로 파견하여 이를 임정에 전달하는 한편, 정부 당국자들의 총사퇴도 요구하였다. 그것은 "총차장은 거의 퇴직하였으나 이승만은 불사하며"라고 한데서 알 수 있듯이,[71] 이승만의 사퇴를 요구한 것이었다.

이승만은 이러한 위기를 정면으로 맞서 타개하려고 했던 것 같다. 협성회協誠會를 조직한 것이 그러한 의도였다고 생각된다. 협성회는 1921년 3월 중순 조완구·윤기섭 등이 임정의 옹호와 절대 유지를 주장하며 결성한 단체로서, 이승만이 자신 및 임정의 옹호를 위해 조직한 단체였다.[72] 이승만은 배재학당 시절 '협성회'라는 단체를 조직하여 활동한 적이 있었다. 협성회는 황중현·조완구·윤기섭 등의 주도로 1921년 4월 24일 상해현성 서문 밖 혜령惠靈전수여학교에서 발회식을 거행하고[73] 공개적으로 활동을 시작하였다. 이들은 선언서를 통해 "임정을 절대옹호할 것, 광복의 정신과 협진주의協進主義를 고려鼓勵할 것, 국세의 납입을 여소勵所할 것, 군사의 복습服習을 독진督進할 것"을 강령으로 내걸고,[74] 한편으로는 민심을 모으고 다른 한편으로는 반대세력에 대항하고 있었다.

그러나 5월에 접어들면서 이승만의 입지는 크게 약화되었다. 안창호를 비롯한 상해교민들이 국민대표회의 소집을 요구하고 나선 것이다. 안창호·여운형 등은 5월 12일 프랑스 조계 하비로 상현당尙賢堂에서 연설회를 개최하고, "우리 독립운동은 우리 민족의 손으로는 성공이 불능하며 미국이 원조해주지 않으면 안된다고 하여 미국만을 우러러 보고 있소. 그러나 이것은 독립정신을 위배하는 것이오"라고 하여, 이승만의 노선을 정면으로 비판하면서 임정에 대한 해결책과 민의의 통일을 위한 국민대표회의 소집을 주장하였다.[75] 연설회에 참여한 인원은 400여 명에 이르렀고, 이 중 300여 명이 기립으로 국민대표회의 개최에 찬성했다. 그리고 안창호를 비롯하여 여운형·서병호·김병조·김규식·송병조 등 20여 명을 위원으로 한 국민대표기성회를 조직, 북경측과 연계 하에 국민대표회의를 추진하기 시작하였다.[76]

안창호를 비롯하여 임정에서 사퇴한 인사들이 국민대표회의 소집을 요구하면서, 임정을 옹호·유지하던 이승만의 입지는 고립되어 갔다. 북경에는 남북만주·시베리아·국내·미주지역의 단체 대표들이 집결하여 반反이승만·반反임정의 기치를 올리고 있었고, 상해에서도 이에 동조하고 나선 것이다. 임정의 지지기반도 축소되었다. 통합정부 수립 당시, 승인 개조문제를 둘러싸고 노령의 세력들이 떨어져 나갔고, 이승만이 상해에 온 후에는 함경도와 평안도를 중심한 서북세력들이 이탈함으로써, 임정은 이승만을 중심으로 하는 기호세력들에 의해 유지되는 상태가 된 것이다.

뿐만 아니라 북경과 상해를 중심한 반이승만·반임정 세력들의 압력도 더욱 강화되고 있었다. 북경에서는 신철申哲·김약산金若山 등이 모험단원冒險團員 10여 명과 함께 상해로 왔고, 상해에 있던 정구단正救團과 합세하여 재호한인임시국민대회 명의로 인쇄물을 배포하면서 이승만과 임정을 공격하기 시작한 것이다.[77] 이들은 "이승만과 정부 각원들이 민의를 무시하고 오로지 그 직에 연연한 심사心事를 누열陋劣한다"고 하면서, 이승만을 비롯한 정부 각원들의 총사직을 강요하였다.[78] 구체적인 활동내용은 알 수 없지만, 이들의 태도는 대단히 강경했던 것 같다. 일제의 정보자료는 "이들의 일단一團은 만약 이승만이 강경한 태도를 보이면 즉시 비상수단을 취하려고 이미 폭탄 권총을 휴대하고 있다는 설이 있다"고 하고 있다.[79]

이승만은 신변의 위협을 느꼈던 것 같다. 그는 5월 17일 '외교상 긴급과 재정상 절박'으로 인해 상해를 떠난다는 교서를 임시의정원에 남기고 잠적하였다.[80]

임시의정원의 전초電招를 접하고 자미동도自美東渡한 바 객랍客臘에 근근僅히 저
호抵滬하야 국무원의 내부결속을 기도하다가 의외에 각원의 사퇴문제로 시
일을 다비多費한지라. 금수에 행幸히 각원제공閣員諸公의 질서가 정돈되었으매
적체된 서무를 축점집행逐漸執行되기를 망望하난 바 본 대통령은 외교상 긴급
과 재정상 절박으로 인하야 금수에 경更히 ○○하기를 각원 제공과 협의 내
정內定한지라.

이승만이 5월 19일 "일본 첩자를 따돌리기 위해 상해 근처의 오송吳淞항
으로 떠났다"는 것은[81] 이러한 신변위협 때문이었던 것으로 보인다. 이후
이승만은 자신이 거처하고 있던 집주인 크로푸트(J. W. Crofoot) 부처 및 신익
희와 함께 소주蘇州로 떠났다가, 5월 29일 마닐라행 기선 콜롬비아호를 타
고 상해를 떠났다.

임시정부 대통령직 탄핵

동지회 조직과 임시정부의 방치

이승만은 상해에 부임한지 6개월 만에 다시 하와이로 돌아갔다. 이후 이승
만은 하와이에서 자신의 지지세력을 중심으로 동지회를 조직하고, 이를 기반
으로 활동하였다. 동지회는 이승만이 하와이에 도착한 직후에 결성되었다.

동지회 결성은 하와이 교민단에서 행한 이승만의 연설이 시발점이 되었
다고 할 수 있다. 이승만은 하와이에 도착한 직후인 7월 1일 교민단 주최의
환영회에서 600여 명이 참가한 가운데 상해에서의 활동을 보고하는 형식으
로 연설을 하였다. 내용은 크게 세 가지로 요약할 수 있다.[82] 첫째는 임정이

절망적인 상태에 빠져 있다고 하였다. 임정을 중심으로 각지의 운동을 통일하려고 하였지만, 서로 합동하지 않아 대동단결을 이룰 희망이 없고, 민심은 소요하기 시작하여 점차 위험하고 험악한 형세를 띠고 있다는 것이다.

둘째는 임시정부는 어떻게 해서든지 유지해야 하며, 자신이 대통령직을 계속 맡을 수밖에 없다고 하였다. 내지에서 피를 쌓아 올려 세계에 알린 정부를 변동하는 것은 불이익이 되며, 어떤 야심가의 말대로 정부를 전복하면 다른 곳에서 그를 대신하는 단체가 생겨날 것이고, 이 단체가 인심을 통일하여 복종시키기 곤란할 것임으로 결국 독립운동은 지리멸렬할 수밖에 없다는 것이다. 이어서 그는 정부의 이름을 유지하지 않으면 내지의 인심이 낙담할 것이라고도 하였다. 그리고 자신은 '유력한 선각자'에게 정부의 책임을 맡기려 하였으나, 내지로부터 사직하지 말라는 권유가 있었기 때문에 대통령직을 사임해서는 안되겠다는 생각을 가졌다고 하였다.

셋째는 정부를 유지하기 위해서는 하와이 교포들의 적극적인 협조가 필요하다고 강조하였다. 그는 연설 첫머리에 "정부 내의 제講부장 이하 직원들의 고심을 상기하니 비통한 감에 견딜 수 없다"고 하면서, "각원들이 엄동에 입을 옷이 없고 먹을 것을 얻을 길이 없는데도 정부의 위신을 지키기 위해 또 적에게 빈약한 실상을 알리지 않기 위해 국민들에게 알리지도 못한다"고 하였다. 그리고 자신이 정부 인원을 감축하고 경비를 절약하여 1년에 금화 2만원으로 정부를 유지할 수 있도록 했다고 하면서, "이것은 우리 국민 일반이 행복으로 하여 경하하지 않으면 안된다. 포와布哇에서도 이 경비의 대부분을 담당하지 않으면 안된다"라고 하여, 하와이 교포들이 임정을 유지하는 재정을 부담할 것을 호소하고 있다.

이러한 이승만의 연설은 하와이 교포들로 하여금 자신들의 힘으로 임정을 유지해야 한다는 생각을 갖게 하였고, 그것이 결집되어 동지회를 결성한 것이라 할 수 있다. 동지회는 이승만의 연설이 있은 지 2주일만인 7월 14일에 조직되었다. 결성 당시 동지회가 밝힌 설립 취지에는 이승만의 뜻이 그대로 반영되어 있다.

> 우리 동포가 피로 쌓아올려 세계에 공표한 정부조차 파괴하려고 하는 자가 있게 되었다. 그들은 반드시 그 정부를 넘어뜨리고 다시 이에 대신하는 단체를 만들어 내려고 하는 것 같으나 …… 고로 현정부를 끝까지 옹호하고 그 명령에 복종하여 누구도 두려워하지 않고 우리 이천만 민족의 단결인 정부로서 세계에 공표하여 우리 민국의 완전한 독립을 기하지 않으면 안된다.[83]

정부를 파괴하고 새로운 단체를 만든다고 하는 것은 북경과 상해에서 일어나고 있는 국민대표회의를 가리키는 것이다. 그리고 임정이 이들로부터 위해를 당할 때는 동지회가 이를 방어해야 한다고도 하였다. 동지회의 규정에 "불충불의不忠不義의 국민이 있어 현정부의 위신을 실추하고 위해를 가할 때 본회는 마음을 다하여 방어하고 상당한 방법으로 조치할 것"이라는 조항이 그것이다.[84]

상해를 황급히 벗어난 이승만으로서는 자신의 확고한 지지기반을 필요로 했고, 그것이 동지회 결성으로 나타난 것이라 할 수 있다. 동지회는 임정의 옹호·유지를 명분으로 내세우며 결성되었지만, 상해에서 반대세력에 맞서기 위해 협성회를 조직한 것과 마찬가지로 이승만의 사조직이나 다름없었다. 이를 기반으로 이승만은 임정의 거류민단제에 근거하여 하와이 국민회를 교민단으로 개편하면서 하와이 한인사회를 장악하였다.

이승만은 동지회와 구미위원부를 배경으로 미주지역에 지지기반을 마련해 가는 한편, 임정의 대통령직도 그대로 수행하고 있었다. 예전과 같이 원동의 일은 국무원이, 미주의 일은 자신이 맡아서 처리한다는 것이었다. 전문과 통신원들을 매개로 한 방법도 여전했다. 달라진 점이 있다면, 1924년 1월부터 통신원이 장붕에서 조소앙으로 교체되었다는 점이다.*

이승만이 하와이로 돌아간 후 임정은 워싱턴에서 열리는 태평양회의(일명 워싱턴군축회의)에 기대를 갖게 되면서 한때 활기를 찾기도 했다. 1921년 9월 의정원에서는 이승만과 서재필을 태평양회의에 파견할 대표와 부대표로 선출하는 한편,[85] 태평양외교후원회와 외교연구회를 조직하기도 했다. 여기에 안창호·원세훈·여운형 등 국민대표회의를 추진하던 인사들도 참여함으로써, 임정측과 국민대표회측과의 협조가 이루어진 것이다.[86] 그러나 1921년 11월 11일부터 다음해 2월 6일까지 개최된 태평양회의에서는 한국문제를 거론조차 하지 않았다.

태평양회의가 종결되면서 임정은 내외적으로 커다란 시련을 맞게 되었다. 즉 내부적으로는 무정부상태에 빠지고 말았다. 앞에서 언급했듯이, 이승만은 상해에 부임한 직후 국무총리를 비롯한 각원들이 사퇴하자 신규식·이동녕·이시영 등을 비롯한 기호파 인물들로 정부를 구성하였었다. 이들이 태평양회의가 종결된 직후인 1922년 2월 하순 정국을 수습할 수 없다는 이유로 총사직을 표명한 것이다.[87] 그러나 이승만은 후계내각을 조직하지 못함으로써, 임정은 무정부상태에 빠지게 되었다.

임정의 무정부상태는 장기화 되었다. 이승만은 1922년 8월에 가서야 국무총리 노백린을 비롯한 각부 총장을 임명하여 새로운 내각을 구성하였지만, 이들은 취임하지 않았다. 『독립신문』은 이러한 상황을 다음과 같이 보

---

* 장붕의 후임으로 신익희와 조완구가 거론되기도 하였으나, 최종적으로 조소앙이 결정되었다고 한다.

도하였다.

다시 각원을 조직하지 못하고 다월간多月間 내려오더니 저간這間에 현상유지
책으로 하여 각원을 조직하였는데 총리는 노백린씨로 하고, 각부총장은 내
무에 김구, 외무에 조소앙, 재무에 이시영, 법무에 홍진, 군무에 유동열, 학
무에 조성환, 교통에 김동삼, 노동에 이탁 등 제씨로 하였으나, 노백린씨는
아직 정식 국무총리의 임명이 없고, 기타 이시영·조소앙 양씨를 제한 외에
는 모두 취임을 승낙치 아니하였더라.[88]

노백린을 국무총리로 한 내각을 구성하였지만, 외무총장 조소앙과 재
무총장 이시영 이외에는 아무도 취임하지 않고 있었던 것이다. 이로써 임
정의 무정부상태는 수습되지 못하였고, 그 명칭만 유지되고 있는 형편이
었다.

임정은 재정적으로도 심각한 곤란에 빠져 있었다. 국내에 설치하였던 연
통제와 교통국의 조직이 일제 경찰에 파괴되면서 국내로부터의 자금유입
이 차단되었고, 미주로부터의 자금도 거의 끊겨버린 것이다. 재정적 곤경
의 실상은 "현재 임시정부는 재정이 궁핍하여 가임家賃 체납으로 가주家主
로부터 퇴거를 요구당하여 1923년 8월 이시영의 2층 1실을 빌려 이전하였
다"는 데서 알 수 있듯이,[89] 집세를 내지 못하여 정부 청사를 유지할 수 없
을 정도였다. 재무총장의 집을 정부의 청사로 사용하는 형편이었다. 이러
한 임정의 무정부상태와 재정궁핍에 대해 이승만은 별다른 대책을 강구하
지 않고 있었다. 이승만이 이에 대해 어떠한 생각을 갖고 있었는지는 불분
명하지만, 『태평양잡지』에 실린 다음과 같은 두 가지 글을 통해 그의 의중
을 엿볼 수 있다.

독립을 원하는 모든 애국남녀는 빠지지 말고 동지회원이 될 것이며, 동지회 원이 된 후에는 각각 다른 동포를 인도하야 동지회원이 되게 할지라. 이것 이 곧 우리의 독립운동이라 하노라.[90]

상해정부는 다소 정객들의 풍파중에서 혼돈한 난국을 이루었으매 조만간 질서가 생겨 한성계통을 다시 세우기까지 우리 일반 민중은 기다리며 국민 단체의 조직을 힘쓸 따름이라. 구미위원부는 정부의 대표기관으로 세계에 공포하였으매 이 기관을 물시하기 전에는 위원부를 유지하는 책임이 우리 민중에게 있으며 유지하기를 모든 사람이 다 원하는 터이라. 그런즉 담보금 을 내어서 위원부를 부지하며 사무를 진행케 하는 것이 구미재류동포의 직 책이더라.[91]

상해의 임정이야 어떻게 되든 한성정부의 법통만 가지고 있으면 해결될 것이라는 입장이었다. 그리고 임정의 일에 관여하기 보다는 동지회의 조직 을 확대하고, 구미위원부를 유지시키는 일을 더 중시하고 있었던 것이다.

한편 외부적으로는 국민대표회의가 개최되면서 임정의 권위는 크게 실 추되었다. 반이승만 반임정의 기치를 내걸고 국민대표회의를 추진하던 인 사들은 태평양회의와 같은 시기에 모스크바에서 개최된 극동인민대표회 의에 참가한 대표들이 돌아오면서 본격적으로 대회 소집을 추진한 결과, 1923년 1월 3일 상해에서 국민대표회의가 개최되었다. 국민대표회의는 각 지의 지역대표와 단체대표들이 참여한 가운데 그해 6월까지 열렸다.[92] 여 기서 임정이 도마 위에 올랐다. 임정을 폐지하고 새로운 독립운동 기구를 설립하자는 주장과 임정을 개조하여 유지하자는 주장이 대두된 것이다. 흔 히 전자를 '창조파', 후자를 '개조파'라고 한다.

국민대표회의는 창조파와 개조파가 첨예하게 대립하면서 결렬되고 말았다. 그렇지만 회의 개최가 임정의 불신에서 기인했고, 임정 폐지문제가 거론되었기 때문에 임정의 위상과 권위는 치명적인 손상을 입게 되었다. 그러나 국민대표회의가 소집·개최되는 동안 이승만은 이에 대해 아무런 대응이나 대책을 마련하지 않았다. 내무총장 김구가 국민대표회의의 해산을 명령하는 내무부령 제1호를 발표하였지만,[93] 이것은 대통령과 협의 없이 이루어진 조치였다. 『태평양잡지』에 실린 다음의 글이 국민대표회의에 대한 이승만의 입장을 대변하고 있었던 것 같다.

공연히 민심을 선동하야 귀한 재정으로 독립운동에는 쓰지 아니하고 내지에서 피흘리며 조직으로 세상에 공포한 정부만 파괴하고 충애동포들로 하여금 낙심낙망케 하며 세계 사람들로 하여금 한인은 독립자주할 자격이 못된다는 관념을 가지게 하여 놓아서 우리 광복대사에 손해만 끼치게 할진대 그 죄상은 돌아갈 곳이 있을지라.[94]

이 글에는 국민대표회의가 재정의 허비와 정부의 파괴, 그리고 대내외적으로 악영향을 주어 독립운동에 손해만 끼칠 것이라고 비난하면서 이들에 대해 응징하겠다는 뜻이 담겨 있었다. 그렇지만 이승만은 국민대표회의에서 임정의 폐지 및 개조문제를 둘러싸고 논쟁이 거듭되고 있을 때, 대통령으로서 별다른 조처를 취하지 않고 있었다. 임정의 옹호를 부르짖으면서도 임정을 옹호·유지시키기 위한 방안이나 대책을 강구하지 않은 채, 임정에 대해 거의 방치하는 태도였다고 할 수 있다.

이와 같이 내외적으로 곤경에 처한 임정은 새로운 활로를 찾지 못한 채 침체의 늪으로 빠져들어 갔다. 이러한 상황은 1924년 2월에 소집된 의정원

회의가 대변한다고 할 수 있다. 즉 정기적인 의정원 회의가 소집되었으나, 정원 36명 가운데 7명의 의원만이 참석하였다. 정부측에서는 국무총리(노백린), 내무총장(김구), 외무총장(조소앙) 그리고 재무총장(이시영)이 참석하여 모양을 갖추려 하였으나, 정족수 미달로 산회할 수밖에 없는 형편이었다. 그나마 회의에 참석한 의원 중 김붕준金朋濬과 최석순崔錫淳은 대다수 의원이 출석하지 않은 것은 국민이 현정부를 승인하지 않은 증거라고 하면서 사임하였다.[95]

이승만은 이러한 임정의 난국을 타개하려는 적극적인 의지도 없었고, 방안도 강구하지 않고 있었다. 임정측에서 전문이나 편지 등을 통해 해결책을 요구하였지만, 이승만은 "상해에서 오는 편지마다 재정 재정하고 여기서는 가는 편지마다 조직 조직하야 피차에 형편을 몰라 오해가 생길까 염려하여 국문으로 소상히 쓴다"고 하면서, 다음과 같이 응답하였다.

우리는 본래 더축한 재정도 업고 남에게 취대할 곳도 업스며 다만 필요한 일이 있으면 사실을 들어 동포에게 청구하야 안이주면 아모리 급한 일이라도 못하고 주면 꼭 그 일에 쓰고 그대로 알려주나니 이것은 아조 정한 전례라 다른 수가 업나니 아조 이런줄 아시고 다시는 사사비용이나 운동비나 보내라고 요구하지 마시오.[96]

이는 1924년 3월 28일자로 보낸 '국무원계공에게'라는 편지이다. 요컨대 더 이상 돈달라는 소리를 하지 말라는 것이다. 그러면서도 이승만은 "지금이라도 미포에 도움을 얻으시랴면"라고 하면서 몇 가지 요구조건을 제시하였다. 그 중의 하나가 각원들 협의 하에 누구든지 한 사람을 세워 국무총리의 책임을 맡기라는 것이었다. 그리고 다음 날인 29일자로 이시영에게 보낸 편지를 통해, "나는 상해에 더 믿는 이도 없고 또 구하지도 아니하며, 다만 이시영·김구·조소앙·노백린으로 시국 정돈될 때까지 함께 지켜오자는 것 뿐이라"고 하면서, 이동녕을 국무총리로 추천하였다.[97]

이러한 배경에서 성립된 것이 이른바 '이동녕 내각'이었다. 1924년 5월 10일 기존의 내무(김구), 외무(조소앙), 재무(이시영) 외에 이동녕을 국무총리로 하고, 노백린(군무), 김갑金甲(법무), 김승학金承學(학무), 김규면金圭晃(교통), 조완구(노동) 등을 임명하여 새로운 내각이 출범된 것이다.[98] 이로써 이승만은 1922년 이래 지속되어 온 무정부상태를 일단 수습할 수 있었다. 그러나 이동녕 내각 출범 직후 의정원에서 대통령 직무대리 문제가 제기되었고, 이어서 대통령 탄핵문제가 대두되었다.

대통령직 탄핵

이승만은 임정의 대통령직을 수행하는 과정에서 많은 마찰을 빚었고, 반대와 불신임을 받았다. 그리고 끝내는 대통령직을 탄핵 당했다. 여기에는 위임통치문제·대통령칭호 사용 문제·독립운동 노선과 이념문제 등 여러 가지 정치적인 이유도 있었지만, 본질적으로는 현지에 부임하지 않고 미국에서 대통령직을 수행하고 있으면서 임정을 방치하고 있었다는 점이 가장 큰 요인이었다.

이승만이 임정측과 마찰을 빚은 것은 임정의 수반으로 선출될 때부터였다. 1919년 4월 상해에서 임정이 수립될 때, 신채호는 위임통치론을 이유로 이승만의 국무총리 선출을 반대한 일이 있었다. 그리고 '집정관총재'·'대통령'의 명칭을 둘러싸고 임정측과 심각한 마찰을 빚기도 했다. 이로 인해 상해와 북경을 중심으로 이승만에 대한 반대 여론이 확산되면서 1921년 4월에는 북경의 군사통일회로부터 성토를 당하기도 했고, 그것이 임정에 대한 불신임으로 이어져 국민대표회의가 개최되기도 하였다.

임정 내부에서 대통령에 대한 불신임 논의가 제기되기 시작한 것은 1920년 초부터였다. 정치적 이념·독립운동 노선·임정의 시정방침 등의 문제로 대립하고 있던 국무총리 이동휘를 비롯한 차장들이 2月부터 이승만 '퇴진운동'을 벌인 것이다. 이들은 5월 14일 윤현진·김립·정인과·김희선·이규홍·김철 등의 주도하에 "신성한 독립사업에 불신성한 인물이 첫 자리에 있음이 정신상 불가", "외교와 미주사회 행정에 통일을 방해하여 대사진행에 지장", "국무원이 결합치 못하니 차라리 뒤집고 새로 조직함이 일 진행에 유익" 등을 이유로 대통령에 대한 불신임안을 제기하고 자신들의 총사퇴를 결의하였다.[99] 자신들이 사퇴하면서 대통령의 퇴진을 요구한 것이다. 그러나 이동녕·신규식·이시영 등 친이승만 기호파 인사들의 반대와 안창호의 만류로 대통령 불신임안은 거부되었고,* 이동휘는 국무총리직을 사임하였다.[100]

이후 이승만이 상해에 부임하였다가 미국으로 돌아가 임정을 사실상 방치하자, 의정원에서 불신임안이 제기되었다. 1922년 6월 9일 의정원 의원 오영선·안정근·조상섭·양기하·차리석 등이 "인민의 신망 결여와 정국수습 능력 부족으로 독립운동의 정지를 초래", "파리강화회의와 워싱턴에서의 외교실패", "후계내각을 조직하지 못하고 무정부상태 초래" 등을 이유

---

* 　대통령 불신임안을 거부하였던 안창호는 그 이유를, "첫째는 이승만 대통령은 철학박사요 윌슨대통령의 친구라 하여서 국민이 신앙하는데 이를 변동하면 민심이 정부를 떠나 독립운동이 무너질 것이요, 둘째는 그동안에도 위원제·차장제·정부개조 등으로 시일을 허비하고 일을 못했는데 이 문제로 다시 긴 시간을 허송하게 될 것이요, 셋째는 이승만이 결의대로 물러가지 않을 터이니 우리 정부가 둘이 되어 외국의 신용과 동정을 잃어버릴 것이요, 넷째는 국내의 지식 계급도 이때에 이런 문제를 일으킴은 악의가 아니면 어리석은 일이라 하여 배척할 것이다"라 밝히고 있다.

로, 대통령 및 국무원에 대한 포괄적인 불신임안을 제출한 것이다.[101] 국무원도 포함시키고 있지만 대통령이 주요 대상이었음은 물론이다. 그리고 토의과정에서 도인권都寅權이 "그의 인격의 합불합合不合은 말하고저 아니하고, 다만 우리의 독립운동이 진행되지 못하는 이때에 그에게 아무런 방법이 없다는 것이 사실이기 때문에"라고 한데서 나타나듯이,[102] 타개할 아무런 방법도 없이 무정부상태를 방치하고 있다는 것이 주된 이유였다.

의정원뿐만 아니라 상해 교민사회 일각에서도 미국으로 돌아가 임정을 방치하고 있는 것을 문제삼아 이승만에게 비난과 대통령직 사직을 종용하고 있었다. 주최자는 확인되지 않지만, 1922년 말부터 상해에서는 『상해타임쓰』라는 등사판 신문이 발행되고 있었는데,[103] 주요 논조는 이승만과 임정을 비판하는 것으로서, '이승만 대한민국 집정관 총재의 선언서', '이승만의 대통령 명칭문제' 등의 글을 싣고 있다. 특히 "이승만은 대통령다운 도량度量이 유有한가 무無한가"를 연재하면서 이승만의 대통령 자격에 대한 시비와 함께 이승만의 사직을 종용하기도 하였다.

국민대표회의가 개최되던 1923년 4월에는 의정원에서 대통령 탄핵안이 제출되었다. 국민대표회의가 개최되자 의정원에서는 정국타개 방안으로 "일반 독립운동자의 정당한 여론을 채택하여 필요 또는 적당한 방략을 연구하자"고 하면서, 세가지 대국쇄신실행안을 결의하였다.[104] 그 하나가 대통령 탄핵안이었다. 탄핵안은 조덕진趙德津 등 12명 의원의 연서로 제출되었는데, 그 이유는 다섯가지였다.

1. 아모 공무公務가 업시 정부소재지를 리離하야 정무 섭체渋滞하고 시국을 수습치 못함.
2. 국무원의 동의同意 급及 국무원國務員의 연서가 업시 교령을 남발함.

3. 행정부서를 정돈치 못하고 법률을 준수치 못하고 준수케 하지 못함.

4. 구미위원부 급 기其 직원과 주미공사를 천자擅自 설치함.

5. 민국 원년 500만 원 외국공채의 지용支用 급及 구미위원부 재정을 천사擅私함.[105]

그동안의 불신임이 탄핵으로 비화된 것이다. 대통령의 탄핵뿐 아니라, 아예 대통령제를 폐지하자는 안도 제출되었다. 도인권 등 12명 의원 명의로 "임시대통령제를 폐지하고 종전 대통령에게 속하였던 직권의 일부를 국무원과 의정원에 넘기자"고 하면서, 이를 위해 헌법을 개정하자고 한 것이다.[106] 이러한 대통령 탄핵안과 헌법개정안이 어떻게 처리되었는지는 확인되지 않지만, 이를 계기로 의정원에서는 대통령의 탄핵과 헌법을 개정한다는 방침을 굳힌 것 같다. 이러한 방침은 1924년 이동녕 내각이 출범하면서 본격화되어, 결국 대통령 탄핵과 헌법개정으로 귀결되었다.

1924년 5월 이승만이 이동녕 내각을 출범시킨 이후, 의정원에서는 크게 두 가지 문제를 제기하였다. 하나는 6월 16일 조상섭·김붕준 외 6명이 "대통령 이승만은 임소任所를 떠난 지 실로 4개년, 그 사이에 직무 광결曠缺의 책임을 간과해서는 안 될 것이 있으므로 이승만을 소환하되 그때까지는 대통령에 사고가 있음을 공포하고 현임 국무총리 이동녕으로 하여금 그 직권을 대행케 할 것"을 제의한 것이다.[107] 이승만을 유고로 처리하고 국무총리로 하여금 대통령 직무를 대리케 하자는 것이었다. 다른 하나는 7월 12일 김상덕·윤기섭 등 20명의 명의로 법제개정 및 정무 쇄신을 목적으로 하는 특별위원회 설립을 요구하면서, 이를 위한 독립당대표회의를 요구한 것이다.[108]

국무총리 이동녕은 이러한 의정원의 요구를 긍정적으로 받아들였고, 이 사실을 이승만에게 보고하였다. 이승만은 이에 대해 강력히 반발하고, 제동을 걸려고 했던 것 같다. 그는 이동녕에게 친서를 보내 "대통령 대리에 동의하신다니 진실로 의외입니다", "대통령이 다른데 있다고 정부행정상 장애가 됩니까", "설령 형으로 대통령을 대리케 한다면 저들 창조 개조 등의 분자들이 다 형의 정령 하에서 감심귀순甘心歸順하여 합동열복合同悅服할 터입니까" 등의 표현을 써가면서 이동녕을 질타하고 있다.[109] 그리고 다른 한편으로는 법리상 합당하지 못하다는 점을 강조하고 국민대표회의에서 뜻을 이루지 못한 개조파·창조파 분자들이 의정원에 끼어들어 이 일을 꾸민다고 하면서, 그 결의를 비난하였다. 『태평양잡지』에 실린 윤치영의 글이 이승만의 입장을 잘 대변한다.

> 의정원에서 무슨 권리로 대통령대리를 내고저 하나뇨. 당초에 대통령은 13도 대표가 한성에 모혀서 정부를 죠직할 때에 선뎡하고 내디에서 세상에 발포한 터이며 의정원은 상해에 다소정당들이 림시 립법명의로 셰워노은 것이라. 그 기관이 무슨 권리로 대통령을 출척하난 의안을 통과하리요 …… 대통령이 국무총리를 내어 그 국무총리가 모든 정무를 집행케 하엿슨즉 정부의 정령을 집행하기에 장애가 조곰도 업거날 대통령대리의 새로낼 필요가 무엇이냐.[110]

한성정부의 정통성을 내세우면서 상해의 의정원을 부정한 것이나 다름없는 논리였다. 이승만은 의정원에 대통령 유고처리안에 대한 재의를 요구하였던 것 같다. 그러나 재의안에 접한 의정원에서는 '정실로나 법리로나 무엇으로 보든지 이대통령이 정부소재지로 돌아오기 전까지는 유고로 결정하고 국무총리가 그 직무를 대행하는 것이 옳다'는 재결의를 하고, 또 국무원에서는 의정원의 결의에 의해 9월 1일부터 국무총리가 대통령이 회환할 때까지 대통령직을 대리한다는 것을 공포하였다.[111]

대통령 유고와 국무총리의 대통령직무대리 문제가 결의 공포되자, 이승만은 이에 대한 대항책을 강구하였던 것 같다. 그것은 재정과 관련된 조치였다. 임정에 대한 재정적 지원을 완전히 차단하고, 미주교포들이 임정으로 직접 납부하던 인구세마저 구미위원부로 납부하도록 한 것이다.[112] 그리고 이동녕을 비롯한 각원들에 대해서도 상당한 압박을 가하였던 것 같다. 결국 이동녕 내각은 1924년 12월에 발생한 '민정식閔廷植사건'*을 계기로 상해 한인사회에 소요가 일어나자, 이를 빌미로 총사직하였다.[113]

이동녕 내각의 총사직과 더불어 박은식을 대통령 대리로 한 새 내각이 구성되었다. 이 내각은 이승만의 영향력이 행사되지 못한 채 이동녕을 비롯한 각원들의 결정에 의해 이루어진 것 같다. 이동녕 내각은 총사직하면서 의정원에 국무총리 겸 임시대통령대리로서 박은식을 추천하였다.[114] 의정원이 이에 동의, 1924년 12월 17일 임시대통령대리 겸 국무총리 박은식을 비롯하여 이유필(내무)·오영선(법무)·조상섭(학무)·이규홍(재무 겸 외무)·노백린(교통 겸 군무)·김갑(노동총판)·김붕준(국무원비서장) 등을 중심으로 한 내각이 출범하였다. 각원들 대부분은 '서북파' 인사들이었다. 이승만의 상해 부임 때 사퇴했거나, 또 이승만의 불신임을 주도했던 서북파 인사들이 중심이 되어 새 내각을 구성한 것이다.

박은식 내각의 출범은 임정의 구성상 커다란 변화였으며, 이승만에게는

---

*   '민정식 사건'이란 상당한 자금을 가지고 상해로 온 민정식(閔泳翊의 서자)을 임정에서 보호감금하였다가, 1924년 12월 10일 불란서 영사관의 협조를 얻은 일제 경찰에 다시 빼앗긴 일을 일컫는 것이다.

위협이 되지 않을 수 없는 일이었다. 그동안 함경도와 평안도를 중심한 '서북파'를 멀리하고 '기호파' 중심으로 임정을 유지 운영해 왔던 이승만이 서북파 중심의 새 내각을 맞게 된 것이다. 『태평양잡지』에서 이를 "림시정부 변란"이라 표현한 것이 그것을 짐작케 한다.[115]

박은식 내각이 출범하면서 이승만에 대한 탄핵문제가 구체화되었다. 12월 28일 각원 전부와 의정원의장 최창식·법제위원장 윤자영 등이 회합한 가운데, '헌법개정의 건', '재정통일 및 의무금 수합의 건', '직원보충 및 의원보선' 등의 문제를 협의하였다.[116] 이것은 임정의 수습을 위한 것이기도 하지만, 헌법개정은 곧 이승만의 탄핵을 의미하는 것이었다.

헌법개정과 이승만에 대한 탄핵은 의정원에서 논의되고 준비되었다. 1925년 3월 14일 최석순·문일민·임득산·강경선·나창헌·강창제·김현구·고준택·곽헌 등의 연서로 된 '임시대통령이승만탄핵안'이 의정원에 제출되었다.[117] 이와 함께 정부에서는 국무령제를 핵심으로 한 대한민국임시헌법개정안을 의정원에 제출하였다. 대통령 탄핵안은 3월 18일에 통과되었고, 나창헌을 위원장으로 한 곽헌·채원개·김현구·최석순의 5명을 심판위원으로 선정하여 이승만의 위법사실을 조사하도록 하였다. 심판위원회의 심리를 거치면서 탄핵이 면직으로 바뀌었고, 3월 23일 '임시대통령 이승만을 면직'이라고 한 이승만의 대통령 면직안이 의정원의 결의로 통과되었다. 3월 21일 심판위원의 명의로 작성된 '심판서'에서는 이승만의 대통령 면직 이유를 다음과 같이 명시하고 있다.

이승만은 언言을 외교에 탁托하고 직무지職務地를 천리擅離한지 어금於今 5년에 원양일우遠洋一隅에 격재隔在하야 난국수습과 대업진행大業進行에 하등 성의를 다하지 안을 뿐 아니라 허황된 사실을 천조간포擅造刊布하야 정부의 위

이승만 대통령의 탄핵을 공지한
《대한민국임시정부공보》 제42호
(1925년 4월 30일)

신을 손상하고 민심을 분산시킴은 물론이어니와 정부의 행정을 저해沮害하고 국고수입을 방防하엿고 의정원의 신성神聖을 모독하고 공결公決을 부인하엿스며 심지어 정부까지 부인한지라.

안案컨대 정무를 총괄하난 국가 총책임자로서 정부의 행정과 재무를 방해하고 임시헌법에 의하야 의정원의 선거를 밧아 취임한 대통령이 자기 지위에 불리한 결의라 하야 의정원의 결의를 부인하고 심지어 한성조직의 계통 운운함과 여如함은 대한민국임시헌법을 근본적으로 부인하난 행위라. 여사如斯히 국정國政을 방해하고 국헌國憲을 부인하는 자를 일일 ─日이라도 국가

원수의 직職에 치置함은 대업大業의 진행을 기期키 불능하고 국법의 신성神聖을 보保키 난難할뿐더러 순국제현殉國諸賢의 명목瞑目치 못할 바요 사라잇는 충용忠勇의 소망所望이 안이라.[118]

대통령이 현지를 떠나 외지에 있으면서 임정을 돌보지 않고, 한성정부의 정통성을 내세우며 상해의 임정과 의정원을 부인함으로 대통령직을 면직시킨다는 것이었다. 이후 『독립신문』에서는 담아潭兒와 소공笑公 명의로 된 '이승만박사의게', '이승만군의게 일언을 여與하노라'라는 등의 글을 실어,[119] 이승만이 대통령직에 있으면서 행한 잘잘못을 조목조목 열거·비판하고 있다. 의정원에서는 이승만 대통령의 면직 결정과 동시에 박은식을 새 대통령으로 선출하였다.[120] 박은식은 대통령으로 선출된 직후 이승만에게 정중한 편지를 보냈다.

저는 보잘 것 없는 유생일 뿐입니다. 성격도 영리를 탐하는 마음이 없고 소박해서 다른 사람과 더불어 다툴 줄도 모르는데 정계에서 벌어지는 시비의 소용돌이에 휘말리게 되었으니 어찌 고달프고 애절하지 않겠습니까.
지금 정국의 변화는 태좌台座가 상해를 떠나 먼 곳에 있으면서 직접 정무와 민정을 돌보지 않음으로 모든 조치가 제자리를 얻지 못한데서 비롯된 것입니다. 일반 민가에도 주인이 없으면 반드시 어지러워지는 법인데 하물며 국가이겠습니까?…… 그 원인이 모두 태좌가 몸소 친히 정무를 살피지 않은데서 비롯된 것입니다. 숙연하게 반성하시면 아마도 허물이 없을 것입니다.[121]

여기서 태좌는 이승만을 가리키는 것이다. 완곡한 표현이지만 대통령으로서 임지에 부임하지 않고, 또 미국에 있으면서 정부를 돌보지 않은 이승만의 잘못을 준엄하게 지적하고 있다.

대통령의 면직과 더불어 구미위원부도 폐지되었다. 임정에서는 대통령 탄핵이 있기 전인 3월 10일, 임시대통령령 제1호로 이승만이 설립한 구미위원부의 폐지를 명하였고,[122] 이어 재무총장 이규홍과 국무총리 박은식 명의로 구미위원부의 재정과 사무를 대한인국민회에 인수하도록 조치하였다.[123]

이러한 조치에 대해 이승만이 어떻게 반응했는지는 문헌상으로 분명하게 나타나 있지 않다. 그러나 그가 가만히 있지 않았던 것만큼은 짐작할 수 있다. 이승만은 1925년 3월 30일자 『구미위원부통신』을 통해 그동안의 대미 외교업적을 거론하면서, "제군이 피와 땀으로 이룬 위원부가 존폐의 위기에 도달하였다. 이것을 죽이는 것도 살리는 것도 다만 제씨諸氏의 노력 여하에 있다"고 하여,[124] 구미위원부를 계속 유지해 나갈 것임을 강력하게 천명하고 있다.

또 조소앙의 통신 중에도 그것을 짐작케 하는 내용이 있다. 대통령 면직 결정에 대한 대책으로 동지회 중심의 쿠데타, 동지회의 세력 확장을 통한 권토중래, 임정의 하와이 이전 등의 방안이 논의되고 있다.[125] 이 중에서 동지회의 세력을 확장하려는 노력은 실제로 추진된 것 같다. 동지회 상해지부가 설립된 것이 그것이다. 『태평양잡지』에 실린 '상해동지회통신'에 "상해에도 약간 동지가 규합하야 본회 발전책에 게으르지 안이하오나 다만 성립된지 멧칠이 못되고"라는 내용과 함께 1925년 6월 12일자로 황규성·리길구·조소앙·박경순 등 상해지회 임시위원의 명단, 그리고 그간의 활동에 대한 '동지회상해지부보고서' 등이 나타나 있다.[126]

탄핵당한 대통령

이승만은 3·1운동 직후 국내외에서 수립된 임시정부의 수반급 직위에 선출되면서 민족 독립운동의 주요 지도자로 부각되었고, 1919년 9월 노령·상해·한성의 임시정부가 통합하면서 임시대통령으로 선출되었다. 이후 1925년 3월 대통령직을 면직당하기까지 5년 6개월 동안 임시정부 대통령으로 활동하였다. 이승만이 임시대통령으로 활동한 과정을 정리하면서 글을 맺고자 한다.

첫째, 이승만은 상해 임정에 구속받으려 하지 않고, 상해 임정과 함께 한성정부도 자신의 정치배경으로 삼아 활동하려고 하였다. 상해 임정의 대통령과 한성정부의 집정관총재라는 명칭을 동시에 활용하면서, 민족의 최고 지도자라는 위상을 유지하려고 했던 것이다. 여기에는 국내에서 수립된 임시정부를 중시한 측면도 없지 않지만, 상해 임정의 대통령으로만 활동할 경우 자신을 대통령으로 선출해 준 세력들에게 구속받을 우려가 있다고 판단했기 때문이었다. 그가 상해측과 심각한 마찰을 빚으면서도 '대통령'이란 칭호와 함께 '집정관총재'를 고집했던 이유가 바로 여기에 있었다.

둘째, 이승만은 '역할분담'이라는 나름대로의 원칙 하에 대통령직을 수행하고자 했다. '역할분담'이란 상해의 업무는 국무총리가, 미주의 업무는 대통령인 자신이 담당하되 중요한 일은 서로 상의하자는 것이었다. 미국에 계속 남아 있으면서 대통령직을 수행하기 위한 방안이었다. 통합정부가 수립되기 전까지 국무총리 대리 안창호와는 비교적 역할분담이 순조롭게 이루어졌다. 그러나 통합정부가 수립되고 이동휘가 국무총리로 부임한 이후부터, 정치적 이념과 노선상의 현격한 차이로 인해 이동휘와 역할분담은 제대로 이루어지지 못하고 상호간의 마찰과 불신을 빚게 되었다. 이것이 임정이 혼란에 빠지는 주요 요인 중 하나였다.

셋째, 이승만은 전보와 통신원들을 이용하여 대통령직을 수행하였다. 임정과 이승만 사이에는 '코포고', '코릭'이라는 부호의 전문이 오갔고, 이것이 대통령 업무를 수행하는 주요 수단이었다. 이외에 그는 통신원들을 통해 각종의 정보를 수집하고 있었다. 상해에는 현순·안현경·장붕·조소앙으로 이어지는 통신원들이 있었고, 이들은 상해와 임정의 실상을 비롯하여 주요 인물들의 성향, 그리고 국내와 만주를 비롯한 각지의 상황 등을 소상하게 보고하였다. 이를 통해 이승만은 미국에 있으면서도 상해를 비롯한 국내외 각지의 독립운동과 인물들의 동향을 파악할 수 있었으며, 이러한 정보는 대통령직을 수행하는데 주요한 참고자료가 되었다.

넷째, 이승만은 미국내 기반을 유지하면서 대통령직을 수행하고자 했다. 여러 임시정부에서 수반급 지도자로 추대·선출된 사실을 통보받고 대통령으로 활동을 개시하면서, 이승만은 자신의 활동기반으로서 워싱턴에 구미위원부를 설립하였다. 외교활동을 위한 목적도 있었지만 자신의 지지기반 및 재정을 확보하기 위한 조치였다. 그리고 상해에 부임하였다가 미국으로 돌아온 직후 하와이에서 동지회를 조직한 것도 마찬가지 동기에서 비롯되었다. 미국은 미주교포들을 기반으로 한 '재정의 보고'나 다름없었다. 이승만은 재정의 확보가 무엇보다 중요하다고 생각하였고, 그 원천은 미주교포들임을 누구보다 잘 알고 있었다. 따라서 그는 이러한 기반과 재정을 배경으로 대통령직을 수행하고자 했던 것이다. 이승만은 임정보다는 미국에 있는 자신의 기반을 더 중시한 측면이 없지 않았다. 상해에서 활동하지 않고, 미국에 있고자 한 것도 이를 지키기 위한 것이었다고 생각된다.

다섯째, 이승만은 대통령으로 재직하는 5년 6개월 중에서 6개월 동안 상해에 부임하여 대통령직을 수행하였다. 이승만이 상해에 부임하여 활동한 시기는 1920년 12월부터 1921년 5월이었다. 이것이 임정 수립 후 대통령과 각원들이 함께 일한 유일한 기간이었다. 그러나 이승만은 임정을 이끌어나갈 정책이나 방안을 제시하지 못했다. 의정원 회의를 소집하고 교서를 발표하는 등 대통령으로서 역할을 수행하였지만, 오히려 대통령과 각원들 사이에 이념과 노선을 둘러싼 대립과 갈등만을 증폭시켰다. 또한 그는 북경을 중심으로 한 반대세력들의 거센 반발에 부딪혔다. 그는 여러 반대세력에 대해 효과적인 무마책을 마련하지 못한 채, 자신의 정치기반인 협성회를 조직하여 정면 대결코자 하였다. 그리고 상황이 여의치 않게 되자 '외교상 긴급과 재정상 절박'이란 이유를 내세워 하와이로 되돌아가고 말았다.

여섯째, 이승만은 상해에 부임하였다가 하와이로 되돌아간 후, 사실상 임정을 방치하였다. 대통령이 상해를 떠난 이후 1922년 초 각원들도 총사퇴하였다. 이로써 임정은 무정부상태나 다름없게 되었다. 이승만은 곧바로 후계 내각을 구성하지 못했다. 노백린을 중심으로 한 내각을 구성하였지만 각원들 대부분이 취임하지 않았다. 임정의 무정부상태는 1924년 5월 이동녕 내각이 구성될 때까지 지속되었다. 그는 또 1923년 국민대표회의가 개최되면서 임정의 존폐문제를 둘러싸고 창조·개조논쟁이 벌어졌지만, 이에 대한 아무런 대책을 강구하지 못한 채 수수방관하고 있었다.

일곱째, 이승만이 대통령으로 재직하는 동안 그에 대한 반대여론이 거세게 일어났고, 반反이승만이 반反임정으로 비화 확대되었다. 이승만에 대한 반대는 1919년 4월 상해에서 임정이 수립될 때부터 나타났다. 신채호가 위임통치 청원건을 근거로 그의 국무총리 선출을 반대한 것이다. 이후 신채호는 『신대한』을 발간하면서 이승만에 대한 반대여론을 주도하였고, 북경의 박용만·신숙 등과 연계하여 반대여론은 상해와 북경으로 확대되어 갔다. 1921년 2월 박은식·원세훈 등이 임정에 대한 불신을 표시하며 국민대표회의 소집을 요구하고 나섰다. 이어 4월에는 북경에서 신채호·박용만·신숙 등의 주도로 군사통일회의가 개최되었고, 이들은 54명의 공동명의로 이승만에 대한 성토문을 작성·발표하였다. 그리고 임정과 의정원의 불신임을 결의하고 임정의 해체를 요구하면서, 새로운 독립운동의 방향과 방략을 정립하기 위한 국민대표회의 소집을 추진한 것이다.

여덟째, 이승만은 의정원으로부터 탄핵 심사를 받은 끝에 대통령 면직이라는 결정으로 대통령직에서 물러나야 했다. 대통령으로 선출되고 또 그 역할을 수행하는 과정에서 이승만은 많은 반대와 마찰·불신임을 받았다. 여기에는 위임통치문제, 대통령칭호사용문제, 이념과 노선 등을 비롯한 여러 가지 정치적인 이유가 있었다. 하지만 대통령이 임지에 부임하지 않고 임정을 방치하고 있었다는 것이 가장 큰 이유였다. 임정에서는 복잡하게 얽혀 있는 난국과 침체상태를 이승만에 대한 탄핵과 헌법개정으로 수습하고자 하였고, 의정원에서는 1925년 3월 '임시대통령이승만탄핵안'을 제출하였다. 이에 대한 심리를 거치면서 '탄핵'이 '면직'으로 바뀌었고, 3월 23일 대통령 면직안이 의정원의 결의로 통과되었다. 이로써 이승만은 5년 6개월에 걸친 임정 대통령직을 마감하였다.

1   조동걸, 「대한민국임시정부의 조직」, 『한국민족주의의 발전과 독립운동사연구』, 지식
     산업사, 1993, 317쪽; 이현희, 『대한민국임시정부사』, 집문당, 1982, 50~66쪽; 반병
     률, 「대한국민의회와 상해임시정부의 통합정부 수립운동」, 『한국민족운동사연구』2,
     1988, 93~95쪽.

2   유영익, 『이승만의 삶과 꿈』, 중앙일보사, 1996, 138쪽.

3   정병준, 『우남 이승만 연구』, 역사비평사, 2005, 171쪽.

4   유영익, 앞의 책, 148쪽.

5   『신한민보』1919년 7월 10일자, 「대한민쥬국 대통령선언서」.

6   『신한민보』1919년 8월 21일자, 「국채표에 대한 포고문」.

7   『이승만과 한국독립운동』, 연세대 출판부, 2004, 103쪽.

8   반병률, 「대한국민의회와 상해임시정부의 통합정부 수립운동」, 『한국민족운동사연
     구』2, 1988, 98쪽.

9   『독립신문』1919년 9월 13일자, 「임시정부의 활동」.

10   김원용, 『재미한인 50년사』(독립운동사편찬위원회, 『독립운동사자료집』8, 1971,
     859쪽); 주요한, 『안도산전서』상(범양사, 1990, 222쪽).

11   김원용, 위의 책, 859쪽; 주요한, 위의 책, 223쪽

12   반병률, 앞의 논문, 105~106쪽.

13   『독립신문』1919년 9월 6일자, 「我政府特派員의 一行」.

14   『독립신문』1919년 9월 2일자, 「臨時憲法改正訂案 臨時政府改造案」.

15   반병률, 앞의 논문, 107쪽.

16   국회도서관, 『大韓民國臨時政府議政院文書』, 1974, 64쪽.

17   이승만은 의정원에서 찬성 16표, 무효 1표로 선출되었다(국회도서관, 『대한민국임시
     정부의정원문서』, 64쪽; 『독립신문』1919년 9월 9일자, 「임시대통령당선」).

18   『독립신문』1919년 9월 16일자, 「신내각성립」.

19   『大韓民國臨時政府公報』제7호(1919년 11월 17일); 金正明, 『朝鮮獨立運動』2, 原書
     房, 1967, 210쪽.

20   『태평양잡지』제7권 제8호, 7쪽.

21   송병기, 「簡札 解題」, 연세대 현대한국학연구소(편), 『우남이승만문서: 동문편』제16
     권, 1998, 7쪽.

22   한규무, 「현순(1878~1968)의 인물과 활동」, 『국사관논총』40, 국사편찬위원회,

1992, 79~80쪽.

23   송병기, 「간찰 해제」.

24   1919년 7월 11일자로 이승만이 안현경에게 보낸 편지(연세대 현대한국학연구소(편),
     『우남이승만문서: 동문편』 16, 105쪽.

25   1920년 1월 20일자로 안현경이 이승만에게 보낸 편지.

26   1920년 8월 21일자로 장붕이 이승만에게 보낸 편지.

27   1920년 2월 8일자로 안현경이 이승만에게 보낸 편지.

28   1920년 3월 26일자로 안현경이 이승만에게 보낸 편지.

29   1920년 7월 30일자로 장붕이 이승만에게 보낸 편지.

30   1920년 4월 23일자로 안현경이 이승만에게 보낸 편지.

31   1920년 9월 8일자로 장붕이 이승만에게 보낸 편지.

32   1920년 7월 26일자로 장붕이 이승만에게 보낸 편지.

33   1920년 9월 8일자로 장붕이 이승만에게 보낸 편지.

34   국회도서관, 『대한민국임시정부의정원문서』, 40쪽.

35   방선주, 「이승만과 위임통치안」, 『재미한인의 독립운동』, 한림대 출판부, 1989.

36   1919년 12월 30일자로 이승만이 신규식에게 보낸 편지.

37   문순익, 「정부와 주권자의 구별」, 『태평양잡지』 10월호, 27쪽.

38   1920년 1월 17일자로 현순이 이승만에게 보낸 편지.

39   고정휴, 앞의 논문, 120쪽.

40   1919년 11월 29일자로 이동휘가 이승만에게 보낸 편지.

41   1920년 1월 28일자로 이승만이 이동휘에게 보낸 편지.

42   주요한, 앞의 책, 246쪽.

43   신용하, 『신채호의 사회사상연구』, 한길사, 1984, 43쪽.

44   도산기념사업회(편), 『安島山全書』 中, 범양사, 1990, 280쪽.

45   『大韓民國臨時政府議政院文書』, 86~87쪽; 『독립신문』 1920년 3월 25일자. 「대통령
     에 대한 결의안 통과」.

46   金邦, 「李東輝의 抗日獨立運動 硏究」, 건국대 대학원 박사학위논문, 1996, 134쪽.

47   『안도산전서』 상, 255쪽.

48   1920년 4월 23일자로 안현경이 이승만에게 보낸 편지.

49   1920년 7월 30일자로 장붕이 이승만에게 보낸 편지.

50 1920년 9월 8일자로 장붕이 이승만에게 보낸 편지.

51 유영익, 앞의 책, 150쪽.

52 유영익, 앞의 책, 154쪽;『독립신문』1921년 1월 1일「대통령의 來東」에서는 이승만
    의 도착일자를 12월 8일이라고 하였다.

53 국회도서관,「상해에서의 이승만 환영회 상황」,『한국민족운동사료』3·1운동편 1,
    1977, 708쪽.

54 『독립신문』1921년 1월 1일자.「대통령환영」.

55 『독립신문』1921년 2월 5일자.「총각원의 회합」;『대한민국임시정부의정원문서』, 98쪽.

56 『독립신문』1921년 1월 15일자.「우리의 처음 맞는 대통령의 연설」.

57 敎書의 전문은『대한민국임시정부의정원문서』, 99~101쪽 및『독립신문』1921년 3월
    5일자로 수록되어 있다.

58 국회도서관,『한국민족운동사료』3·1운동편 1, 774~775쪽; 고정휴, 앞의 논문,
    208~210쪽.

59 임병직,『임병직회고록』, 169~170쪽.

60 『독립신문』1921년 1월 27일자.「국무총리 사직설」.

61 『한국민족운동사료』3·1운동편 1, 924쪽.

62 『안도산전서』중, 409쪽.

63 『안도산전서』중, 407쪽.

64 『안도산전서』중, 409쪽.

65 范廷傑,「韓國臨時政府大統領李承晚中國來去」(윤병석편,『한국독립운동사자료집』
    중국편, 한국정신문화연구원, 1993, 438쪽).

66 국회도서관,『한국민족운동사료』중국편, 1976, 276~277쪽.

67 윤병석,「1920년대 독립군단과 통합운동」,『국외한인사회와 민족운동』, 일조각,
    1990, 107쪽.

68 신숙,『나의 一生』, 日新社, 1963, 63쪽.

69 성토문의 전문은『한국민족운동사료』3·1운동편 1, 628~630쪽에 수록되어 있다.

70 군사통일회의에서는 임시정부에 대신하는 大朝鮮共和國의 건설을 위하여 대통령 李
    相龍을 수반으로 하고, 국무총리 申肅, 외무총장 張建相, 학무총장 韓震山, 내무총장
    金大地, 재무총장 金甲, 군무총장 비팔무, 교통총장 朴容萬 등의 조각 인선까지 마련
    하였다고 한다(윤병석, 앞의 논문, 108쪽).

71 『大同』제3호 1921년 7월 9일(이화장 소장).

72 협성회 조직에 대해 일제의 정보자료는 "이승만이 자기 옹호의 필요상 심복들로 하여
    금 조직케 하였다"라 하고 있고(『한국민족운동사료』3·1운동편 1, 970쪽), 중국의 范
    廷傑은 "이승만은 밤낮으로 번민하던 중 一策으로 이동녕·신규식 등과 연합하여 임
    정을 옹호하는 단체를 결성"한 것으로 서술하고 있다(『韓國臨時政府大統領李承晩來
    去』, 436쪽).

73 『한국민족운동사료』3·1운동편 1, 970쪽.

74 『한국민족운동사료』3·1운동편 1, 923쪽.

75 『한국민족운동사료』3·1운동편 1, 549쪽.

76 김희곤, 「국민대표회의와 참가단체의 성격」, 『중국관내한국독립운동단체연구』, 지식
    산업사, 1995, 150~151쪽.

77 『한국민족운동사료』3·1운동편 1, 960~970쪽.

78 『한국민족운동사료』3·1운동편 1, 960쪽.

79 『한국민족운동사료』3·1운동편 1, 960쪽.

80 『독립신문』1921년 5월 31일자. 「대통령의 교서」·「大統領離」.

81 유영익, 앞의 책, 156쪽.

82 연설 내용은 『한국민족운동사료』3·1운동편 1, 595~598쪽에 수록되어 있다.

83 「동지회설립이유」, 『한국민족운동사료』3·1운동편 1, 592쪽.

84 「동지회규정」, 『한국민족운동사료』3·1운동편 1, 592쪽.

85 『독립신문』1921년 10월 28일자. 「태평양회의와 我 대표의 활동」.

86 『한국민족운동사료』중국편, 360쪽.

87 『독립신문』1922년 3월 31일자. 「국무원총사직에 대하야」.

88 『독립신문』1922년 11월 18일 및 12월 23일자. 「최근의 정부상황」, 「우리의 과거일
    년」.

89 한시준, 「상해의 임시정부 청사 소재지에 관한 고찰」, 『한국근현대사연구』4, 1996,
    342쪽.

90 『태평양잡지』제7권 제8월호, 「동지들에게」, 4쪽.

91 『태평양잡지』제7권 제9월호, 「정부와 위원부」, 38쪽.

92 김희곤, 앞의 논문, 155~168쪽.

93 『한국민족운동사료』중국편, 320쪽.

94 『태평양잡지』제31호(1923년 3월 1일), 「국민대표회」, 13쪽.

95 『한국민족운동사료』중국편, 495쪽.

96 『태평양잡지』제6권 제7호(1924년 7월), 「국무원제공에게」, 18쪽.

97 1924년 3월 29일자로 이승만이 이시영에게 보낸 편지.

98 『한국민족운동사료』중국편, 503~504쪽.

99 『안도산전서』상, 254쪽.

100 『안도산전서』상, 254~255쪽.

101 『한국민족운동사료』중국편, 409~410쪽.

102 『독립신문』1922년 7월 22일자. 「第10回臨時議政院會議記事」.

103 『상해타임쓰』는 상해타임쓰사 명의로 발행된 등사판 국한문 혼용의 신문이다. 현재 제
     3·4·5·6·7호외, 일요특간 8·9·10·11·12·13호가 이화장 자료에 전해지고 있다.

104 『독립신문』1923년 5월 2일자. 「大局刷新實行案」, 「李大統領彈劾案」.

105 『독립신문』1923년 5월 2일자. 「대국쇄신실행안」, 「이대통령탄핵안」.

106 『독립신문』1923년 5월 2일자. 「임시헌법개정안」.

107 『한국민족운동사료』중국편, 539~540쪽.

108 『한국민족운동사료』중국편, 540쪽.

109 1924년 9월 5일자로 이승만이 이동녕에게 보낸 편지.

110 윤치영, 「샹해 우리 림시정부 소식과 자국에 전쟁」, 『태평양잡지』 10월호, 1924년 10
     월, 14쪽.

111 『신한민보』1924년 10월 9일자. 「워싱턴에 있는 대통령에게 임시정부에서 귀임하라
     고 재촉」.

112 『한국민족운동사료』중국편, 52쪽.

113 『한국민족운동사료』중국편, 542쪽.

114 『한국민족운동사료』중국편, 541쪽.

115 『태평양잡지』제7권 7월호(1925년 7월), 「교정셔」. 이 글은 "민국 6년 12월에 림시정
     부 변란을 쥬출한 박은식 최창식 등의 망동은 듯는 쟈로 하여금 통분을 익이지 못하게
     하도다"로 시작되고 있다.

116 『한국민족운동사료』중국편, 541쪽.

117 『한국민족운동사료』중국편, 549~550쪽.

118 『독립신문』1925년 3월 23일자. 「심판서」.

119 『독립신문』 1925년 3월 31일.

120 『독립신문』 1925년 3월 23일자, 「임시대통령을 선거」.

121 1925년 4월 1일자로 박은식이 이승만에게 보낸 편지.

122 『한국민족운동사료』 중국편, 551쪽.

123 1925년 3월 10일자로 임정발 제17호(재정징수 위임에 관한 건), 제18호(구미위원부 사무인계에 관한 건), 제19호(구미위원부 사무인계에 관한 건)를 통해, 구미위원부의 일체 사무를 대한인국민회에 인계토록 하였다(『신한민보』 1925년 4월 9일, 「임시정부」).

124 「歐美委員部通信 第94號」, 『한국민족운동사료』 중국편, 552~554쪽.

125 1925년 5월 16일자로 조소앙이 이승만에게 보낸 편지.

126 『태평양잡지』 제7권 8월호(1925년 7월), 33~36쪽. 여기에 수록된 상해동지회회원명부에는 1925년 6월까지라고 하면서 모두 32명의 명단이 실려 있다.

제2대 대통령
박은식

백암 박은식(1859~1925)이라고 하면, 일반적으로 언론인·민족주의 사학자를 떠올리게 된다. 박은식은 한말 《황성신문》, 《대한매일신보》 등에서 주필로 활동하였던 언론인으로, 그리고 『동명성왕실기東明聖王實記』, 『몽배금태조夢拜金太祖』 등을 비롯하여 『한국통사韓國痛史』와 『한국독립운동지혈사韓國獨立運動之血史』를 저술한 민족주의 사학자로 널리 알려져 있다. 언론인과 민족주의 사학자와 더불어 박은식이 남긴 족적이 하나 더 있다. 독립운동의 지도자였다는 점이다.

박은식은 1911년 만주로 망명한 이래 연해주와 중국대륙에서 독립운동가로 활동하였다. 만주에서 대종교 제3대 교주인 윤세복尹世復의 집에 머물며 대종교에 가담한 것을 비롯하여, 상해에서 신규식申圭植 등과 함께 동제사同濟社라는 독립운동 단체를 결성하여 활동하였고, 연해주에서는 대한노인동맹단大韓老人同盟團을 결성하여 활동하기도 하였다. 1919년 재등실齋藤實 총독이 부임할 때, 그에게 폭탄을 투척하였던 강우규姜宇奎 의사의 의거는 바로 대한노인동맹단에서 결행한 것이었다.

박은식은 대한민국 임시정부에서도 주요 지도자로 활동하였다. 초대 대통령 이승만에 이어 제2대 대통령을 역임한 것이다. 1925년 3월 임시의정원은 이승만을 대통령직에서 탄핵한 후, 박은식을 대통령으로 선출하였다. 이후 박은식은 제2대 대통령으로 1925년 11월 서거할 때까지 7개월 동안 대한민국 임시정부를 이끌었다.

이 글은 박은식이 대한민국 임시정부의 대통령으로 선출되어 활동한 실상을 통해, 독립운동 지도자로서의 면모를 밝히려는 데 목적이 있다. 논의의 시간적 범위는 3·1운동 직후부터 1925년 서거할 때까지를 대상으로 하고, 박은식이 대한민국 임시정부에 참여하는 과정, 1920년대 전반기 대한민국 임시정부가 혼란에 휩싸였을 때 이를 수습하려는 노력, 그리고 대통령으로 선출되어 대한민국 임시정부를 정상화시킨 활동 등에 대해 살펴보고자 한다.

임시정부 참여

연해주에서 대한국민의회 설립

3·1운동이 발발하였을 때, 박은식은 노령 연해주에 있었다. 1911년 만주로 망명한 이래, 그는 북경·홍콩·상해 등지에서 활동하다가 1918년 노령지방 교포들의 요청에 따라 연해주로 이동하였다. 연해주에서 『한족공보韓族公報』의 주간과 『발해사渤海史』 『이준전李儁傳』 등을 저술하며 활동하고 있을 때, 국내에서 3·1운동이 발발한 것이다.

3·1운동 소식을 접한 연해주지역의 한인들은 독립의 선언과 임시정부

의 수립을 추진하였다. 이들은 3·1운동이 일어나기 전에 이를 추진하고 있었다. 1차 세계대전 종결과 파리강화회의 개최 등 국제정세 변화에 따라 1919년 2월 25일 기존의 전로한족회중앙총회를 확대 개편하여 대한국민의회를 결성하기로 발기한 것이다.[1] 3·1운동 소식이 전해지면서 이들은 독립을 선언하고 대한국민의회를 임시정부 조직으로 공포하고자 하였다.

대한국민의회가 독립선언서를 발표하기로 하였을 때, 박은식이 선언서의 기초를 맡았다. 일제의 정보에 박은식이 한문으로 독립선언서를 기초하여 남공선南公善 등에게 보여주었고, 이들은 문장이 너무 온화하다고 하여 과격한 문구를 가하였다는 내용이 보이고 있다.[2] 실제 발표된 독립선언서가 박은식이 기초한 것과 얼마나 차이가 있는지는 확인할 수 없지만, 적어도 박은식이 노령에서 대한국민의회가 설립되는 데 독립선언서를 기초하는 중요한 역할을 하고 있었음을 알 수 있다.

대한국민의회는 3·1운동 직후 처음으로 수립된 임시정부였다. 1919년 3월 17일 독립선언서를 발표하고 내외에 그 성립을 공포함으로써, 최초의 임시정부가 수립된 것이다.[3] 명칭은 의회였지만, 의회의 기능 뿐만 아니라 행정·사법의 기능도 함께 가지고 있는 정부적 성격을 띤 조직이었다. 박은식은 독립선언서를 기초하여 노령의 임시정부 수립에 큰 역할을 담당하였던 것이다.

박은식은 대한국민의회의 수립과 더불어 연해주에서 또다른 활동을 추진하고 있었다. 니콜리스크에서 블라디보스톡으로 와 서상구徐相矩의 집에 머물며, 노인동맹단의 조직을 추진한 것이다. 노인동맹단은 남녀를 불문하고 46세 이상 70세까지의 한인을 회원으로 한 독립운동 단체로, 1919년 3월 27일 김치보金致寶를 단장으로 추대하여 조직되었다.[4]

박은식은 노인동맹단을 조직하는데 주도적 역할을 수행하였다. 동맹단

박은식이 기초한 것으로 알려진
대한국민의회의 독립선언서

설립의 취지서를 작성한 것이다. 취지서는 "독립을 회복하지 못하면 해외에서 각고 끝에 전택田宅과 금전을 마련하여 자손에게 남겨주거나 학문과 기예를 전수하더라도 근본적으로 다른 민족의 노예를 벗어나지 못할 것'이라는[5] 내용을 담고 있다. 자손들에 대한 염려보다도 우선적으로 해결하지 않으면 안되는 일이 독립이고, 독립을 달성하는 일에 노인들도 적극 참여하자는 논리였다.

박은식이 연해주에서 대한국민의회와 노인동맹단을 조직하여 활동할 때, 국내에서도 임시정부가 수립되었다. 홍진洪震·이규갑李奎甲 등이 주도하여 13도 대표자대회를 개최하고 1919년 4월 23일 국민대회 명의로 '한성정부'를 수립한 것이다. 한성정부에도 박은식의 이름이 올라 있다. 신채호申采浩 등 18명과 더불어 평정관에 임명된 것이다.[6] 이로써 박은식은 3·1운동 직후 노령에서 수립된 대한국민의회와 국내에서 수립된 한성정부에 직간접적으로 관여되어 있었다.

상해 귀환과 임시정부 참여

연해주에서 활동하던 박은식은 1919년 9월 말 중국 상해로 이동하였다. 일제의 정보자료에는 박은식이 1919년 9월 26일 '중국인 복장으로 변장하고 철도편으로 하얼빈을 경유하여 상해로 향한 것'으로 나타나 있다.[7] 그리고 상해에서 발행되던 『독립신문』은 9월 30일자에서 "박은식씨 서백리아로부터 내호來滬"라 하여, 박은식의 상해 도착을 보도하였다.

박은식이 상해로 온 것은 몇 가지 이유가 있었다. 그 자신은 독립운동사를 편찬하기 위해서라고 하였다. "여余의 금차今次 상해에 래來함은 독립운동사의 편찬을 목적함이니 망국유민亡國遺民으로 천애天涯에 유리流離한지 십여성상에 독립운동사를 쓰게 됨은 실로 천天이 행幸하심이라 사死하여도 한恨이 무無하리로다"라고[8] 한 것이 그것이다. 잘 알려져 있듯이 박은식은 1915년 『한국통사韓國痛史』를 저술할 때, 망국사에 이어 독립운동사를 쓸 계획을 피력한 바 있었다.

당시 상해에는 독립운동사를 저술할 수 있는 유리한 조건이 있었다. 임시정부 내무총장 안창호가 주도하여 임시사료편찬회를 조직하고, 국제연맹회에 제출할 목적으로 1919년 7월부터 『한일관계사료집』을 편찬하는 작업을 추진하고 있었던 것이다.[9] 이 작업을 위해 국내외에서 많은 자료들이 수집되었고, 이를 이용할 수 있는 여건이 마련되어 있었던 것이다. 상해에 도착한 박은식은 이 작업에 관여하였다. 그리고 이를 토대로 하여 갑신정 변부터 3·1운동까지를 다룬『한국독립운동지혈사韓國獨立運動之血史』를 저술, 상해에 온 목적을 이루었다.

독립운동사를 편찬하는 이외에 다른 이유도 있었다. 연해주의 노인동맹 단에서 박은식을 임시정부에 파견한 것이다.『독립신문』은「박은식선생과 독립운동사」라는 제목으로 그가 상해에 온 이유를 보도하면서 "선생은 노 인단의 위탁에 의하여 간간악악侃侃愕愕의 언言으로 정부를 편달鞭撻하리라" 고 하였다.[10] 노인동맹단에서 임시정부를 돕기 위해 박은식을 대표로 파견 한 것이다.

박은식이 상해에 도착하였을 때, 임시정부는 통합을 이루어 새로운 출발 을 시작하고 있었다. 노령·상해·한성에서 수립된 세 임시정부가 통합을 추진, 1919년 9월 11일 한성정부를 중심으로 통합을 실현하였다. 세 정부 의 통합을 실현하면서, 정부의 체제도 대통령제로 바꾸었다. 미국에서 활 동하는 이승만을 대통령에, 연해주에서 활동하던 이동휘李東輝를 국무총리 로 선출하여, 정부의 조직과 체제를 새롭게 갖춘 것이다.[11]

상해에 도착한 후 박은식은 임시사료편찬위원으로 한일관계사료집 편찬 에 관여하는 한편, 독립운동사를 서술하기 시작하였다. 이와 더불어 박은 식은 임시정부가 추진하는 제2차 독립시위운동에도 참여하고 있었다. 제2 차 독립시위운동이란 임시정부가 1919년 10월 31일 일왕의 생일을 기하여 국내에서 제2의 3·1운동을 일으킨다는 계획이었다. 이러한 계획은 내무총 장 안창호安昌浩가 주도하여 1919년 7월부터 '제2차 시위운동 준비와 실행' 이란 임무를 부여한 특파원들을 파견, 국내의 비밀결사들과 연계하여 추진 하고 있었다.[12]

제2차 독립시위운동은 3·1운동과 비슷한 방법으로 추진되었다. 민족대표 명의로 독립선언서를 발표하고, 전국적으로 대규모 시위운동을 일으킨다는 것이었다. 우선 내무총장 이름으로 된 '남여학생에게' '상업에 종사하난 동포에게' '천주교동포여'라는 포고문을 특파원들이 국내로 가지고 들어가 각지에 살포하였다.[13] 온 국민이 다시 일어날 것을 촉구한 것이다. 그리고 독립시위운동을 주도할 민족대표의 선정과 그 명의로 독립선언서를 작성하여 발표하기로 하였다.

선언서의 작성과 발표는 계획대로 추진되었다. 일왕의 생일인 10월 31일 선언서가 발표된 것이다. 발표된 선언서는 "3월 1일의 초지初志를 중重히 하고 인도와 정의를 위하야 한 번 더 은인隱忍하고 한 번 더 평화로운 만세소리로 우리 대한민국의 독립국이요 우리 대한국민의 자유민임을 일본과 및 세계만국의 전前에 선언하노라"고 하여,[14] 3·1독립선언서와 같은 내용이었다. 그리고 선언서 말미에 공약 3장과 그것을 발표한 대한민족대표 30명의 명단을 수록하여, 그 형태도 3·1독립선언서와 똑같은 형태를 취하였다.

박은식은 제2차 독립시위운동의 민족대표였다. 선언서의 작성과 발표 경위가 분명하게 드러나지 않아 그가 어떠한 역할을 하였는지는 알 수 없지만, 박은식은 선언서에 서명한 대한민족대표의 한 사람이었다. 그리고 선언서에 서명한 30명 중 그의 이름이 제일 앞에 올려져 있다.[15] 제2차 독립시위운동을 상징하는 민족적 대표가 박은식이었다고 할 수 있다.

그는 상해에 도착한 직후부터, 임시사료편찬회와 제2차 독립시위운동에 관여하며 임시정부에서 활동했다. 임시정부에서 그의 역할이나 위상은 특정한 직책을 맡고 있었던 것은 아니지만, 임시정부의 어른과 같은 존재였다. 당시 임시정부를 이끌던 지도자는 이승만·이동휘·안창호였다. 박은식은 이들보다 사회활동 경력도 다양하였을 뿐만 아니라, 연배도 20여 살 많았다.

임시정부의 혼란과 수습

임시정부의 혼란

박은식은 임시정부에 큰 기대를 걸고 있었다. 연해주에서 상해로 이동한 것도 임시정부의 활동을 돕기 위해서였다. 그렇지만 정부의 운영은 출범 직후부터 순조롭지 못했다. 여러 가지 이유가 있었지만, 대통령이 상해에 부임하지 않았던 것, 그리고 대통령과 국무총리 이동휘와의 갈등이 가장 큰 요인이었다.

이승만은 통합정부가 성립되기 이전인 1919년 8월 워싱턴에 구미위원부를 설치하고, 대한민국 공채표를 발매하며 대통령으로 활동하고 있었다.[16] 대통령으로 선출된 후에도, 이를 그대로 유지한 채 미국에 머물며 대통령직을 수행하고자 하였다. 상해의 일은 국무총리가, 미주의 일은 자신이 담당하자고 하였다. 다른 하나는 전문을 이용하여 임시정부와 연락을 취하고, 통신원들로 하여금 상해의 실정을 파악하여 보고하도록 한 것이다.[17]

대통령이 상해에 부임하지 않고 미국에서 그 역할을 수행한 것이 임시정부가 혼란으로 빠져드는 한 요인이 되었다. 임시정부측에서는 여러 통로를 통하여 이승만의 상해 부임을 촉구하였다. 이승만이 이에 응하지 않자, 임시의정원에서 대통령의 상해 부임을 촉구하는 결의안을 채택하기에 이르렀다. 1920년 3월 22일 의정원회의에서 이유필李裕弼을 비롯한 17명의 의원이 대통령의 조속한 부임을 촉구하는 결의안을 통과시킨 것이다.[18]

대통령과 국무총리 사이에 갈등과 대립도 임시정부가 혼란으로 치닫는 중요한 원인이 되었다. 이동휘는 국무총리에 취임한 후 이승만에게 "우리 두 사람이 3·1운동 후 민족지도자로서의 책임을 맡게 되었다"고 하면서 시정방침에 관한 두 가지 답변을 요구하였다. "독립이 국제연맹에 대한 요구에 있는가 아니면 무장투쟁에 있는가"하는 것과 "공채표 발매보다는 동포들의 애국열성이 담긴 애국금이 절대독립을 기할 수 있는 것 아니냐"는 두 가지였다.[19] 이승만의 외교노선과 구미위원부를 중심으로 한 그의 활동에 대한 답변을 요구한 것이었다.

이에 대한 이승만의 답변은 단호했다. '무장투쟁은 준비가 없어 할 수 없고 자신은 미국에서 인심을 고동할 것이며, 재정문제는 공채표를 계속 발행할 것'이라고 한 것이다.[20] 이는 대통령과 국무총리 사이에 시정방침을 둘러싼 논의이기도 하였지만, 독립운동 노선과 재정문제를 둘러싼 이승만과 이동휘간의 의견 대립의 표출이기도 했다. 임시정부를 이끌어가는 대통령과 국무총리 사이에 의견 차이는 현격하였고, 그 대립과 갈등이 증폭되어 갔다.

대통령과 국무총리와의 대립과 갈등은 대통령에 대한 퇴진운동으로 발전되었다. 1920년 5월 15일 이동휘의 측근 인사인 국무원 비서장 김립金立을 비롯하여 윤현진·이규홍 등 6명의 차장들이 이승만이 미주지역의 재정을 독점하고 정부와 상의없이 교령을 반포한 일 등을 비판하며 이승만의 사임을 요구한 일이 일어났다.[21] 정부의 차장들이 나서서 대통령에 대한 불신임운동을 일으킨 것이다. 안창호·이동녕 등이 차장들을 만류하였지만, 김립 등은 6월 7일 '이승만 대통령 불신임안'의 통과를 요구하면서, 집단사직서를 제출하기에 이르렀다.[22]

정부내에서 뿐만 아니라, 정부 밖에서도 이승만에 대한 반대운동이 일어나고 있었다. 그 선봉은 신채호申采浩였다. 그는 통합정부에서 이승만을 대통령으로 선출하자, 1919년 10월 28일 상해에서 주간신문『신대한新大韓』을 창간하고, 이를 통해 이승만의 위임통치론과 독립운동 방략으로서의 외교노선, 그리고 임시정부의 무능과 파쟁 등에 대해 맹렬한 비판과 공격을 가하기 시작한 것이다.[23] 이로써 이승만과 임시정부를 비판하는 여론이 형성되어 갔고, 그 세력은 북경으로 확대되었다. 북경과 천진을 중심으로 활동하고 있던 박용만朴容萬과 신숙申肅 등이 연계하여 이승만과 임시정부를 반대하는 세력을 형성한 것이다.

이러한 내외적인 요인들이 겹치면서 임시정부는 출범 직후부터 정상적으로 운영되지 못한 채, 혼란에 빠져들고 있었다. 이승만에 대한 반대여론이 확산되고 그 세력이 형성되는 가운데, 상해의 실정을 보고하던 통신원들이 이승만에게 상해행을 권유하였다. 이승만은 이들의 권유를 받아들였다. 그리고 워싱턴에서 하와이를 거쳐 1920년 12월 상해에 도착하였다.[24] 통합정부에서 대통령으로 선출된 지 1년 3개월여만에 현지에 부임한 것이다.

대통령이 상해에 부임하자, 임시정부의 각원들을 비롯하여 상해에 있는 교민들은 대통령에게 큰 기대를 걸었다. 박은식 역시 이승만이 대통령으로 임시정부를 바로 이끌고 활성화시켜 줄 것을 기대하였다. 1920년 12월 28일 상해교민단이 주최한 이승만 환영회에서, 박은식은 이승만에 대한 기대를 다음과 같이 피력하였다.

> 금석今夕 환영하는 이승만박사는 수십년래의 애국자이며 금일에 이르기까지 시종일관 국사國事에 진력한 분으로 우리들이 늘 희망해 온 공화정치를 집행할 분이다. 우리 역사상의 정치를 개조한 것은 제군이 숙지하는 바이나

우리들은 한층 노력하여 나아가 한성漢城에서 속히 이승만박사를 환영할 것을 바란다.[25]

공화정치는 곧 임시정부를 일컫는 것이었다. 임시정부는 민주공화제 정부로 수립되었다. 박은식은 이 민주공화제 정부를 이끌어 갈 지도자가 이승만이라는 것이었고, 독립 후 수립할 정부에서도 이승만이 지도자가 되기를 바라고 있었다. 박은식은 중국으로 망명한 후 중국 혁명파 인사들과 교류하면서, 그리고 홍콩에서 『향강잡지香江雜誌』를 발행하면서 이미 공화주의를 받아들였다.[26] 공화제 정부로 수립된 임시정부가 이승만 대통령을 중심으로 유지·발전되고, 독립 후에도 그대로 이어지기를 박은식은 바라고 있었던 것이다.

박은식은 대통령의 부임을 계기로 임시정부의 혼란이 수습되기를 기대하였다. 그렇지만 그의 기대와는 달리 임시정부는 더 깊은 혼란속으로 빠져 들어갔다. 국무총리를 비롯하여 각원들의 사퇴가 이어진 것이다. 이승만이 대통령으로 집무를 시작하면서부터 국무총리 및 각원들과 심각한 대립을 빚었다. 당시 현안으로 대두된 것은 임시정부의 운영과 활동방향을 비롯하여, 상해와 북경을 중심으로 일어나고 있는 임시정부에 대한 비판을 어떻게 무마할 것인가 하는 문제들이었다. 이에 대해 국무총리와 각원들은 '대통령제에서 위원제로 전환할 것, 활동방향은 만주에 무장부대를 조직하여 국내에 진입시킬 것, 외교적으로는 소련과 협력을 도모할 것' 등을 주장하였다.[27] 임시정부의 운영방식을 개혁하고, 무장투쟁 등의 적극적인 독립운동을 전개하자는 것이었다.

그러나 대통령 이승만은 이를 받아들이지 않았다. "소규모 무장부대의 국내 진입은 오히려 국내동포들의 탄압과 피해를 가중시킬 것이며, 소련과의 협력은 조국을 공산주의 국가의 노예로 만들자는 것이나 다름없다"라는 등의 논리로 반대한 것이다.[28] 이로써 대통령과 국무총리가 독립운동 노선과 이념을 둘러싸고 대립과 갈등을 빚게 되었고, 이동휘는 1921년 1월 24일 '자신의 실력으로는 이 난관을 헤쳐나가기 어렵다'는 이유로 국무총리를 사임하였다.[29] 국무총리에 이어 각원들의 사퇴도 이어졌다. 학무총장 김규식, 군무총장 노백린, 노동국총판 안창호 등이 연이어 사퇴한 것이다.

국민대표회 소집 요구

박은식은 임시정부가 혼란 속으로 빠져드는 것을 방관할 수 없었다. 임시정부의 원로로서 혼란을 수습할 방안을 강구하였다. 그는 민주공화제 정부로 수립된 임시정부는 어떻게 해서든지 유지해야 한다는 생각이었다.

박은식이 각원들에게 제시한 것은 '포용력'과 '인내력'이었다. 1920년 5월 차장들이 대통령에 대한 퇴진운동을 전개하고 있을 때, 박은식은 '우리 국민이 기대하는 정부제공政府諸公에게'라는 글을 발표하였다.

> 우리 정부도 또한 우리 민족의 정신적 정부라. 그런즉 각원제공閣員諸公은 마땅히 우리 민족의 정신으로써 의견도 되고 행동도 될 것이오 결코 아我라는 정신은 뇌리에 둘 수 없도다. …… 다언多言을 불요不要하고 다만 양종兩種의 약료藥料를 궤饋하노니 일一은 포용력包容力이오 일一은 인내력忍耐力이라.[30]

임시정부를 운영 유지함에 있어 결코 개인적인 차원으로 보지말고, 민족적 차원에서 생각하라는 것이었다. 그리고 대통령 문제에 대해서도 그를 포용하고 참고 기다릴 것을 촉구하였다.

박은식은 대통령 이승만을 중심으로 임시정부가 유지 운영되기를 바랐다. 차장들이 대통령에 대한 불신임운동을 전개하고 있었지만, 그는 대통령에 대한 기대를 포기하지 않았다. 그러나 대통령이 부임하여 집무를 시작하면서, 국무총리를 비롯한 각원들의 사퇴가 이어지는 등 임시정부는 더 큰 혼란에 휩싸이게 되었다.

박은식은 종전에 충고하는 형식에서 행동으로 적극적으로 나섰다. 그는 1921년 2월 고일표高一彪·김창숙金昌淑 등 14명과 함께 「아동포我同胞에게 고告함」이란 성명서를 발표, 국민대표회 소집을 요구하였다.[31] 이유는 두 가지였다. 하나는 전국민의 의사에 의하여 통일적인 온고穩固한 정국을 기도企圖하고, 다른 하나는 군책群策과 군력群力을 복합하여 독립운동의 최량한 방책을 수립하자는 것이었다. 박은식이 국민대표회의 소집을 요구한 것은 임시정부를 명실상부한 최고의 독립운동 기관으로 개편하자는 뜻이었다.

그 제안은 커다란 호응을 불러 일으켰다. 북경을 중심으로 활동하고 있던 신채호·박용만·신숙 등이 군사통일회의를 개최하고, 국민대표회의 소집을 주장하고 나선 것이다. 북경의 군사통일회의는 여기서 한 발 더 나아가 위임통치청원을 근거로 이승만에 대한 성토문을 작성하여 발표하는 한편, 임시정부와 임시의정원에 대한 불신임을 결의하고, 대통령을 비롯한 정부 각원들의 총사퇴를 요구하고 나섰다.[32]

만주와 상해에서도 국민대표회의 소집에 호응하였다. 서간도의 액목현에서 임시정부의 개조와 위임통치청원자 퇴거를 요구하며 국민대표회의 소집을 요구한 것이다.[33] 상해에서도 안창호를 비롯한 교민들이 국민대표회의 소집을 요구하고 나섰다. 안창호·여운형 등은 5월 12일 연설회를 개최하고 "우리 독립운동은 우리 민족의 손으로는 성공이 불능하며 미국이 원조해주지 않으면 안된다고 하여 미국만을 우러러보고 있소. 그러나 이것은 독립정신을 위배하는 것이오"라고 하여,[34] 이승만의 노선을 정면으로 비판하면서 임시정부에 대한 해결책과 민의民意의 통일을 위한 국민대표회의 소집을 주장한 것이다.

각지에서 국민대표회의 소집 요구가 일어나고 있을 때, 상해에 부임하였던 이승만이 미국으로 되돌아갔다. 이승만은 국민대표회의 소집과 사퇴요구에 대해 자신의 세력을 배경으로 정면으로 맞서고자 하였다. 자신을 지지하는 조완구·윤기섭 등으로 하여금 협성회를 조직하게 하고,[35] 한편으로는 민심을 모으면서 다른 한편으로는 반대세력에 대항한 것이다. 그러나 안창호를 비롯하여 임시정부 인사들이 국민대표회의 소집을 주도하면서, 그의 입지는 고립되어 갔다. 결국 이승만은 '외교상의 긴급과 재정상의 절박'으로 인해 상해를 떠난다는 내용의 교서를 임시의정원에 남기고, 1920년 5월 17일 미국으로 떠났다.[36] 상해에 부임한 지 6개월만에 다시 미국으로 돌아간 것이다.

박은식이 제창한 국민대표회의 소집은 국내외 독립운동전선에 큰 반향을 불러 일으켰고, 상해에서 국민대표회의 개최를 위한 준비가 진행되기 시작하였다. 국민대표회의가 준비되는 상황을 보면서, 박은식은 '대동단결'을 강조하였다. 대통령이 미국으로 돌아간 후, 박은식은 '조속早速 회개悔改하라'는 글을 통해, '우리 민족의 사활문제死活問題는 단결과 분열에 있다'는 것과 '고구려의 망함은 형제들의 분열에서, 청나라의 흥함은 형제들의 단결에서 비롯되었다'며, 대동단결의 중요성을 강조하고 있다.

조국과 동포를 위하야 생명을 희생한다 하면서 일시一時 자기의 의견을 희생하여 타인의 의사를 소통치 못함은 하고何故며, 천하막강天下莫强한 일인日人과 분투하야 사생死生을 불고한다 하면서 자기의 사소한 감정을 억제치 못하야 동지간에 충돌을 야기하기로 위사爲事함은 하고何故인가. …… 차此를 조속히 회개하라. 대동단결에 노력치 아니하면 우리 민족에게 무궁無窮한 해독害毒을 끼치는 것이 이완용李完用, 송병준宋秉峻의 일시 매국賣國한 죄악보다 백배 우심한 자者니.[37]

다른 사람의 의견을 수용하지 못하고, 동지간에 충돌을 야기한 과거의 잘못을 깨우치고, 무엇보다도 대동단결에 노력해야 할 것을 당부한 것이었다. 대동단결에 방해되는 행위는 이완용·송병준의 매국행위보다도 백배 이상 민족에게 악영향을 끼친다는 것의 그의 경고였다. 국민대표회의를 통해 대동단결을 이루어지길 기대한 것이다.

박은식이 주창한 국민대표회의는 결실을 맺었다. 주비회의 준비를 거쳐 1923년 1월 국내외 대표 140여명이 참가한 가운데 상해에서 국민대표회의가 개최된 것이다. 회의 개최와 더불어 임시정부 문제가 주요한 현안으로 대두되었다. 임시정부를 개조하여 독립운동의 최고기구로 하자는 주장과 임시정부를 폐지하고 새로운 독립운동 기관을 설립하자는 주장이 제기된 것이다. 6월까지 회의가 계속되었지만, 개조파와 창조파가 첨예하게 대립하면서, 국민대표회의는 결렬되고 말았다.

박은식은, 국민대표회의를 주창하였지만, 회의에 직접 관여하지는 않았다. 국민대표회의가 추진되는 과정에서 박은식을 대통령으로 추대하려는 시도도 있었고,[38] 준비위원회 명예회장으로 추대하려는 시도도 있었다.[39] 이러한 일들은 그의 의지와 직접 관계가 없는 것이었다고 생각되고, 아무런 직책도 맡지 않았다. 다만 국민대표회의를 제의한 주창자로서, 또 원로로서 이를 후원하였던 것 같다.

박은식은 국민대표회의를 통해 임시정부가 독립운동을 통괄하는 최고기관으로 거듭나기를 바랐다. 국민대표회의가 결렬된 후 창조파들이 국민위원회를 구성하고 신채호·이동휘 등과 함께 그를 고문으로 추대하였지만, 박은식은 이를 수락하지 않았다. 오히려 창조파가 별도의 정부를 구성하는 데 대해 비난하는 성명을 발표하였다.[40]

임시정부의 대통령

대통령으로 선출

이승만 대통령이 상해를 떠난 후, 임시정부는 무정부상태나 다름없었다. 미국으로 돌아간 이승만은 1921년 7월 하와이에서 동지회를 조직하였다.[41] 동지회는 임시정부의 옹호 유지를 명분으로 결성되었지만, 상해에서 반대 세력에 맞서기 위해 협성회를 조직한 것과 크게 다르지 않았다. 이승만은 대통령직은 유지하고 있었지만, 임시정부보다는 동지회와 구미위원부를 기반으로 미주에서 자신의 세력기반을 구축하는데 주력하고 있었다.

임시정부는 1922년 초 신규식 내각이 총사직하면서, 무정부상태에 빠지게 되었다. 대통령이 미국으로 떠난 후 임시정부를 유지하고 있던 국무총리 신규식은 태평양회의가 종결된 직후, 그 실패에 대한 책임을 지고 내각이 총사직하였다.[42] 이후 이승만은 후계내각을 조직하지 못함으로써, 임시정부가 무정부상태에 빠지게 된 것이다.

임시정부의 무정부상태는 장기화되었다. 이승만은 1922년 8월에 가서야 국무총리 노백린을 비롯한 각부 총장을 임명하여 새로운 내각을 구성하였지만, 외무총장 조소앙과 재무총장 이시영 이외에는 아무도 취임하지 않았다.[43] 이로써 임시정부의 무정부상태는 수습되지 못하였고, 임시정부는 그 명칭조차도 유지하기 어려운 형편이 되었다.

이승만은 미국에서 동지회와 구미위원부를 기반으로 활동하면서, 사실상 임시정부를 방치하고 있었다. 이에 임시정부측에서는 많은 전문과 편지를 통해 이승만에게 해결책을 종용하였다. 이승만은 1924년에 들어서야 방안을 제시하였다. 1924년 3월 '국무원제공에게'라는 편지를 보내 "지금이라도 미포에 도움을 얻으시랴면"이라고 하면서, 이동녕을 국무총리로 추천한 것이다.[44]

1924년 5월 10일 이동녕을 국무총리로 하고 노백린(군무)·김갑(법무)·김승학(학무)·김규면(교통)·조완구(노동) 등을 임명하여 새로운 내각이 출범하였다.[45] 이동녕 내각이 출범하면서, 1922년 이래 지속되어 온 임시정부의 무정부상태는 일단 수습될 수 있었다.

그러나 이동녕 내각은 오래가지 못하였다. 대통령 유고有故문제가 대두된 것이다. 이동녕 내각이 출범한 후 임시의정원에서 조상섭·김붕준 등이 '대통령이 임소任所를 떠난 지 4개년으로 대통령에 사고가 있음을 공포하고 국무총리로 하여금 그 직권職權을 대행代行케 할 것'을 제안하였고,[46] 의정원에서는 8월 21일 "대통령이 직소職所에 귀환하기까지는 유고有故로 결정"하고 국무총리에게 그 직권을 대리토록 결정하였다.[47] 이에 대해 이승만이 강력하게 반발하면서, 큰 파문이 일어났다. 이승만은 이동녕에게 편지를 보내 유고 결정을 받아들인 데 대해 질타*하였고,[48] 결국 이동녕 내각은 1924년 12월 11일 총사직하였다.[49]

---

* 이승만은 임시의정원에서 대통령 유고를 결정한 직후인 1924년 9월 5일자로 이동녕에게 편지를 보냈다. 이를 통해 이승만은 "대통령 대리에 동의하신다니 진실로 의외입니다"라며 "대통령이 다른 데 있다고 정부행정상 장애가 됩니까", "설령 형으로 대통령을 대리케 한다면 저들 창조 개조 등의 분자들이 다 형의 政令하에서 甘心歸順하여 合同悅服할 터입니까" 등의 표현을 싸가며 이동녕을 질타하였다.

이동녕마저 사퇴함으로써, 임시정부를 이끌어갈 지도자를 찾기 어려웠다. 더구나 이승만이 대통령직을 유지하고 있는 상황에서, 그를 대신하여 대통령직을 수행할만한 인물이 없었던 것이다. 그러한 인물로 내세울 수 있었던 것이 박은식이었다. 이동녕은 자신이 사퇴하면서 박은식을 임시대통령대리 겸 국무총리로 추천하였다.[50]

이로써 박은식 내각이 출현하게 되었다. 1924년 12월 11일 이동녕 내각의 총사직과 더불어 임시의정원에서는 박은식을 국무총리로 선출하고, 임시대통령의 직권을 대리하도록 하였다.[51] 박은식은 이를 받아 들였다. 그리고 이유필李裕弼(내무) · 오영선吳永善(법무) · 조상섭趙尙燮(학무) · 이규홍李圭洪(재무 겸 외무) · 노백린(교통 겸 군무) · 김갑金甲(노동총판) · 김붕준金朋濬(국무원비서장)을 선임하여, 12월 17일 내각을 구성하였다.

박은식은 내각을 출범한 후, 그동안 거듭되어 온 혼란을 수습하여 임시정부를 정상화시키고자 하였다. 그 방법의 하나로 추진한 것이 이승만 대통령에 대한 탄핵이었다. 이승만에 대한 탄핵은 이전부터 논의되었다. 1920년 5월 김립을 비롯한 차장들이 불신임을 제기한 이래, 1922년 6월 오영선 · 차리석 등이 의정원에 불신임안을 제출하였고,[52] 국민대표회의가 개최되던 1923년 4월에는 조덕진 등 12명의 의원이 대통령 탄핵안을 의정원에 제출한 적이 있었다.[53]

이러한 탄핵문제가 박은식 내각이 출범하면서 구체화 된 것이다. 이승만에 대한 탄핵은 의정원에서 논의되고 추진되었다. 1925년 3월 14일 최석순 · 문일민 · 임득산 · 강경선 · 나창헌 · 강창제 · 김현구 · 고준택 · 곽헌 등이 연서로 '임시대통령이승만탄핵안'을 의정원에 제출하였고, 이는 3월 18일 통과되었다. 의정원에서는 나창헌을 위원장으로 한 곽헌 · 채원개 · 김현구 · 최석순 등 5명을 심판위원으로 선정하여 이승만의 위법사실을 조사하도록 하였고, 심판위원회의 심리를 거치면서 탄핵이 면직으로 바뀌었다. 그리고 3월 23일 '임시대통령 이승만을 면직'이라고 한 이승만 대통령 면직안이 의정원의 결의로 통과되었다.[54]

이로써 1919년 9월 임시정부의 대통령으로 선출된 이승만이 5년 6개월 여만에 임시의정원의 결의에 의하여 대통령직을 면직당하였다. 심판위원회 명의로 작성된 '심판서'에는 대통령 면직 이유를 다음과 같이 명시하고 있다.

이승만은 언言을 외교에 탁托하고 직무지職務地를 천리擅離한지 어금於今 5년에 원양일우遠洋一隅에 격재隔在하야 난국수습과 대업진행大業進行에 하등 성의를 다하지 않을 뿐 아니라 허황된 사실을 천조간포擅造刊布하야 정부의 위신을 손상하고 민심을 분산시킴은 물론이어니와 정부의 행정을 저해하고 국고수입을 방妨하였고 의정원의 신성神聖을 모독하고 공결公決을 부인하였으며 심지어 정부까지 부인한지라……[55]

대통령이 직무지인 상해를 떠나 미국에 있으면서 난국수습에 성의를 보이지 않는다는 것과 대통령으로서 임시의정원과 임시정부를 부인함으로 면직시킨다는 것이었다.

이승만이 대통령을 면직당하면서, 박은식이 대통령으로 선출되었다. 임시의정원에서는 1925년 3월 23일 이승만 대통령에 대한 면직을 결의하고, 이어 대통령을 선출하였다. 국무총리로 대통령 대리를 맡고 있던 박은식이 새 대통령으로 선출된 것이다.[56] 이로써 박은식은 이승만에 이어 임시정부의 제2대 대통령이 되었다.

박은식은 대통령에 선출된 후, 각원들을 임명하여 내각을 구성하였다. 군무총장 노백린으로 하여금 국무총리를 담임하게 하였고, 나머지 각료는 그대로 유임하도록 하였다. 그리고 전임 대통령인 이승만에게 편지를 보냈다.

저는 보잘 것 없는 유생일 뿐입니다. 성격도 영리를 탐하는 마음이 없고 소박해서 다른 사람과 더불어 다툴 줄도 모르는데 정계에서 벌어지는 시비의 소용돌이에 휘말리게 되었으니 어찌 고달프고 애절하지 않겠습니까.

지금 정국의 변화는 태좌台座가 상해를 떠나 먼 곳에 있으면서 직접 정무와 민정을 돌보지 않음으로 모든 조치가 제자리를 얻지 못한데서 비롯된 것입니다. 일반 민가에도 주인이 없으면 반드시 어지러워지는 법인데 하물며 국가이겠습니까. …… 그 원인이 모두 태좌가 몸소 친히 정무를 살피지 않은데서 비롯된 것입니다. 숙연하게 반성하시면 아마도 허물이 없을 것입니다.[57]

겸손하고도 정중한 편지였다. 편지에는 두 가지 의미가 담겨져 있다. 하나는 대통령으로서 임지에 부임하지 않고, 또 미국에 있으면서 정부를 돌보지 않은 이승만의 잘못을 완곡하게 지적한 것이다. 다른 하나는 정치와는 거리가 먼 자신에게 정치적으로 큰 짐을 지게 만들었느냐는 원망도 내포되어 있다.

정부의 혼란 수습

박은식은 대통령 대리로 선출되면서, 임시정부의 기능을 정상화시키는 작업을 추진하였다. 그는 크게 세 방향으로 추진해 나갔다. 이승만 대통령에 대한 면직, 이승만의 활동기반인 구미위원부 폐지, 그리고 임시정부의 헌법을 개정하였다.

구미위원부는 이승만이 설치한 기구였다. 이승만은 한성정부에서 집정관총재로 선출된 것을 계기로 1919년 8월 워싱턴에 구미위원부를 설치하고, '대한민국 공채표'를 발행하면서 독립운동 자금을 모집하였다.[58] 구미위원부는 그것을 설치하는 과정은 물론이고, 사후에도 임시정부와 협의한 일이 없었다. 독자적으로 설치하고 운영한 것이었다.

박은식은 내각을 출범한 후 1925년 3월 10일 임시대통령령 제1호로 구미위원부의 폐지를 명령한 것이다. 구미위원부를 폐지한 이유는 크게 세 가지였다. 하나는 국무회의 결의나 임시의정원의 동의를 거쳐 적법하게 설립된 기구가 아니라는 점, 둘째 실제 운동에 있어 하등 성과도 거두지 못한 채 정부 업무수행만 방해하였다는 점, 셋째 연방정부와 같은 행세를 하면서 독립운동을 파괴하고 민심을 분열시켰다는 것이 그것이었다.[59]

다른 한편으로 임시헌법의 개정을 추진하였다. 헌법의 개정을 추진하는 데는 여러 가지 이유가 있었지만, 기본적으로는 대통령제로 인한 폐단을 없애자는 것이었다. 기존의 헌법에는 대통령 임기가 제한되어 있지 않았을 뿐더러, 대통령이 국무원이나 의정원과 마찰을 빚게 되었을 때 해결할 방도가 없었다.

헌법을 개정하자는 논의는 이전부터 있었다. 국민대표회의가 결렬된 후, 법무총장이었던 홍진洪震이 개조파와 타협하여 임시정부를 유지하기 위한 방안으로 헌법의 개정을 제안한 것이다. 1923년 7월 임시헌법개정기초위원회를 구성하여 개정작업을 추진하였지만, 1924년 의정원 회의가 의원의 자격과 권리문제로 공방을 벌이면서 중단되었다.

박은식은 내각을 출범하면서, 이러한 헌법개정을 다시 추진하였다. 1924년 12월 28일 각원 전부와 의정원 의장 최창식이 회합하여 헌법개정을 추진하기로 한 것이다. 헌법개정의 핵심은 지도체제를 바꾸는데 있었다. 대통령제를 폐지하고, 국무령제를 채택하여 국무령國務領을 중심으로 하는 내각책임제로 한다는 것이었다. 대통령제로 인한 폐단을 없애자는 것이 헌법을 개정하는 근본 취지였다. 헌법개정안은 의정원에 제출되었다. 의정원에서는 1925년 3월 30일 이를 통과시키고, 4월 7일 개정헌법인 대한민국임시헌법을 공포하였다.[60]

이승만 대통령에 대한 탄핵과 더불어 구미위원부를 폐지하고, 헌법을 개정함으로써 임시정부는 정상화의 발판을 마련하였다. 이승만 대통령체제 하에서 야기된 혼란을, 그 체제와 요인을 제거하여 수습한 한 것이다. 당시 임시정부에서 이것을 추진할 수 있는 인물이 박은식이었고, 이것이 대통령으로서 박은식이 수행한 임무였다.

박은식은 임시정부를 정상화시킨 후, 대통령직을 사퇴하였다. 개정된 헌법은 1925년 7월 7일부터 시행되었다. 7월 7일 의정원에서 개정헌법의 시행축하식이 개최되었고, 박은식은 이 자리에서 임시정부의 '국인國印'을 의정원 의장에게 전달하고 대통령직을 사임하였다.[61] 1924년 12월 임시대통령 대리로 선출되어 7개월 동안 대통령직을 수행한 것이다. 박은식이 대통령직을 사임한 후 의정원에서는 개정헌법에 의해 만주에서 활동하던 이상룡李相龍을 새로운 국무령에 선출하였다.[62]

대통령으로 재임하는 7개월여 동안, 박은식이 수행한 주요 업적은 임시정부의 혼란을 수습하고, 정부의 조직과 운영을 정상화시킨 일이었다. 수립 직후부터 마찰을 빚어오던 이승만대통령에 대한 면직을 처리하고, 구미위원부를 폐지하였으며, 헌법을 개정하여 대통령제를 폐지하고 내각책임제인 국무령제를 도입한 것이다.

이로써 임시정부는 새로운 체제로 제2의 출범을 하게 되었다. 임시정부가 새로운 출발을 하게 되었지만, 인후증으로 인해 박은식의 기력은 쇠약해져 있었다. 그는 끝내 병마를 이기지 못하고, 1925년 11월 1일 숨을 거

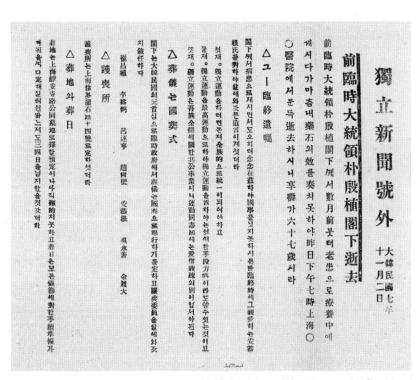

대통령 박은식의 서거를 보도한 『독립신문』 1925년 11월 2일자 호외

두었다. 숨을 거두는 순간에도 박은식은 독립운동을 위해 전민족이 통일할 것을 당부하였다. "나의 병세가 금일에 이르러서는 심상치 않게 감각되오. 만일 내가 살아난다면 이어니와 그렇지 못하다면 우리 동포에게 나의 몇마디를 전하여 주오"라며 세 가지를 당부한 것이다.

첫째, 독립운동을 하려면 전민족적으로 통일이 되어야 하고
둘째, 독립운동을 최고 운동으로 하여 독립운동을 위하여는 어떠한 수단 방략이라도 쓸 수 있는 것이고
셋째, 독립운동은 오족吾族 전체에 관한 공공사업이니 운동 동지同志간에는

애증愛憎 친소親疎의 별別이 없어야 된다.[63]

박은식이 세상을 떠나며 동포들에게 당부한 유촉遺囑이다. 독립운동을 위해서는 무엇보다도 전민족이 통일을 이루어야 한다는 당부였다. 임시정부의 원로로서, 그리고 혼란을 수습하고 임시정부를 정상화시킨 후 전민족의 대동단결을 당부하며 세상을 떠난 것이다.

혼란을 수습한 대통령

박은식은 1911년 만주로 망명한 이래 중국과 연해주지역을 중심으로 활동하였다. 국내에서 3·1운동이 발발하였을 때, 박은식은 연해주에 있었다. 연해주지역의 한인들이 1919년 3월 17일 임시정부로 대한국민의회를 결성할 때, 그는 선언서를 기초하였다. 그리고 연해주에서 결성된 노인동맹단의 대표로, 또 한국독립운동사 저술을 위해 박은식은 1919년 9월 상해로 이동하였다. 이후 1925년 세상을 떠날 때까지, 상해에서 임시정부를 중심으로 활동하였다.

박은식은 임시정부에서 어른과 같은 존재, 즉 원로로서의 위상을 갖고 있었다. 그가 상해로 귀환하였을 때, 상해에서 활동하고 있던 인사들이 그를 원로로 대접하였고, 중요한 일을 추진할 때는 그를 내세웠다. 임시정부가 3·1운동에 이어 국내에서 대규모 시위운동을 일으키려는 제2차 독립시위운동을 추진할 때, 박은식을 선언서의 민족대표로 한 것이 그러한 예이다.

박은식이 임시정부에 참여하여 활동하면서 수행한 가장 큰 역할은 임시정부의 혼란을 수습한 일이었다. 임시정부는 초기부터 혼란에 빠져 들었다. 대통령 이승만이 상해에 부임하지 않고 미국에서 활동한 것, 또 대통령과 국무총리 사이에 대립과 갈등이 빚어진 것 등이 주요한 요인이었다. 이로 인해 대통령과 임시정부를 반대하는 세력이 형성되었고, 임시정부는 정상적으로 운영되지 못한 채 정부를 유지할 수 없을 정도로 무정부상태에 빠진 것이다.

박은식은 민주공화제 정부로 수립된 임시정부가 독립운동 최고기관으로 운영되고 유지되어야 한다는 생각이었고, 자신이 나서서 혼란을 수습하고자 하였다. 1921년 2월 「아동포我同胞에게 고告함」이란 성명서를 통해 국민대표회의 소집을 요구한 것이 그러한 시도였다. 국내외 대표들이 참여하여 임시정부를 명실상부한 최고 독립운동 기관으로 세울 방안을 찾자고 한 것이다. 그러나 국민대표회의는 그의 의도와는 다르게 진행되었고, 임시정부 문제를 둘러싸고 창조파와 개조파로 나뉘어 대립하다가 결렬되고 말았다.

박은식은 1924년 12월 국무총리로 선출되고, 이어 대통령으로 선출되었다. 임시정부의 혼란을 수습할 만한, 또 그것을 감당할 수 있는 인물이 박은식이었던 것이다. 그는 혼란의 요인을 제거하는 것으로 수습해 나갔다. 이승만 대통령을 탄핵하고, 구미위원부에 대한 폐지를 명하고, 헌법을 개정하여 국무령제를 채택하였다. 대통령체제하에서 기인한 혼란을 제거하고, 임시정부의 기능을 정상화시킨 것이다.

박은식은 대통령으로 재임하는 7개월 동안 수립 초기부터 지속되어 온 임시정부의 혼란을 수습하였고, 임시정부가 새로운 체제로 출범할 수 있는 발판을 마련해 놓았다. 그리고 개정된 헌법에 의해 새 체제가 시작되면서 그는 대통령직을 사임하였다. 박은식은 1919년 9월부터 임시정부에 참여하여 원로로 역할하면서, 임시정부의 혼란을 수습한 독립운동 지도자로서의 면모를 보여주었다.

1   반병률, 「대한국민의회의 성립과 조직」, 『한국학보』 46, 일지사, 1987, 145~147쪽.

2   백암박은식선생전집편찬위원회, 『白巖朴殷植全集』 6, 동방미디어, 2002, 240~241쪽.

3   반병률, 「대한국민의회의 성립과 조직」, 147~148쪽.

4   독립운동사편찬위원회, 『독립운동사』 7(의열투쟁사), 1976, 290쪽.

5   『白巖朴殷植全集』 6, 244~245쪽.

6   연세대 현대한국학연구소, 『雩南李承晚文書』 4, 1998, 29쪽.

7   『백암박은식전집』 6, 381쪽.

8   『독립신문』 1919년 10월 14일자, 「박은식선생과 독립운동사」.

9   박걸순, 「대한민국임시정부의 역사서 편찬」, 『대한민국임시정부수립80주년기념논문집』 하, 국가보훈처, 1999, 408쪽.

10   『독립신문』 1919년 10월 14일자.

11   이연복, 『大韓民國臨時政府30年史』, 국학자료원, 1999, 26~27쪽.

12   김용달, 「도산 안창호와 임시정부 국내특파원」, 『도산사상연구』 6, 도산사상연구회, 2000, 266~268쪽.

13   『독립신문』 1919년 11월 8일자. 포고문과 그 내용은 韓詩俊 편, 『大韓民國臨時政府法令集』, 국가보훈처, 1999에 수록되어 있다.

14   『독립신문』 1919년 11월 11일자, 「宣言書」.

15   선언서에 서명한 30명은 다음과 같다. 朴殷植, 朴桓, 朴世忠, 安定根, 安宗述, 趙宣弘, 吳能祚, 許玩, 崔正植, 崔志化, 都寅權, 鄭雲時, 延秉祜, 申泰和, 韓于三, 高一淸, 李相老, 李洛淳, 李秉德, 李鐘旿, 李華淑, 李根英, 明濟世, 金龜, 金羲善, 金景河, 金燦星, 金可俊, 金基昶, 金哲(『독립신문』 1919년 11월 11일자).

16   고정휴, 『이승만과 한국독립운동』, 연세대 출판부, 2004, 102~103쪽.

17   한시준, 「이승만과 대한민국임시정부」, 『이승만연구』, 연세대 출판부, 2000, 175~180쪽.

18   국회도서관, 『대한민국임시정부의정원문서』, 1974, 86~87쪽; 『독립신문』 1920년 3월 25일자, 「대통령에 대한 결의안 통과」.

19   1919년 11월 29일자로 이동휘가 이승만에게 보낸 편지(『雩南李承晚文書』 17, 454~462쪽).

20   1920년 1월 28일자로 이승만이 이동휘에게 보낸 편지(『雩南李承晚文書』 16, 159~166쪽).

21   반병률, 『성재 이동휘 일대기』, 범우사, 1998, 254쪽.

22 「안창호일기」1920년 6월 7일자(도산안창호선생기념사업회, 『島山安昌浩全集』4, 2000, 565쪽).

23 신용하, 『신채호의 사회사상연구』, 한길사, 1984, 43쪽.

24 유영익, 『이승만의 삶과 꿈』, 중앙일보사, 1996, 154쪽;『독립신문』1921년 1월 1일자, 「대통령의 來東」.

25 국회도서관, 『韓國民族運動史料』3·1운동편, 1977, 708쪽.

26 배경한, 「中國亡命시기 朴殷植의 언론활동과 중국인식」, 『東方學志』121, 2003, 241~247쪽.

27 앞의 『한국민족운동사료』3·1운동편 1, 774~775쪽.

28 임병직, 『임병직회고록』, 여원사, 1964, 169~170쪽.

29 『독립신문』1921년 1월 27일자, 「국무총리 사직설」.

30 『독립신문』1920년 6월 24일자.

31 『백암박은식전집』6, 450~451쪽.

32 김희곤, 「국민대표회의와 참가단체의 성격」, 『중국관내한국독립운동단체연구』, 지식산업사, 1995, 147쪽.

33 이현주, 「국민대표회의에서의 개조론 연구」, 『도산사상연구』6, 2000, 211쪽.

34 『한국민족운동사료』3·1운동편 1, 549쪽.

35 『한국민족운동사료』3·1운동편 1, 970쪽.

36 『독립신문』1921년 5월 31일자, 「대통령의 敎書」및「大統領離」.

37 『독립신문』1922년 6월 24일자.

38 『백암박은식전집』6, 553~554쪽.

39 『백암박은식전집』6, 558~559쪽.

40 김희곤, 『중국관내한국독립운동단체연구』, 지식산업사, 1995, 163쪽.

41 고정휴, 『이승만과 한국독립운동』, 연세대 출판부, 2004, 177쪽.

42 『독립신문』1922년 3월 31일자, 「국무원총사직에 대하야」.

43 『독립신문』1922년 11월 18일자 및 12월 23일자, 「最近의 政府狀況」, 「우리의 過去一年」

44 1924년 3월 29일자로 이승만이 이시영에게 보낸 편지, 『雩南李承晩文書』16, 203~204쪽.

45 『한국민족운동사료』중국편, 503~504쪽.

46 『한국민족운동사료』 중국편, 539~540쪽.

47 『大韓民國臨時政府公報』 제1호, 1924년 9월 1일.

48 『雩南李承晚文書』 16, 155~158쪽.

49 『大韓民國臨時政府公報』 제40호, 1925년 12월 27일.

50 『한국민족운동사료』 중국편, 540~541쪽.

51 『大韓民國臨時政府公報』 제40호, 1924년 12월 27일.

52 『한국민족운동사료』 중국편, 409~410쪽.

53 『독립신문』 1923년 5월 2일자, 「李大統領彈劾案」.

54 한시준, 「이승만과 대한민국임시정부」, 209~210쪽.

55 『독립신문』 1925년 3월 23일자, 「審判書」.

56 「臨時大統領을 選擧」; 『大韓民國臨時政府公報』 제42호, 1925년 4월 30일.

57 1925년 4월 1일자로 박은식이 이승만에게 보낸 편지, 『雩南李承晚文書』 17, 59~61쪽.

58 정병준, 『우남 이승만 연구』, 역사비평사, 2005, 200쪽.

59 한시준 편, 『大韓民國臨時政府法令集』, 국가보훈처, 1999, 290~291쪽.

60 『독립신문』 1925년 3월 31일자, 「改正憲法案이 通過」.

61 『大韓民國臨時政府公報』 號外, 1925년 7월 7일.

62 위와 같음.

63 『독립신문』 1925년 11월 11일자, 「白巖先生의 遺囑」.

국무령

홍진

대한민국 임시정부의 행정수반은 대통령이었다. 1919년 4월 11일 임시정부 수립 당시에는 국무총리가 행정수반이었으나, 그해 9월 11일 노령·한성·상해의 세 임시정부가 통합을 이루면서, 헌법을 개정하여 행정수반을 대통령으로 하였다. 그러다 1925년 3월 이승만 대통령에 대한 탄핵을 계기로 행정수반의 명칭을 국무령으로 바꾸었다.

국무령이란 명칭이 결정될 때까지 상당한 고심이 있었다. 대통령이란 명칭을 사용하면서, 대통령이 의무를 수행하기 보다는 대통령으로서의 권위만을 행사하려 한다는 점 때문이었다. 이에 새로운 행정수반의 명칭을 고려하는 과정에서 '나라의 공복公僕'이라는 뜻으로 '국복國僕'으로 하자는 의견도 대두되었다. 그러나 행정수반의 명칭에 '종'을 의미하는 '복僕'자를 쓰는 것은 문제가 있다고 하여, 1925년 4월 헌법을 개정하면서 나라의 업무를 총괄한다는 의미의 '국무령'으로 정해졌다.[1]

행정수반의 명칭을 국무령으로 하였지만, 국무령제는 쉽게 정착하지 못하였다. 국무령으로 선출된 인사들이 내각을 조직하지 못하거나, 취임하지 않았던 때문이었다. 초대 국무령에는 서간도에서 활동하던 이상룡이 선출되었지만, 내각을 조직하지 못하였고, 이후 양기탁梁起鐸·안창호安昌浩가 선출되었지만 취임하지 않았다.

국무령에 취임한 것은 홍진이었다. 홍진은 3·1독립선언이 발표된 직후 국내에서 한성정부를 수립하였던 인물로, 상해에 와서 활동하고 있었다. 그가 국무령이 선출되어 취임하면서 국무령제가 실행되었다.

이 글은 홍진이 국무령에 취임하여 활동한 내용을 살펴보려는 데 목적이 있다. 이를 위해 홍진이 당시 임시정부를 중심으로 한 독립운동 진영에서 갖고 있던 위상, 그리고 국무령에 선출되는 과정과 취임하여 활동한 사실을 언급하려고 한다.

임시정부의 활성화 방안 강구

홍진은 법무총장을 사임한 직후 자취를 감추었다. 임시정부가 있는 상해를 떠난 것이다. 그가 간 곳은 진강鎭江이란 곳이었다. 진강은 강소성江蘇省에 있는 한 도시로 남경南京에서 멀지 않은 곳에 있었다. 법무총장을 사임한 것이 1924년 4월이었고, 국무령이 되어 다시 상해로 나온 것은 1926년 7월이었다. 2년 3개월 동안 진강에서 생활한 것이다.

진강의 생활에 대해서는 알려진 것이 거의 없다. 다만 국무령이 되었을 때 독립신문이 그를 소개하면서 "국면局面의 변화가 날로 소사所思에 멀어짐에 스스로 시비是非를 떠나 진강에 이우移寓하여서 조용히 대계大計를 위하여 연구와 저술에 힘을 모으다가"라고 한 것과,[2] 일제측이 국무령 홍진의 신상을 조사하면서 "1924년 5월 사퇴한 이래 강소성 진강鎭江에 잠거潛居하며 불우不遇한 생활을 하고 있는 자者이다"라고[3] 한 것이 전부다.

진강에서의 생활을 어려웠던 것 같다. 그리고 별다른 활동은 하지 않았고, 연구와 저술을 하며 지낸 것으로 보인다. 홍진은 진강에 있는 동안 『통분痛忿과 절망切望』이란 글을 썼다고 한다. 완성된 글이 아니라고 홍진이 주저하였지만, 독립신문은 그를 설득하여 「대중아! 모혀라」는 제목으로 게재하였다.[4] 글 전체를 모두 게재한 것은 아니었고, 『통분과 절망』의 주요 내용을 편집한 것이었다.

이 글에는 임시정부의 새로운 방향을 정립하고자 하는 홍진의 의도가 물씬 배어 있다. 많은 부분이 생략되었기 때문에 논리가 체계적이진 않지만, 임시정부 수립 이후 나타난 여러 가지 문제점을 지적하고, 자신의 방안을 분명하게 제시하고 있다. 홍진이 가장 큰 문제로 지적한 것은 '지방적 감정'과 '계파적 배척'이었다. 이로 인해 상호간 증오와 반목이 조성되고, 민심은 날로 흩어진다고 하면서 "일시흥분되었든 모든 사업이 차차 회심상태灰心狀態에 도라가게 되었다"라 하고 있다. 3·1운동으로 임시정부를 수립하여 큰 기대를 모았지만, 지역과 파벌의 대립으로 인해 기대와 희망이 무너졌음을 이야기 한 것이다.

지도자들이 독립운동에 대한 이념과 방략을 가지고 있지 못함도 문제점으로 지적하고 있다. 그동안 '민의법리民意法理', '군사', '타협과 조정', '외교', '선전' 등을 내세우고 활동하였지만, 쟁단爭端과 혼란만을 불러 일으켰다는 것이다. 심지어는 권력을 남용하여 동지를 상해傷害한 경우도 있고, 국채횡령 및 정부전복의 음모를 감행한 자도 있다고 하였다. 그리고 "아츰에 사회혁명을 절규하는 자도 저녁에는 자본주의자로 화化함이 잇고, 이곳서는 때가 이르럿다 이서 혈전에 이리나라 떠들든 자도 저곳가서는 일이 아즉 머릿스니 생취교훈^{生聚教訓}으로 서서히 준비하자 말한다"고 하면서, 지도자의 이념과 방략이 없음을 통렬하게 비판하고 있다. 이로 인해 우리 민족은 모래와 같이 흩어져서 방황할 수밖에 없는 상태가 되고 말았다는 것이다.

홍진은 이러한 문제들이 임시정부에 끼친 악영향에 대해 한탄하고 있다. 임시정부의 독립운동이 "소수 굴강자^{倔强者}반항운동의 정도에 불과"하게 되었다는 것이고, 임시정부는 정신적으로는 민족을 대표할 수 있지만, 민족 전체의 권한을 대행하는 데는 많은 결함을 갖게 되었다고 하였다. 독립운동 전반이 그렇지만, 특히 임시정부가 쇠퇴해가는 것을 홍진은 안타깝게 여기고 있었다.

홍진은 임시정부를 중심으로 한 '민족의 대결합'을 강구하고 있었다. '민족의 자유'와 '국가의 건설'이란 위대한 사업을 실현하려면, 이를 움직여나갈 만한 민족적 대결합이 있어야 한다고 하면서, 독립운동의 우선적 과제가 '민족의 대결합'에 있음을 강조하였다. 그리고 민족의 대결합을 실현하는 방법으로 '일정한 주의 정강'을 마련해야 한다는 것과, 이에 '희생'과 '복종'이 뒤따라야 한다는 것을 역설하고 있다.

차시^{此時}를 당한 우리 동지들의 중대한 사명이 무엇이냐. 소수로부터 다수에, 불완전으로부터 완전에까지 분투^{奮鬪}, 감인^{堪忍}, 고동^{鼓動}, 인도^{引導}가 모두 희생의 천직^{天職}이다. 아모리 각개인의 사상정신이 철저하여도 일심일덕^{一心一德}에 복종체^{服從體}를 이룸이 업스면 원대한 사업을 기필할 수 업슬 뿐 아니며 기성^{既成}한 국세^{局勢}조차 유지할 수 업다. 그럼으로 우리는 더욱 사력^{死力}을 다하여 무엇보다도 이것으로써 급무^{急務}를 삼어야 할 것이다. 진부^{陳腐}한 사상과 허위^{虛僞}의 욕망은 흉제^{胸際}로부터 일소^{一掃}하여 버리고 광명뢰

학光明牢確한 참 정성으로 일정한 주의 정강에 유일한 복종자服從者가 되자.

권리權利는 복종에서 생기는 것이다.[5]

민족의 대다수가 희생하고 복종할 수 있는 일정한 주의 정강을 마련하고, 이를 중심으로 민족의 대결합을 이루어야 한다는 것, 이것이 홍진이 생각한 독립운동 방안이었다. 홍진이 국무령에 선임되어 '민족대당'을 추진한 것은 바로 여기에서 비롯된 것이었다고 할 수 있다.

홍진이 진강에 은거하고 있는 동안, 임시정부에는 커다란 변화가 있었다. 박은식 내각이 출범하고, 이에 의해 이승만 대통령에 대한 탄핵과 임시헌법 개정이 이루어진 것이다. 홍진이 법무총장을 사임하고 진강으로 간 후, 이동녕 내각이 총사직하였다. 그리고 1924년 12월 국무총리 겸 임시대통령 대리 박은식을 비롯하여 이유필(내무), 오영선(법무), 조상섭(학무), 이규홍(재무 겸 외무), 노백린(교통 겸 군무), 김갑(노동국총판), 김붕준(국무원비서장)을 중심으로 한 내각이 출범한 것이다. 각원들 대부분은 '서북파' 인사들이었다. 임시정부는 그동안 '기호파' 중심으로 유지 운영되어 왔다. 박은식 내각의 출범은 임시정부의 대변화를 예고한 것이었다.

박은식 내각은 출범과 더불어 대통령에 대한 탄핵과 임시헌법 개정을 동시에 착수하였다. 대통령에 대한 탄핵은 이미 의정원에서 여러 차례 추진된 일이었다. 그리고 임시헌법 개정은 국민대표회가 개최될 때, 홍진이 '개조파'와 타협하여 임시정부를 유지하기 위한 방안으로 제안한 것이었다. 내각이 출범한 지 열흘만인 12월 28일 각원 전부와 의정원 의장 최창식·법제위원장 윤자영 등이 회합하여 '재정통일 및 의무금 수합의 건'을 비롯하여 '헌법개정의 건'을 협의하였다.[6] 여기서 대통령에 대한 탄핵과 헌법을 개정하는 문제가 결정되었다.

대통령 탄핵과 헌법개정은 의정원 정기의회에서 이루어졌다. 1925년 3월 14일 의원 최석순·문일민·임득산·강경선·나창헌·김현구·곽헌 등의 연서로 된 '임시대통령이승만탄핵안'이 제출되었다.[7] 이 안은 3월 18일 통과되었고, 나창헌을 위원장으로 한 심판위원회를 구성하여 이승만의 위법 사실을 조사 보고하도록 하였다. 심판위원회의 심리를 거치면서 '탄핵'이 '면직'으로 바뀌었고, 3월 23일 임시대통령면직안이 의정원의 결의로 통과되었다. 그리고 의정원에서는 이승만 대통령에 대한 면직 결정과 동시에 박은식을 후임 대통령으로 선출하였다.[8]

임시헌법의 개정은 1923년 7월 2일 임시헌법개정기초위원회가 결성되면서 추진되었으나, 1924년 제12회 의정원 정기의회가 의원의 자격과 권리문제로 공방을 벌이면서 중단되어 있던 상태였다. 의정원에서는 1925년 3월 30일 정부가 제출한 임시헌법개정안을 통과시키고, 4월 7일 개정 헌법인 '대한민국임시헌법'을 공포하였다.[9]

임시헌법을 개정한 데는 여러 가지 이유가 있었지만, 기본적으로는 대통령제로 인한 폐단을 없애자는 것이었다. 기존의 헌법에는 대통령 임기가 제한되어 있지 않았을 뿐더러, 대통령이 국무원이나 의정원과 마찰을 빚게 되었을 때 해결할 방도가 없었다. 개정된 임시헌법은 이를 보완한 것으로, 가장 큰 특징은 대통령제를 없애고 국무령제國務領制를 채택한 것이라고 할 수 있다.[10]

'국무령'이란 명칭이 결정될 때까지는 상당한 고심이 있었던 것 같다. 헌법개정 초안에는 '국령國領'이라 되어 있었고, 독립신문에서 그 취지는 이해하지만 직명이 생소하다고 이의를 제기하고 있는 것이 그것을 짐작케 한다. "원수元首의 영호榮號를 시탐是貪하여 의자椅子를 주수부동柱守不動하는 인사人士의 전례가 있음을 심히 고통으로 생각한 경험에 의하여 세계 초유의 새로운 직명職名을 제정한 듯"하다고 하면서, '국령'이란 '나라의 수령'이라 해석할 수도 있지만 '나라의 영토'라고 해석할 수 있는 여지도 있다는 것이다. 이러한 이의 제기와 함께 독립신문은 차라리 '나라의 공복公僕'이라는 뜻에서 '국복國僕'이라 하던지, '국무령'이라는 직명을 사용할 것을 제안하고 있다.[11]

임시헌법이 개정되면서 임시정부는 대통령제에서 국무령제로 바뀌게 되었다. 국무령제는 "임시정부는 국무령과 국무원으로 조직한 국무회의의 결정으로 행정과 사법을 총판總辦함"(제4조), "국무령이 국무회의를 대표한다"(제5조)고 하여,[12] 국무령을 수반으로 한 집단지도체제 형식을 취하고 있다. 그리고 종전의 대통령은 임기 제한이 없었으나, 국무령은 3년으로 임기를 규정하였다(제14조).

국무령에 선출

개정된 임시헌법이 시행되면서, 국무령제가 실시되었다. 1925년 7월 7일부터 개정된 임시헌법이 시행되었고, 이에 따라 대통령제는 폐지되고 말았다. 개정 헌법의 시행과 동시에 박은식 대통령이 사임하고, 새로이 국무령을 선출하였다. 국무령은 의정원에서 선출하도록 되어 있었고, 만주에서 활동하던 정의부의 실질적 지도자인 이상룡이 초대 국무령에 선출되었다. 만주지역 군사단체들과의 관계를 배려한 선출이었다.

그러나 국무령제는 쉽게 정착하지 못하였다. 이상룡이 내각을 조직하지 못한 것이다. 이상룡은 상해로 와 1925년 9월 국무령에 취임하였고, 이탁李沰·김동삼金東三·오동진吳東振·이유필李裕弼·윤세용尹世茸·현천묵玄天黙·윤병용尹秉庸·김좌진金佐鎭 등 만주의 정의부와 신민부 인사들을 국무원으로 임명하여 내각을 조직하고자 하였다.[13] 그러나 국무원에 임명된 만주측 인사들이 이를 거부하고 취임하지 않았다. 이로써 이상룡은 내각을 구성하지 못한 채로 있다가, 다음해 2월 국무령을 사임하고 만주로 돌아갔다.[14]

이상룡의 뒤를 이어 양기탁이 국무령에 선출되었다. 의정원에서는 1925년 2월 18일 이상룡에 대한 면직을 처리하고, 동시에 양기탁을 국무령으로 선임하였다. 그러나 양기탁은 취임하지 않았다. 그는 4월 29일 정식으로 국무령에 취임하지 않는 다는 것을 공전公電으로 보내왔고, 이에 따라 의정원은 양기탁의 국무령 선임을 무효로 선포하였다.[15]

양기탁에 이어 안창호가 국무령에 선출되었다. 당시 안창호는 미국에 가 있었다. 의정원에서는 미국에 갔던 그가 돌아온다는 소식을 듣고, 5월 3일 그를 국무령으로 선거하였다.[16] 그러나 안창호는 이를 승낙하지 않았다. 반대자가 있는 이상 취임하지 않겠다고 한 것이다. 결국 안창호는 그의 취임에 반대하는 인사가 있자, 의정원에 취임하지 않겠다는 공함을 보내고 평소에 희망해 왔던 이상촌을 건설한다며 남경으로 떠났다.[17]

선출된 국무령이 취임하지 않음으로써, 임시정부는 무정부상태나 다름없게 되었다. 1925년 7월 박은식 대통령이 사임한 이래 10개월이 넘도록 정부의 수반이 없었던 것이다. 의정원에서는 1926년 2월 19일 국무령이 취임할 때까지 임시정부의 정무는 의정원 행정부에 위임하고, 의장이 잠행潛行 집정執政의 명의로 정무를 집행한다는 것을 결의하였다.[18] 이에 따라 의정원 의장 최창식崔昌植이 집정이 되어 국무령을 대리하였고, 이로써 정부가 이름을 유지하게 되었다.

안창호가 사퇴한 후, 의정원에서는 후임자를 물색하였다. 그 후임자가 바로 홍진이었다. 당시 홍진은 진강에 은거하고 있었다. 의정원에서는 국무령 선출 방법을 달리하였다. 예전처럼 의정원에서 선출하여 통보하는 것이 아니라, 사전에 당사자와 협의를 거치는 절차를 밟고 있는 것이다. 일제의 정보자료에 의하면, 의정원 의장이면서 집정으로 국무령을 대리하고 있던 최창식이 1926년 6월 중순 직접 진강으로 가, 홍진에게 국무령이 되어 달라고 설득하였다고 한다.[19] 홍진을 국무령으로 선정한 것은 그의 다음과 같은 면모 때문이었다.

> 선생의 천성은 방정方正하나 포용이 크고, 강직하나 원만하며, 강개慷慨하며, 뇌락磊落하며, 견인堅忍하며, 또 가장 대의를 존중하며, 세리勢利에 지극히 담박澹泊하야 일호一毫의 야욕이 없는 개결介潔한 志士의 典型 그대로인대, 더욱 견식見識이 투철透徹하고 사상이 탁월하며, 또 사호些毫의 당파기미黨派氣味가 없는 이다.[20]

이는 국무령으로 선출된 후, 독립신문이 홍진의 내력을 소개한 글이다. 글의 성격상 그에 대한 찬사일 것은 당연하지만, 홍진의 본 모습을 크게 과장한 것은 아니라고 생각된다. 무엇보다도 당파에 기울여져 있지 않다는 것이 국무령으로 물색된 가장 큰 이유가 아닐까 한다. "국민대표회 해산 이후로 어느 편에도 간섭없이 지내온 홍진씨의 각을 출현케 함이 가장 좋은 방책이었다"라는 『신한민보』의 보도처럼,[21] 그는 파벌에 초월해 있었다. 한성정부를 수립하여 상해로 가지고 온 홍진은, 오직 임시정부를 존속시키는 일에만 전념하고 있었던 것이다.

홍진은 최창식의 설득을 받아들였다. 최창식이 함께 오인구락부吾人俱樂部를 조직하여 활동한 인물이었다는 점도 크게 작용하였겠지만, 임시정부가 무정부상태에 빠져 있는 것을 방관할 수 없었던 것이 주요한 요인이 아니

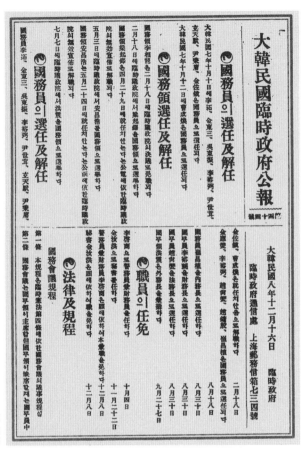

홍진의 국무령 선임을 공지한
《대한민국임시정부공보》제44호
(1926년 12월 16일자)

었나 생각된다. 또 앞에서 언급한 것처럼, 그에게는 독립운동에 대한 나름대로의 방안도 있었다. 결국 그는 2년여의 은거생활을 청산하고, 최창식과 함께 상해로 나왔다.

의정원에서는 선거 절차를 밟아 홍진을 국무령으로 선출하였다. 그의 국무령 선출은 "임시의정원은 민국 8년 7월 7일 임시헌법개정시행 제1주기 념일을 기期하야 전원일치全院一致로 경환警寰 홍진씨를 국무령으로 선거하얏다"라는 내용으로 보도되었다.[22] 그가 국무령으로 선임된 7월 7일은 마침 국무령제를 핵심으로 한 개정 임시헌법이 시행되기 시작한 날이었다. 국무령제가 시행된 후 1년만에 임시정부를 이끌어갈 국무령이 선임된 것이다.

국무령에 선출된 홍진은 새로운 각오를 다짐하였던 것 같다. 이름을 바꾸어 쓰기 시작한 것이 그것을 짐작케 한다. 그는 중국으로 망명하는 길에 압록강을 건너면서 홍면희洪冕熹란 이름을 홍진洪鎭으로 바꾸었고, 중국에서는 이를 사용하였다. 그러다 국무령에 선출된 후에는 경환警實이라는 자字와 함께, 이름도 '진鎭'이 아닌 '진震'을 쓰기 시작한 것이다. '홍진洪震'이란 이름을 사용한 것은 국무령에 선출된 후부터이고, 이후 그는 줄곧 '홍진'이란 이름을 사용하였다.

국무령 취임

국무령에 선출된 후, 홍진은 곧바로 취임하였다. 국무령의 취임은 의정원에서 있었다. 국무령으로 선출된 다음 날인 1926년 7월 8일 의정원에서 취임식이 거행되었다.[23] 정식 절차를 거쳐 국무령에 취임한 것이다. 국무령제가 시행된 후, 국무령에 취임한 것은 이상룡에 이어 홍진이 두 번째였다. 양기탁과 안창호는 의정원에서 선출되었지만, 취임하지는 않았다.

홍진은 국무령에 취임하면서, 자신의 독립운동 방안을 제시하였다. 취임사를 통해 우선 위기에 있는 현 정국을 안정시키고, 동시에 독립운동을 "혁명적 원리原理에 근거하는 정궤正軌로 돌진突進되도록 힘쓸 것"이라고 하면서, 자신이 추진해나갈 3대 정강을 다음과 같이 밝힌 것이다.

1. 비타협적 자주독립의 신운동新運動을 촉진할 일

2. 전민족을 망라한 공고한 당체黨體를 조직할 일

3. 전세계 피압박민족과 연맹하야 협동전선協同戰線을 조직하는 동시에 또한

   연락할만한 우방友邦과 제휴할 일[24]

이는 국무령으로서 추진해 나갈 일종의 시정방침이었다. 홍진은 이미 진강에 은거해 있을 때 독립운동의 방안을 강구하고 있었고, 국무령에 취임하면서 이를 세가지로 정리하여 발표한 것이다.

홍진이 우선적으로 실행하고자 한 것은 전민족이 단결한 '정당'을 조직하는 것이었다. 정당의 조직은 진강에서 구상한 '일정한 주의 정강을 기초로 한 민족의 대결합'을 현실화시키는 일이었고, 이를 실현하려는 강한 의지를 갖고 있었다. 찾아온 독립신문 기자에게 그는, "세계혁명이 과학적으로 진보되는 금일에 우리 운동은 한갓 고체固滯된 상태에서 발전을 보지 못하고 있다"면서, "우리는 마땅히 운동運動 전선全線을 일신一新 개진改進할 절대 필요에서 당적黨的 조직이 민족적으로 건립됨이 우리 운동의 기초가 될 것이며, 또 운동자들에게 유일한 사명이겠소. 이번 신각新閣이 출현함에 난이 한 조건이 최대 정강이 되겠난데"라고 하여,[25] '정당'을 조직하여 독립운동 전선에 일대 혁신을 이루겠다는 뜻을 밝히고 있는 것이다. 뒤에서 언급할 민족유일당조직운동은 여기에서 출발한 것이라고 할 수 있다.

홍진은 취임 후, 내각 구성에 착수하였다. 그러나 내각을 구성하는 일은 쉽지 않았다. 그는 지역적 안배를 통해 각파 연립내각을 구성한다는 방침 하에 이유필(평북)·조상섭(평북)·최창식(경기)·김구(황해)·조소앙(경기)·안공근(황해)·김철(전북)·오영선(경기)·김갑(경남) 등을 천거하였으나, '기호파'에서 이를 반대한 것이다.[26] 이로써 내각은 곧바로 구성되지 못하였다.

歡迎國務領

國務領選舉就任

臨時議政院은民國八年七月七日卽臨時憲法改定施行第一週紀念
日을期하야全院一致로醫選洪震氏를國務領으로選舉하얏다
國務領洪震氏는民國八年七月八日卽其當選翌日에躊躇업시臨時
議政院에到하야歡呼裏에簡素한節次로任에就하얏다

國務領三條政綱

一、非妥協的自主獨立의新運動을促進할일
二、全民族을網羅한鞏固한黨體를組織할일
三、全世界被壓迫民族과聯盟하야協同戰線을組織하는同時에또한
聯絡할만한友邦과提携할일

洪國務領就任辭

七月八日臨時議政院就任式
에서 朗讀한 것

국무령 홍진의 취임을 보도한 『독립신문』 1926년 9월 3일자 홍진이 내각 구성에 어려움을 겪고 있을 때, 안창호가 이를 도왔다. 잘 알려져 있듯이, 안창호는 수립 당시에 내무총장으로서 국무총리를 대리하며 임시정부의 활동기반을 마련하고 노령·상해·한성정부의 통합을 주도한 인물로서, '서북파'를 대표하고 있었다. 안창호가 나서서 서북파와 기호파의 의견을 조율한 것이다.[27] 이로써 내각 구성에 실마리가 풀렸다. 홍진은 김응섭·이유필·조상섭·조소앙·최창식을 국무원으로 추천하였고, 의정원에서는 8월 18일 이를 만장일치로 가결시켰다.[28]

국무원을 선임한 후, 홍진은 정부의 조직을 정비하였다. '국무회의규정'을 제정하여 9월 1일부터 시행토록 하였고, 정부의 부서를 내무부·외무부·군무부·재무부·사법원으로 하는 '임시정부부서조직규정'을 제정한 것이다.[29] 정부의 기능과 조직을 정상화시키기 위한 조처였다. 법무부라 하지 않고 사법원이라 한 것이 이채롭다. 그리고 8월 30일 내무장에 최창식, 외무장에 조소앙, 재무장에 이유필, 군무장에 김응섭, 사법장에 조상섭을 임명하였다.[30] 이로써 홍진을 국무령으로 한 정부의 조직이 갖추어졌다.

홍진을 국무령으로 한 정부의 출범은 몇가지 의미를 갖는다. 우선 임시정부가 존속할 수 있는 계기와 기반을 마련하였다는 점이다. 1925년 7월 박은식 대통령이 사임한 후, 임시정부는 사실상 무정부상태에 있었다. 1925년 9월 초대 국무령으로 이상룡이 취임하였으나 내각을 조직하지 못하고 있다가 다음 해 2월 만주로 돌아갔고, 이후에는 의정원 의장이 집정으로 정부의 명맥을 유지하는 정도였다. 그리고 이상룡 후임으로 선출된 양기탁과 안창호는 국무령에 취임하지 않았다. 임시정부는 1년여에 이르는 동안 정부로서 조직을 갖추지 못하고 있었던 것이다. 홍진이 국무령에 취임하고 정부의 조직을 갖추면서 임시정부의 무정부상태가 수습되었고, 이를 계기로 임시정부가 존속할 수 있게 되었다.

임시정부를 중심한 독립운동자들의 대동단결을 도모하였다는 점에서도 중요한 의미가 있다. 임시정부는 수립 이후 내부적으로 지역·이념·독립운동 방법 등을 달리하는 세력들이 계파와 파벌을 형성하여 대립 갈등을 빚으면서 파란에 휩싸여 있었다. 홍진 국무령이 취임한 후 임시정부와 의정원이 파란없이 안정된 모습을 보인 것이다. 일제는 1926년 9월 20일에 개회된 제18회 의정원 의회에 대해, "홍진내각 조각 후 제1회 의회에 해당하며 파란없이 내외가 다 같이 대동단결하고 있는 모양을 보여 그들 한인간에서는 매우 기대하는 의회이다. 부원府院의 의사意思는 종래 제문제를 근본적으로 해결할 기세로서 부원 또한 일치하고 있는 모양이다"라 보고하고 있다.[31] 일제가 독립운동자들의 대립과 갈등을 의도적으로 조장하거나 과장하고 있었다는 것을 감안하면, 홍진의 국무령 취임을 계기로 대동단결이 이루어진 모습을 짐작할 수 있을 것이다.

또 개정헌법에 의해 출범한 첫 정부였다는 의미도 있다. 임시정부는 대통령제로 인해 폐단을 없애기 위해 1919년 9월에 제정된 대한민국임시헌법을 개정, 1925년 7월부터 국무령제의 대한민국임시헌법을 시행하도록 하였다. 그러나 국무령이 취임하지 않음으로써 개정된 헌법은 무의미해지게 되었다. "천신만고한 헌법개정이 무의미한 작극作劇에 돌아가고 대업大業의 전도前途는 암담하기 짝이 없더니 홍령洪領이 출임出任하여 …… 신헌시행新憲施行의 제1차 임시정부가 조성되니 신국면은 이에 전개되었고"라는 독립신문의 보도가 잘 대변해주듯이,[32] 홍진이 국무령에 취임하여 정부를 조직하면서 비로소 개정된 헌법에 의한 정부가 조직된 것이다. 자칫 무의미해질 뻔한 헌법개정이 의미를 갖게 된 것이라 할 수 있다.

홍진 국무령에 대한 기대도 컸다. 미주에서 발행되던 『신한민보』는 홍진 국무령의 출범을 「서광이 보이는 정국」이란 제하로 보도하면서, 홍진과 정부에 대한 희망을 다음과 같이 피력하고 있다.

암담에 잠긴 정국을 붙들고 굳세게 나가며 대혁명당의 조직을 이루도록 헌
신적으로 힘쓰기를 맹서하고 …… 어쨌거나 그는 일을 할 실제적 인물이오
지난 이들과 같이 명패적이 아닐 줄 믿는다. 하물며 그의 정략이 그러함에
는 우리 독립운동자의 선두에 서기에 가장 합당하며 파멸의 현상을 가졌던
운동계에는 무한한 행복임을 알겠다.[33]

홍진 국무령이 취임하면서 암담했던 정국에 서광이 비친다는 것이다. 그
에 대한 기대는 실제적으로 일을 추진해나갈 인물이라는 점 때문이었다.
그리고 민족의 대결합을 통해 독립운동에 일대 혁신을 기하겠다는 그의 방
안도 기대와 희망을 갖게 하였다. 이와 함께 홍진이 구한국 시대에 판사와
변호사를 지낸 인물로 "법률상 경우에 매우 민첩하여 사리와 이해를 잘 시
킨다고 판단하며 또 성정이 편벽되지 아니하야 대중을 융화케 할만한 천연
적 본능"을 갖고 있다고 하면서, 그에 대한 기대를 표시하고 있다.

홍진은 정부의 조직을 정비하고, 국무령으로 활동을 시작하였다. 그러나
정부의 조직을 운영하는 일은 순조롭게 진행되지 못하였다. 선임한 국무
원 중 김응섭과 조소앙이 취임하지 않은 것이 큰 이유였다. 김응섭은 대한
제국 법관양성소의 후배이면서 변호사로 같이 활동하고 의형제를 맺었던
인물이다. 홍진이 그를 국무원으로 천거한 것은 이러한 관계도 작용하였
을 터이지만, 반反임시정부 세력을 끌어안으려는 의도가 아니었나 생각된
다. 김응섭은 국민대표회에서 임시정부의 취소를 주장한 창조파의 주요 간
부였고, 창조파와 함께 블라디보스톡으로 옮겨갔다가 만주 길림성 반석현
에 정착하여 1924년 8월 한족노동당을 조직하여 활동하고 있었다.[34] 이러

한 김응섭을 국무원에 임명함으로써, 반任임시정부 세력을 포용하고, 또 만주의 세력과도 연계를 맺으려는 의도가 있었던 것으로 보인다. 그러나 만주에 기반을 마련하고, 한족노동당 위원장으로 있던 김응섭으로서는 상해로 와 취임하기가 어려웠을 것이다.

국무원으로, 외무장에 임명된 조소앙도 취임하지 않았다. "국무원 조용은씨趙鏞殷氏(조소앙)난 신양身恙이 잇슴으로"라고 하여,[35] 병을 이유로 취임하지 않았다고 한다. 그러나 당시 조소앙이 이승만과 밀절한 관계를 가지고 있었고, 또 기호파의 한 인물이라는 점으로 볼 때, 그 이면에는 다른 이유가 있었던 것 같다. 외무장이 취임하지 않자, 9월 27일부터 홍진이 외무장을 겸임하였다.[36]

홍진은 국무령으로 활동하는 동안 기호세력과 마찰이 있었던 것 같다. 이를 근거할 만한 자료는 없지만, 안창호가 그를 돕고 있었다는 점에서, 또 조소앙이 취임하지 않았다는 것이 그것을 짐작케 한다. 그가 국무령을 사임한 이유도 여기에 있었던 것으로 보인다. 홍진은 취임한 지 5개월만인 1926년 12월 9일 국무령을 사임하였고, 다음날 그 후임으로 김구가 국무령에 선출되었다.[37]

민족의 대결합 강조

1919년 3월 1일 독립선언이 발표된 직후 국내에서 한성정부를 수립한 홍진은 상해로 망명하여, 상해의 임시정부에서 활동하였다. 그가 수립한 한성정부는 1919년 9월 노령·상해의 정부가 통합을 이룰 때 국내에서 국민적 기반을 배경으로 수립하였다는 점에서 정통으로 인정을 받았다. 그리고 통합된 정부에서 임시의정원 의장을 맡기도 하고 법무총장 등을 역임하며 활동하였다.

그러나 통합을 이룬 임시정부는 출발부터 순조롭게 운영되지 못하였다. 임시정부 구성원들 사이에 '기호파', '서북파' 등의 지역적 파벌도 문제가 되었지만, 미국에 있던 대통령 이승만과 상해에 있던 국무위원들 사이에 마찰과 갈등이 빚어진 것이 주요한 요인이었다. 그리고 대통령 탄핵문제를 두고 임시정부가 파국으로 치닫게 되자, 홍진은 임시정부는 유지되어야 한다며 지도자들의 희생정신을 강조하였다.

대통령과 국무위원들 사이의 마찰과 갈등은 1925년 3월 대통령 이승만에 대한 탄핵으로 결말이 났다. 그리고 헌법을 개정하여 대통령제를 폐지하고, 행정수반의 명칭을 '국무령'으로 한 국무령제가 채택되었다. 하지만 대통령 탄핵을 둘러싼 후유증은 쉽게 가라앉지 않았고, 국무령제도 쉽게 정착되지 않았다. 국무령으로 선출된 이상룡은 내각을 구성하지 못하였고, 양기탁·안창호는 취임을 거부한 것이다.

이로써 임시정부는 무정부상태나 다름없게 되었다. 임시의정원에서 정부의 무정부상태를 수습하기 위해 다양한 방법을 찾을 때, 대두된 인물이 홍진이었다. 당파에 기울여지지 않은 인물, 그리고 야욕이 없이 순결한 지사라는 점이 그 이유였다. 1926년 7월 7일 임시의정원에서는 이러한 이유를 들어 홍진을 국무령으로 선출하였다. 당시 진강에 은거하고 있던 홍진은 국무령에 선출된 사실을 통보받고, 이를 수락하고, 다음 날인 7월 8일 국무령에 취임하였다.

홍진은 진강에 은거하고 있던 동안 임시정부를 활성화시킬 방안을 나름대로 구상하고 있었다. 지방적 감정이나 계파를 배척하고, 일정한 주의와 정강을 마련하여, 이를 기반으로 민족적 대결합을 이루어야 한다는 것이었다. 홍진은 국무령에 취임하면서 임시정부와 독립운동을 활성화할 방안으로 '비타협적 자주독립의 신운동을 촉진', '전민족을 망라한 정당 조직', '전 세계 피압박민족과의 협동전선 조직'을 주요 내용으로 한 3대 정강을 천명하였다. 전민족이 대동단결한 정당을 조직하고, 이를 중심으로 임시정부를 유지하면서, 독립운동을 전개하자는 것이었다.

홍진은 국무령에 취임하여 내각을 구성하였다. 지역적 안배를 통해 각파 연립내각을 구성한다는 방침하에 정부의 부서를 내무부·외무부·군무부· 재무부·사법원으로 한 임시정부조직부서규정을 제정하고, 내무장에 최창식, 외무장에 조소앙, 재무장에 이유필, 군무장에 김철, 사법장에 조상섭을 임명한 것이다. 이로써 홍진을 국무령으로 한 정부가 출범되었고, 임시정부가 존속할 수 있는 기반이 마련되었다.

홍진 내각의 출범은 중요한 의미를 갖는다. 우선 독립운동자들이 임시정부를 중심으로 다시 결집을 이루었다는 점이고, 그리고 임시정부가 무정부 상태를 수습하고 정부로서의 조직을 갖추게 되었다. 홍진 내각이 출범하자 『독립신문』을 비롯하여 미주에서 발간되던 『신한민보』 등이 임시정부가 파란없이 안정된 모습을 보였다고 하면서, 그동안 암담했던 정국에 서광이 보인다며 커다란 희망을 표시하였다.

홍진은 1926년 7월 8일 국무령에 취임하여 12월 9일 사임할 때까지 5개월 동안 국무령으로 활동하였다. 기간은 짧았지만, 홍진이 국무령으로 내각을 조직하면서 임시정부가 존속할 수 있는 기반이 마련되었다. 홍진은 전민족이 대동단결한 정당을 조직하겠다며, 국무령을 사임하였고, 이후 민족유일당운동에 나섰다. 그 후임으로 김구가 국무령에 선출되었고, 김구에 의해 임시정부가 유지·운영되었다.

1   『독립신문』 1925년 3월 25일자, 「臨時憲法改正에 就하야」

2   『독립신문』 1926년 9월 3일자, 「洪領의 來歷」.

3   국회도서관, 『韓國民族運動史料』 中國篇, 1976, 598쪽.

4   『독립신문』 1926년 9월 3일자, 5~6면.

5   洪震, 「大衆아 ! 모혀라」, 『독립신문』 1926년 9월 3일자.

6   국회도서관, 『한국민족운동사료』 중국편, 1976, 541쪽.

7   『한국민족운동사료』 중국편, 549~550쪽.

8   『독립신문』 1925년 3월 23일자, 「臨時大統領을 選擧」.

9   『독립신문』 1925년 3월 31일자, 「改正憲法案이 通過」.

10   손세일, 「대한민국임시정부의 정치지도체계」, 『3·1運動50周年記念論集』, 동아일보사, 1969, 920~921쪽.

11   국사편찬위원회, 『韓國獨立運動史』 자료 3, 1968, 31쪽.

12   한시준 편, 『大韓民國臨時政府法令集』, 국가보훈처, 1999, 52쪽.

13   『大韓民國臨時政府公報』 제44호, 1926년 12월 16일, 『雩南李承晩文書』 8, 248쪽.

14   채영국, 『韓民族의 만주독립운동과 正義府』, 국학자료원, 2000, 230쪽.

15   『대한민국임시정부공보』 제44호, 1926년 12월 16일.

16   위와 같음.

17   도산안창호선생기념사업회, 『島山安昌浩全集』 6, 2000, 449~450쪽.

18   『대한민국임시정부공보』 제44호, 1926년 12월 16일.

19   『島山安昌浩全集』 6, 472~473쪽.

20   『독립신문』 1926년 9월 3일자, 「洪領의 來歷」.

21   『신한민보』 1926년 8월 12일자, 「셔광이 보이는 정국」.

22   『독립신문』 1926년 9월 3일자, 「國務領選擧就任」.

23   『독립신문』, 1926년 9월 3일, 홍진의 국무령 취임을 "國務領 洪震氏는 民國 8년 7월 8일 卽其當選翌日에 躊躇업시 臨時議政院에 到하야 歡呼裏에 簡素한 節次로 任에 就하얏다"라 보도하였다.

24   『독립신문』 1926년 9월 3일자, 「國務領三條政綱」.

25   『독립신문』 1926년 9월 3일자, 「洪領訪問記」.

26   『한국민족운동사료』 중국편, 600~601쪽.

27   홍진이 국무령으로 활동하는 데는 안창호의 후원이 적지 않았다. 홍진이 국무령으로

선출된 후, 안창호는 임시정부를 유지 운영하는 경제적 뒷받침을 위해 임시정부경제
후원회를 조직하기도 하였다. 『島山安昌浩全集』 6, 484~485쪽.

28 『대한민국임시정부공보』 제44호, 1926년 12월 16일.

29 위와 같음.

30 『독립신문』 1926년 9월 3일. 「國務員選任」, 「國務員就任」, 「新政府成立」, 「新政府部
署」.

31 『韓國民族運動史料』 중국편, 613쪽.

32 『독립신문』 1926년 9월 3일자, 「新政府를 祝함」.

33 『신한민보』 1926년 8월 12일자.

34 김용달, 「韓族勞動黨의 조직과 활동」, 『한국독립운동사연구』 17, 2001, 307-308쪽.

35 『독립신문』 1926년 9월 3일자, 「國務員就任」.

36 『대한민국임시정부공보』 제44호, 1926년 12월 16일, 「國務員의 選任及解任」.

37 『대한민국임시정부공보』 제45호, 1926년 12월 17일, 「國務領選任及解任」.

김구

백범 김구(1876~1949)의 삶과 활동 중에서 가장 큰 부분을 차지하고 있는 것은 대한민국 임시정부라고 할 수 있다. 김구는 74년 생애 중 30여 년을 대한민국 임시정부에서 활동하였다. 44세 때인 1919년 대한민국 임시정부에 참여한 이래 1949년 74세로 생을 마감할 때까지, 그의 삶을 대한민국 임시정부와 함께 한 것이다.

김구는 3·1운동 직후 중국 상해로 망명하여 대한민국 임시정부에 참여하였다. 그가 처음 맡은 직책은 내무부 산하의 경무국장이었다. 이후 김구는 1926년에 국무령, 그리고 1940년에는 주석에 선출되었다. 국무령과 주석은 행정수반을 일컫는 명칭이었다. 국무령은 1925년 이승만 대통령 탄핵 후 헌법을 개정하여 대통령의 명칭을 바꾼 것이고, 주석은 1940년 헌법 개정을 통해 새롭게 제정한 행정수반의 명칭이었다.

김구는 1926년 12월 국무령에 선출되면서, 대한민국 임시정부의 최고 지도자가 되었다. 국무령으로 활동한 기간은 5개월 정도였다. 1927년 4월 헌법을 개정하여 국무령제를 폐지하고, 집단지도체제인 국무위원회제를 도입한 때문이었다. 이후 대한민국 임시정부는 1940년 주석제로 헌법을 개정할 때까지 국무위원들의 집단지도체제로 운영되었다. 그렇지만 실제로 대한민국 임시정부를 유지하고 이끌어가는 데 주도적 역할을 한 것은 김구였다.

대한민국 임시정부는 1920년대 중반 이후 무정부상태나 다름없었다. 이를 되살려낸 것이 김구였다. 1932년 이봉창·윤봉길의사의 의거를 결행하여 그 계기를 마련한 것이다. 이후 대한민국 임시정부가 항주·진강·장사·광주·유주·기강 등지로 피난을 다닐 때, 김구는 한국국민당을 조직하여 이를 기반으로 정부의 조직을 유지하였다. 1940년 중경에 정착하면서 대한민국 임시정부는 비교적 안정을 되찾았고, 김구를 주석으로 선출하여 새로운 중경시대를 열게 되었다.

이 글은 김구가 주석으로 중경시기 대한민국 임시정부에서 수행한 활동과 역할을 살펴보려는 데 목적이 있다. '중경시기'란 대한민국 임시정부가 1940년 중경에 정착하여 1945년 해방을 맞아 환국할 때까지 중경에서 활동한 5년여의 시기를 일컫는다. 우선 중경에 정착하면서 대한민국 임시정부의 체제를 확대 강화하는 실상을 살펴보고, 좌익진영과 통일을 이루는 과정, 그리고 연합군 및 국외무장세력과 연계하여 국내진입작전을 추진하려고 한 사실 등에 대해 언급하려고 한다.

임시정부의 체제 정비와 주석

한국독립당 결성

1930년대 중반 이후 중국관내 독립운동 세력은 크게 한국광복운동단체연합회(약칭 광복진선)와 조선민족전선연맹(약칭 민족전선)으로 양대 진영을 형성하고 있었다. 광복진선은 김구가 주도하고 있던 한국국민당을 비롯하여 (재건)한국독립당과 조선혁명당이 연합한 연합체였고, 민족전선은 김원봉이 주도하고 있던 조선민족혁명당을 비롯하여 조선민족해방동맹·조선혁명자연맹·조선청년전위동맹이 참여한 좌익진영의 연합체였다.

임시정부가 중경에 정착할 무렵, 김구는 좌우익 세력의 통일을 추진하였다. 당시 독립운동전선에서는 통일에 대한 요구가 일어났다. 특히 중국의 국민당과 공산당이 제2차 국공합작을 이루어 전면적인 대일항전을 전개하면서, 좌우 세력의 통일에 대한 요구와 분위기가 한층 고조된 것이다. 이러한 가운데 김구는 좌익진영과의 교섭을 추진하였다. 당시 좌익진영은 임시정부보다 먼저 중경에 정착하여, 남안南岸의 아궁보鵝宮堡에 집결해 있었다. 김구는 아궁보에 있는 조선민족혁명당 본부를 찾아가 김원봉을 비롯한 좌익진영의 인사들과 통일에 대한 교섭을 전개하였다.[1]

김구의 노력은 성과를 거두었다. 양측이 통일에 합의를 이루었고, 1939년 5월 10일 김구는 김원봉과 통일의 원칙에 합의한 「동지동포同志同胞에게 보내는 공개신公開信」을 공동명의로 발표한 것이다.[2] 이는 양진영이 통일을 이루는 원칙과 방법에 합의한 것으로, 크게 세 가지 내용을 담고 있다. 하나는 중일간의 전면적 전쟁이라는 호기好機에 한국민족의 독립을 전취戰取하기 위해서는 전민족의 역량을 집중시켜야 한다는 것이다. 둘째는 공동으로 추구할 정치적 목표에 대해 합의를 이루었다. 자주독립국가 및 민주공화제 건설, 일제 및 친일파의 재산몰수, 산업의 국유화, 농민에게 토지분배, 남녀평등, 국비교육 등 10개조의 공동강령에 합의하였다. 셋째는 통일방법에 대한 것으로, 주의主義·당파黨派를 초월하여 모든 조직을 일체 해소하고 새로운 단일조직을 수립하자는 것이었다.

「공개신」이 발표된 후, 양진영을 중심으로 통일운동이 일어났다. 3개월여만인 1939년 8월 27일 기강綦江에서 광복진선 소속의 3당과 민족전선에 소속된 4개 단체가 참여한 가운데 '7당통일회의'를 개최한 것이다.[3] 참가한 각 단체는 모두 통일에 대해서는 이견이 없었다. 그러나 통일체의 조직과 그 방법에 대해서는 의견이 달랐다. 해방동맹과 전위동맹이 주의가 같지 않으므로 '단일당單一黨' 결성을 반대한다고 하면서 연맹체 결성을 주장, 이 것이 받아들여지지 않자 탈퇴하고 말았다.[4]

두 단체가 탈퇴한 후, 5개 단체들만으로 회의를 진행하였다. 이들은 단일당 조직에 합의를 이루었다. 그러나 단일당의 위상문제를 둘러싸고 의견이 첨예하게 대립되었다. 민족전선측에서는 새로이 결성될 단일당을 독립운동 최고기구로 삼자고 하였고, 광복진선측에서는 임시정부를 최고기구로 해야 한다는 주장이었다.[5] 독립운동 최고기구 문제를 둘러싼 양측의 대립은 해결점을 찾지 못하였고, 통일회의는 결렬되고 말았다.

좌익진영과의 통일이 무위로 돌아가자, 김구는 우익진영 3당의 통합을 추진하였다. 한국국민당·한국독립당(재건)·조선혁명당은 광복진선으로 연합을 이루고 있었지만, 각기 독자적인 조직과 세력을 유지하며 활동하고 있었다. 이들 3당은 이미 장사에 있을 때 통합을 추진한 적이 있었다. 1938년 5월 남목청楠木廳에서 3당 통합문제를 협의하기 위한 회의를 개최한 것이다. 그러나 '장사사건長沙事件'으로 불리는 이운환李雲煥의 권총난사사건이 일어나 중단되고 말았다.

3당의 통합은 각자의 조직체를 완전히 해체하고 새로운 조직체를 결성하는 것으로 추진되었다. 3당은 정치적 이념이나 독립운동 노선에 별다른 차이점이 없었고, 임시정부를 옹호 유지한다는 공동의 입장을 갖고 있었다. 그리고 조소앙趙素昻·홍진洪震이 주도하고 있던 재건한독당과 이청천李靑天·최동오崔東旿 등이 주축이 된 조선혁명당은 재정적 곤란 등으로 인해 한국국민당에 의존해 있던 형편이기도 했다.

3당 통합을 위한 구체적 협의는 1939년 10월부터 진행되었다. 기강에서 3당의 대표들이 참가한 가운데 광복진선원동3당통일대표회의를 개최하였다. 여기서 신당新黨의 당명, 당의, 당강, 정책, 조직 등 3당 통합과 신당 창당에 따르는 실무적 사항과 절차들이 논의되었다. 그 결과 1940년 5월 8일 공동으로 '3당해체선언'을 발표하고, 다음날인 5월 9일 3당이 통합을 이룬 한국독립당을 창당하였다. 당의 주요 간부는 다음과 같다.

집행위원장: 김구
집행위원: 홍진, 조소앙, 조시원, 이청천, 김학규, 유동열, 안훈, 송병조, 조
        완구, 엄항섭, 김붕준, 양묵, 조성환, 박찬익, 차리석, 이복원
감찰위원장: 이동녕
감찰위원: 이시영, 공진원, 김의한[6]

한국독립당의 창당은 몇 가지 점에서 중요한 의미를 갖는다. 우선 1930년대 중반 이래 느슨한 연합상태에 있던 민족주의 세력들이 하나의 통일체로 결집, 민족진영 세력의 통일을 이루었다는 점이다. 둘째는 한국독립당이 임시정부를 유지 옹호하는 기초세력으로 역할하면서, 임시정부의 세력 기반이 크게 확대 강화되었다.

한국독립당이 창당되면서 김구의 위상은 민족진영을 대표하게 되었다. 김구는 1935년 한국국민당을 결성하고, 이를 기반으로 임시정부를 유지 운영해 오면서 지도적 위상을 갖고 있었다. 이러한 기반위에 3당 통합을 주도하고 민족주의 세력이 통일을 이룬 한국독립당의 중앙집행위원장에 선출되면서, 민족진영을 대표하는 지도자로서의 확고한 위상을 갖게 된 것이다.

한국광복군 창설

민족주의 계열 3당의 통합과 더불어 중경에 정착하면서, 김구가 추진한 대표적인 사업은 한국광복군의 창설이었다. 김구는 윤봉길의거 이후 중국의 낙양군관학교洛陽軍官學校에 한인특별반을 설치하여 군사간부를 양성한 일이 있었다.[7] 그리고 중일전쟁이 발발하자 군무부 산하에 만주독립군 출신을 중심으로 군사위원회를 설치하여, 전시태세를 갖추고자 하였다. 이러한 군사활동 계획이 중경에 도착하면서 광복군 창설로 추진된 것이다.

광복군을 창설하는 작업은 크게 세 방향으로 추진되었다. 하나는 병력을 모집하는 일이었다. 이를 위해 군사특파단을 구성하여 일본군과 최전선을 이루고 있던 서안西安으로 파견하였다. 당시 일본군이 점령한 화북지역에는 20여 만에 달하는 한인들이 이주해 있었고, 이들을 대상으로 초모활동을 전개하여 병력을 모집하려는 것이었다. 그리고 미주교포들에게 재정적 지원을 요청하였다. 미주교포들은 "광복군 조직은 3·1운동 이후 처음있는 큰 사건"이라고 하며[8] 적극적인 모금활동을 전개, 광복군 창설을 경제적으로 후원하였다.

이와 함께 김구는 중국정부를 상대로 광복군 창설에 대한 교섭을 전개하였다. 중국영토내에서 군대를 편성하려면 중국당국의 승인과 양해가 있어야 했고, 또 광복군 편성에 소요되는 재정적 원조를 의뢰할 필요도 있었다. 김구는 주가화朱家驊를 비롯한 중국측 인사들에게 "임시정부가 광복군을 편성하여 대일전對日戰을 수행하고, 일본군에 있는 한적사병韓籍士兵들을 빼내면 적敵의 힘을 약화시킬 수 있다"는 것과 "화북華北을 안정시키려면 먼저 동북東北을 수복해야 하고, 동북을 수복하려면 한국독립을 원조해야 한다"고 하면서,[9] 광복군의 편성이 중국의 항일전에 유익하다는 논리로 중국측을 설득하였다.

이러한 교섭은 중국의 한국담당자들에게 상당한 공감을 불러 일으켰다. 주가화·서은증徐恩曾·강택康澤 등 한국담당자들 사이에서 오고간 공함들에서 "(일본군에 있는) 한적사병을 책동해서 우리에게로 돌아오게 한다면, 이것은 직접 우리나라의 항일전쟁에 유익할 것"이라는 것과 이를 위해 임시정부를 원조해주자는 쪽으로 의견이 모아지고 있었던 것이다.[10] 한국담당자들의 이러한 의견은 장개석蔣介石에게 보고되었다. 주가화는 "한국의 여러 정당이 통일되기 전이라도 저들로 하여금 즉각 공작工作을 전개하도록 해주는 것이 옳을까 합니다"라는 의견을 개진하였다.[11]

김구는 광복군 창설에 대한 계획서를 중국측에 제출하였다. 1940년 5월 한국독립당 중앙집행위원장 명의로 된 「한국광복군편련계획대강韓國光復軍編練計劃大綱」을 주가화를 통해 장개석에게 제출한 것이다.[12] 계획대강의 핵심은 임시정부가 광복군을 편성하여 한중연합군으로 중국군과 함께 연합작전을 전개한다는 것이고, 중국정부에 광복군 창설에 대한 인준과 재정적 원조를 해 줄 것을 요구한 것이었다. 장개석은 이러한 계획을 승인하였다. 5월 중순 "한국광복군이 중국항전에 참가한다"는 전제하에 광복군 창설을 비준한다고 하면서, 중국군사위원회 군정부軍政部로 하여금 이에 대한 조치를 하도록 지시하였다.[13]

그러나 광복군 창설은 순조롭게 진행되지 못하였다. 장개석의 승인이 있었지만, 중국군사위원회 실무자들이 광복군은 연합군일 수 없으며 중국군사위원회에 예속되어야 한다는 것이었다. 김구는 중국군사위원회의 예속을 받아들일 수 없었다. 한국담당자인 서은증을 찾아가 1920년 레닌이 임시정부에 200만 루블을 지원했던 예를 들면서, "소련은 이미 레닌시대에 우리나라 공산당에게 200만 원을 원조해 주었다. 다시는 중국의 원조를 요구하지 않겠다"고 하여,[14] 중국측의 예속의도에 강력히 반발하였다. 광복군의 독립성과 자주권은 임시정부가 가져야 한다는 것이 김구의 생각이었다. 김구의 이러한 반발은 당시 임시정부와 중국과의 관계로 보면 결별을 선언한 것이나 다름없었다.

김구는 자력自力으로 광복군 창설을 추진하였다. 만주에서 독립군을 조직하여 활동하였던 이청천·유동열·이범석·김학규 등을 중심으로 한국광복군창설위원회를 조직하고, 이들로 하여금 광복군 창설에 대한 구체적인 실무작업을 추진하도록 한 것이다. 이들은 우선 임시정부에서 활동하고 있는 만주독립군 출신의 군사간부들과 중국의 군관학교를 졸업하고 중국군에 복무하고 있는 한인청년들을 소집하여 총사령부를 구성한다는 것과, 이를 기반으로 1년 이내에 3개 사단을 편성한다는 부대편성 방안을 마련하였다.

광복군 창설에 대한 준비가 갖추어지자, 김구는 광복군 창설을 대내외에 공포하였다. 1940년 9월 15일 임시정부 주석 겸 한국광복군창설위원회 위원장 명의로 "광복군은 중화민국 국민과 합작하여 두 나라의 독립을 회복하고자 공동의 적인 일본제국주의자들을 타도하기 위하여 연합군의 일원으로 항전을 계속한다"는 내용의 「한국광복군선언문」을 발표하였다.[15] 이는 중국측과 사전협의 없이 발표한 것으로, 광복군은 독립성과 자주권을 갖는 임시정부의 국군으로 창설한다는 의지를 표명한 것이었다.

김구는 이틀 후 광복군을 창설하였다. 1940년 9월 17일 중경의 가릉빈 관嘉陵賓館에서 임시정부와 한국독립당·임시의정원을 비롯하여 중국측 인사와 각국 외교사절들이 참여한 가운데 한국광복군총사령부성립전례식을 거행한 것이다.[16] 총사령부성립전례식이 곧 광복군 창설의 의미하는 것이었다. 이로써 임시정부는 광복군이라는 무장세력을 갖게 되었고, 이를 기반으로 연합군과의 공동작전을 추진하였다.

단일지도체제 확립과 주석 선출

김구가 중경에 정착하면서 추진한 사업의 또 하나는 임시정부의 조직을 확대 정비하고, 단일지도체제를 확립한 일이었다. 임시정부는 1930년대 중반 이래 한국국민당에 의해 유지 운영되고 있었다. 한국국민당은 1935년 민족혁명당의 결성으로 임시정부가 무정부상태에 빠지게 되었을 때, 김구가 주도하여 결성한 정당이었다.[17] 이를 기반으로 김구는 임시정부의 무정부상태를 수습하였고, 임시정부를 유지·운영해 왔다.

임시정부의 조직을 확대 정비하는 작업은 한국독립당(재건)과 조선혁명당 세력을 임시정부에 참여시키는 방법으로 추진되었다. 이들 정당은 민족혁명당에 참여하였다가 탈당한 민족주의 세력이 결성한 것으로, 1937년 8월 한국국민당과 함께 임시정부 옹호 유지를 전제로 광복진선이란 연합체를 이루고 있었다. 그러나 임시정부의 조직과 운영에는 거의 참여하지 못하고 있었다.

한국독립당(재건)과 조선혁명당 인사들의 임시정부 참여는 임시의정원 회의를 통해 이루어졌다. 1939년 10월 기강에서 제31회 정기의회가 개최되었다. 12월 5일까지 계속된 의정원 회의에서 의정원 의원에 대한 보결선거가 이루어지고, 임기만료된 국무위원을 새로이 선출하였다. 이를 통해 한국독립당(재건)과 조선혁명당의 인사들이 의정원 의원과 국무위원에 선출된 것이다.

당시 의정원 의원은 주로 한국국민당 인사들로 구성되어 있었다. 재적의원은 모두 17명이었다. 헌법에 규정된 의원의 수가 57명이었다는 점을 감안하면,* 의정원 의원은 3분의 2 이상이 결원 상태에 있었던 것이다.[18] 제31회 의정원 회의에서 18명의 의원을 새로이 선출하였다. 이중에 홍진·조시원趙時元을 비롯한 한국독립당(재건) 당원과 최동오·이청천 등 조선혁명당의 인사들이 의원으로 선출되어 의정원에 참여하게 된 것이다.[19]

국무위원과 정부의 부서에도 한국독립당(재건)과 조선혁명당 인사들을 선출하였다. 의정원 회의에서는 1939년 10월 23일 임기만료된 국무위원을 선임하면서, 국무위원의 수를 헌법에 규정된 최대수 11명으로 확대하기로 하였다. 그리고 한국국민당의 이동녕·김구·이시영·조성환·송병조·차리석·조완구와 더불어, 한국독립당(재건)의 홍진·조소앙, 조선혁명당의 이청천·유동열을 각각 국무위원으로 선출한 것이다.[20] 정부의 부서도 내무·외무·군무·참모·법무·재무의 6개 부서를 두기로 하고, 부서의 책임자는 3당의 인사들로 구성하였다. 이로써 한국국민당만으로 유지 운영되던 임시정부의 기반과 조직이 크게 확대되고 정비되었다.

정부의 조직을 확대 정비한 후, 김구는 헌법을 개정하여 단일지도체제를 확립하였다. 당시 임시정부의 조직체제는 집단제도체제인 국무위원회제로서, 강력한 지도력을 발휘하기가 어려웠다. 국무위원회제는 1927년 헌법

---

* 헌법에 규정된 임시의정원 의원은 경기도·충청도·경상도·전라도·함경도·평안도·중령·아령에서 각각 6인씩, 그리고 강원도·황해도·미주에서 각각 3인씩 선거하도록 되어 있다.

주석 김구의 취임선서문
본원이 대한민국임시정부 국무위원회 주석으로 피선된 바
성충을 다하야 헌장과 법률을 각수(恪守)하며
직무에 근실하야 조국광복과 민족부흥에 헌신하기를
자(玆)에 선서함

을 개정하여 채택한 것으로, 행정수반이 없었다. 국무회의에서 선출하는 주석主席이 있었으나, 이는 국무위원들이 교대하여 맡는 회의 주관자에 불과하였다. 그리고 국무위원회는 의정원에서 결정하는 사항을 집행하는 기구에 지나지 않을 정도로, 의정원에 비해 행정부의 지위가 크게 약화되어 있었다. 일종의 관리정부 형태였다고 할 수 있다.[21]

김구는 임시정부의 체제를 행정부가 강력한 지도력을 행사할 수 있는 체제로 개정하고자 하였다. 이에 따라 의정원에 비해 행정부의 위상을 강화시키는 내용의 '대한민국임시약헌개정안'을 마련하여 의정원에 제출하였고, 의정원에서는 1940년 10월 8일 이를 통과시켰다.[22] 1919년 임시정부 수립 당시 대한민국임시헌장이 제정된 이래 5차 헌법이었고, 전시체제에 부응하기 위하여 개정된 헌법이었다.

개정된 '임시약헌'의 핵심은 종전의 집단지도체제인 국무위원회제를 단일지도체제인 주석제主席制로 전환한 것이었다. 종래 국무위원회에서 선출하여 국무위원이 교대로 맡았던 주석을 임시의정원에서 선거하도록 하였고, 주석은 임시정부를 대표하며 국군의 통수권統帥權을 행사하는 행정수반으로서의 지위를 갖도록 하였다.[23] 주석의 지위를 국가원수와 같은 존재로 하고, 주석이 정부의 행정권을 장악하여 강력한 지도력을 발휘하도록 한 것이다. 헌법개정과 더불어 임시의정원에서는 김구를 주석으로 선출하였다.

이로써 임시정부는 중경에 정착하면서 당(한국독립당)·정(임시정부)·군(한국광복군)의 체제를 갖추게 되었다. 임시정부의 중경시대가 열린 것이다. 임시정부의 체제를 정비하는 과정에서 김구는 한국독립당의 중앙집행위원장·정부의 주석·광복군의 통수권자가 되었고, 임시정부의 대표적 지도자로 부상하였다. 이후 임시정부는 김구 주석 체제로 운영되었다.

좌우연합정부 구성과 통일운동

좌익진영의 임시정부 참여

중경시대 임시정부가 거둔 대표적인 성과의 하나는 임시정부를 중심으로 중국관내 좌우 독립운동세력의 통일을 이루었다는 점이다. 조선민족혁명당을 비롯한 좌익진영은 임시정부의 존재를 인정하지 않고 있었다. 임시정부가 "각 혁명단체와 인민의 합법적 선거에 의해 조직된 것이 아니고 국토와 인민이 없는 상황에서 정권을 행사할 수 없다"는 것이 주된 이유였다.[24] 이런 이유로 임시정부에 대해 불관주의不關主義 노선을 고수하며 독자적으로 활동하고 있던 좌익진영의 세력들이 1942년 임시정부에 참여하였다.

좌익진영이 임시정부에 참여하게 된 것은 몇 가지 이유가 있었다. 우선 태평양전쟁 발발이라는 국제정세 변화가 주요한 요인이 되었다. 1941년 12월 8일 일제가 미국의 해군기지인 진주만을 기습공격하면서 미일간에 태평양전쟁이 발발하였다. 미일간의 전쟁은 대일항전을 전개할 수 있는 절호의 기회로 여겨졌고, 이를 위해 민족의 독립운동 역량을 한 곳으로 집중시킬 필요성이 절박해진 것이다.

중경에 정착한 후, 민족주의 진영이 임시정부를 중심으로 세력을 결집한 반면, 좌익진영의 세력은 분열되었던 것도 적지 않은 요인이 되었다. 앞에서 언급했듯이 한국국민당·한국독립당(재건)·조선혁명당 등 민족진영의 세력들은 임시정부를 중심으로 세력을 통일하여 정부의 조직과 체제를 확대 강화하였다. 그러나 좌익진영은 무장부대인 조선의용대 대원 대부분이 화북지역으로 이동하여, 세력이 크게 약화되어 있었다. 이러한 상황에서 민족의 독립운동 역량을 한 곳으로 집중한다고 하면, 그것은 임시정부가 될 수밖에 없는 상황이 된 것이다.

중국정부의 지원이 임시정부로 기울어졌던 것도 주요한 요인이 되었다. 1930년대 중국측은 김구와 김원봉을 중심으로 한 두 개의 창구를 통해 한국독립운동을 지원하고 있었다.[25] 그러나 임시정부가 조직과 체제를 강화하고 독립운동 최고기구로서의 위상을 되찾게 되면서, 지원창구를 임시정부로 단일화시키고자 하였다. 1941년 중국 외교부장 곽태기郭泰祺가 임시정부의 국제적 승인을 거론하면서, 지원창구를 임시정부로 단일화한다는 방

침을 표명한 것이다.[26]

이러한 요인들이 좌익진영으로 하여금 임시정부에 참여하도록 작용하였다. 좌익진영의 임시정부 참여를 선도한 것은 조선민족해방동맹이었다. 김성숙金星淑이 주도하던 조선민족해방동맹은 1941년 12월 1일 "반일혁명역량反日革命力量을 임시정부로 집중시켜 전민족 총단결을 이루자"는 내용의 「옹호한국임시정부선언擁護韓國臨時政府宣言」을 발표, 임시정부 참여를 공식적으로 천명하였다.[27]

좌익진영의 대표적 단체인 조선민족혁명당도 임시정부 참여를 결정하였다. 1941년 12월 10일에 개최된 제6차 전당대표대회에서 그동안 임시정부에 대해 고수해 왔던 불관주의 노선을 포기하고, 임시정부에 참여할 것을 결정한 것이다.[28] 태평양전쟁이 발발한지 이틀 후였고, 그 명분은 민족의 독립운동 역량을 임시정부로 결집하자는 것이었다. 그리고 1942년 3·1절을 맞아 "임시정부는 각 혁명집단을 받아들여 임시정부를 조선혁명의 최고 기구로 할 것"과 임시정부에서 각 단체의 참여에 대한 조처를 강구해 줄 것을 요구하였다.[29]

이로써 좌익진영의 임시정부 참여문제가 주요한 현안으로 대두되었다. 김구는 1942년 4월 20일 국무회의를 개최하고, 좌익진영의 임시정부 참여 방안을 논의, "조선의용대를 광복군으로 합편할 것"을 결의하였다.[30] 우선 군사적 통일부터 이루자는 것이었다. 이어 조선의용대의 광복군 편입에 대한 조처도 마련하였다. 5월 13일 광복군총사령부에 부사령직의 증설을 결의하고, 조선의용대 대장인 김원봉을 광복군 부사령으로 선임한 것이다. 이러한 정지작업을 거쳐 조선의용대는 1942년 7월 "본대本隊 전체 동지는 금일부터 광복군 동지와 정성단결하여 일심일체가 되도록 노력할 것"이라는 「조선의용대개편선언」을 발표하고 광복군에 편입, 제1지대가 되었다.[31]

影撮念紀同一員議院政議田四十三第國民韓大

좌우익 세력이 통일을 이루고 개최한 제34차 임시의정원 회의(1942. 10. 25)
앞줄 왼쪽부터 유동열, 박찬익, 조성환, 홍진, 김구, 최동오, 조완구, 김원봉

군사통일에 이어 좌익진영의 인사들이 의정원 의원으로 선출되어 정치
적으로도 통일을 이루었다. 임시정부에서는 1942년 8월 '임시의정원 의원
선거규정'을 개정, 좌익진영의 인사들도 의정원 의원에 선출될 수 있도록
하였다. 그리고 이에 의해 10월 20~23일에 걸쳐 의정원 의원에 대한 선거
를 실시하였다. 이때 새로이 23명의 의원을 보선補選하였는데, 그 중 조선
민족혁명당 인사 10명을 비롯하여 조선혁명자연맹 2명, 조선민족해방동맹
2명 등 좌익진영 인사들이 의원에 선출되었다.[32] 그리고 이들이 10월 25일
개최된 제34차 의정원 회의에 참석, 좌우익 세력들이 공동으로 참여한 통
일의회를 개최하였다.

좌익진영의 인사들이 의정원에 참여하면서 의정원 의원이 증강된 것은 물론이고, 의정원 운영에 있어서도 많은 변화를 가져왔다. 종래 23명이던 의원 수가 두 배인 46명으로 대폭 늘어났다. 그리고 의정원의 운영도 한국독립당 일당체제에서 양당체제로 변화되었다. 전체 의원 46명 중 한국독립당이 29명으로 62%를, 조선민족혁명당을 비롯한 좌익진영과 무소속이 17명으로 38%를 차지하였다. 한국독립당과 좌익진영이 의정원에서 양대 세력을 이루면서, 각각 여당과 야당으로 역할하게 되었다.

좌우연합정부 구성

좌익진영 세력이 광복군과 의정원에 참여한데 이어 정부의 조직에도 참여, 좌우연합정부를 구성하였다. 좌익진영 인사들이 정부의 조직에 참여한 것은 1944년 4월에 개최된 제36차 의정원 회의를 통해서였다. 이 회의에서 정부의 조직과 기능을 확대하는 헌법을 개정하였고, 또 임기가 만료된 주석과 국무위원을 선출하였다. 이를 통해 좌익진영의 인사들이 국무위원과 행정부서 책임자로 선출된 것이다.

1942년 좌익진영 인사들이 의정원에 참여하면서 헌법개정 문제가 논의되었다. 좌익진영이 참여해 옴에 따라 정부의 조직과 기능을 확대할 필요가 있었고, 이를 위해 1940년 10월에 제정된 「대한민국임시약헌」을 개정하자는 것이었다. 또 「임시약헌」에 의해 선출된 주석과 국무위원의 임기가 3년이었고, 그것이 1943년 10월로 만료되고 있었다. 이러한 문제들은 1943년 10월에 개최된 제35차 의정원 회의에서 결정되어야 했다. 그러나 헌법개정 문제를 둘러싸고 좌우 세력 사이에 첨예한 대립을 보이면서, 회기내에 합의를 이루지 못하였다.

헌법개정안이 마련된 것은 1944년 4월이었다. 개정 헌법안으로 「대한민국임시헌장」이 마련되면서, 이를 통과시키기 위하여 1944년 4월 20일 임시의회가 소집되었다. 제36차 회의였다. 헌법개정의 핵심은 주석을 보좌하고 주석 유고시에 그 직권을 대행하기 위해 부주석을 신설한다는 것, 국무위원 수를 종전의 6~10인에서 8~14인으로 증원한다는 것, 그리고 5개 부서였던 행정부의 조직을 7개 부서로 증설한다는 것 등이었다.[33]

의정원에서 개정 헌법인 「대한민국임시헌장」이 통과되고, 이에 따라 주석을 비롯하여 국무위원에 대한 선출이 이루어졌다. 주석에는 한국독립당의 김구가 재선되었고, 신설된 부주석에는 조선민족혁명당의 김규식이 당선되었다. 이어 국무위원 14명이 대한 선출이 이루어졌다. 한국독립당에서 9명(이시영·조성환·황학수·조완구·차리석·박찬익·조소앙·김붕준·안훈)이 선출되었다. 그리고 조선민족혁명당 3명(김원봉·성주식·장건상) 조선민족해방동맹 1명(김성숙), 무정부주의자총연맹 1명(유림) 등 좌익진영 인사가 5명이었다.[34]

정부의 행정부서에도 좌익진영 인사들이 참여하였다. 종전의 행정부서는 내무·외무·군무·법무·재무의 5개 부서였는데, 여기에 문화부와 선전부의 2개 부서를 증설하고 좌익진영 인사들을 부장에 선임한 것이다. 당시 선임된 주석·부주석을 비롯한 행정부서의 책임자는 다음과 같다.

주석: 김구
부주석: 김규식
내무부장: 신익희   외무부장: 조소앙   군무부장: 김원봉
법무부장: 최동오   재무부장: 조완구   선전부장: 엄항섭
문화부장: 최석순

부주석제는 좌익진영의 임시정부 참여를 위한 정치적 배려라는 차원에서 신설된 것이라고 생각된다. 부주석 김규식을 비롯하여 군무부장 김원봉과 문화부장 최석순은 모두 조선민족혁명당이었다. 좌익진영의 인사들이 부주석과 정부 행정부서의 책임자로 선출됨으로써, 임시정부는 좌우연합정부를 구성하게 되었다.

정부 부서의 일반 직원들에도 좌익진영 인사들이 임명되었다. 새로이 개정된 임시헌장에 의해 정부의 기구가 확대되었고, 그 내용은 1944년 5월 25일 '대한민국임시정부잠행중앙관제'로 공포되었다. 이 관제에 따른 임시정부 직원은 대략 96명 정도였는데, 이중 좌익진영의 정당 및 단체에 소속된 사람이 43명에 이르고 있다.[35] 좌익진영 인사들이 임시정부 직원의 거의 절반을 차지한 것이나 다름없다.

1942년 군(광복군)과 당(의정원)에 참여한 이래, 1944년 정부에도 좌익진영 인사들이 참여함으로써, 좌우익 세력이 임시정부를 중심으로 통일을 실현하였다. 제36차 임시의회 선언에서는 통일을 이룬 임시정부의 성격을 "우리 민족의 각 혁명정당과 사회주의 각 당의 권위있는 지도자들이 연합 일치하여 생산한 전민족 통일전선의 정부"로 규정하고 있다.[36] 그리고 같은 선언에서 "우리들의 임시정부는 대내적으로는 일체 반일세력을 통일적으로 지도할 수 있고, 대외적으로는 전민족의 의사와 권력을 대표하게 된 것"이라 하여, 임시정부가 독립운동을 통일적으로 지도하고 통할할 수 있는 최고기구이자 민족의 대표기구임을 천명하였다.

국내외 세력과의 연계

김구는 좌우연합정부를 구성한 후, 국내외 독립운동 단체와의 통일도 모색하였다. 당시 독립운동전선은 중경의 임시정부와 더불어 연안延安을 중심으로 한 조선독립동맹과 조선의용군, 그리고 국내의 조선건국동맹이 주요 세력을 형성하며 활동하고 있었다. 김구는 이들과의 통일을 모색하였고, 독립동맹과는 서신과 대표를 파견하는 등 상당한 논의가 이루어지기도 하였다.

　임시정부와 독립동맹은 지역적 기반이나 정치적 이념은 달랐지만, 서로 그 실체를 인정하여 존중하고 있었다. 1941년 10월 연안에서 개최된 동방 각민족반파쇼대회에서 임시정부 주석 김구를 명예주석단에 추대한 것이나, 1942년 11월 독립동맹 진서북분맹晉西北分盟 성립대회에 손문·장개석·모택동과 함께 김구의 초상화를 내걸었다는 것이[37] 그것의 일단을 짐작케 한다. 그리고 독립동맹은 자신의 위상을 '하나의 지방단체'로 자임하고, 임시정부를 독립운동의 중앙으로 여기고 있었다. 독립동맹 강령에 "본 동맹은 조선독립을 쟁취하기 위한 하나의 지방단체"로 명시한 것이 그것이다.[38]

　김구는 독립동맹과의 통일을 추진하였다. 그 과정에 대해서는 구체적으로 알려져 있지 않지만, 1944년 3월 독립동맹 위원장인 김두봉金枓奉에게 서신을 보낸 것이 그러한 시도였다. 김구는 서신을 통해 "노신老身이 일차 부연一次赴延하면 환영할가망이 있겠는지"라 하여,＊ 자신이 직접 연안에 갈 뜻을 밝히고 있다.[39] 김구가 연안에 가고자 한 것은 임시정부와 독립동맹의 통일문제를 논의하기 위한 것이었다.

　독립동맹측에서도 통일에 대한 희망을 표시하였다. 1944년 임시정부가 좌우연합정부를 구성하였을 때, 독립동맹은 이를 축하하면서 "일체의 혁명

＊　김구가 김두봉에게 보낸 당시의 서신은 남아 있지 않다. 이 내용은 1948년 2월 김구가 김두봉에게 남북협상을 제의하는 편지를 보내면서, 1944년 두 사람 사이에 오고 간 서신의 내용을 회상하는 데 들어있다. 「金九 金奎植이 金枓奉에게 보낸 서신」.

세력이 모두 완전히 통일되고 단결하여 대규모의 항일투쟁을 전개하게 되기를 바란다"고 한 것이다.[40] 그리고 김두봉이 답장을 보내왔다. 1944년 10월 16일 김두봉은 김구의 연안행을 환영한다고 하면서 "지역 파벌을 불문하고 성심단결誠心團結할 것과 서로 연락을 취하여 압록강에서 군대를 조직할 수 있다면 자신이 나서서 알선하겠다"는 내용의 답장을 보내 온 것이다.[41]

논의가 구체화되자 김구는 연안으로 대표를 보냈다. 연안에 파견할 인사로는 국무위원 장건상이 선임되었고, 그는 1945년 5월 서안을 거쳐 연안에 도착하였다.[42] 장건상은 연안에서 독립동맹 위원장 김두봉을 비롯한 간부들을 만났다. 양측이 논의한 내용이 자세하게 알려져 있지는 않지만, 적어도 임시정부와 독립동맹 사이에는 중경에 모여 통일문제를 협의한다는 것과 이를 위해 김두봉이 중경에 온다는 문제가 협의되었다고 한다.[43]

김구는 연안의 독립동맹과 더불어 국내와도 긴밀한 연계를 추진하고자 하였다. 1944년 10월 3일 국내비밀공작을 진행하기 위하여 주석이 주관하는 국내공작위원회를 설치한 것이다.[44] 국내와의 연계를 위해 국내공작원을 파견하기도 하였다. 백창섭白昌燮이 임시정부 요인들의 동의를 얻어 1945년 4월 국내에 잠입하였다는 증언이 있고,[45] 문덕홍文德鴻은 국내공작원으로 파견되었다가 부산에서 체포되었다.[46]

이 무렵 국내에서도 임시정부와의 연계를 도모하고자 하였다. 1944년 8월 여운형呂運亨의 주도로 결성된 조선건국동맹이 그러한 단체였다. 건국동맹은 북만주·북경·연안 등 중국 여러 지역에 연락원들을 파견하였다고 한다.[47] 이러한 연락원들을 통해 연안에 있던 독립동맹과 연계를 맺는 한편, 임시정부와도 접촉을 시도하고 있었다. 1945년 5월 말 "중경 임시정부 요인에게 국내사정을 전달하고 내외가 상응하여 협동전선을 형성하자는 연락을 하기 위하여 최근우崔謹愚를 파견하였는데"라고 한 것이 그것이다.[48]

건국동맹은 임시정부와의 연락을 위해 최근우를 북경에 파견하였지만, 직접적인 연결은 이루어지지 못하였다.

연안의 독립동맹, 국내와의 통일 및 연계를 추진하였던 김구의 노력은 일제의 패망으로 중단되고 말았다. 유효한 성과를 거두지 못하고 말았지만, 이는 중요한 의미를 갖는다. 임시정부가 중경에서 좌우연합정부를 구성하였고, 이를 배경으로 국내외 독립운동 세력과의 통일을 추진하였다는 점이다. 국내외 독립운동 세력들이 상호 통일을 이루려는 노력과 시도를 하고 있던 중 해방을 맞게 되었다는 점을 주목할 필요가 있다.

국내진입작전 추진

미국 OSS와의 공동작전

광복군을 창설한 김구는 이를 기반으로 연합군과의 공동작전을 추진하였다. 현실적으로 볼 때, 광복군의 독자적인 힘만으로 일본군과 전면적 전쟁을 수행하거나 일본을 패망시킨다는 것은 사실상 불가능한 일이나 다름없었다. 최선의 목표는 전후 연합국의 지위를 획득하는 것이었고, 이를 위해서는 연합군의 일원으로 대일전쟁을 전개할 필요가 있었다.

미일간에 전쟁이 발발하자, 즉각 대일선전포고를 발표한 것이 그러한 의도였다. 1941년 12월 8일 일제가 미국의 해군기지인 진주만을 기습 공격하면서, 미일간에 태평양전쟁이 발발하였다. 김구는 이틀 후인 1941년 12월 10일 임시정부 주석과 외무부장 조소앙 명의로 「대한민국임시정부대일선전성명서」를 발표,[49] 임시정부가 일본과 전쟁에 돌입한다는 것을 내외에 선포하였다.

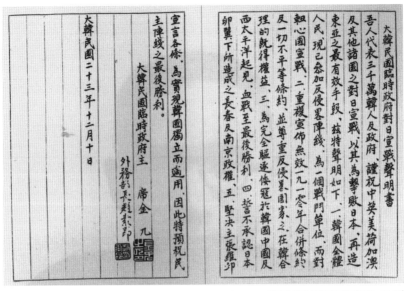

大韓民國臨時政府對日宣戰聲明書

吾人代表三千萬韓人及政府，謹祝中英美荷加澳及其他諸國之對日宣戰，以其爲擊敗日本、再造東亞之最有效手段，玆特聲明如下。一、韓國全體人民現已參加反侵略陣線，爲一個戰鬥單位，而對軸心國宣戰。二、重複宣佈一九一〇年合併條約及一切不平等條約，並尊重反侵略國家之在韓合理的旣得權益。三、爲完全驅逐倭寇扵韓國中國及西太平洋起見，血戰至最後勝利。四、誓不承認日本卵翼下所造成之長春及南京政權。五、堅決主張羅印

宣言各條，爲實現韓國屬立而適用，因此特預祝民主陣線之最後勝利。

大韓民國臨時政府主席金九

外務部長趙素仰

大韓民國二十三年十二月十日

일본에 대해 선전포고 발표(1941. 12. 10)

절차나 형태는 각기 달랐지만, 광복군은 중국·영국·미국 등의 연합군들과 함께 대일전쟁을 수행하였다. 중국군과는 창설 당시부터 긴밀한 관계를 맺고 있었고, 영국군과는 1943년 8월부터 인도 버어마전선에 공작대를 파견하여 함께 활동하고 있었다. 그리고 중국에 주둔하고 있던 미국의 전략첩보기구인 OSSOffice of Strategic Services와는 합작하여 국내진입작전을 추진하였다.[50]

OSS와의 합작은 양측의 이해관계가 맞물려 이루어졌다. OSS에서는 대일전쟁의 첩보활동에 한국인들을 이용하고자 하였고, 광복군에서는 연합군의 일원으로 참전하려는 의도를 갖고 있었던 것이다. 광복군과 OSS 사이에 '광복군 대원들을 선발하여 첩보훈련을 실시하고, 이들을 한반도에 침투시켜 적후방공작을 전개한다'는 내용의 독수리작전Eagle Project을 매개로 합작이 추진되었다.

김구는 독수리작전을 최종적으로 승인하였다. 1945년 4월 3일 이청천·이범석·김학규 등이 OSS의 싸전트Clyde B. Sargent와 함께 임시정부 청사를 찾아 왔을 때, '임시정부의 요원要員들을 동반한 연합군의 한반도에 대한 공격작전을 지원한다'며 양측 사이에 협의된 군사합작을 승인한 것이다. 이에 대해 싸전트는 OSS본부에 "독수리작전에 대한 김구 주석과 이청천 장군의 완벽한 승인을 받았다"는 표현으로 보고하였다.[51]

김구 주석의 승인이 있은 후, 곧바로 OSS훈련이 실시되었다. 훈련에 대한 제반 준비는 OSS측에서 마련하였다. 훈련은 1945년 5월부터 3개월 과정으로 실시되었고, 서안에 있던 제2지대와 부양阜陽에 있던 제3지대가 각각 훈련을 받았다. 3개월에 걸친 제1기생의 훈련이 8월 4일 완료되었다.[52]

김구는 훈련을 마친 대원들을 국내로 진입시키고자 하였다. 1기생의 훈련이 끝난 다음날인 8월 5일 김구는 총사령 이청천과 선전부장 엄항섭 등 19명을 대동하고 서안에 도착하였다.[53] 미국측과 OSS훈련을 받은 광복군 대원들을 국내에 진입시키는 문제를 협의하기 위해서였다. 회의는 8월 7일 제2지대 본부에서 개최되었고, 한국측에서는 주석 김구를 비롯하여 광복군 총사령 이청천·제2지대장 이범석, 미국측에서는 중국지역 OSS 총책임자인 도노반William B. Donovan 소장과 홀리웰Holliwell 대령·OSS훈련책임자 싸전트 대위 등이 참가하였다. 회의내용은 구체적으로 알려져 있지 않지만, 훈련을 마친 제1기생들을 한반도에 투입하는 문제가 논의되었을 것이다. 이 자리에서 도노반 소장은 "금일 금시로부터 아메리카 합중국과 대한민국임시정부와의 적 일본에 항거하는 비밀공작이 시작된다"고 하여,[54] 한미간에 공동작전이 실행된다는 것을 선언하였다.

한미간의 공동작전은 OSS훈련을 받은 광복군 대원들을 한반도에 진입시켜 OSS와 연계하여 적후방공작을 전개하는 것이었다. 국내진입작전을 위한 작전계획과 준비는 OSS측에서 담당하였다. 국내진입작전에 대한 구체적인 내용은 알려져 있지 않지만, 『백범일지』에서는 다음과 같이 설명하고 있다.

서안훈련소와 부양훈련소에서 훈련받은 우리 청년들을 조직적 계획적으로 각종 비밀무기와 전기電器를 휴대시켜 산동반도에서 미국잠수함에 태워 본국으로 침입하게 하여 국내 요소에서 각종 공작을 개시하여 인심을 선동하게 하고 전신으로 통지하여 무기를 비행기로 운반하여 사용할 것을 미국육군성과 긴밀히 합작하였다.[55]

이로 보면 국내진입작전은 세 단계로 계획되었던 것 같다. 우선 광복군 대원들을 미국잠수함으로 국내에 진입시킨다는 것이고, 다음은 이들로 하여금 국내에 거점을 마련하여 부여된 각종 공작과 인심을 선동하는 것이며, 셋째는 OSS측과 연락하여 무기를 비행기로 운반하여 적후방에서 무장활동을 전개한다는 것이었다. 김구는 이러한 국내진입작전을 연속적으로 추진할 예정이었다. "나의 원래 목적은 제1차로 서안에서 훈련을 마친 청년들을 본국으로 들여보내고, 제2차로 부양으로 가서 그곳에서 훈련받은 청년들도 아울러 본국으로 보낼 예정이었으나"라는[56] 그의 술회가 그것을 뒷받침 해준다.

그러나 광복군의 국내진입작전은 실행되지 못하였다. 일제가 무조건항복을 요구한 포츠담선언을 받아들이기로 것이다. 일제의 항복은 예상하지 못한 일이었다. 미국에서도 일본이 그렇게 빨리 항복하리라고는 예상하지 못하고 있었다. 일본과의 전쟁을 총지휘하고 있던 미국 육국 참모총장 마

미국 OSS의 도노반 소장과 한미공동으로 국내진입작전을 추진하기로 합의(1945. 8. 7) 뒤, 왼쪽부터 선전부장 엄항섭, 광복군 총사령 이청천, 제2지대장 이범석

샬George C. Marshall의 회고록에 의하면, 미국은 1946년 봄에 일본본토를 공격한다는 계획을 세워놓고 있었다.[57] 결과적으로 일제는 예상외로 빨리 항복을 선언한 것이고, 일제의 항복소식이 전해지면서 광복군의 국내진입작전은 실행직전에 좌절되었다.

제주도를 거점으로 한 국내진입 구상

김구는 미국 OSS와 '독수리작전'을 매개로 한 공동작전을 승인한 후, 국내진입을 위해 다양한 구상을 하였던 것 같다. '제주도를 거점으로 하여 국내에 진입하겠다'는 것이 그것이었다. 김구가 제주도를 거점으로 삼아 국내에 진입하겠다는 구상을 하고, 이것을 미국측에 제의하였다는 내용이 중국측의 정보자료에 나타나 있다.

金九已函魏德邁將軍請其轉告美政府　一旦美軍解放朝鮮南部之濟州島
韓國臨時政府卽願在美軍協助下進入該島　領導全韓人士協助美方作戰[58]

이는 1945년 7월 25일자로 중국군사위원회 판공청 주임 하국광賀國光이 중국국민당 비서장 오철성吳鐵城에게 보낸 보고 문건에 들어 있는 내용이다. 이에 의하면, 김구는 위덕매魏德邁 장군에게 "미군이 제주도를 해방시켜주면 임시정부가 즉각 미군의 협조하에 제주도로 들어가 전 한국인을 영도하여 미군의 작전을 돕겠다"고 제의하면서, 이를 미국정부에 전달해 줄 것을 요청하였다는 것이다. 여기서 말하는 위덕매 장군은 미국의 중국전구사령관 웨드마이어Albert Wedmeyer를 가리킨다.

김구가 웨드마이어에게 보냈다는 공함은 아직 발견되지 않고 있다. 그 시기도 확인되지 않지만, 김구는 두 차례에 걸쳐 웨드마이어를 방문한 일이 있었다. 첫 번째는 1945년 4월 17일 외무부장 조소앙과 함께 통역 정환범鄭桓範을 대동하고 중국전구사령부를 방문, 참모장 그로스Mervin E. Gross를 만나 '미군 당국에 요청하는 군사원조 안건에 대한 개요'라는 제안서를 제출하였다.[59] 이어 5월 1일 두 번째로 중국전구사령부를 찾아갔다. 김구는 참모장 그로스와 접견하고, 이 자리에게 영문 조회照會 1통을 웨드마이어에게 전달해 줄 것을 요청하였다고 한다.[60]

5월 1일 웨드마이어를 찾은 것은 이유가 있었다. 중국군사위원회가 광복군의 행동을 규제하던 '한국광복군행동9개준승'이 폐지되고, 중국과 새로이 체결한 '원조한국광복군판법援助韓國光復軍辦法'이 1945년 5월 1일부터 시행된 것이다.[61] 이로 인해 광복군은 중국군사위원회의 통제에서 벗어났고, 임시정부가 광복군에 대한 통수권을 행사하게 되었다.

김구가 웨드마이어에게 제의한 것은 5월 1일 영문 조회를 통해 이루어졌을 것으로 보인다. 영문 조회 내용이 완전히 밝혀져 있지는 않지만, 중국의 정보기관에서 파악한 바에 의하면, "금후 미국측이 군사상 한국측의 협조를 필요로 할 경우 한국광복군 총사령부와 교섭할 수 있으며 더 이상 중국군사위원회를 거칠 필요가 없다"는 내용이 들어 있었다.[62] 중국군사위원회를 거치지 말고 광복군과 미군이 직접 교섭하자고 한 것이다. 직접 교섭하자는 뜻을 밝히면서, 김구는 '미군이 제주도를 해방시켜 주면 임시정부가 그곳에 들어가 전한국인을 영도하여 미군을 돕겠다'는 제의를 하였을 것이라 생각된다.

이 무렵 김구는 독자적으로 국내에 대해 비밀공작을 전개하고 있었던 것 같다. 구체적인 내용은 알려져 있지 않지만, 몇 가지 사실들이 그것을 짐작케 한다. 1944년 김구는 장개석에게 "중국의 윤함구淪陷區와 본국경내에서 조직연락 및 지하공작을 확대 실시하려고 한다"고 하면서 신용차관 형식으로 5천만 원을 지급해 줄 것을 요청하였고,[63] 중국측은 이에 대해 "우선 5백만 원을 지급하겠다는 것과 공작의 진전에 따라 다시 협의하자"는 답변을 보낸 일이 있다.[64] 국내에서 지하공작을 전개하기 위해 활동자금을 중국측에 요청하였고, 이에 대한 지원을 받고 있었던 것이다.

김구는 국내공작을 위한 기구를 설립하기도 하였다. 1944년 10월 3일 국무위원회에서 국내비밀공작을 진행하기 위하여 주석이 주지主持하는 국내공작위원회를 설치하기로 결의하고, 김약산·성주식·조성환·김성숙·안훈을 위원으로 하여 공작을 진행하도록 한 일이 있다.[65] 국내공작은 주석이 직접 관할하였고, 김구에 의해 비밀공작원들이 국내로 파견되었다.

문덕홍과 백창섭이 국내 비밀공작원으로 파견되었다고 알려져 있다. 문덕홍은 제주도 사람으로 일본 배 선원으로 근무하다가 임시정부에 참여, 의정원 의원·경위대 대원·주석판공실 등에서 활동하였던 인물이다.[66] 그는 1945년 봄 비밀공작원으로 국내에 파견되었고, 부산에서 활동하다가 체포되었다고 한다.[67] 그리고 경력은 알 수 없지만, 백창섭도 국내로 파견되었다. 그는 연합국의 상륙에 대비하여 거점을 확보하고 여기에 호응할 조선청년들을 조직하는 임무를 띠고 1945년 4월 14일 국내에 잠입하였다고 한다.[68]

이러한 활동으로 보면, 적어도 김구는 제주도를 국내진입을 위한 교두보로 여기고 있었던 것으로 보인다. 태평양전쟁에서 제주도는 중요한 전략의 요충지였다. 1944년 10월 미군이 필리핀을 점령하자, 일제는 즉각 제주도에 대한 경비를 강화한 것이 그것을 말해준다. 일제는 미군이 북구주北九州 방면에 상륙하거나 조선해협을 돌파하기 위한 기지로 제주도를 공략할 것이라고 하면서, 그 시기를 1945년 8월로 예상하고 있었다.[69] 제주도는 일본본토를 공격하기 위한 기지로서, 그리고 한반도로 진입할 수 있는 교두보로서도 중요한 지점이었던 것이다.

국내정진대 파견

일제의 항복으로 국내진입작전이 좌절되자, 김구는 정진대挺進隊를 구성하여 광복군 대원들을 국내로 진입시키고자 하였다. 서안시내에서 일제의 항복소식을 접한 김구는 곧바로 제2지대 본부가 있던 두곡杜曲으로 돌아왔다. 그리고 이청천 총사령·이범석 지대장 등과 앞으로의 진로를 협의, "OSS훈련을 받은 제2지대 대원들을 국내정진대로 편성하여 가급적 신속히 국내로 진입시키자"는 것을 결정하였다. 김구는 정진대 파견을 결정하고, 이들이 국내로 출발한 다음날인 8월 17일 중경으로 돌아갔다.[70]

정진대를 파견하고자 한 것은 일제의 항복으로 실행하지 못한 국내진입 작전의 일환이라고 할 수 있다. 그리고 광복군을 국내에 진입시켜 일본군의 무장을 해제하고 치안을 유지하여 건국의 기틀을 마련해야 할 필요도 있었다. 이들을 투항접수예비대라 한 것도[71] 이 때문이었다. 또 임시정부와 광복군의 귀국을 위한 선발대라는 의미도 갖고 있었다.

정진대를 파견하는 문제는 신속하게 진행되었다. OSS측에서도 정진대를 파견하여 정보수집활동을 전개할 필요가 있었고, 한반도에 활동기반을 마련하고자 하는 의도를 갖고 있었던 때문이었다. 이를 위해 OSS에서는 육군 대령 버드Willis Bird 휘하의 북동야전사령부로 '독수리작전'을 이관하고, 버드 대령을 책임자로 임명하여 한반도에 파견하기로 하였다.[72]

정진대는 OSS와 함께 국내로 진입하게 되었다. 비행기의 적재무게 한계로 인해 파견대원의 숫자를 제한하였던 것 같다. 광복군에서는 7명의 대원을 선발하였지만, 지대장 이범석을 비롯하여 장준하張俊河·장덕기張德祺·노능서魯能瑞 등 4명만 파견키로 한 것이다.[73] 그리고 OSS측은 책임자 버드 대령을 포함하여 모두 18명이었고, 이중에는 한국인 미공군장교 정운수鄭雲樹가 통역으로 참여하였다.[74]

정진대가 OSS와 함께 국내로 향한 것은 일제의 공식적인 항복선언이 있은 다음날인 8월 16일이었다. 정진대는 새벽 4시 30분 서안을 출발하였다. 그러나 비행기가 산동반도에 이르렀을 때, 미군항공모함들이 일본전투기로부터 공격을 받고 또 여러 지역에서 전투가 벌어지고 있다는 소식이 전해지면서 책임자인 버드 대령은 돌아갈 것을 명령하였다. 정진대는 서안으로 돌아와야 했다.

재차 국내진입을 시도한 것은 8월 18일이었다. 산동반도까기 갔다가 돌아온 비행기는 수리하는 과정에서 날개에 고장이 났다. 그리고 대원도 서울 지리에 익숙한 사람이 필요하다고 하여 장덕기를 김준엽金俊燁으로 교체하였다.[75] 미국측에서는 중경에서 대체비행기 C-47을 가져왔다. 이 비행기로 8월 18일 새벽 5시 50분에 서안을 출발하였고, 6시간의 비행 끝에 12시경 여의도 비행장에 착륙하였다. 비행장 착륙과 동시에 이들을 맞이한 것은 무장한 일본군이었다. 정진대원이었던 장준하는 환국 후 조선일보와의 인터뷰에서 당시의 상황을 다음과 같이 설명하고 있다.

무선전신으로 착륙한다는 것을 일본군에 알린 후 마침내 여의도 비행장에 나리니 비행장에는 上月 井原 등 군사령관과 참모장을 비롯하야 보병과 헌병 약 1개 중대가 총 끝에 칼을 꼬자들고 무시무시한 전투태세로 물샐틈없이 포위를 하고 있습니다.[76]

일본군은 비행장 착륙은 허락하였지만, 착륙 즉시 이들을 포위하고 어떠한 활동도 용납하지 않았다. 버드 대령이 일본군측에 "중국전구 미국사령관 웨드마이어의 지시하에 연합군 포로문제를 협의하기 위한 예비대표로 왔다"고 하면서, 아부阿部 총독에게 이를 전달해 줄 것을 요구하였다. 그러나 일본군측은 이를 받아들이지 않았다. 신임장信任狀이 없다는 것과 동경으로부터 아무런 지시를 받지 못했다는 것이 그 이유였다.

정진대는 일본군에 포위된 상태에서 어떠한 활동도 취하기 어려웠다. 버드 대령은 "일본의 항복 서명이 있을 때까지 체류하다가 평화협정이 체결되면 즉시 활동할 수 있도록 할 것"을 다시 요구하였다. 그렇지만 이것 역시 거부되었다. 일본군측에서는 '안전을 보장할 수 없으니 돌아가라'고 하면서, 탱크와 박격포 기관총 등을 배치하고 위협하였다. 정진대는 돌아가는 길을 택할 수밖에 없었다. 이들은 일본군이 가져다 준 휘발유를 채우고 착륙한 지 28시간여만인 8월 19일 오후 4시에 여의도 비행장을 이륙하였고, 산동성의 유현灘縣 비행장을 거쳐 8월 28일 서안으로 귀환하였다.[77]

주석으로서의 활동

김구가 중경에 정착하면서 추진한 대표적인 사업은 크게 세 가지로 정리할 수 있다. 하나는 오랜 피난생활로 인해 흐트러진 정부의 조직과 체제를 정비 강화한 것이었고, 둘째는 좌익세력과의 통일을 이룬 일이었으며, 셋째는 국내진입작전을 추진한 일이었다.

정부의 조직과 체제를 정비 강화하는 작업은 크게 세 방향으로 추진하였다. 하나는 1940년 5월 민족주의 계열 3당을 통합하여 새로이 한국독립당을 결성하고, 이를 임시정부의 세력기반으로 삼은 것이다. 그리고 9월에는 임시정부의 국군으로 한국광복군을 창설하여 무장조직을 갖추었고, 10월에는 헌법을 개정하여 단일지도체제인 주석제를 도입하면서 강력한 지도체제를 확립하였다. 이로써 임시정부의 체제가 당·정·군으로 확대 강화되었고, 임시정부의 위상과 권위도 크게 제고되었다. 이 과정에서 김구는 당의 중앙집행위원장, 정부의 주석, 국군의 통수권자가 되었고, 임시정부의 대표적인 지도자로 부상하였다. 이후 임시정부는 김구 주석 체제로 운영되었다.

좌우세력의 통일을 이루고 임시정부를 좌우연합정부로 구성하였다. 1930년대 임시정부의 존립을 위협하였던 좌익진영이 중경에서 임시정부에 참여하면서, 좌우익 독립운동 세력이 임시정부로 통일을 이루었다. 1942년 7월 좌익진영의 무장세력인 조선의용대가 광복군에 편입하여 제1지대가 되었고, 10월에는 좌익진영의 인사들이 의정원 의원에 선출되면서 의정원에도 참여하게 되었다. 그리고 1944년 4월에는 정부의 조직을 확대하면서, 부주석에 김규식을 비롯하여 좌익진영 인사들을 국무위원과 행정부서 책임자로 선출함으로써 좌우연합정부를 구성하였다.

더 나아가 연안에서 활동하고 있던 조선독립동맹과의 통일도 모색하였다. 독립동맹 위원장 김두봉에게 편지를 보내 양측의 통일을 제의하고, 김구 자신이 연안으로 갈 뜻을 비쳤다. 독립동맹측에서 통일에 대한 희망을 표시해오자, 김구는 국무위원 장건상을 연안으로 파견하여 통일을 추진하고자 하였다. 양측의 협상이 실현되기 전에 일제가 패망하고 말았다.

군사활동으로 연합군과의 공동작전과 국내진입작전을 추진하였다. 군사활동과 관련하여 김구는 크게 두 가지 전략을 갖고 있었다. 하나는 연합군과 함께 대일전쟁을 전개함으로써, 전후 연합국의 지위를 획득하고자 하였다. 일제가 미국의 진주만을 기습공격하자 즉각 대일선전포고를 발표한 것이 그러한 의도였다. 그리고 광복군 대원들을 인도 버마전선에 파견하여 영국군과 함께 대일전쟁을 수행하도록 하였고, 미국의 첩보기구인 OSS와는 '독수리작전'이란 이름으로 공동작전을 추진하기도 하였다.

둘째는 임시정부가 직접 광복군을 동원하여 국내로 진입한다는 것이었다. 그 방안으로 제주도를 거점으로 국내에 진입하려는 구상을 하고 있었다. 김구는 미국의 중국전구사령관인 웨드마이어에게 "미군이 제주도를 해방시켜주면 임시정부가 제주도로 들어가 전 한국인을 영도하여 미군의 작전을 돕겠다"는 제의를 하였다. 제주도를 중요한 전략요충지로 파악하고, 제주도를 교두보로 삼아 국내에 진입하려는 생각을 갖고 있었던 것이다.

임시정부가 중경에서 활동한 기간은 1940년 9월에서 1945년 11월 환국할 때까지였다. 중경시대는 5년이란 짧은 기간이었지만, 임시정부 27년 활동기간 중 가장 활발한 독립운동을 전개하였던 시기였고, 임시정부가 독립운동 최고기구로서의 위상을 되찾아 본연의 역할을 수행한 시기이기도 하였다. 중경임시정부가 갖는 이러한 위상과 평가에는 주석 김구의 역할과 지도력이 있었다.

1   독립운동사편찬위원회, 『독립운동사』 4, 1975, 688쪽.

2   백범김구선생전집편찬위원회, 『白凡金九全集』 6, 대한매일신보사, 1999, 25~40쪽.

3   中央硏究院近代史硏究所, 『國民政府與韓國獨立運動史料』, 1987, 20~21쪽.

4   한시준, 「중경시대 임시정부와 통일전선운동」, 『쟁점한국근현대사』 4, 1994, 126~127쪽.

5   한시준, 「중경한국독립당의 성립배경 및 과정」, 『윤병석교수화갑기념 한국근대사논총』, 1990, 958~959쪽.

6   노경채, 『한국독립당연구』, 신서원, 1996, 74쪽.

7   1930년대 김구의 군사활동에 대해서는 한상도의 「金九의 韓人軍官學校 운영과 그 입교생」, 『한국사연구』 58, 1987과 「金九의 抗日特務組織과 活動」, 『한국민족운동사연구』 4, 1989 연구가 있다.

8   『신한민보』 1940년 6월 20일자.

9   『國民政府與韓國獨立運動史料』, 206~207쪽.

10 『國民政府與韓國獨立運動史料』, 205쪽.

11 『國民政府與韓國獨立運動史料』, 209쪽.

12 『白凡金九全集』 6, 279~289쪽.

13 『白凡金九全集』 7, 294~295쪽.

14 『國民政府與韓國獨立運動史料』, 218~225쪽.

15 『白凡金九全集』 6, 294쪽.

16 한시준, 『한국광복군연구』, 일조각, 1993, 89쪽.

17 조범래, 「한국국민당연구」, 『한국독립운동사연구』 4, 1990, 378쪽.

18 한시준 편, 『大韓民國臨時政府法令集』, 국가보훈처, 1999, 56쪽.

19 국회도서관, 『大韓民國臨時政府議政院文書』, 1974, 249쪽.

20 위와 같음.

21 조동걸, 「대한민국임시정부의 헌법과 이념」, 『대한민국임시정부수립80주년기념논문집』 상, 국가보훈처, 1999, 675쪽.

22 『大韓民國臨時政府公報』 號外, 1940년 10월 9일.

23 앞의 『大韓民國臨時政府法令集』, 65쪽.

24 추헌수, 『資料韓國獨立運動』 2, 연세대 출판부, 1972, 211쪽.

25 朱家驊, 「나와 韓國과의 關係槪要」, 앞의 『독립운동사』 6, 625쪽.

26 한시준, 「1940년대 전반기 독립운동의 특성」, 『한국독립운동사연구』 8, 1994, 450쪽.

27 朝鮮民族解放同盟 中央書記局, 「擁護韓國臨時政府宣言」(素昻文類 610); 추헌수, 『資料韓國獨立運動』 2, 연세대 출판부, 1972, 253쪽.

28 「第六屆代表大會宣言」, 위의 『資料韓國獨立運動』 2, 2٦4~211쪽.

29 「敬告中國同胞書」, 앞의 『資料韓國獨立運動』 3, 110~112쪽.

30 『大韓民國臨時政府公報』 제75호, 1942년 8월 20일.

31 국사편찬위원회, 『韓國獨立運動史』 자료 3, 1968, 523~525쪽.

32 독립운동사편찬위원회, 『독립운동사』 4, 1975, 963~964쪽.

33 『대한민국임시정부공보』 제81호, 1944년 6월 6일.

34 『신한민보』 1944년 5월 4일자, 「림시정부 련합내각 조직」.

35 독립운동사편찬위원회, 『독립운동사』 4, 1020~1023쪽.

36 「대한민국임시의정원 제36차 임시의회 선언」, 『白凡金九全集』 5, 397~398쪽.

37 염인호, 『조선의용군의 독립운동』, 나남출판, 2001, 154~155쪽.

38 金正明, 『朝鮮獨立運動』 5, 1967, 992~993쪽.

39 『白凡金九全集』 8, 721~726쪽.

40 독립운동사편찬위원회, 『독립운동사』 8, 198~199쪽.

41 『白凡金九全集』 8, 722쪽.

42 정병준, 「해방 직전 임시정부의 민족통일전선운동」, 『대한민국임시정부수립80주년기념논문집』 하, 578쪽.

43 李庭植 면담, 金學俊 편집 해설, 『혁명가들의 항일회상』, 민음사, 1988, 211쪽.

44 「國內工作委員會設置案」, 『韓國獨立運動史』 자료 1, 국사편찬위원회, 1968, 527쪽.

45 정병준, 「해방 직전 임시정부의 민족통일전선운동」, 582쪽.

46 鮮于鎭 선생의 증언(백범김구선생기념사업협회에 국내공작원으로 파견된 사실을 보여주는 文德鴻의 사진이 소장되어 있다).

47 정병준, 「朝鮮建國同盟의 조직과 활동」, 『한국사연구』 80, 1993, 130~132쪽.

48 이만규, 『呂運亨先生鬪爭史』, 민주문화사, 1946, 173쪽.

49 『白凡金九全集』 5, 102~103쪽.

50 한시준, 『한국광복군연구』, 279쪽.

51 『韓國獨立運動史』 자료 21, 국사편찬위원회, 186~187쪽.

52 김광재, 「韓國光復軍의 活動 硏究 —美戰略諜報局(OSS)와의 合作訓練을 중심으로」,

동국대 대학원 박사학위논문, 1999, 85쪽.

53 『白凡金九全集』7, 567쪽.

54 『백범일지』, 396쪽.

55 『백범일지』, 399쪽.

56 『백범일지』, 399쪽.

57 「이러케하야 日本을 敗北시켰다(2)」,『新天地』1946년 9월호, 132쪽.

58 『白凡金九全集』5, 649쪽.

59 「대한민국임시정부 대표단의 방문(Visit of Representatives of Korean Provisional
    Government)」,『韓國獨立運動史』자료 21, 190~192, 357쪽.

60 「金九主席이 웨드마이어 將軍에게 보낸 照會文內容」,『資料韓國獨立運動』1,
    427~428쪽;『白凡金九全集』5, 632~633쪽.

61 한시준,「한국광복군과 중국군사위원회와의 관계」,『국사관논총』47, 1993, 256~257쪽.

62 「韓美關係와 臨政의 最近動態」,『資料韓國獨立運動』1, 432~433쪽.

63 『白凡金九全集』5, 543쪽.

64 『白凡金九全集』5, 545~546쪽.

65 「國內工作委員會設置案」,『大韓民國臨時政府議政院文書』, 853쪽.

66 『大韓民國臨時政府議政院文書』, 786·828·856쪽.

67 한시준,『대한민국임시정부』(중경시기), 독립기념관 한국독립운동사연구소, 2009, 117쪽.

68 정병준,「해방 직전 임시정부의 민족통일전선운동」, 582쪽.

69 森田芳夫,『朝鮮終戰の記錄』자료편 1, 巖南堂書店, 1979, 467쪽.

70 『白凡金九全集』6, 738쪽.

71 『조선일보』1945년 12월 26일자,「投降接收豫備隊로 警戒森嚴한 汝矣島着陸」.

72 「독수리작전 8월 월례보고서」(『韓國獨立運動史』자료 21, 274쪽).

73 「報告; 今番國內進入經過에 關한 件」(1945년 9월 8일자로 제2지대장 李範奭이 총사
    령 李靑天에게 보고한 문건).

74 한시준,「한국광복군과 연합군의 공동작전」,『대한민국임시정부수립80주년기념논문
    집』하, 1999, 114쪽.

75 「報告; 今番國內進入經過에 關한 件」.

76 『조선일보』1945년 12월 26일자,「投降接收豫備隊로 警戒森嚴한 汝矣島着陸」

77 「報告; 今番國內進入經過에 關한 件」.

3부

임시정부의 이론가

삼균주의를 창안한 조소앙

헌법을 기초한 신익희

삼균주의를 창안한
조소앙

조소앙(1887~1958)은 대한민국 임시정부의 대표적인 이론가이자 사상가로 평가받는 인물이다. 1917년 임시정부 수립을 제안한 〈대동단결선언大同團結宣言〉, 그리고 3·1독립선언서, 2·8학생독립선언서와 더불어 3대 독립선언서로 불리는 대한독립선언서를 기초한 것도 조소앙이었다. 조소앙은 수립에 참여한 이래 줄곧 대한민국 임시정부에서 활동하였다. 이동안 주로 외무부장의 직책을 맡아 활동하면서, 독립운동의 방향과 목표를 이론적으로 정립하고 체계화시키는 데 남다른 역할을 한 것이다.

독립운동에는 목표가 있었다. 일차적으로는 빼앗긴 국토와 주권을 되찾는 것이고, 궁극적으로는 독립국가를 건설하는 것이 독립운동의 목표였다. 물론 대한민국 임시정부 자체가 독립국가의 모습이었지만, 독립국가의 모습을 좀더 구체적이고 체계적인 이론으로 정립할 필요가 있었다. 조소앙은 이 문제에 대해 남다른 심혈을 기울였고, 이를 이론적으로 정립하여 독립 후 민족국가건설 계획으로 삼균주의三均主義를 창안하였다.

조소앙이 삼균주의를 이론적으로 정립한 것은 1920년대 후반이었다. 삼 균주의는 한국독립당과 대한민국 임시정부의 정치이념으로 수용되면서, 독립운동의 목표인 민족국가건설 방안으로 모습을 나타내기 시작하였다. 이후 1930년대에 좌우익 정당들도 삼균주의를 받아들였고, 삼균주의는 독 립운동진영의 공동 정치이념으로 기반을 마련하게 되었다. 이러한 기반을 배경으로 대한민국 임시정부는 1941년 11월 삼균주의를 기초로 하여 독립 후 건설할 민족국가의 모습을 대한민국건국강령大韓民國建國綱領이란 이름으 로 제정 발표하였다. 이로써 삼균주의는 독립운동의 목표이자 독립후 건설 할 민족국가건설론이 되었다.

이 글에서는 조소앙이 삼균주의를 창안한 과정과 그 내용, 즉 독립 후 어 떠한 성격의 민족국가를 건설하려고 하였는가를 살펴보려고 한다. 이를 위 해 우선 창안자인 조소앙의 생애를 언급하고, 삼균주의를 창안하게 된 과 정과 그 이론체계, 그리고 삼균주의가 지향한 민족국가상과 그것이 갖는 역사적 의의에 대해 언급하고자 한다.

근대 지식인으로 성장

조소앙(본명은 용은鏞殷)은 1887년 경기도 교하군(현 파주군)에서 태어났다. 함 안이 본관이고, 세조 때 생육신인 조려趙旅(호 어계漁溪)의 17대손이다. 어려서 조부(성룡性龍)에게 한학을 수학하였던 그는 성균관을 거쳐, 1904년 황실유학 생으로 선발되어 일본으로 유학, 1912년 명치대학 법과를 졸업하였다.

그의 인생 행로와 사상형성에 큰 영향을 끼친 것은 일본유학이었다. 성 균관 학생시절 신채호申采浩 등과 함께 이하영李夏榮의 친일행위를 규탄하기도 했던 그는 한일의정서 체결에 격분하여 일본유학을 결심했다고 한다. 유학시절, 그는 일제의 침략과정 및 체결된 조약문의 내용을 모두 일기에 기록해 놓고 있었다.[*] 조국의 현실에 대단히 민감하였고, 일제에게 국권을 침탈당하는 과정을 생생하게 체험하고 있었던 것이다. 을사늑약 직후 유학생들과 더불어 동맹휴교로 항의하기도 했던 그는, 공수학회共修學會·대한흥학회大韓興學會 등의 조직과 학회지 발간 등을 통해 전개되고 있던 항일학생운동에서 지도적 역할을 하고 있었다. 이로 인해 갑종배일자로 일제경찰에게 끈질긴 감시를 받기도 했다. 한일합병의 음모를 폭로하려던 시도가 좌절되자, 안재홍安在鴻과 중국으로의 망명을 시도하지만 체포되어 실패하고 말았다.

이 시기는 그가 근대적 지식인으로 성장해 가는 과정이기도 했다. 정규교육 이외에도 독일주차 참사관으로 있던 큰 형(용하鏞夏)이 보내준『손문전孫文傳』과『막심 고리끼전』을 비롯 양계초梁啓超의『음빙실문집飮氷室文集』, 다윈의『종의 기원』등 정치·철학·역사·종교 등에 관해 많은 양의 독서를 하고 있었다. 이것이 그의 사상적 기초가 되었다. 또한 그는 중국의 혁명인사 대계도戴季陶와의 만남과 중국유학생들의 활동을 보면서 그들의 정치사상을 부러워했고, 강유위康有爲의 대동사상大同思想에 감명을 받아 그를 흠모하기도 했다.[1]

유학을 마친 후, 조소앙은 신규식申圭植과 연락되어 1913년 중국 상해로

---

[*] 　조소앙은 황실유학생에 선발되어 일본으로 떠나는 1904년 10월부터 明治大를 졸업하는 1912년 5월까지 8년여간 일기를 쓰고 있었고, 이를『東遊略抄』라고 했다. 이를 통해 유학시절의 활동·교우관계·독서 등을 비롯하여 국내 및 국제정세의 변화 등을 비교적 소상히 적고 있다. 때로는 소략한 부분도 있지만, 유학시절 그의 활동과 사상형성 과정을 이해하는 중요한 자료가 된다.

망명하였다. 신규식·박은식·신채호 등이 주도한 동제사同濟社와 박달학원博達學院에 참여하면서 그의 독립운동은 시작된다. 이후 상해와 만주지역을 왕래하면서, 그는 무엇보다도 독립운동자의 단결을 도모하는 활동에 주력하였다.

상해에서 창안한 육성교六聖敎는 그 일환이었다. 육성교는 단군·예수·공자·석가모니·소크라테스·마호메트의 육성六聖을 일신一神의 신자神子로 보고, 육성일체六聖一體를 강조한 하나의 종교이다.[2] 이는 그의 종교적 성향을 나타내는 것이기도 하지만, 독립운동자의 단결을 도모하기 위한 하나의 방편이기도 하였다. 또한 1917년에는 상해지역 독립운동자들이 주도한 대동단결선언大同團結宣言을 작성 발표, 독립운동자의 대동단결과 임시정부 수립을 제창하기도 하였다. 이것이 별다른 호응을 얻지 못하게 되자, 그는 만주지역 독립운동자의 단결을 종용할 목적으로 만주로 갔다. 여기서 그는 대동단결의 어려움에 봉착하게 되자, 한때 독립운동에 회의를 느끼고 은거생활을 하기도 했다. 그러나 곧 대한독립의군부大韓獨立義軍府를 조직하면서 독립운동에 복귀, 1919년 2월 대한독립선언서를 기초하여 39명 공동명의로 발표하였다.

3·1운동 직후 이동녕·이시영 등과 만주지역 대표로 상해에 도착, 대한민국 임시정부 수립에 참여하였다. 임시의정원의 조직, 임시정부 헌법인 임시헌장과 임시의정원법의 기초 등 정부수립의 실무역할을 담당하였고, 국무원비서장에 선임되었다. 이후 그는 유럽에서의 활동기간을 제외하고는, 임시의정원의장·국무위원·내무총장·외무부장 등을 역임하면서 8·15 해방 때까지 임시정부에서 활동하였다.

임시정부 수립 직후, 그는 2년여 간 유럽지역을 순방하며 외교활동을 전개했다. 파리강화회의에서 긴규식과 활동하기도 하였지만, 그의 목적은 만

스위스 제네바에서 개최된 만국사회당대회에 참석하여 한국독립승인안을
제출 통과시킨 신문보도 (《독립신문》 1919년 10월 28일자)

국사회당대회萬國社會黨大會에 참가하는 것이었다. 1919년 7월 제네바에서 개최된 만국사회당대회에 참석, 3개조의 한국독립승인안을 제출하여 통과시키고, 이어 네덜란드 암스테르담에서 개최되는 만국사회당집행위원회에 참석하여 한국독립문제를 국제연맹에 제출케 한다는 승인을 얻어내기도 했다.[3] 이는 국제회의에서 최초로 한국독립문제를 승인받은 외교적 성과였다. 그리고 영국으로 건너가 노동당 인사들의 협조를 얻어 영국하원에 한국문제에 대한 4개조의 질문안을 제출하기도 했다. 이후 그는 덴마크·리투아니아·벨기에·에스토니아 등을 거쳐 러시아에 도착, 11월 혁명기념대회 및 공산당대회를 참관하였고, 두 달 동안 러시아 각지를 돌아보았다.[4] 이러한 외교활동과 유럽에서의 경험은 그의 사상에 큰 영향을 주었다.

1922년 상해로 돌아온 그는 임시정부에 복귀하였다. 그러나 당시 임시정부는 지도력을 상실한 채 침체상태에 빠져들고 있었고, 독립운동진영은 민족·공산진영으로 대립·분열되어 있었다. 독립운동진영의 분열상을 보면서, 조소앙은 이를 타개하기 위해 이동녕·여운형·안창호 등과 시사책진회를 발기하는 한편,『독립신문』에 「독립당과 공산당의 전도前途」, 「독립당의 계급성」 등의 글을 통해 독립당(민족주의 계열을 통칭한 것)과 공산당을 모두 독립운동의 한 방편으로 인정해야 한다고 하면서, 양 진영의 단결과 통일을 위해서는 공동한 지도이념이 필요하다는 것을 역설하였다.

다른 한편으로는 민족의 동질성과 단결을 고취하는 많은 글들을 발표하고 있다.『김상옥전金相玉傳』·『한국문원韓國文苑』·『소앙집素昻集』·『유방집遺芳集』·『화랑열전花郎列傳』·『신라국원효대사전新羅國元曉大師傳』·『한국주자사고韓國鑄字史考』·『이순신귀선지연구李舜臣龜船之硏究』 등이 모두 1920년대 중반에서 1930년대 초반에 걸쳐 발표한 저술이다. 주로 한민족의 역사 또는 문화와 관련된 것으로서, 민족문화의 독창성과 우수성을 강조한 것이거나 민족의 독립정신과 투혼을 드러내는 내용이었다. 이는 학자적 풍모를 지니고 있던 조소앙이 우리 민족의 역사에 대해 많은 지식을 갖고 있었던 데 연유한 것이겠지만, 단순히 학술적 저술이라기보다는 민족적 단결을 도모하기 위한 하나의 방편으로서의 의도적인 저술이었다고 생각된다.

1930년대 이후 조소앙은 독립운동 정당을 조직하고, 이를 기반으로 활동하고 있다. 민족유일당운동이 실패로 돌아간 후 독립운동전선에는 많은 정당이 출현하였고, 이들은 여러 차례 이합집산을 거듭하고 있었다. 그는 1930년 상해에서 이동녕·안창호·김구 등과 임시정부의 기초적 정당인 한국독립당을 결성하였다. 이후 5당통일로 성립된 민족혁명당에도 참여하였던 그는, 주로 상해한독당의 맥락을 잇는 재건한독당과 중경한독당을 중심으로 활동하였다. 1943년에는 김구와 경선하여 중경한독당의 중앙집행위원장을 역임하기도 했다.

이 시기는 삼균주의의 이론체계를 정립해 가는 때이기도 하였다. 삼균주의가 상해에서 조직된 한국독립당의 당의·당강으로 채택된 이래, 그는 자신의 저술과 한독당의 당의에 대한 해석을 통해 삼균주의의 이론적 근거 및 체계를 정교화시켜 갔다. 그리고 1941년 대한민국건국강령을 기초하면서, 삼균주의를 임시정부의 광복 후 민족국가건설론으로 구체화하였다.

해방 후 조소앙은 주로 단독정부수립을 반대하면서, 민족통일운동에 앞장서서 활동하였다. 1947년 민족의 단결과 남북통일을 위한 정당협의회를 추진하였고, 1948년에는 남북협상안 7개조를 발표하고 남북협상에 참가하였다. 한편으로는 삼균주의의 정착과 실천을 시도하고 있었다. 삼균주의청년동맹과 삼균주의학생동맹 등을 조직하여 삼균주의를 정착시켜 갔고, 남북협상이 실패로 돌아가자 단정에의 참여를 결정하고 사회당을 창당, 삼균주의의 정책적 실현을 시도하였다. 1950년 5·30 선거에 출마하여 전국 최다득표로 국회의원에 당선되어 그것을 정책으로 실현할 기회를 얻었으나, 6·25 직후인 9월 납북됨으로써 좌절되었다.

삼균주의의 형성과정

조소앙이 독립운동에 참여·활동하면서 기울였던 노력의 하나는 독립운동의 방향과 목표를 정립하는 일이었다. 이러한 노력의 일단이 1917년 대동단결선언을 작성 발표한 데서 나타나고 있다.

대동단결선언은 신규식·박은식·조소앙 등 상해지역에서 활동하던 14명의 공동명의로 임시정부 수립을 제창한 선언서이다. 융희황제가 주권을 포기함으로써 그 주권이 국민에게 양여·상속되었다는 논리하에, 주권을 상속하려면 국가적 행동을 실천해야 하는데 이를 위해 국내외 동포들이 대동단결하여 독립을 위한 전단계로 유일무이한 최고기관을 조직하자는 제의였다.[5] 이는 당시의 독립운동이 국내외 각지에서 각자의 형편과 처지에 따라 산만하게 전개되고 있는 상황에서, 새로운 독립운동의 방향을 모색하려는 것이었고, 국민주권설에 기초하여 임시정부 수립을 제창하였다는 점에서 혁명적 의미를 갖는 것이었다.

이 선언서를 기초·작성한 것이 조소앙이다.[6] 그렇다고 전적으로 그의 작품만은 아니었겠지만, 이를 통해 그의 역할과 사상의 일면을 이해할 수 있다. 선언서는 시종 대동론大同論으로 일관되어 있는데, 대동사상은 그의 사상적 기저이기도 했다. 조소앙은 일본유학시절 강유위의 대동사상에 크게 공감, 그를 흠모하고 있었다. 그리고 상해로 망명한 직후 중국인사들과 아세아민족반일대동당 결성을 추진하기도 했고, 1922년에는 독자적으로 한

살림韓薩任(일명 대동당)을 조직하기도 했다. 강유위의 대동사상은 불평등을 완전 해소한 대동세계를 주장하는 것이었다. 이러한 대동사상이 조소앙에게 수용되어 삼균주의를 낳게 한 모태가 되었다고 할 수 있다.

또 조소앙이 대동단결선언을 기초하면서 국민주권설을 입론立論하는 방법도 주목할 필요가 있다. 조소앙은 국민이 주권을 행사하여야 한다고 하면서, 국민이 주권을 가져야 하는 이론적 근거에 대해 다음과 같이 언급하였다.

> 고故로 경술년 융희황제의 주권포기主權拋棄 난 즉 아我 국민동지의 대한 묵시적 선위禪位이니 아 동지난 삼보三寶를 계승하야 통치할 특권이 잇고 또 대통을 상속할 의무가 유有하도다. 고로 이천만의 생령生靈과 삼천리의 구강舊疆과 사천년의 주권은 오인吾人 동지가 상속하였고 상속하난 중이오 상속할 터이니 오인동지난 차此에 대하야 불가분의 무한책임이 유하도다.

이는 1910년 8월 29일 대한제국의 멸망을 군주인 융희황제가 주권을 포기한 것으로 보고, 융희황제가 주권을 포기한 것은 국민에게 주권을 선위한 것이라고 하면서, 융희황제가 포기한 주권을 국민들이 계승하고 상속하여야 한다는 논리였다. 여기서 말하는 '삼보'는 국민·영토·주권을 일컫는 것으로, 곧 국가를 말한다.

대체로 구한말 이래 애국계몽운동기에 나타는 국민주권설은 서양의 천부인권론이나 사회계약론을 원용한 논리였다. 이에 비해 조소앙은 국민이 주권을 행사하여야 하는 논리를 우리 민족의 역사에 찾고 있다는 점이다. 이는 조소앙에게 나타나는 커다란 특징이었다. 한 예로 그는 유학시절 국민을 국가운명의 결정자요 국권회복의 주체자로 설명하면서, "조선왕조

500년간의 압제壓制로 국민이 무기력하게 되었고, 국민이 무기력함으로 말미암아 국권을 상실당했다"는 논리를 펴고, 국민의 힘인 "'민기民氣'만 충실하면 국권은 회복된다"는 주장을 하고 있었다.[7] 즉 민족의 역사에서 국권상실의 원인을 찾아내고, 그 해결방법을 제시하고 있었던 것이다.

조소앙이 독립운동의 방법과 목표에 대한 대체적인 골격을 정립하려 했던 것은 대한독립선언서를 통해서였다. 대한독립선언서는 1919년 2월 만주 길림吉林에서 국내외 독립운동 지도자 39명의 공동명의로 발표된 것인데, 선언서의 기초자는 조소앙이었다. 이 선언서가 갖는 특징은 독립을 쟁취하는 방법과 독립을 달성해야 하는 논리, 그리고 복국復國과 건국建國에 대한 방향을 제시하고 있다는 점이다.

> 군국전제軍國專制를 삭제削除하여 민족평등을 전구全球에 보시普施할지니 차此는 아我 독립의 제일의第一義오. 무력겸병武力兼倂을 근절하여 불평천하不平天下의 공도公道로 진행할지니 차此는 아 복국復國의 사명使命이오. 동권동부同權同富로 일체동포一切同胞에 시施하여 남녀빈부男女貧富를 제齊하여 등현등수等賢等壽로 지우노유智愚老幼에 균均하여 사해인류四海人類를 도度할지니 차此는 아我 입국立國의 기치旗幟오. 진進하여 국제불의國際不義를 감독하고 우주의 진선미眞善美를 체현體現할지니 차는 아 대한민국의 응시부활應時復活의 구경의究竟義니라.[8]

구체적인 실현방법까지 제시한 것은 아니었지만, 독립을 달성하여 민족국가를 건설하는 단계와 민족국가건설의 기본적인 방향을 제시하고 있다. 민족국가건설의 방향은 동권同權(정치평등)·동부同富(경제평등)·등현等賢(교육평등)·등수等壽(사회평등)를 실현하는 것이고, 대외적으로는 민족평등·평균

만주 길림에서 국내외 인사 39명의 명의로 발표된 대한독립선언서

천하平均天下(국가평등)를 실현하여 사해인류에 기여한다는 것이었다. 여기서 나타나는 기본이념은 균등(평등)이고, 정치(동권)·경제(동부)·교육(등현)·사회(등수)의 균등인 4균을 기본구조로 하고 있다. 결국 정치·경제·교육·사회의 균등에 기초한 민족국가 건설과, 민족평등·국가평등을 실현하여 국제평등으로 나아간다는 목표를 제시한 것이라고 할 수 있다.

조소앙은 해방 후 자신의 회고에서 이 시기가 삼균주의의 배태기였다고 하듯이, 이것은 그가 광복 후 민족국가건설 문제를 구상하고 이론화시키는 초보적 단계였다. 이후 그의 사상적 경험과 발전에 따라 이러한 구상과 이

론은 발전적으로 더욱 체계화되어 갔고, 그것이 삼균주의로 결실을 본 것이다.

이러한 구상과 이론을 진전시킨 중요한 계기는 서구사회주의와 러시아 공산주의에 대한 경험이었다. 그는 유럽에서의 활동 중 만국사회당대회 참석을 비롯하여 영국에서 헨더슨Arther Henderson · 맥도날드Mac Donald 등 노동당 인사들과 접촉하였고,[9] 러시아에서는 8개국 대표 25인으로 구성된 시찰단에 참여하여 두 달 동안 혁명 직후의 러시아의 실상을 돌아보기도 했다.

이러한 경험은 그의 사상에 큰 영향을 미쳤던 것으로 보인다. 그는 해방 후 국내에서 임시정부의 정치노선을 설명하면서 "우리의 정치포부는 영국의 노동당보다 더 진보적인 정치포부를 가졌다"고 하여,[10] 그가 체험한 영국노동당의 사회주의를 더 진전시켜 갔던 것으로 볼 수 있다. 그리고 러시아 혁명에 대해서도 그것의 장단점을 분석하고 있었던 것 같다. 그의 직접적인 글은 없지만, 러시아에서 돌아와 북경에 머물고 있을 때 그를 찾아온 이회영에게 러시아혁명의 득실得失 장단長短에 대한 평을 했다는 것이다.[11] 그는 이러한 경험을 자신의 입장에서 선택적으로 수용하고 있었던 것 같다.

조소앙이 유럽에서의 활동을 마치고 상해로 돌아왔을 당시, 독립운동진영은 혼란한 상태에 빠져 있었다. 임시정부는 독립운동 방법론의 차이, 지역적 갈등과 사상적 대립 등으로 난국을 겪고 있었고, 북경·만주 등을 비롯 상해에서도 임시정부를 부정하는 국민대표회의 소집이 요구되고 있었으며, 독립운동 진영은 민족·공산진영으로 대립 분열하고 있었다.

이러한 상황을 목도하면서 그는 독립운동자의 대립과 분열을 지양하고 통일을 이루기 위해서는 통일된 지도이념이 필요하다는 생각을 갖게 되었던 것 같다. 이 무렵 그는 『독립신문』에 발표한 「독립당과 공산당의 전도前途」라는 글을 통해 "공문공언空文空言에 광호狂呼치 말고 계통적 '더오리'와

'탁틱'을 분명히 기초하야 해내외 동지를 산환결렬散渙缺裂치 않도록 노력하기를 쌍수교기雙手翹企한다"고 하여,[12] 독립운동자의 단결과 연합을 위해서는 통일된 이론 (더오리)과 전략 (탁틱)을 마련해야 한다고 주장하였다. 이것이 삼균주의를 창안하게 된 동기가 되었다고 할 수 있다.

독립운동전선에서는 이러한 난국을 타개하고 독립운동의 새로운 방향을 모색하기 위한 노력으로 1923년 국민대표회의를 개최하였다. 그러나 임시정부에 대한 입장을 둘러싸고 창조파와 개조파로 대립, 결렬되고 말았다. 이로써 독립운동전선의 혼란과 난국은 그대로 지속될 수밖에 없었고, 임시정부는 독립운동 최고기구로서의 역할을 상실한 채, 정부를 구성·유지하기조차 어려울 정도로 침체상태에 빠지게 되었다.

이를 타개하기 위한 또 다른 방법으로 1926년부터 독립운동전선에서는 민족유일당조직운동이 추진되기 시작했다. 좌우세력을 통일하여 전민족적 대당체大黨體를 조직하려는 것이었다. 이 운동은 북경·상해를 중심으로 각지로 확대되어 가면서 전개되었다.[13] 그러나 참가한 좌우익 세력의 의도와 목적이 달랐고, 중국의 국공합작 와해 및 코민테른의 12월 테제 등의 영향으로 1929년 말 실패로 끝나고 말았다.

유일당운동이 전개되고 있던 시기에 독립운동전선에서 활동하고 있던 일부 인사들에 의해서, 새로이 조직될 민족대당民族大黨을 위한 이념이 마련되고 있었던 것 같다. 1928년 안창호는 대공주의大公主義를 제창하였다는 것이고,[14] 신숙은 삼본주의三本主義를 창안했다고 한다.[15] 그러나 대공주의는 구체적 이론체계나 정책노선을 갖추지 못했던 것 같고, 더 이상 발전을 보지 못하였다.

삼균주의 또한 이러한 과정에서 창안되었다. 독립운동세력의 단결과 연합을 위해서는 분명한 이론과 전략을 마련해야 한다고 주장해 왔던 조소앙은, 유일독립당상해촉성회에서 활동하던 1927 · 1928년경 「삼균제도三均制度」를 저술,[16] 삼균주의를 창안하고 있다. 이보다 뒤의 글이긴 하지만, 그는 「대당조직문제」라는 글에서 "대당조직大黨組織에 있어서는 일정 공동한 주의主義 · 정책政策이 반드시 있어야 한다"고 하여,[17] 공동으로 추구할 주의 · 정책의 필요성을 역설하고 있었다. 결국 삼균주의는 좌우익으로 분열된 독립운동진영의 단결과 통일을 이루기 위한 하나의 방안으로, 그리고 좌우익이 모두 공유할 수 있는 공동한 정치이념으로 창안된 것이었다.

삼균주의의 이론체계

삼균주의는 그 이론이나 내용이 구체적으로 정리되어 알려진 것은 없다. 1927 · 1928년경 「삼균제도」라는 글이 발표된 것 같으나, 그 내용과 실체는 전해지지 않고 있다. 삼균주의는 1930년 1월 상해에서 창당된 한국독립당의 정치이념으로 채택 · 수용되면서, 한독당이 표방하는 주의와 당의를 통해 처음으로 그 내용이 알려졌다.

삼균주의의 이론과 내용이 처음으로 나타난 것은 「한국독립당지근상韓國獨立黨之近像」이란 글을 통해서이다. 이는 조소앙이 한국독립당의 조직 · 활동 · 주의 · 정강 · 정책 등을 소개 설명한 것인데, 이 중 한독당이 표방하는 주의를 다음과 같이 설명하고 있다.

독립당이 표방하는 주의는 무엇인가? 개인과 개인人與人, 민족과 민족族與族, 국가와 국가國與國의 균등생활을 실현하는 것으로 주의를 삼는다. 무엇으로 개인과 개인의 균등을 도모하는가? 정치균등화 · 경제균등화 · 교육균등화가 바로 이것이다. 보선제普選制를 실행하여 정권을 가지런히 하고, 국유제를 실행하여 경제를 가지런히 하며, 국비의무학제를 실행하여 교육을 가지런히 할 것이니, 이것으로써 국내 개인과 개인의 균등생활을 실현한다. 무엇으로 민족과 민족의 균등을 이룰 것인가? 민족자결을 자타민족自他民族에게 적용하여 소수민족과 약소민족이 피압박·피통치의 지위로 빠지지 않게 하는 것이다. 무엇으로 국가와 국가의 균등을 도모할 것인가? 식민정책과 자본제국주의를 무너뜨리고, 약소국을 겸병하거나 공격하는 전쟁행위를 근절시켜 모든 국가로 하여금 서로 간섭하거나 침탈함이 없도록 함으로써, 국제생활에서 평등한 지위를 갖게 하는 것이다. 나아가 사해일가四海一家·세계일원世界一元을 궁극적 목적으로 한다.[18]

이를 통해 드러난 삼균주의는 개인과 개인, 민족과 민족, 국가와 국가의 균등을 실현하는 것이다. 개인과 개인의 균등은 정치·경제·교육의 균등화를 통해 이루어지는 것이고, 그 방법으로 보통선거제·국유제·국비의무교육제 실시를 들고 있다. 민족과 민족의 균등은 민족자결주의를 자민족과 타민족에게 적용함으로써 소수민족과 약소민족이 피압박·피통치의 지위에서 벗어날 수 있다는 것이고, 국가와 국가의 균등은 식민정책과 자본제국주의를 무너뜨림으로써 모든 국가와 서로 간섭·침탈하지 않는 국제생활에서의 평등한 지위를 도모한다는 것이다. 나아가 사해일가·세계일원의 궁극적 목적을 실현한다는 것이 기본내용이다.

이러한 삼균주의를 정책적으로 체계화시킨 것이 한국독립당의 당의黨義이고, 여기에 삼균주의의 이론체계가 가장 집약적으로 표현되어 나타나고 있다.

우리는 5천년 독립자주하여 오던 국가를 이족異族 일본에게 빼앗기고 지금 정치의 유린과 경제의 파멸과 문화의 말살 아래서 사멸死滅에 직면하여 민족적으로 자존自存을 득得하기 불능不能하고, 세계적으로 공영共榮을 도圖하기 말유末由한지라. 이에 본당本黨은 혁명적 수단으로써 원수 일본의 모든 침탈세력을 박멸하여 국토와 주권을 완전히 광복하여 정치·경제·교육의 균등을 기초로 한 신민주국新民主國을 건설하여서 안으로는 국민각개의 균등생활을 확보하며, 밖으로는 민족과 민족, 국가와 국가와의 균등을 실현하고 나아가 세계일가世界一家의 진로로 향함.[19]

이것은 한민족이 독립을 달성해야 하는 당위성의 논리와 한국독립당이 독립을 달성하는 방법, 그리고 광복 후 건설할 민족국가의 방향과 성격을 제시한 것이다.

위의 두 가지 인용문이 삼균주의 내용과 이론체계를 알 수 있는 유일하고 대표적인 글이다. 이를 통해 나타난 삼균주의는 '균등'을 기본이념으로 하고 있고, 궁극적 목적은 균등생활을 실현하는 것이다. 균등생활을 실현하는 일차적 단계로서, 정치·경제·교육의 균등을 통해 개인과 개인의 균등생활을 실현하고, 이를 토대로 민족과 민족, 국가와 국가의 균등생활을 이루며, 나아가 세계일가를 추구한다는 것이다. 이러한 단계에 따라 정치·경제·교육의 균등을 협의의 삼균주의, 개인과 개인·민족과 민족·국가와 국가의 균등을 광의의 삼균주의로 구분하기도 한다.[20]

삼균주의의 기본이념은 '균등'이다. 조소앙은 「한국독립당당의해석」에서 "수미균평위首尾均等位하여 흥방보태평興邦保泰平함이 홍익인간弘益人間하고 이화세계理化世界하는 최고공리最高公理라"에 근거하여, 균등의 이상적 이념을 설명하고 있다. 그리고 "인간사회에서 일어나는 모든 분쟁은 불평등에서 기인하는 것이고, 인류의 평화와 행복을 위한 중심사상은 균등"이라는 논리로,[21] 균등론의 근거를 '불평등의 모순'에서 찾고 있다. 민족의 행복과 인류의 평화는 균등생활을 실현함으로써 달성된다는 논리이다. 민족의 행복은 민족내부의 불평등 요소를 제거하여 균등생활을 실현함으로써 달성되는 것이고, 그 균등실현의 대상은 정치·경제·교육을 기본요소로 하고 있다. 인류사회의 평화는 이것을 기반으로 하여 민족과 민족·국가와 국가의 균등을 실현하여 달성된다는 것이고, 이로써 세계일가를 이룰 수 있다는 것이다. 이러한 실행단계를 이론적으로 체계화한 것이 삼균주의였다.

정치·경제·교육의 균등을 실현해야 하는 이론적 근거를, 그는 민족사에서 찾고 있다. 이민족의 식민지로 전락한 민족적 불행은 그 원인이 민족사에 내재해 있다는 것이 그의 생각이었다. 조소앙은 「한국혁명지역사적기초韓國革命之歷史的基礎」라는 글에서, 삼국시대부터 조선왕조에 이르기까지 민족사에서의 불평등 요소를 정치·경제·교육의 세 부분으로 나누어 상세히 분석하고 있다. 여기서 민족사에서 불평등의 원인을 정치적으로는 계급제도와 전제왕권, 경제적으로는 토지의 겸병·강탈·사유, 교육적으로는 귀족과 벼슬아치 계급만을 대상으로 한 교육제도 때문이었다고 설명한다.[22] 따라서 민족의 행복을 실현하기 위해서는 민족사에 내재해 있는 이러한 불평등을 제거해야 하는 것이고, 그러한 방안이 정치·경제·교육의 균등에 의한 균등사회 건설로 이론화한 것이라 할 수 있다.

이러한 역사적 근거와 아울러, 그는 민족의 현실적 상황에서도 그 근거를 찾고 있다. 일제의 식민통치를 우리 민족 전체가 이민족의 노예상태로 공동 편입된 것으로 인식한 그는, 한국 민족과 일본 민족 사이에 존재하는 민족적 모순을 정치·경제·교육의 세 부분으로 나누어 분석하고 있다. 「한국현상급기혁명추세韓國現狀及其革命趨勢」라는 글에서 국내 상황에 대한 각종 통계

자료를 이용, 양 민족간에 존재하는 민족적 불평등의 실상을 정치적 유린, 경제적 파멸, 교육적 압박으로 표현하였다.[23] 이러한 민족간의 불평등과 모순을 극복해야 민족 전체의 행복이 실현된다는 논리이고, 이것이 독립을 달성해야 하는 당위성이자 궁극적 목표가 되는 것이다. 이는 민족을 단위로 한 계급의식에 기초하여, 계급혁명의 논리를 독립운동에 전용한 것이라 할수 있다. 이로써 삼균주의는 민족혁명론으로서의 의미를 갖는다.

삼균주의의 기본구조는 '삼균三均'이다. 대한독립선언서를 기초하던 때는 정치·경제·교육·사회의 '4균'이었으나, 정치·경제·교육의 '3균'으로 정립되었다. 이러한 구조로 인해 중국측에서는 삼균주의를 삼민주의三民主義의 모방이라고 하거나, 적어도 힌트를 얻은 것으로 주장한다.[24] 3균의 구조에 대해 조소앙이 직접적으로 설명한 글은 없다. 해방 후 국내에서 조소앙에게 직접 삼균주의에 대한 설명을 들었다고 하는 인사들에 의하면 3균의 구조는 한 개체로서의 인간이 인간생활을 영위하는 기본조건에서 찾아진 것이라고 한다. 즉 육체(정치)·의식주(경제)·정신(교육)에서 3균의 구조가 세워졌다는 것이다.

삼균주의는 균등실현의 방법을 제시하고 있다. 정치의 균등은 보통선거제와 기본권리의 보장을 통해, 경제의 균등은 토지와 대생산기관의 국유를 통해, 교육의 균등은 국비의무교육을 통해 실현한다는 것이다. 그리고 개인과 개인의 균등은 정치·경제·교육의 균등을 통해, 민족과 민족의 균등은 민족자결을 통해, 국가와 국가의 균등은 식민정책과 자본제국주의를 무너뜨려 실현한다는 것이다.

이러한 이론체계를 가진 삼균주의는 식민주의·자본주의·공산주의가 존재하는 국제사회에서, 내부적으로는 한민족의 동질적 발전을 도모하고, 외적으로는 한민족이 인류의 공헌체로 존재할 가치를 이론화한 것이라 할 수 있다. 즉 정치·경제·교육의 균등은 민족 내의 계급을 극복한 민족의 동질적 발전을 도모하려는 것으로서, 광복 후 민족국가건설에 대한 기본방향을 제시한 것이다. 그리고 개인과 개인, 민족과 민족, 국가와 국가의 균등은 민족의 특수성을 국제적 보편성과 모순없이 존립시켜 인류의 공헌체로서의 가치를 부여한 것이라고 하겠다.

삼균주의와 민족국가건설론

삼균주의는 1930년대 좌우익 여러 독립운동 정당의 당의·당강에 채택 수용되면서, 독립운동의 공동한 지도이념으로 정착되어 갔다. 삼균주의를 처음으로 채택·수용한 정당은, 1930년 1월 상해에서 조직된 한국독립당이다. 이는 유일당운동이 좌파세력의 탈퇴로 결렬된 후 이동녕·안창호·김구·조소앙 등 임시정부를 중심으로 한 민족주의 인사들이 조직한 것으로서, 임시정부의 기초적 정당이자 당시 민족진영을 대표하는 정당이었다.[25]

상해 한독당 이래 삼균주의는 여러 정당들에 의해 채택·수용되어 갔다. 1935년 7월 5개 정당 단체가 통일하여 성립된 민족혁명당도 당의에 "5천년 자주독립 해온 국토와 주권을 회복하여 정치·경제·교육의 평등에 기초를 둔 진정한 민주공화국을 건설하고"라 하여,[26] 삼균주의를 정치이념으로 하고 있다. 민족혁명당은 한국대일전선통일동맹이 추진한 단일당조직운동에 의해 의열단·한국독립당·조선혁명당·신한독립당·대한독립당이 참여하여 성립된 통일전선전당이다.[27] 그러나 의열단계가 사실상 당권을 장악하고, 주도세력이 되었다. 민족혁명당에는 좌익계 청년들이 다수 참여하고 있었고, 1930년 중국관내의 좌익진영을 대표하는 정당이었다.

상해 한독당 세력이 분열하여 조직된 한국국민당과 재건한국독립당 역시 마찬가지다. 김구가 주도한 한국국민당은 창당선언에서 "오등吾等은 국가주권의 완전한 광복으로 전민적全民的 정치·경제·교육의 3대 원칙에 신앙을 확립하고"라 하여,[28] 삼균주의를 기본이념으로 하고 있다. 조소앙 등이 민족혁명당을 탈당한 후 해체된 상해한독당을 재건한 재건한독당도 마찬가지였다. 그리고 1940년 중경에서 한국국민당·재건한독당·조선혁명당 3당이 통합하여 결성한 중경한국독립당도 삼균주의를 그대로 채택·수용하고 있다. 또한 광복군의 임무규정에도 "정치·경제·교육의 균등한 신민주국가를 건설할 무력적 기간이 됨"이라 하여,[29] 삼균주의를 기본 정신으로 하고 있다.

이러한 정당들이 정강·정책을 통해 제시한 정책노선도 삼균주의의 그것과 거의 일치한다. 즉 정치·경제·교육의 균등을 실현하는 정책의 기본골격은 보통선거제와 기본권리 보장, 토지와 대생산기관의 국유, 국비의무교육 실시 등이었다. 이로써 삼균주의는 좌우익 세력의 통일이념으로 역할하면서 1930년대 독립운동진영의 지도이념으로 정착되어 갔고, 좌우익 독립운동세력의 정치이념과 정책노선의 공통된 기반을 마련해 갔다.

이러한 기반 위에서, 이것을 종합하여 체계화시킨 것이 대한민국건국강령이다. 건국강령은 중경에 정착한 임시정부가 일제의 패망을 예견하면서 광복 후 민족국가건설 계획으로 1941년 11월 제정 공포한 것이다. 발표한 주체는 임시정부지만, 중경임시정부에는 무정부주의자와 좌익진영의 조선민족혁명당이 모두 참가함으로써, 이는 독립운동진영의 통일된 민족국가건설론이 되었다.[30] 건국강령은 조소앙에 의해 기초되었고, 삼균주의를 기본이념으로 하고 있다.

삼균주의가 지향하고 있는 광복 후 민족국가건설론의 핵심은 정치·경제·교육의 균등을 기초로 한 신민주국新民主國이다. 정치·경제·교육의 균등을 통해 균등사회를 실현하고, 신민주국은 이를 기초로 한 민족국가였다. 이를 실현하기 위한 구체적 정책들을 제시하고 있는 것이 건국강령이다.

균등사회는 정치·경제·교육의 균등을 통해 실현한다고 하였다. 정치의 균등은 철저하게 독재를 배격하고, 국민의 이익을 기초로 정권을 민주적으로 균등화한다는 것을 기본원칙으로 하고 있다. 이를 위해 인민의 기본권리(노동권·휴식권·피구제권·피보험권·참정권·선거권·피선거권), 자유(신체·거주·언론·출판·신앙·통신·시위·비밀 등), 의무(납세·병역·공무복무·조국건설보위 등)를 헌법에 규정, 법률로 실행한다는 것이다. 민주주의 원리를 충실히 반영한 것이라고 할 수 있다.

경제의 균등은 국가사회적 지도 및 계획조정, 분배의 합리성을 기본원칙으로 하고 있다. 자본주의 체제는 생산의 집체적 무정부상태와 분배의 불합리·불평등의 모순이 있다고 지적,[31] 사회주의 경제체제에 기초하고 있다. 경제정책의 핵심은 토지와 대생산기관의 국유화이다. 일본인 및 친일지주가 점유한 모든 부동산을 몰수하여 국유로 하고, 이를 자력자경인自力自耕人에게 나누어 준다는 것이다. 대생산기관은 국유를 원칙으로 하되, 소규모 및 중소기업은 사영私營도 인정한다고 하였다.

교육의 균등은 기본원칙이 국비의무교육제이다. 초등교육과 고등교육에 대한 일체 비용은 국가가 부담하며, 지방에는 인구·경제 등의 형편에 따라 교육기관을 시설하되, 최저 1읍 1면에 5개 소학교와 2개 중학교를, 1군 1도에 전문학교를, 1도에 1개 대학을 설치한다고 하였다. 교과서는 학생들에게 무료로 분급하며, 교과서의 편집·발행·인쇄 등은 국영國營으로 한다는 것이다.

결국 삼균주의가 실현하려고 하는 균등사회는, 정치면에서는 민주주의 원리에 기초하여 국민의 권리와 자유를 최대한 보장함으로써, 국민의 정치적 균등을 도모하는 것이었다. 경제면에서는 토지와 대생산기관의 국유를 원칙으로 국가의 계획경제 및 합리적 분배, 무산자의 생활보장 등을 통해 생활균등을 실현하고자 하였다. 이는 사회주의 경제체제에 기초한 것이며, 다만 소규모 및 중소기업은 사유도 인정한다는 점이 특징이다. 교육분야 역시 사회주의의 요소를 갖고 있다. 국비의무교육의 원칙하에, 교육에 대한 정책 및 시설 등을 국가에서 통제 내지 관할하여 교육의 기회를 균등하게 보장하려는 것이었다.

이러한 정치·경제·교육의 균등을 기초로 한 것이 신민주국이다. 이는 자본주의와 사회주의의 결점을 극복한 신민주주의를 기반으로 한 것이었다. 조소앙은 자본주의와 사회주의가 안고 있는 결점은 "독재를 타도하여 독재를 창조한 데 있다"고 생각하고 있었고, 이러한 결점이 보구補救한 것을 신민주주의라 하고 있다.[32] 삼균주의가 지향한 신민주국은 기본적으로는 철저하게 독재를 거부하는 것이었고, 그것은 자본주의와 사회주의 국가가 갖고 있는 결점을 극복한 새로운 형태의 국가였다.

> 그러면 우리는 어떠한 제도制度를 건설할 것인가. …… 정치·경제·교육의 균등을 기초한 신민주국 즉 '뉴데모크라시'의 국가를 건설하려는 것이다. 여기에 신민주라 함은 민중을 우롱하는 '자본주의 데모크라시'도 아니며 무산자독재를 표방하는 '사회주의데모크라시'도 아니다. 더 말할 것도 없이 범한민족을 지반地盤으로 하고 범한국국민汎韓國國民을 단위로 한 전민적全民的 데모크라시다.[33]

광복 후 건설할 민족국가는 자본주의 국가도 사회주의 국가도 아닌, 한국민족을 지반으로 하고 한국국민을 단위로 한 전민적全民的 국가였다. 이는 철저하게 민족주의에 기초한 것으로서, 전민적 국가는 민족 최대 다수의 행복을 실현할 수 있는 민족 대다수의 집체적 총기관을 의미하고 있다.[34] 결국 신민주주의는 삼균주의를 가리키는 것이었고, 광복 후 건설할 신민주국은 삼균주의 국가를 의미한 것이었다.

삼균주의의 역사적 의의

조소앙은 독립운동을 전개하는 과정에서 독립운동의 공동한 방향과 목표를 설정하는데 남다른 노력을 기울였던 인물이다. 이는 독립운동 방략, 정치이념 등의 차이로 분산·대립되어 있는 독립운동세력의 대동단결과 민족의 독립운동역량을 총집결하는 문제와 직접적 관련이 있는 것이었고, 핵심은 광복 후 어떠한 민족국가를 건설하느냐 하는 문제였다. 이러한 문제의 해결방안으로 창안된 것이 삼균주의다.

삼균주의는 1919년 대한독립선언서에서 배태되기 시작, 민족유일당운동이 전개되던 1927·1928년경에 창안되었다. 좌우익 독립운동진영이 단결하고 통일할 수 있는 공동한 정치이념이자 독립운동 목표로서였다. 이후 임시정부와 좌우익 정당들에 의해 채택 수용되면서 독립운동진영의 공통된 지도이념과 정치이념으로 정립되어 갔고, 1941년 대한민국건국강령을 통해 광복 후 민족국가건설론으로 확립되었다.

삼균주의는 창안된 이후 이론적으로 체계화되어 갔다. 기본이념은 '균등'이고, 최고 목표는 균등생활을 실현하는 것이다. 그 단계로, 정치·경제·교육의 균등을 통해 개인과 개인의 균등생활을 실현하고, 이를 토대로 민족과 민족·국가와 국가의 균등생활을 이루며, 나아가 세계일가를 추구한다는 이론체계를 갖고 있다.

이러한 단계에 따라 정치·경제·교육의 균등을 협의의 삼균주의, 인여인人與人·족여족族與族·국여국國與國의 균등을 광의의 삼균주의라고 한다. 협의의 삼균주의는 민족 내의 균등생활을 실현하여 민족의 동질적 발전을 도모하려는 것이고, 그 방법으로 보통선거제와 기본권리 보장, 토지와 대생산기관의 국유, 국비의무교육제를 기본원칙으로 하여, 광복 후 민족국가건설에 대한 기본방향을 제시하였다. 광의의 삼균주의는 한민족이 인류평화의 공헌체로 존재할 가치를 이론화한 것이고, 세계일가라는 이상세계를 추구하고 있다.

삼균주의는 "정치·경제·교육의 균등을 기초로 한 신민주국 건설"을 광복 후 민족국가건설론으로 하고 있다. 구체적으로는, 국민의 권리와 자유를 최대한 보장함으로써 정치적 균등을, 경제면에서는 토지와 대생산기관의 국유를 원칙으로 국가의 계획경제·합리적 분배를 통해 생활균등을 실현하는 것인데, 다만 소규모 및 중소기업은 사유도 인정한다는 것이 특징이다. 교육부문은 국비의무교육을 원칙으로 교육에 대한 정책과 시설 등을 국가에서 관할·통제함으로써, 교육의 기회균등을 보장한다고 하였다. 이는 민족주의·민주주의·사회주의를 종합 체계화한 것으로써, 개인이나 특정계급에 의한 독재의 존립과 창출을 완전히 배격하고, 민족 최대다수의 행복을 실현할 수 있는 균등사회를 건설하려는 것이었다.

결국 삼균주의는 이민족 일제에게 국토와 주권을 상실했던 시기에, 빼앗긴 국토와 주권을 회복하여 민족 전체의 행복이 실현될 수 있는 새로운 민족국가를 건설하고, 나아가 인류평화가 실현되는 최고단계로서 세계일가를 지향했던 한국 근대의 이상적 정치사상이었다. 삼균주의의 이러한 정신은 당시만이 아니라, 남북통일문제에 직면해 있는 현재의 우리 민족이 나아가야 할 방향에 대해서도 시사해 주는 점이 많다고 생각된다.

1 『大韓興學報』 제4호(1909.6)의 「學生論」과 제10호(1910.2)의 「甲辰以後列國大勢의 變動을 論함」이란 글에서, 그는 康有爲에 대한 흠모와 중국유학생들의 정치사상(民權)의 발달을 부러워하고 있다.

2 그는 이를 「一神敎令」, 『소앙선생문집』 상, 342~345쪽으로 정리 발표하였다.

3 조소앙의 외교활동은 상해에서 발행된 『독립신문』(1919년 10월 28일, 1922년 2월 20일)에 보도되고 있다.

4 한시준, 「조소앙연구」, 『사학지』 18, 단국대사학회, 1984, 156~157쪽.

5 조동걸, 「臨時政府樹立을 위한 1917년의 大同團結宣言」, 『한국학논총』 9, 국민대 한국학연구소, 1987, 126~132쪽.

6 조소앙, 「3·1運動과 나」, 『소앙선생문집』 하, 67쪽.

7 조소앙, 「一進會評論記」(『소앙선생문집』 하, 207)쪽.

8 대한독립선언의 全文은 『소앙선생문집』 상에 수록되어 있다. 원본은 독립기념관에서 소장하고 있다.

9 정용대, 「조소앙의 유럽 외교활동의 연구」, 『삼균주의논선』, 삼성출판사, 1990, 235쪽.

10 조소앙, 「臨時政府의 性格」, 『소앙선생문집』 하, 56쪽.

11 무정부주의운동사편찬위원회, 『韓國아나키즘運動史』, 형설출판사, 1978, 128~129쪽.

12 조소앙, 「獨立黨과 共産黨의 前途」, 『독립신문』 1922년 5월 6일자.

13 김희곤, 「한국유일독립당촉성회에 대한 일고찰」, 『한국학보』 33, 1983, 113-115쪽.

14 홍선희, 앞의 책, 59쪽.

15 申肅, 『나의 일생』, 日新社, 1956, 55~56쪽. 三本主義는 民本政治의 實現, 勞本經濟의 組織, 人本文化의 建設을 내용으로 하고 있다.

16 추헌수, 『資料韓國獨立運動』 1, 연세대 출판부, 1972, 108쪽. 그러나 저술되었다고 하는 「三均制度」의 실체와 내용에 대해서는 현재 알려지지 않고 있다.

17 『震光』 제4호, 1934년 5월(독립기념관 한국독립운동사연구소, 『韓國獨立運動史資料叢書』 제2집, 99~102쪽).

18 조소앙, 『素昻集』, 1932, 84~85쪽.

19 국사편찬위원회, 『한국독립운동사』 자료 3, 1968, 396쪽.

20 권영건, 『조소앙의 삼균주의론』, 한양대 박사학위논문, 1985, 19~26쪽.

21 조소앙, 「韓國獨立黨黨義解釋」, 『소앙선생문집』 상, 206쪽.

22 조소앙, 『素昻集』, 65~87쪽.

23 조소앙, 『素昻集』, 1~65쪽.

24 최충식, 「삼균주의와 삼민주의」, 『삼균주의논선』, 삼성출판사, 1990, 185~186쪽.

25 한시준, 「상해한국독립당 연구」, 『용암차문섭박사화갑기념 사학논총』, 1989, 636쪽.

26 노경채, 「일제하 독립운동정당의 성격」, 『한국사연구』 47, 1984, 135쪽.

27 강만길, 『조선민족혁명당과 통일전선』, 화평사, 1991.

28 조범래, 「한국국민당연구」, 『한국독립운동사연구』 4, 독립기념관 한국독립운동사연구소, 1990, 380쪽.

29 金正明, 『朝鮮獨立運動』 2, 原書房, 665쪽.

30 한시준, 「대한민국임시정부의 광복 후 민족국가건설론」, 『한국독립운동사연구』 3, 독립기념관 한국독립운동사연구소, 1989, 542쪽.

31 조소앙, 「한국독립당당의해석」, 『소앙선생문집』 상, 216쪽.

32 조소앙, 「告黨員同志」(金正柱, 『朝鮮統治史料』 10, 1971, 762~763)에서 조소앙은 그러한 실례로, 프랑스와 미국은 君主獨裁에서 벗어나 民主主義를 확립했지만 100여 년간 시험한 결과는 智識派・有産派의 獨裁로 귀결되었고, 러시아 역시 君主獨裁와 智富階級의 발호에 자극되어 소비에트제도를 확립하였지만, 10여 년간 시험한 결과는 無産者獨裁로 귀착되었다고 하였다.

33 조소앙, 「한국독립당당의해석」, 『소앙선생문집』 상, 218쪽.

34 조소앙, 「告黨員同志」, 『조선통치사료』 10, 763쪽.

헌법을 기초한
신익희

해공 신익희(1894~1956)는 한국근현대사에서 커다란 족적을 남긴 인물이다. 일본유학시절 학생운동에서 활동한 것을 비롯하여, 중국으로 망명해서는 대한민국 임시정부를 수립하고 이를 중심으로 독립운동을 전개하였다. 그리고 한국혁명당을 비롯한 정당을 조직하여 활동하면서 정당정치의 기틀을 마련하였고, 해방 후 국내에 돌아와서는 국회의장과 정치인으로 대한민국 정부의 기초를 다지는 데 커다란 역할을 담당하기도 하였다.

대한민국 임시정부에서 활동하는 동안 신익희는 조소앙과 매우 가까운 사이였다. 이들의 관계를 '내외지간'이라 일컬을 정도였다. '내외지간'이란 신익희는 내무부장, 조소앙은 외무부장을 맡고 있었던 데서 붙여진 것이었다. 그렇지만 이들에겐 공통점이 있기도 했다. 조소앙은 메이지대明治大를, 신익희는 와세다대早稻田를 다녀 일본유학생 출신이라 공통점이 있었다. 그리고 대한민국 임시정부에서 이론가로 역할하고 있었다는 점도 이들이 갖는 공통점이었다.

신익희는 대한민국 임시정부의 헌법을 기초한 인물이다. 1919년 4월 11일 대한민국 임시정부의 헌법인 대한민국임시헌장大韓民國臨時憲章과 임시의정원법臨時議政院法을 기초할 때 조소앙·이시영과 함께 기초위원이었다. 그리고 상해·한성·노령에서 수립된 세 임시정부가 통합을 이루어 새로이 정부가 출범할 때도 법무차장으로 헌법을 개정을 주도하였고, 1919년 9월 11일 개정 헌법인 대한민국임시헌법大韓民國臨時憲法을 제정 발표하였다.

이 글은 신익희가 대한민국 임시정부에서 활동한 실상과 역할을 살펴보려는 데 목적이 있다. 그 중에서도 수립 당시 헌법 제정에 관여한 사실을 살펴보려고 한다. 그리고 중경시기에 대한민국 임시정부로 복귀하여 내무부장으로 활동한 실상과 해방 후 국내에 돌아와 활동하다가 대한민국 임시정부와 결별하는 과정에 대해서도 언급하려고 한다.

임시정부의 수립과 헌법 기초

임시정부 수립

1919년 3·1운동 직후 국내외 독립운동자들이 상해로 모여들었다. 임시정부를 수립하기 위해서였다. 3·1독립선언을 통해 조선이 독립국임과 조선민족이 자유민임을 선언하였으니, 이를 상징하는 기구를 설립해야 할 필요가 있었다. 그 방법으로 임시정부 수립이 추진되었고, 이를 위해 국내외에서 많은 인사들이 중국 상해로 모여든 것이다.

3·1운동이 발발하였을 때 신익희는 국내에 있었다. 1918년 말 만주지역과 상해를 돌아보고 국내로 돌아왔을 때, 3·1운동이 일어난 것이다. 그가 국내에 들어온 것은 민중동원의 기반을 가진 손병희를 해외로 모시고 나가

독립운동을 계속하려는 것과 천도교당 건축비로 모아 놓은 헌금을 군사자금에 쓰려는 생각이었다. 그러나 손병희는 일본 경찰에 피체되었고, 자금도 가지고 나갈 수 없었다. 사정이 여의치 않음을 파악한 신익희는 곧바로 봉천으로 향하였고, 1919년 3월 19일 상해에 도착하였다.[1]

신익희가 도착하였을 때, 상해에는 연해주와 만주를 비롯하여 각지에서 많은 인사들이 모여들었고, 이들 사이에 임시정부 수립 문제가 논의되기 시작하였다. 논의는 크게 두 가지 쟁점으로 전개되었다. 하나는 상해에 모인 인사들이 중심이 되어 임시정부를 조직하자는 주장이었고, 다른 하나는 국내에서 3·1운동 세력이 남겨놓은 의사를 확인해야 한다는 주장이었다.

신익희도 임시정부 수립문제에 적극 관여하여 활동하기 시작하였다. 여러 인사들을 만나고, 모임을 주선하며 임시정부 수립을 추진한 것이다. 이러한 신익희의 활동상은 현순玄楯의 회고에서 찾아 볼 수 있다. 현순은 상해에 독립임시사무소를 설치하고 임시정부 수립을 추진하였던 인물로, 이와 관련한 회고를 하면서 신익희에 대해 다음과 같이 언급해 놓았다.

> 신익희는 기호인사들과 연합하야 암중비약暗中飛躍을 시試하였으니 래호후來滬後로 신헌민, 이시영, 이동녕, 신규식 등과 교유하야 무삼 맥락脈絡을 결結하고 일일一日은 여余의 숙소에 내방하야 국내인사들의 촉망을 전하며 국외 유수인사들을 망라하야 정부를 조직하라는 사명을 대래帶來하였다 하며 불기일不幾日에 회집을 최催하니 래참來參하라 하였다.[2]

신익희가 국내 3·1운동 세력과 어떤 관계에 있었는지는 아직 밝혀진 것이 없다. 그렇지만 그는 상해에 도착한 이후 국내인사들의 임시정부를 조직하라는 사명을 갖고 왔다고 하면서, 이를 위한 모임을 주선하고 있었다. 임시정부 수립을 위해 분주하게 움직이며 상당한 활약을 하고 있었던 것이다.

4월 초순에 큰 모임이 마련되었다. 현순의 회고에 '4월 초순경 이동녕·이시영·이회영·신헌민·신규식·신익희·신채호·조성환·조용은·이광수·이광·현순 등이 남경로南京路 선시공사先施公司 여관에서 회합을 갖고 임시정부조직안을 토의하였지만, 논조가 귀일치 못하였다'는 기록이 있다.[3] 참석한 인사들이 대부분 기호출신이라는 점에서 보면, 이 모임은 신익희의 주선에 의해 이루어진 것으로 보인다.

이러한 모임은 4월 8일에 또 한번 마련되었다. 장소는 보창로寶昌路였고, 앞서 참석한 인사들 외에 다수 청년들도 참여하였다. 이 모임에서 상해의 인사들 중심으로 임시정부를 수립하자는 것으로 의견이 모아졌다. 이를 위해 우선 임시의정원을 조직하기로 하고 이동녕을 의장에 선출하였고, 정부의 조직은 총리제를 채용한다는 것을 결정지었다.[4] 임시정부 수립에 대한 방향과 원칙을 결정한 모임이었다고 하겠다.

임시정부 수립에 대한 원칙과 방향이 설정되면서 이를 위한 회의가 소집되었다. 회의는 4월 10일 밤 10시에 프랑스 조계 김신부로金神父路 60번지에서 29명의 대표들이 참가한 가운데 개최되었다.* 임시정부를 수립하기 위해 소집된 회의였다. 회의가 시작되면서 국내에서 가지고 온 임시정부조직안을 둘러싸고 논란이 일어났다. 4월 8일경 이봉수란 인물이 국내에서 조직되었다고 하는 임시정부조직안을 상해로 가져온 것이다. 당시 상해 인사들 중에는 국내 3·1운동 세력의 뜻을 받들어야 한다는 의견이 적지 않

---

*   임시의정원 회의를 개최하고 임시정부를 수립한 장소에 대해서는 단지 金神父路로만 알려져 있었다. 그 장소가 60번지였다는 사실이 신익희의 언급에 나타나 있다(신창현, 『해공신익희』, 186쪽). 신익희의 언급에 의해 그 주소가 밝혀졌고, 이제 임시정부가 수립된 주소와 장소를 확인할 수 있게 되었다.

앗다. 국내에서 수립된 임시정부를 부인하자는 의견도 있었지만, 부결되었다.[5]

회의는 국내에서 가지고 온 조직안을 기초로 임시정부 수립을 추진해 나갔다. 먼저 의장과 부의장, 서기를 선출하여 임시의정원을 구성하였다. 그리고 정부의 조직은 총리제를 채용하기로 하고, 각원을 선출하였다. 각원을 추천하고 선출하는 방법은 "국무총리에는 경성에서 조직된 임시정부의 국무총리 이승만으로 선정하자"는 식으로 이루어졌고, 내무총장 안창호, 교통총장 문창범, 재무차장 이춘숙 등이 같은 방법에 의해 각원으로 선출되었다. 이어 차장에 대한 선출이 이루어졌고, 신익희는 내무차장에 선출되었다.

국무총리: 이승만

내무총장: 안창호	차장: 신익희
외무총장: 김규식	차장: 현순
교통총장: 문창범	차장: 선우혁
재무총장: 최재형	차장: 이춘숙
군무총장: 이동휘	차장: 조성환
법무총장: 이시영	차장: 남형우

신익희는 국내인사들의 임시정부 조직사명을 띠고 왔음을 자임하면서, 상해에서 임시정부가 수립되는 데 주요한 역할을 수행하였다. 이러한 역할과 더불어 신익희가 수행한 또다른 역할이 있었다. 임시정부의 헌법과 임시의정원법 제정에 관여한 것이다.

정부의 각원을 선출한 후, 임시정부의 헌법인 대한민국임시헌장을 제정하게 되었다. 신익희는 이시영·조소앙과 함께 임시헌장을 기초하였다. 그리고 임시헌장 기초안을 토의할 때 조소앙·이광수와 더불어 심사위원이 되어, 토의 내용을 회의에 보고하는 일을 맡았다.[6] 임시헌장을 기초하고 제정하는 실무적인 일을 담당한 것이다. 임시헌장은 밤을 새워가며 계속된 임시의정원 회의에서 4월 11일에 통과되었다.

임시정부의 헌법뿐만 아니라, 임시의정원법도 신익희의 손을 거쳐 만들어졌다. 임시헌장을 제정 통과시킨 후 임시의정원법도 기초하기로 하고, 손정도·조소앙·이광수와 함께 신익희를 기초위원으로 선정한 것이다. 임시의정원은 요즘의 국회와 같은 입법기구였고, 신익희 등이 기초한 임시의정원법은 4월 25일 통과 제정되었다.[7]

이로써 상해에서 1919년 4월 11일 국호를 '대한민국'으로 한 임시정부가 수립되었다. 임시정부는 임시의정원을 구성하고, 그 첫 회의에서 수립되는 절차를 거쳤다. 신익희는 임시정부 수립을 위한 회의를 마련하는 일에서부터, 임시정부의 헌법과 임시의정원법을 제정하는 데 중요한 역할을 수행하였다. 임시정부 수립의 실무적이고 핵심적인 일을 담당한 것이다.

임시정부의 헌법 기초

신익희는 임시정부를 수립하는 과정에서도 그랬지만, 임시정부가 수립된 후 그 기초를 마련하는 데 있어서도 실무적인 일을 수행하였다. 임시정부는 그 조직과 체제를 갖추어 수립된 것이 아니었다. 임시정부의 수립은 정부의 조직과 각원을 선출하고, 헌법만을 제정하여 이루어졌다. 이러한 상황에서 정부의 조직과 활동기반을 마련하는 일이 시급한 문제였다.

문제는 이것만이 아니었다. 정부는 수립되었지만, 이를 이끌고 갈 책임자가 없다는 점이었다. 국무총리로 선출된 이승만은 미국에 있었고, 각 총장들도 대부분 미국이나 연해주 등지에 있었다. 총장 중 당시 상해에 있는 인물은 법무총장 이시영 뿐이었다. 국무총리와 총장들이 부임하지 않은 현실에서, 임시정부라는 조직을 이끌고 활동기반을 마련해야 하는 일은 차장들의 몫이었다.

신익희는 내무차장으로 선출되어 내무부 일을 맡았다. 정부가 수립된 직후 차장제를 폐지하고 위원제를 채택하게 됨에 따라 4월 22일 개최된 제2회 임시의정원 회의에서 내무차장직을 사면하였다. 이와 동시에 신익희는 윤현진·서병호·최근우·김구 등과 함께 내무부위원으로 선임되어,[8] 내무부의 업무를 맡게 되었다. 내무부는 안창호가 미국에서 상해로 와 1919년 6월부터 직접 총장으로 시무하고, 또 그가 국무총리 대리도 겸직하면서 활기를 띠었다.

내무부에서 추진한 대표적인 사업은 정부의 기반을 마련하는 것이었다. 그 방법의 하나는 국내의 국민들과 유기적 연계를 맺는 것이었고, 이를 위해 국내의 각 도·군·면을 단위로 하여 임시정부의 행정조직을 건설하고자 하였다. 이러한 계획은 7월 10일 임시연통제로 발표되었다. 이와 함께 교통부가 주관하는 교통국이 설치되면서, 임시정부와 국내를 연결시켜주는 교통망도 조직되었다. 그리고 국내로 특파원들을 파견하여 임무를 수행하도록 하였다. 이로써 임시정부가 국내 국민들과 연계를 맺어 그 기반을 마련하게 되었다.[9]

임시정부가 시급하게 해결해야 할 또다른 문제가 있었다. 연해주와 국내에서 수립된 임시정부와의 통합을 이루는 것이 그것이었다. 3·1운동 직후 국내외 각지에서 여러 임시정부가 수립되었다. 이 중 연해주에서 수립된 대한국민의회와 국내에서 수립된 한성정부가 실제적인 조직을 갖추고 있었고, 이들 사이에 통합문제가 대두된 것이다. 통합운동은 내무총장 안창

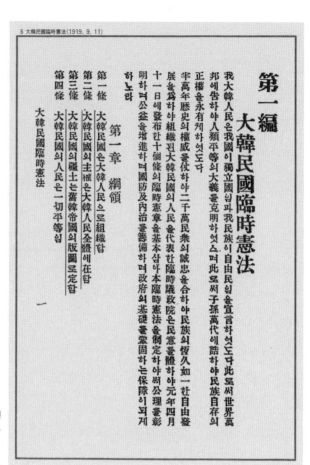

5 大韓民國臨時憲法(1919. 9. 11)

第一編

大韓民國臨時憲法

我大韓人民은我國이獨立國임과我民族이自由民임을宣言하엿도다此로써世界萬邦에告하야人類平等의大義를克明하엿스며此로써子孫萬代에誥하야民族自存의正權을永有케하엿도다

半萬年歷史의權威를仗하야二千萬民衆의誠忠을合하야民族의恒久如一한自由發展을爲하야組織된大韓民國의人民을代表한臨時議政院은民意를體하야元年四月十一日에發布한十個條의臨時憲章을基本삼아本臨時憲法을制定하야써公理를彰明하며公益을增進하며國防及內治를籌備하며政府의基礎를鞏固하는保障이되게하노라

第一章 綱領

第一條 大韓民國은大韓人民으로組織함

第二條 大韓民國의主權은大韓人民全體에在함

第三條 大韓民國의疆土는舊韓帝國의版圖로定함

第四條 大韓民國의人民은一切平等임

大韓民國臨時憲法

一

1919년 9월 11일 제정 공포된 대한민국임시헌법.
국가구성의 3요소인 국민·주권·영토를 제1조·제2조·제3조에 명문화하였다.

호가 부임하여 국무총리 대리를 겸직하기 시작하면서 추진되었다.

그의 이름이 드러나지는 않지만, 신익희도 세 정부를 통합하는데 중요한 역할을 담당하였다. 세 정부가 통합하여 통일을 이룬 임시정부가 성립될 때, 그 헌법을 기초한 것이 그것이었다. 신익희가 통합임시정부의 헌법을 기초하였다는 것은 임시의정원 회의록에 나타나 있다. 1919년 8월 16일자 회의에서 조완구 의원이 대본영大本營을 관제官制에 삽입한 이유를 질문하였고, 이에 대해 신익희가 "전사戰事는 항상 의외에 발생하는 고로 관제에 제정함이오 또 우리 정부의 정강과 주의는 군사본위인 때문이라"고 답변하였다.[10] 당시 신익희는 법무차장이었다. 임시의정원에서 헌법기초안에 대한 축조심의를 진행하는데, 신익희가 그 기초자로서 의원들의 질문에 답변한 것이다.

신익희는 이미 4월 11일 제정 공포된 임시헌장을 기초한 일이 있었다. 임시헌장은 10개조로 구성되어 내용이 간략했다. 신익희는 이를 토대로 하여 통합임시정부의 헌법을 기초하였다. 이 헌법의 가장 큰 특징은 정부형태로 대통령제를 채택하였다는 점이다. 그리고 '입법권은 의정원이 행정권은 국무원이 사법권은 법원이 행사함'이라 하여, 삼권분립의 체제를 마련하였다.[11] 근대헌법의 체제를 갖춘 헌법전이었다고 할 수 있다.

신익희에 의해 임시헌법이 마련되면서, 세 정부의 통합은 급진전되었다. 8월 28일 국무총리 대리 안창호는 임시의정원에 '임시헌법개정안과 정부개조안'을 제출하였다. 개정한 헌법을 근간으로 통합임시정부를 성립시키자는 것이고, 국내에서 수립된 한성정부를 봉대하되 접정관총재라는 명칭을 대통령으로 개조하여 통합을 이루자는 것이 그 핵심이었다.[12] 이 안은 임시의정원에서 그대로 통과되었고, 노령의 대한국민의회도 이에 대해 찬성을 표하였다.

이로써 세 정부의 통합을 위한 절차와 기반이 마련되었다. 통합정부의 이름은 대한민국임시정부로 결정되었고, 임시의정원에서는 9월 8일 이승만을 대통령으로 선출하였다.[13] 국무총리 이동휘를 비롯하여 정부의 각원들은 한성정부의 각원을 그대로 계승하는 형식으로 임명되었다. 그리고 9월 11일 신익희가 기초한 대한민국임시헌법과 함께 통합정부의 성립을 공포하였다.[14] 세 정부가 통합을 이루면서, 임시정부가 전민족을 기반으로 하고 이를 대표하는 기구로서의 위상을 갖게 되었다.

통합정부가 구성되었지만, 임시정부는 정부로서의 기능을 수행할 수 없었다. 대통령에 선출된 이승만이 미국에 있으면서 부임하지 않았고, 국무총리 이동휘는 상해에 왔지만 취임을 보류하고 있었던 때문이었다. 그리고 법무총장 신규식은 항주에, 내무총장 이동녕과 재무총장 이시영은 북경에, 군무총장 노백린과 학무총장 김규식은 미국에 있으면서 취임하지 않았다. 정부의 공식적인 출범이 지연되고 있었던 것이다.

신익희는 각원들의 취임이 지연되면서 통합정부가 출범하지 못하고 있는 상황이 계속되자, 우선적으로 통합정부를 출범시키고자 하였다. 그 방법은 선임된 각료들의 취임을 촉구하는 것으로 추진되었다. 신익희는 항주로 가 신규식에게 법무총장으로 취임할 것을 요구하였다. 그리고 현순은 북경으로 가 이동녕과 이시영을 오게 하였다. 이들이 모두 상해에 오면서 이동휘는 취임을 더 이상 미룰 수 없었고, 11월 3일 국무총리를 비롯한 신규식·이동녕·이시영와 노동국총판 안창호가 참여한 가운데 취임식을 거행하였다.[15] 이로써 통합임시정부가 공식적인 출범을 하게 되었다.

임시정부 정상화를 위한 노력

국무총리를 비롯한 총장이 취임하면서 통합정부가 출범하였지만, 정부는 제대로 운영되지 못했다. 여러 가지 이유가 있었지만, 대통령이 미국에 있으면서 상해에 부임하지 않고 있었던 것, 그리고 대통령과 국무총리 사이에 형성된 대립과 불신이 가장 큰 요인으로 작용하였다.

대통령 이승만은 미국에서 상해에 있는 임시정부의 대통령직을 수행하고자 하였다. 국무총리를 비롯한 각원들이 취임하자 이승만은 축하전문을 보내면서 "원동의 일은 총리가 주장하여 하고 중대한 사事만 여余와 문의하시오. 구미의 일은 여余에게 임시로 위임하시오. 중대한 사事는 정부와 문의하겠오"라는 전문을 보냈다.[16] 상해의 일은 국무총리가, 미주의 일은 대통령인 자신이 담당하겠다는 역할분담을 제의한 것이다.

그러나 이승만이 제의한 대통령과 국무총리의 역할분담은 제대로 이루어지지 못하였다. 대통령 이승만과 국무총리 이동휘는 정치적 이념이나 독립운동 노선에 현격한 차이가 있었다. 이동휘는 연해주에서 한인사회당을 조직하여 활동하며 무장투쟁을 주요한 독립운동 방략으로 여기고 있던 인물이었고, 이승만은 미국에서 주로 외교활동을 전개하고 있었다. 대통령과 국무총리가 정치적 이념과 독립운동 노선에 커다란 차이를 갖고 있었던 것이다. 이념과 노선의 차이로 말미암아 의견도 대립되었지만, 위임통치론을 문제삼아 이동휘가 이승만을 불신하고 있었던 것도 이들의 대립을 증폭시킨 요인이었다.[17] 대통령과 국무총리가 대립 갈등을 빚으면서, 임시정부는 제대로 운영되지 못하였다.

신익희는 임시정부가 파행을 겪는 것을 보면서, 이를 해결하기 위한 노력을 기울였다. 그 해결책은 대통령이 상해로 부임하는 길밖에 없다고 생각하였고, 임시의정원을 통해 대통령의 상해부임을 촉구하고자 하였다. 1920년 3월 신익희는 윤현진尹顯振·계봉우桂奉瑀·윤기섭尹琦燮 등 16명의 의원과 함께 대통령내도촉구안大統領來到促求案을 임시의정원에 제출하여 통과시켰다.[18] 의원들을 동원하여, 임시의정원 이름으로 대통령의 상해부임을 촉구한 것이다.

이를 계기로 대통령의 상해부임을 촉구하는 여론이 높아져 갔다. 이러한 가운데 이승만은 1920년 12월 5일 상해에 도착하였다.[19] 대통령에 선출된 지 1년여만에 현지에 부임한 것이다. 임시정부의 각원들과 상해의 교민들은 대통령을 정중하게 환영하였다. 12월 28일 상해교민단 주최로 화려하고

성대한 대통령 환영회가 개최되었고, 박은식·안창호 등이 나서서 대통령
을 중심으로 독립운동을 발전시켜 가자는 환영 연설을 하기도 하였다.

대통령이 부임하면서 임시정부가 정상화되고, 대통령 주도하에 독립운
동이 크게 진전되기를 기대하였지만, 결과는 그렇지 못했다. 이승만이 임
시정부에 대한 운영이나 독립운동에 대해 별다른 방안을 준비하지 않은 것
도 있었지만, 국무를 시작하자마자 대통령이 국무총리 및 각원들과 심각한
대립을 빚게 된 것이다. 국무총리와 각원들은 만주에 무장부대를 조직하여
국내로 진입시킬 것과 외교적으로 소련과의 협력을 도모할 것을 주장하였
지만, 이승만이 이를 받아들이지 않은 것이다.

이로써 대통령과 국무총리를 비롯한 각원들 사이에 대립과 불신이 심화
되었고, 임시정부는 점차 혼란의 늪으로 빠져들어 갔다. 국무총리 이동휘
는 '자신의 실력으로는 이 난관을 헤쳐나가기 어렵다'며 사임하였고, 김규
식·노백린·안창호 등 각원들의 사퇴도 이어졌다. 이어 대통령직 사임에
대한 요구도 일어났고, 이승만도 사직할 뜻을 밝혔다. 이로써 정부가 무정
부상태가 다름없는 상황에 처하게 되었다.

신익희는 무정부상태에 직면한 임시정부를 수습할 방도를 찾았다. 그 방
법은 대통령으로 하여금 사임을 취소하게 하고, 내각을 새로 조직하는 것
이라 생각하였다. 이승만이 1921년 3월 상해를 떠나 항주·소주 등지를 여
행하게 되자, 신익희는 장붕張鵬과 함께 이승만을 따라갔다. 이 여행에서 어
떠한 논의가 있었는지는 알려져 있지 않다. 그러나 이승만은 상해에 돌아
와 사직을 번복하고, 임시정부의 조직을 재정비하는 작업을 추진하였다.
법무총장 신규식으로 하여금 국무총리를 겸임하도록 하고, 손정도孫貞道(교
통)·조완구(내무)·이희경李喜儆(외무)·김인전金仁全(학무)·이시영(노동국총판)·
신익희(국무원비서장) 등을 새로이 임명한 것이다.[20] 이로써 임시정부는 이

동휘와 안창호를 대표로 하는 서북지역 인사들이 사퇴한 가운데, 기호지역 인사들을 중심으로 재정비되었다.

이로써 임시정부가 정상화 발판을 마련하였지만, 혼란은 거듭되었다. 상해와 북경을 중심으로 임시정부를 부정하는 움직임이 일어난 것이다. 1921년 2월 박은식·원세훈元世勳·왕삼덕王三德 등 14명이 '우리 동포에게 고함'이란 성명서를 통해, 임시정부의 무능과 분열을 비판하면서 국민대표회의 소집을 요구한 것이다.[21] 북경에서도 이러한 움직임이 일어났다. 신채호·박용만·신숙 등이 위임통치청원 문제를 거론하며, 이승만에 대한 성토문을 작성하여 발표하는 한편, 이승만의 사퇴를 요구하고 나섰다.

이승만은 이러한 위기를 정면으로 맞서 타개하려고 하였다. 조완구·윤기섭 등 자신의 측근 세력을 중심으로 협성회協誠會를 조직하고 임시정부의 옹호와 유지를 주장한 것이다.[22] 그러나 5월에 접어들면서 이승만의 입지는 더욱 악화되어 갔다. 상해에서 안창호·여운형 등이 연설회를 개최하고, 이승만의 노선을 비판하면서 임시정부에 대한 해결책과 민의民意의 통일을 위한 국민대표회의 소집을 요구하고 나선 것이다.

반대여론이 격화되면서, 이승만은 신변의 위협을 느꼈던 것 같다. 그는 5월 17일 '외교상 긴급과 재정상 절박'으로 인해 상해를 떠난다는 내용의 교서를 임시의정원에 남기고 잠적하였다. 그리고 5월 29일 마닐라행 콜롬비아호를 타고 상해를 떠났다.[23] 상해에 부임한지 6개월만에 다시 미국으로 돌아간 것이다.

대통령이 떠난 후 임시정부는 더욱 침체되었다. 한동안 내각을 구성하지 못한 것이다. 1922년 8월 노백린을 국무총리로 한 내각을 구성하였지만, 외무총장 조소앙과 재무총장 이시영 외에는 아무도 취임하지 않았다. 이로써 다시 임시정부의 무정부상태가 계속되었고, 그 이름만 유지되고 있는 상황이었다.

신익희는 국무원 비서장으로 대통령을 보좌하며 임시정부를 정상화시키려 많은 노력을 기울였지만, 그의 노력은 허사로 돌아갔다. 그는 새로운 방향을 찾고자 하였다. 이름만 유지하고 있는 임시정부에서는 자신의 능력을 발휘할 수 없다는 생각이었다. 임시정부는 활동력이 떨어지는 원로들에게 맡기고 자신은 활발하게 전개되고 있는 중국의 혁명과 연계를 맺고자 한 것이다. 이를 위해 그는 임시정부를 떠났다. 그리고 서안을 중심으로 활동하고 있는 중국국민당 호경익胡景翼을 찾아갔다.[24]

임시정부로 복귀하여 내무부장

임시정부로 복귀

임시정부를 떠난 후, 신익희는 독자적인 길을 걸었다. 상해를 떠난 그는 북경으로 향했다. 1922년 늦은 봄이었다. 신익희는 이곳에서 오패부吳佩孚·풍옥상馮玉祥 등을 만나 중국혁명과의 연계를 모색하였으나, 여의치 않았다. 다시 발길을 옮겼다. 태원太原을 거쳐 그가 도착한 곳은 섬서성陝西省 서안西安이었다. 당시 서안에는 중국국민당 독군督軍 호경익 장군이 활약하고 있었다. 신익희는 호경익의 환대를 받았고, 서안에 정착하였다.

이후 신익희는 호경익과 연계하여 활동하였다. 호경익은 한국독립운동에 대해 많은 이해를 갖고 있었던 인물이라고 하며, 신익희를 고문으로 추대하고 육군중장으로 서임하기도 하였다고 한다.[25] 호경익 부대에 있으면서 신익희는 한중연합을 추진하였던 것 같다. 신흥무관학교 출신인 성주식成周寔 등을 데리고 와 중국청년들과 함께 게릴라 부대의 성격인 분용대奮勇

隊를 조직하였다는 것이 그것이다.[26]

그러나 서안에서의 활동은 오래 지속되지 못하였다. 호경익의 갑작스런 죽음 때문이었다. 호경익이 죽은 후 신익희는 서안을 떠나 남경으로 옮겨왔다. 호경익의 막료로 있던 우우임于右任의 소개였다. 우우임은 손문孫文과 함께 혁명을 일으켜 활동한 인물로, 장개석이 수립한 남경정부에서 심계원장審計院長을 맡고 있었다. 신익희는 그의 배려로 심계원에 근무하게 된 것이다.

남경정부 심계원에 근무하면서 신익희는 다시 독립운동과 관계를 맺기 시작하였다. 당시 남경에는 적지 않은 한인들이 있었다. 이들 중 중국정부 및 중국군에 복무하고 있던 김홍일·성주식·최용덕, 무정부주의 계열의 나월환, 좌익계의 정태희, 그리고 상해에서 임시정부 인사들이 결성한 한국독립당에 불만을 갖고 있던 윤기섭·연병호·김사집 등과 함께 1932년 1월 한국혁명당을 결성한 것이다.[27] 이들은 대체로 임시정부와 별다른 관계가 없거나 불만을 가진 인사들이었다. 이 때문에 임시정부 쪽에서 바라보는 시선은 곱지 않았고, 상해 한국독립당에서는 한국혁명당을 '백적흑白赤黑의 혼혈아'라며 비난하기도 하였다.[28]

신익희는 한국혁명당을 결성하면서 정당의 주요 지도자로 부상하였고, 이후 정당을 중심으로 활동하였다. 1932년 여러 정당들이 중심이 되어 통일운동을 위한 기구로 한국대일전선통일동맹에 참여한 것을 비롯하여, 1934년에는 만주에서 이동해 온 한국독립당과 통합하여 신한독립당을 결성하기도 하였다. 그리고 1935년에는 5개 정당을 통일하여 민족혁명당을 결성하였고, 1938년에는 최창익崔昌益 등 좌익계열의 청년들과 함께 조선청년전위동맹을 조직하여 활동한 일도 있었다.

정당을 중심으로 활동하면서, 신익희는 통일운동에도 깊게 관여하고 있었다. 한국대일전선통일동맹이나 민족혁명당의 결성이 그러한 통일운동이 었다. 그리고 1939년 사천성四川省 기강綦江에서 좌우익 진영의 정당 및 단체들이 참여한 7당통일회의가 개최되었을 때, 조선청년전위동맹 대표로 참여하여 주석단의 일원으로 이를 주재하는 역할을 담당하기도 한 것이다.[29]

신익희는 7당통일회의가 결렬된 후 독자적으로 활동하였다. 1940년 10월 김성숙金星淑이 주도하고 있던 조선민족해방동맹과 민족혁명당을 탈당한 세력들을 모아 조선민족해방동맹을 새로이 결성한 것이다.[30] 그렇지만 소속 청년들 대부분이 중국공산당 지역인 화북으로 진출하면서, 활동은 오래가지 않았다. 신익희는 이들과 행동을 같이 하지 않았다. 그리고 자신의 딸인 신정완申貞婉과 사위 김재호金在浩와 함께 중경重慶으로 갔다.[31]

중경에는 임시정부가 있었다. 1932년 윤봉길의사의 홍구공원의거를 계기로 상해를 떠났던 임시정부는 항주·진강·장사·광주·유주·기강 등지를 거쳐 1940년 9월 중국국민당 정부가 임시수도로 정한 중경에 정착하였다. 임시정부를 찾아 왔지만, 신익희는 그동안 임시정부와 관계없이 독자적으로 활동해 왔고, 또 세력기반도 없었다. 당시 신익희가 처한 입장은 "전위동맹 소속의 간부들은 대부분 연안으로 갔다. 신익희도 이 단체에 속해 있었으나, 그 후 중경으로 나와 혼자 전위동맹의 간판을 오랫동안 지녔다"는 정정화의 회고에 나타나듯이,[32] 거의 고립된 상태나 다름없었다.

이러한 신익희를 임시정부로 끌어들인 것은 조소앙이었다. 조소앙은 학교는 달랐지만 신익희와 더불어 일본유학생 출신이었고, 1919년 4월 상해에서 임시정부를 수립할 때는 신익희와 함께 임시헌장을 기초하였던 인물이다. 당시 조소앙은 외무부장을 맡고 있으면서, 급변하는 국제정세에 능동적으로 대처할 수 있는 외교정책을 수립하기 위해 1942년 8월 외교연구위원회를 설치하였다. 조소앙이 이를 발족하면서 신익희를 이현수·이연

호·장건상 등과 함께 외교연구위원으로 임명한 것이다.[33]

이를 계기로 신익희는 임시정부에 참여하여 활동하게 되었다. 외무부의 외교연구위원으로 임명된 지 얼마 지나지 않아 신익희는 외무차장으로 발령받았다. 국무회의에서 각부 차장을 선임할 때 부장이 차장을 추천하도록 하였고, 신익희는 조소앙의 추천에 의해 1943년 3월 4일 외무부 차장에 임명된 것이다.[34] 이와 함께 선전위원회에서도 활동하게 되었다. 1943년 4월 10일 새로이 선전위원회 위원을 선임할 때, 조소앙·엄항섭·김상덕·손두환 등과 함께 그 위원으로 선임된 것이다.[35]

이로써 신익희는 임시정부에 복귀하게 되었다. 1921년 말 상해의 임시정부를 떠났으니, 20여년만에 다시 임시정부로 돌아온 셈이다.

임시정부의 내무부장

신익희가 임시정부에 복귀하였을 때, 임시정부는 크게 변화되어 있었다. 1920년대 이래 무정부상태에 직면하기도 하였던 임시정부는 중경에 정착하면서 그 기반과 위상이 많이 달라진 것이다. 1940년 민족주의 계열의 3당이 통합하여 한국독립당을 결성하고, 임시정부를 옹호 유지하면서 그 세력기반이 크게 확대된 것이 가장 큰 변화였다.

이를 기반으로 임시정부는 조직과 체제를 정비해 나갔다. 1940년 9월에는 한국광복군을 창설하여, 2차 세계대전 발발에 따른 전세체제로 돌입하였다. 그리고 헌법을 개정하여 정부의 체제를 단일지도체제인 주석제로 전환하고, 정부의 조직도 확대·개편하였다. 이로써 임시정부는 정부로서의 면모를 갖추게 되었고, 민족의 대표기구이자 독립운동 중추기구라는 본연의 위상도 회복하게 되었다.

임시정부가 위상을 되찾게 되면서, 좌익진영의 독립운동 세력들이 임시

1941년 3 · 1절 기념식에서 자리를 함께 한 김구, 조소앙, 신익희, 김원봉

정부에 참여하였다. 1941년 12월 미일 간에 태평양전쟁이 발발한 직후, 그동안 임시정부에 대해 불관주의 노선을 고수하며 활동하던 조선민족혁명당을 비롯한 좌익진영의 독립운동 세력이 임시정부에 합류해 왔다. 1942년 10월 제34차 임시의정원 회의가 개최될 때 좌익진영의 인사들이 의정원 의원으로 선출되어 의정원에 참여하였고, 좌익진영의 무장세력이었던 조선의용대도 광복군에 편입된 것이다.[36] 이로써 중국관내지역에서 활동하고 있던 좌우익 독립운동 세력이 모두 임시정부 산하로 집결하게 되었다.

좌익진영이 참여하게 되면서, 임시정부의 조직을 확대 개편하는 문제가 대두되었다. 이 문제는 1942년 10월 개최된 통일의회에서 제기되었고, 그 방법으로 헌법을 개정하기로 하였다. 이를 위해 별도의 임시약헌수개위원회가 구성되었고, 여기서 좌익진영의 참여에 따라 기존의 헌법을 개정하고, 정부의 조직을 확대 개편하는 작업이 이루어졌다. 그러나 이 작업은 국무위원의 숫자와 선출방법 등을 둘러싸고 좌우익 세력의 이견이 노출되면서, 쉽게 매듭지어지지 못했다.

헌법을 개정하는 문제는 1년 반 이상을 끌어오다가 결실을 맺게 되었다. 의견을 달리하던 좌우익 세력이 "국무위원은 14인으로 증가하고 주석과 부주석을 각각 1인씩 두며, 각부 부장은 주석이 국무회의에 제출하여 통과하여 임면한다"는 것, 그리고 "국무위원의 인수 비례는 한국독립당 8석, 민족혁명당 4석, 2개 소당 각 1석으로 하고 주석은 한독당, 부주석은 민혁당에서 맡는다"는 데 합의를 이룬 것이다.[37]

좌우가 합의를 이룬 후, 이를 처리하기 위한 임시의회가 소집되었다. 1944년 4월 20일 제36차 임시회의가 개최된 것이다. 이 회의에서 임시약헌을 개정한 대한민국임시헌장이 통과되었다. 그리고 새로이 제정된 임시헌장을 근간으로 정부의 조직을 갖추었다. 정부의 조직과 기구는 주석이외에 부주석을 신설한 것을 비롯하여 예전보다 크게 확대되었다. 국무위원은 종전의 6~10인에서 8~14인으로 증원하였고, 행정부서도 종전의 내무·외무·군무·법무·재무의 5부에서 문화·선전의 2개 부서를 증설하였다. 그리고 주석과 국무위원은 임시의정원에서 선출하고, 각 행정부서의 부장은 주석이 추천하여 제안하도록 되어 있었다.[38]

신익희는 좌우익 세력이 임시정부로 통일을 이루어 좌우연합정부를 구성할 때 임시정부의 내무부장으로 선임되었다. 1944년 4월 개정 공포된 임시헌장에 따라 임시정부의 조직과 기구가 새롭게 구성되고, 주석과 부주석을 비롯하여 국무위원에 대한 선출이 이루어졌다. 그리고 행정 각부서의 부장도 새로이 임명되었다. 이 과정에서 신익희는 내무부장에 선임되었다. 새롭게 구성된 정부의 조직과 각부 부장은 다음과 같다.

주석: 김구

부주석: 김규식

국무위원: 이시영, 조성환, 황학수, 조완구, 차리석, 박찬익, 조소앙,

조경한, 장건상, 김붕준, 성주식, 유림, 김원봉, 김성숙

외무부장: 조소앙　　　　　　군무부장: 김원봉

재무부장: 조완구　　　　　　내무부장: 신익희

법무부장: 최동오　　　　　　선전부장: 엄항섭

문화부장: 최석순[39]

이렇게 구성된 임시정부는 좌익진영의 세력이 참여하면서 이루어진 좌우연합정부였다. 좌우연합정부가 구성되면서 신익희는 내무부장을 맡게 되었다. 1919년 4월 임시정부를 수립할 때 내무차장에 선임되어 활동한 바 있었던 신익희로서는 20여 년이 지난 1944년 4월 다시 내무부에 복귀하여 그 부장을 맡은 것이라 하겠다.

내무부의 주요한 업무는 중경을 중심으로 한 동포들과 임시정부의 안전을 보호하는 일이었다. 당시 중경에는 많을 경우에는 600여 명에 이르는 한인들이 거주하고 있었다. 이들이 바로 임시정부의 세력기반이었고, 이들을 보호 관리하는 일이 내무부의 주요한 업무였다.

환국 후 임시정부와 결별

임시정부와 함께 환국

신익희가 일제의 항복소식을 접한 것은 중경에서였다. 1945년 8월 10일 저

녁 일제가 항복하였다는 소식이 전해진 것이다. 일제의 항복소식을 접한 임시정부는 국무회의를 개최하고 환국에 대한 문제를 논의하였다. 국무회의에서는 현 임시정부 상태로 환국한다는 것과 국내에 들어가 과도정권을 수립하여 임시정부의 모든 것을 과도정권에 인계한다는 방침이 결정되었다.[40]

환국을 위해 준비해야 할 일들이 적지 않았다. 중국에 거주하고 있는 동포들의 생명과 재산을 보호하는 문제를 비롯하여, 환국하는 방법이나 교통편도 문제가 되었다. 중국과 미국을 대상으로 이에 대한 교섭을 전개하였다. 그 결과 노선은 중경에서 상해로 이동하고, 상해에서 국내로 들어가도록 되어 있었다. 교통편은 중경에서 상해까지는 중국측이, 상해에서 국내까지는 미국측이 부담한다는 것으로 결정되었다.[41]

신익희는 임시정부 요인들과 함께 환국의 길에 올랐다. 중국국민당이 주선하여 비행기 두 대를 준비함으로써 상해까지 이동하는 교통편이 마련되었다. 신익희는 1945년 11월 5일 주석과 국무위원을 비롯한 임시정부 요인들 29명과 함께 비행기에 탑승하였고, 다섯시간만에 상해에 도착하였다. 1921년 상해를 떠났던 신익희는 24년만에 다시 상해 땅을 밟았다.

중경에서 상해까지는 도착하였지만, 국내로 환국하는 길은 쉽게 열리지 않았다. 38선 이남을 점령하고 있던 미군정이 개인자격으로의 입국을 전제로 하였고, 이에 대한 서약을 강요한 때문이었다. 임시정부 요인들 사이에 이 문제를 놓고 격론이 벌어졌다. 그러나 임시정부 인사들이 모두 귀국하는데 어찌 정부가 귀국하는 것이 아니겠느냐는 명분이 제기되었고, 서명은 단지 입국을 위한 방편이라는 위안도 있었다. 결국 미군정의 요구대로 하기로 하고, 11월 19일 중국전구 미군사령관인 웨드마이어에게 '개인자격의 귀국'이라는 서약서를 제출하였다.[42]

이로써 국내로 들어가는 길이 열렸지만, 문제는 간단치 않았다. 11월 20일 미군정에서 보내온 비행기는 한 대였다. 탑승인원도 15명이었다. 상해에 도착한 임시정부 요인들은 모두 29명이었으니 한꺼번에 들어갈 수 없게 된 것이다. 두 패로 갈라야 했고, 누가 먼저 들어갈 것이냐 하는 문제가 대두되었다. 이를 둘러싼 논란이 일어났다. 이때 조소앙이 실무진이 먼저 들어가야 한다는 주장을 제기하였다.

> 정부의 각원 가운데에서 실무진이 먼저 나라 안으로 들어가서 국내 민심 동향도 살피고 미국군정청과도 연계를 맺고 한 뒤, 우리는 개인자격으로 들어간다손 치더라도 정부 주석·부주석·의정원 의장·부의장쯤은 추후에 3천만 동포 동지들이 한데 뭉쳐서 뫼셔들이는 형식을 마련한 뒤 위의를 갖추어 들어가도록 하자.[43]

실무진이 먼저 들어가 국내의 정세를 파악하고 미군정과의 연계를 맺는 등 기반을 마련 후에, 주석을 비롯한 정부와 의정원의 대표들은 국민의 이름으로 위엄을 갖춰 맞아들여야 한다는 것이었다. 이러한 조소앙의 주장에 신익희도 적극 찬성하였다.

그러나 조소앙과 신익희의 주장은 관철되지 않았다. 엄항섭이 나서서 '정부의 원로들과 정치적으로 원만한 이들이 먼저 귀국하여 임시정부의 인상을 민족주의적인 것으로 굳혀 놓아야 한다'고 주장한 것이다.[44] 논의 끝에 주석과 부주석이 먼저 들어가는 것으로 결정되었다. 국내로 들어가는 순서도 제1진과 제2진으로 나누었다. 제1진은 주석 김구와 부주석 김규식을 비롯하여 이시영·김상덕·엄항섭·유동열·안미생·김진동·이영길·백정갑·장준하·윤경빈·민영완·선우진 등 15명으로 구성되었고, 이들은 11

월 23일 입국하였다.

신익희는 제2진에 소속되었다. 제2진은 임시정부의 국무위원(조성환·황학수·장건상·김붕준·성주식·유림·김성숙·조경한)과 각부 부장(조소앙·조완구·최동오·김원봉·신익희), 임시의정원 의장 홍진, 그리고 수행원(노능서·서상렬·이계현·윤재현·안우생)과 중국인 무전기사 3명 등 모두 22명으로 편성되었다.[45] 이들은 제1진이 떠난 후 일주일여만인 12월 1일 상해를 출발하였다.

상해를 출발한 비행기가 김포비행장에 다다랐지만, 이곳에 착륙할 수 없었다. 폭설이 내린 것이다. 비행기는 착륙할 곳을 찾아 남쪽으로 향했고, 저녁이 되어서야 군산 근처 옥구비행장에 내렸다. 자동차로 이동하다가 논산에서 하룻밤을 지냈다. 그리고 다음 날 대전의 유성으로 와 다시 비행기를 타고 김포에 도착하였다.[46] 12월 2일이었다. 이로써 신익희는 고국에 돌아왔다. 3·1운동 직후 중국으로 떠났으니, 27년만에 고국으로 돌아온 것이다.

신익희는 국내로 환국하여 충무로 2가 한미호텔에 숙소를 정하였다. 임시정부 요인들을 위해 마련된 숙소였다. 서울에 도착한 다음 날인 12월 3일 제2진 일행과 함께 김구의 숙소인 죽첨장으로 가 회합을 가졌다. 제1진과 제2진으로 나뉘어 환국한 임시정부 요인들이 한 자리에 모였다. 당시 신문들은 이 회합을 「전각료全閣僚일당一堂에 회합, 작일昨日 환국후 최초의 국무회의」라는 제목으로 보도하였다.[47] 국내에 들어 온 임시정부가 첫 국무회의를 개최한 것이다.

정치공작대 조직

신익희는 임시정부의 내무부장으로 환국하였다. 중경시절의 내무부장도 중요한 역할이었지만, 국내에서의 내무부장이란 직책은 달랐다. 중경에서는 남의 나라에서 독립운동자라는 제한된 인원을 대상으로 하고 있었지만, 국내에서는 독립된 조국 땅에서 전국민이 그 대상이 되었다. 내무부의 위상이나 역할이 크게 달라질 수밖에 없는 상황이 된 것이다.

신익희는 국내에 들어 와 내무부장으로 수행할 일에 대한 구상을 하고 있었다. 상해에서 환국을 앞두고 열린 국무회의에서 그는 여러 가지 제안을 하였다. 그 중 하나가 국내에 들어가면 되도록 많은 사람들을 만나 그들의 의견을 경청할 필요가 있다고 하면서, 임시정부의 조직을 확대해야 한다고 한 것이다.

> 우선 그들 속에 파고들어 조직활동을 하여야 할 것입니다. 그 이름을 무엇
> 이라 하던지 정치공작대政治工作隊라 해도 좋고, 임시정부 기구 밑에 두어 일
> 인에게 빌붙어 부역하지 않은 덕망있는 유능한 인사들을 모두 망라하여 조
> 직을 펴야 할 것입니다.[48]

신익희는 국내에 들어가서 임시정부가 우선적으로 해야 할 일은 정부의 조직과 국민적 지지기반을 확보해야 할 것임을 주장한 것이다. 그는 환국한 후 곧바로 이러한 자신의 구상을 실행에 옮기기 시작하였다. 신창현에 의하면 12월 2일 서울에 도착한 그날 저녁부터 임시정부의 조직을 만드는 일에 착수하였다고 하며, 이를 위한 조직으로 12월 6일 국무회의의 의결을 거쳐 내무부 산하에 정치공작대를 설치하였다고 한다.[49]

임시정부는 이미 중경에 있을 때 국내와의 연계를 위해 국내공작원들을 파견한 일이 있었다. 1944년 국내공작특파위원회를 조직하고 백창섭·장도산·박윤경 등을 국내로 파견한 것이다.[50] 그러나 이들 대부분이 체포됨으로써 성과를 거두지 못하였다. 임시정부가 정치공작대를 설치한 것은 이

러한 사업을 계승한 것이라고 할 수 있다. 이를 통해 임시정부의 대중적 기반을 확보하고, 장차 정치활동을 준비하려는 의도였다.

정치공작대의 활동과 운영에 대한 책임은 신익희가 맡았다. 내무부장 자격이었다. 신익희는 정치공작대의 발족과 더불어 활동을 시작하고 조직을 착수해나갔다. 그 방법은 중앙본부를 두고, 각 지방으로 조직을 확대해 나간다는 것이었다. 중앙본부는 종로 6가에 있는 낙산장駱山莊에 두었고, '대한민국임시정부내무부정치공작대판사처'라는 현판을 걸었다.[51] 내무부 산하에 정치공작대를 설치한 것이다.

중앙본부를 설치함과 동시에 지방조직에도 착수하였다. 지방조직을 갖추는 일은 각 지방에 중앙본부원을 파견하는 방법으로 이루어졌다. 정치공작대를 설치한 12월 6일부터 함경도·평안도를 비롯하여 경상도·전라도·충청도 등 각지에 중앙본부원을 파견하기 시작한 것이다. 중앙본부원은 신익희의 인장이 찍힌 비밀신분증을 소지하고 각 지방에 파견되었고, 이들은 지역인사 중 애국심이 투철한 사람을 선택하여 조직원으로 임명하였다. 이러한 방법으로 도·군·면을 단위로 하여 조직원들을 임명하면서, 정치공작대의 조직이 급속하게 이루어졌다. 1946년 2월에 이르면 면단위까지 대체적인 조직이 완료되었다고 한다.[52]

정치공작대의 조직은 점조직 형태였고, 일종의 하향식이었다. 중앙본부에서 도본부로, 군본부에서 면본부로 연계되어 있었고, 리·동에는 연락반이 설치되어 있었다. 그리고 각 지역단위의 정치공작대원은 각각 상급본부에서 임명하였다. 도와 군단위는 중앙본부에서 임명하고, 면 단위의 대원은 군에서 임명하는 방법이었다. 이로써 임시정부의 조직이 전국 각지로 확대되어 나갔다.

신익희는 정치공작대를 설치하고 조직을 확대해가는 한편, 이를 기반으로 신탁통치반대운동을 전개하였다. 모스크바3상회의에서 한국을 신탁통치하기로 결의하였다는 소식이 알려지면서 임시정부는 신탁통치반대국민총동원위원회를 구성하여 반탁운동을 전개해나갔다. 임시정부가 신탁통치반대운동을 결의한 후 신익희는 1945년 12월 29일 서울시내 9개 경찰서장을 정치공작대 중앙본부인 낙산장으로 불러 반탁운동에 호응할 것을 명령하였고, 정치공작대에 반탁시위를 준비하도록 지시하는 한편, 정치공작대의 행정연구위원회로 하여금 다음과 같은 국자國字포고를 작성토록 하였다.

국자 제1호

1. 현재 전국 행정청 소속의 경찰기구 및 한인직원을 전부 본임시정부 지휘 하에 예속케 함.
2. 탁치반대의 시위운동은 계통적 질서적으로 행할 것.
3. 폭력행위와 파괴행위는 절대 금함.
4. 국민의 최저생활에 필요한 식량·연료·수도·전기·교통·금융·의료기 관 등의 확보 운영에 대한 방해를 금지함.

국자 제2호

이此 운동은 반드시 우리의 최후 승리를 취득하기까지 계속함을 요要하며 일반 국민은 금후 우리 정부 지도하에 제반 사업을 부흥하기를 요망한다.[53]

이 국자포고 제1호와 제2호는 내무부장 신익희 명의로 발표되었다. 국자포고가 임시정부와 사전에 협의하거나 결의를 거쳐 발표된 것인지, 아니면 신익희 단독으로 작성하여 발표한 것인지는 명확하지 않다. 경위는 알려져 있지 않지만, 국자포고의 핵심은 미군정이 장악하고 있는 전국의 행정과 경찰기구를 임시정부가 접수한다는 것이었다. 이는 모스크바3상회의에서 결의된 신탁통치를 반대하고 미군정에 정면으로 대항한 것이었으며, 임시정부의 자주독립과 주권행사를 선언한 것이나 다름없었다.

신익희는 국자포고를 발표한 후 이를 전국 각지로 확산시켜 나갔다. 1945년 12월 31일 서울운동장에서 임시정부가 주도하는 '신탁통치 결사반대 시민대회'가 개최되었고, 이 대회에 수많은 시민들이 참여하여 '탁치반대'를 외치며 시가행진을 벌였다. 이러한 기세를 몰아 신익희는 이 날 서울 시내를 비롯하여 전국 각지에 정치공작대원들을 파견하여 국자포고를 붙이도록 하였다.[54]

국자포고의 발표는 엄청난 파문을 불러 일으켰다. 임시정부와 미군정 사이에 갈등과 대립이 일어난 것이다. 미군정에서는 이를 임시정부가 미군정의 정권을 탈취하려는 '임정의 쿠테타'로 받아들였고, 임시정부 요인들을 중국으로 추방할 계획을 세우기도 하였다.[55] 미군정이 임시정부를 자신들의 정권에 대항하고 도전할 존재로 여긴 것이다. 이러한 임시정부와 미군정의 갈등은 1946년 1월 1일 김구와 미군정 사령관 하지가 만나면서 가까스로 수습되었지만, 이를 계기로 미군정은 임시정부에 대한 견제와 감시를 강화하게 되었다.

신익희도 미군정에 구금되어 심문을 받는 고초를 겪어야 했다. 국자포고를 발표한 신익희에 대해 미군정은 '임시정부 내무부장 신익희는 갱스터'라고 하며, 정치공작대 본부인 낙산장을 수색하여 관련 서류를 모두 압수해 가는 동시에 1946년 1월 3일 신익희를 CIC본부로 연행하여 구금한 것이다.[56] 이 과정에서 신익희가 주도하고 있던 정치공작대의 실체가 드러나게 되었다. 그 실체가 드러난 후 정치공작대의 활동도 오래 지속되지 못하였다.

임시정부와 결별

신익희는 임시정부의 내무부장으로 정치공작대를 조직하고, 이를 기반으로 활발하게 활동하였다. 그러나 국자포고 발표를 계기로 정치공작대의 실체가 드러났고, 이에 대한 미군정의 해체압력이 가해지기 시작하였다. 그리고 정치공작대가 해체되면서, 신익희는 임시정부를 떠났다.

신익희가 임시정부를 떠나게 된 것은 정치공작대의 해체가 주요한 원인이 되었다. 정치공작대의 실체가 드러나면서 미군정은 임시정부에 정치공작대 해체를 요구하였던 것 같다. 그 과정에 대해서는 소상하게 알 수 없지만, 미군정의 보고서에 1946년 4월 28일과 29일에 김구와 이승만이 정치공작대 임시대표대회를 소집하고, 정치공작대를 독립촉성국민회에 합류하도록 한 것으로 나타나 있다.[57]

정치공작대의 해체과정에 임시정부가 어떻게 대응하였는지는 분명하게 알려져 있지 않다. 신창현은 임시정부가 직접 해체를 결의한 것으로 서술하고 있다. "미군정의 압력에 견디지 못하여 임시정부와 임시의정원이 합동회의를 열어 임시정부의 손발과도 같은 지방조직체인 대한민국임시정부 내무부 정치공작대의 해체를 의결하기에 이르렀다"라 하고 있는 것이 그것이다.[58]

그리고 임시정부에서 해체를 결의한 데 대해 신익희는 상당히 분격해 한 것으로 설명을 이어갔다. "이때 해공은 해체 결의에 찬동하는 그 사고思考에 불만과 한심함을 금치 못하였다", "가슴속에는 상심과 분노로 꽉차 있었다"고 하면서, 신익희는 이 울화를 가라앉히느라 친구들을 찾아다니며 술토색으로 일과를 보냈다고 기술하고 있다.[59] 이를 계기로 신익희는 임시정부와의 결별을 생각하게 된 것으로 보인다.

이와함께 임시정부와의 거리감도 결별의 원인으로 작용하였다고 할 수 있다. 신익희는 임시정부의 내무부장이었지만, 그의 과거 경력이나 위상으로 보면 임시정부에서 주도적 위치에 있지 못하였다. 1921년 임시정부를 떠난 이래 독자적으로 활동하였고, 더욱이 임시정부와 대립되는 정당을 결성하여 활동한 일도 있었다. 그리고 1942년 중경에서 다시 임시정부에 참여한 것도 임시정부가 그를 흔쾌히 받아들인 것이 아니라, 외무부장 조소앙과의 개인적인 관계가 크게 작용한 것이었다.

이러한 거리감은 국내로 환국한 후 더 커졌다. 신익희는 미군정이 임시정부를 인정하지 않을 뿐더러 그 활동도 용인하지 않고 있는 현실을 파악하고 있었고, 정치공작대를 기반으로 자신의 독자적인 세력기반을 구축하게 된 것이다. 이를 바라보는 임시정부의 시선도 고울 리가 없었다. 한국민주당측에서 김구를 찾아가 '이제 천하는 김구의 천하가 아니라 신익희의 천하다'라는 충동질을 한 일도 있었다고 하며,[60] 임시정부에서는 신익희에 대해 의구심과 경계심을 갖게 된 것이다.

또 신익희는 임시정부 주도세력에 대해 커다란 불만을 갖고 있기도 하였다. 이시영이 부통령직을 사퇴하고 동래 온천에 가 있을 때 신익희가 찾아가 이야기를 나누었다는 담화에서 그 일면을 알 수 있다. 신익희는 이시영과 지난날을 회고하면서, 임시정부가 환국하기 전에 자신이 제의하여 결의되었던 일들이 하나도 지켜지지 않았다는 사실을 이야기 하였다.[61]

그 내용은 크게 세 가지였다. 하나는 환국한 즉시로 순국선열 위령제를 거행하기로 결의한 것을 지키지 않았다는 것이다. 임시정부가 환국하여 제일 먼저 추진할 일로 순국 영령을 위로하는 행사를 거행하기로 하였지만, 이런 행사는 하지도 않은 채 "이 지방 저 지방에서 환영해준다고 거기 먼저 덜렁덜렁 따라다니지 않았습니까"라며, 이를 과오의 하나로 지적하고 있다.

둘째는 임시정부의 조직기반을 확대해야 한다고 결의해 놓고, 정치공작대를 해체한 것은 잘못한 일이라는 것이다. 더욱이 정치공작대의 해체가 다른 당의 '앞으로 천하는 누구의 천하도 아니요 신익희의 천하다'라는 간언과 미군정의 협박에 의해 결의되었다는 점을 지적하면서, "악독한 일제하에서도 독립운동을 하였는데, 미군정 밑에서 무엇이 두렵고 무엇에 꺼려서 못한다 말입니까"라며 불만을 토로하기도 하였다.

셋째는 국내에 들어가서 정당의 보따리를 끄르지 말고 임시정부 단위로 행동하자고 결의하고서, 정당을 드러내고 활동한 점도 잘못이라고 하였다. 이와 함께 신익희는 실무진이 먼저 환국하여 기반을 마련한 후 정부의 대표들은 위엄을 갖추어 환국해야 한다는 조소앙의 제안이 성사되지 못한 점도 지적하면서, 만일 그리되었으면 국면은 많이 달라졌을 것이라는 아쉬움도 토로하였다.

이러한 여러 요인들이 임시정부와 결별하게 한 원인으로 작용하였던 것 같다. 그 계기가 된 것은 정치공작대의 해체였다. "임시정부의 조직체이며 임시정부의 손과 발 노릇을 할 엄청난 기반을 잘라버리고 어떻게 독립운동을 할 수 있단 말인가"라며,[62] 임시정부와의 결별을 결정한 것이다. 그리고 이승만과 손을 잡았다. 1946년 6월 정치공작대를 이승만이 주도하고 있던 대한독립촉성국민회에 합류시키기로 결정하고, 그 부위원장이 된 것이다.[63]

임시정부의 이론적 실무자

신익희가 임시정부에서 활동한 6년은 임시정부가 수립된 초기의 3년과 말기의 3년이었다. 임시정부가 27년 동안 유지되었다는 점을 감안하면, 길지 않은 시간이었지만, 신익희는 임시정부의 주요한 인물이었다.

그는 임시정부를 수립하고, 초창기 조직과 기반을 마련하는 데 있어 남다른 역할을 하였다. 1919년 4월 상해에서 임시의정원을 구성하고 임시정부를 수립하는 데 주요한 역할을 수행한 것이다. 그리고 임시정부의 헌법인 임시헌장과 임시의정원법을 기초한 것도 그였다. 1919년 9월 세 곳의 임시정부가 통합을 이루는 과정에서도 신익희는 법무차장으로 그 헌법을 기초하였으며, 통합정부가 출범하는 데 있어서도 그의 역할이 적지 않았다.

그리고 임시정부가 대통령과 국무총리의 갈등과 대립으로 파국으로 치닫게 되자, 임시정부를 정상화시키기 위해 동분서주하였다. 해결방안은 대통령이 상해에 부임하는 것이라 생각하고, 임시의정원 의원들과 함께 이승만의 상해부임을 촉구한 것이다. 이승만이 부임한 이후 국무총리를 비롯한 각원들이 사퇴하고, 대통령마저 사퇴의 뜻을 밝히자 기호지역 인사들을 중심으로 내각을 구성하게 한 것도 그였다. 그리고 자신은 국무원 비서장으로 대통령을 보좌하며 임시정부를 정상화하기 위한 노력을 기울였다.

임시정부 정상화를 위한 노력이 허사로 돌아가자 신익희는 임시정부를 떠나서 독자적인 길을 걸었다. 서안에서 호경익 부대에, 남경에서 중국의 심계원에 복무하기도 하였고, 한국혁명당·조선청년전위동맹 등을 비롯하여 정당을 결성하면서 임시정부와 반대편에 서기도 하였다.

신익희는 1942년 다시 임시정부에 참여하였다. 조소앙의 천거로 외무부의 외교연구위원으로 참여한 것이다. 이후 외무부 차장으로, 1944년 4월 좌우연합정부가 구성되면서 내무부장이 되었다. 그리고 내무부장으로 환국하였다.

신익희는 환국한 후 정치공작대를 조직하여 임시정부의 국내조직을 확대하면서 자신의 능력을 발휘하였다. 그러나 반탁운동을 전개하며 발표한 국자포고를 계기로 정치공작대의 실체가 드러났고, 이로 인해 미군정의 해체 압력을 받았다. 임시정부가 정치공작대의 해체를 결의하게 되자, 그는 다시 임시정부를 떠났다.

임시정부가 수립되고, 27년 동안 그 조직을 유지 운영하기까지에는 많은 지도자들이 있었다. 그 지도자들의 배경이나 사상, 성격, 노선 등은 다양했다. 그중에서도 임시정부의 대표적인 지식층을 꼽으라고 한다면, 조소앙과 신익희를 들 수 있다. 조소앙은 메이지대, 신익희는 와세다대를 졸업한 일본유학생 출신이었다. 이들이 임시정부의 이론적 기반과 실무를 담당하면서, 임시정부라는 조직이 유지 운영되는 데 적지 않은 공헌을 한 것이다.

1 　신창현, 『해공신익희』, 63쪽.

2 　玄楯, 『玄楯自史』, 연세대학교 출판부, 2003, 299쪽.

3 　玄楯, 『玄楯自史』, 299쪽.

4 　玄楯, 『玄楯自史』, 299쪽.

5 　국회도서관, 『大韓民國臨時政府議政院文書』, 1974, 39쪽.

6 　국회도서관, 『대한민국임시정부의정원문서』, 1974, 41쪽.

7 　한시준 편, 『大韓民國臨時政府法令集』, 국가보훈처, 1999, 34쪽.

8 　국회도서관, 『대한민국임시정부의정원문서』, 43쪽.

9 　이연복, 『대한민국임시정부30년사』, 국학자료원, 1999, 110~150쪽.

10 　국사편찬위원회, 『韓國獨立運動史』 자료 2, 1968, 435쪽.

11 　한시준 편, 『대한민국임시정부법령집』, 44~51쪽.

12 　국회도서관, 『대한민국임시정부의정원문서』, 60~61쪽.

13 　국회도서관, 『대한민국임시정부의정원문서』, 64쪽.

14 　윤대원, 『상해시기 대한민국임시정부 연구』, 서울대 출판부, 2006, 52쪽.

15 　『독립신문』 1919년 11월 4일자, 「國務總理三總長 就任式의 光景」.

16 　『大韓民國臨時政府公報』 제7호, 1919년 11월 17일.

17 　반병률, 『성재 이동휘 일대기』, 범우사, 1998, 249쪽.

18 　조동걸, 「해공신익희의 임시정부 활동」, 106쪽.

19 　유영익, 『이승만의 삶과 꿈』, 중앙일보사, 1996, 154쪽.

20 　范廷傑, 「韓國臨時政府大統領李承晩中國來去」(윤병석 편, 『한국독립운동사자료집』 중국편, 한국정신문화연구원, 1993, 438쪽).

21 　국회도서관, 『韓國民族運動史料』 중국편, 1976, 276~277쪽.

22 　국회도서관, 『韓國民族運動史料』 3·1운동편 1, 1976, 970쪽.

23 　한시준, 「이승만과 대한민국임시정부」, 『이승만연구』, 연세대 출판부, 2000. 195쪽.

24 　신창현, 『해공신익희』, 68쪽.

25 　신창현, 『해공신익희』, 148~149쪽.

26 　유치송, 『해공신익희 일대기』, 300쪽.

27 　한시준, 「독립운동 정당과 해공신익희」, 800쪽.

28 　『上海韓聞』 제2호, 1932년 1월 11일(국사편찬위원회, 『한국독립운동사자료』 20, 1991, 308쪽).

29 한시준, 「독립운동 정당과 해공 신익희」, 814쪽.

30 한시준, 「1940년대 전반기 민족통일전선운동」, 『대한민국임시정부의 좌우합작운동』, 한울, 1995, 143쪽.

31 유치송, 『해공신익희 일대기』, 395쪽.

32 정정화, 『녹두꽃』, 도서출판 미완, 1987, 157쪽.

33 황묘희, 『중경 대한민국임시정부사』, 경인문화사, 2002, 167쪽.

34 『大韓民國臨時政府公報』 제77호, 1943년 4월 15일 (국사편찬위원회, 『대한민국임시정부자료집』 1, 2005, 266쪽.

35 『대한민국임시정부공보』 제77호, 1943년 4월 15일

36 한시준, 「1940년대 전반기의 민족통일전선운동」, 151~155쪽.

37 한시준, 『의회정치의 기틀을 마련한 홍진』, 탐구당, 2006, 264쪽.

38 한시준 편, 『대한민국임시정부법령집』, 67~74쪽.

39 『대한민국임시정부공보』 제81호, 1944년 6월 6일.

40 조경한, 『白岡回顧錄』, 한국종교협의회, 1979, 366쪽.

41 한시준, 「대한민국임시정부의 환국」, 『한국근현대사연구』 25, 2003, 76쪽.

42 정병준, 「남한진주를 전후한 주한미군의 對韓정보와 초기점령정책」, 『사학연구』 51, 1996, 174쪽.

43 신창현, 『해공신익희』, 214~215쪽.

44 손세일, 『이승만과 김구』, 일조각, 1970, 184쪽.

45 한시준, 『의회정치의 기틀을 마련한 홍진』, 310쪽.

46 『자유신문』 1945년 12월 3일자 「殘餘要人昨夕入京」; 『동아일보』 1945년 12월 3일자 「臨時政府殘留要人昨夕入京」.

47 『자유신문』 1945년 12월 4일자.

48 유치송, 『해공신익희 일대기』, 411쪽.

49 박진희, 「해방 직후 정치공작대의 조직과 활동」, 『역사와 현실』 21, 1996, 170쪽.

50 황묘희, 『중경 대한민국임시정부사』, 202쪽.

51 신창현, 『해공신익희』, 254~255쪽.

52 박진희, 「해방 직후 정치공작대의 조직과 활동」, 176~177쪽.

53 국사편찬위원회, 『자료 대한민국사』 1, 1968, 722~723쪽.

54 신창현, 『해공신익희』, 267쪽.

55   조병옥, 『나의 회고록』, 민교사, 1959, 165~66쪽.

56   신창현, 『해공신익희』, 268~270쪽.

57   박진희, 「해방 직후 정치공작대의 조직과 활동」, 197~198쪽.

58   신창현, 『해공신익희』, 244쪽.

59   신창현, 『해공신익희』, 245쪽.

60   박진희, 「해방 직후 정치공작대의 조직과 활동」, 191쪽.

61   신창현, 『해공신익희』, 533~541쪽.

62   신창현, 『해공신익희』, 294쪽.

63   박진희, 「해방 직후 정치공작대의 조직과 활동」, 202쪽.

4부

한국광복군의
지휘관

서안총사령부 총사령 황학수

총사령관 이청천

총사령관
이청천

일본육군사관학교 출신으로 독립운동에 참여하여 활동한 인물들이 적지 않다. 그 중 대표적인 인물이 이청천(본명 지대형池大亨, 1888~1957)이다. 이청천은 대한제국 육군무관학교를 다니던 중 일본으로 유학하여 1912년 일본육군사관학교를 졸업하였고, 일본군 장교로 복무하였다. 제1차 세계대전 당시에는 일본군으로 중국 청도靑道에서 독일군과 전쟁에 참전한 것으로 알려져 있다. 그러다 1919년 3·1운동이 발발한 것을 계기로, 일본군을 탈출하여 독립운동에 참여하였다.

이청천이 3·1운동 직후 일본군을 탈출하여 찾아간 곳은 서간도에 있는 신흥무관학교였다. 신흥무관학교는 1911년 이회영李會榮 등이 독립군을 양성하기 위해 설립한 무관학교로, 교관을 맡았다. 이후 서로군정서 사령관, 고려혁명군과 대한통군부 등 독립군을 조직하여 주로 서간도지역에서 활동하였다. 1931년 일제가 만주를 침략하였을 때, 북만주에서 한국독립당과 그 당군黨軍으로 한국독립군을 조직하고 총사령관을 맡았다. 그리고 중국의 항일군과 연합하여 일본군과 치열한 무장투쟁을 벌였다.

북만주에서의 활동이 어려워지자 1930년대 중반 중국 관내로 이동하였다. 만주에서 이동해온 세력들을 중심으로 조선혁명당을 결성하여 활동하기도 하였지만, 대한민국 임시정부에 참여하여 주로 군사관계 업무를 맡았다. 대한민국 임시정부에서 군대창설을 계획·추진하고, 중경에 정착하면서 1940년 9월 17일 한국광복군을 창설하였다. 한국광복군은 대한민국 임시정부의 국군이었고, 이청천이 총사령관을 맡았다. 이후 해방을 맞아 환국할 때까지 총사령관으로 한국광복군을 지휘·통솔하면서, 연합군과 공동으로 항일전을 전개하고, 국내진입작전을 추진하였다.

이 글은 이청천이 한국광복군을 창설하고 총사령관으로 활동한 실상을 살펴보려는 데 목적이 있다. 이를 위해 한국광복군을 창설하고 총사령관으로 임명되는 과정을 살펴보고, 총사령관으로서 수행한 활동과 역할, 그리고 일제가 패망한 후 중국에서 전개한 확군활동과 광복군을 해산하고 환국하는 과정 등 6년여 동안 총사령관으로 광복군을 이끌었던 그의 활동에 대해 언급하고자 한다.

광복군 창설과 총사령관

광복군 창설

이청천이 임시정부에 참여하여 활동하기 시작한 것은 1939년부터였다. 임시정부는 중일전쟁이 일어나고 일본군의 점령지역이 확대되면서 중국대륙 여러 곳으로 이동해 다니다가 1939년 5월 사천성四川省 기강綦江에 도착하였다. 기강은 중국국민당 정부가 임시 수도로 정한 중경에서 얼마 떨어지지 않은 조그만 도시로, 비교적 전란으로부터 안전한 곳이었다. 이곳에 도착하면서, 임시정부는 조직의 확대·개편을 도모하고 전시체제를 갖추어 나갔다. 이 과정에서 이청천이 임시정부에 참여한 것이다.

임시정부의 조직을 확대 개편하는 작업은 민족주의 세력을 임시정부로 결집하는 것으로 추진되었다. 1930년대 중반 이래 임시정부는 김구가 주도하던 한국국민당 중심으로 운영되고 있었다. 여기에 조소앙·홍진이 중심이 된 (재건)한국독립당과 이청천·최동오가 이끄는 조선혁명당이 참여한 것이다. 그 방법의 하나는 재건한독당과 조선혁명당 인사들을 의원으로 선출하여 임시의정원을 확대하는 것이었고, 다른 하나는 임시정부 국무위원과 각부서의 책임자로 선출하여 임시정부의 조직을 새로이 구성하는 것으로 추진되었다. 1939년 10월 25일 임시의정원 회의에서 내무·외무·군무·법무·참모·재무의 6개 부서를 두기로 하고, 각 부서의 책임자를 선출하였다. 이때 이청천이 군무장軍務長에 선출된 것이다.

주석: 이동녕

내무장: 홍진   외무장: 조소앙

군무장: 이청천   참모장: 유동열

법무장: 이시영   재무장: 김구

비서장: 차리석[1]

이청천은 군무장에 선출된 것을 계기로 임시정부에서 활동하게 되었다. 중일전쟁 발발 직후인 1937년 7월에 군무부에서 설치한 군사위원회 위원으로 선임*되어 임시정부의 군사정책에 관여한 적이 있었지만,[2] 이를 계기로 임시정부 부서의 책임자가 된 것이다.

임시정부는 조직의 확대 개편과 더불어 전시체제를 갖추고자 하였고, 그 사업의 하나로 광복군 창설을 추진하였다. 광복군을 창설하는 작업은 이미 기강에 도착한 직후부터 이루어졌다. 1939년 7월 국무회의에서 병력모집을 위해 군사특파원을 파견하기로 결정하였고, 11월 조성환을 주임으로 한 군사특파단을 구성하여 서안으로 파견한 것이다.[3] 서안은 일본군이 점령하고 있는 화북지역과 최전선을 이루고 있던 곳이었다. 이곳에 군사특파단을 파견하여 일본군 점령지역에 있는 한인청년들을 대상으로 병력을 모집하고자 하였던 것이다.

이청천은 군무장으로 광복군 창설 작업을 주도하였다. 광복군 창설의 실무는 김구를 비롯하여 박찬익·이청천·유동열·김학규·조경한·이범석이 맡아 추진하였다는 기록도 있고,[4] '한국광복군창설위원회'란 명칭이 보이기도 한다.** 광복군 창설 작업에는 많은 인사들이 관여되었을 것이지만, 그것을 주도한 것은 군무부로 보아야 할 것이다. 당시 군무부장은 이청천이었다.

광복군을 창설하는 작업은 크게 세 방향으로 추진되었다. 하나는 병력을 모집하는 것으로, 이는 군사특파단을 파견하여 추진하였다. 둘째는 중국정부와 교섭하는 일로, 이는 주로 김구가 주가화朱家驊를 비롯한 한국담당자들을 대상으로 추진하고 있었다. 셋째는 광복군 창설을 위한 계획을 수립하

---

*   임시정부는 중일전쟁이 발발하자 군무부 산하에 군사위원회를 설치하고 유동열·이청천·이복원·현익철·김학규·안공근을 위원으로 선임하여 군사정책을 수립하도록 하였다.

**   '한국광복군창설위원회'란 명칭은 1940년 9월 15일 발표한 '한국광복군선언문'에 그 발표자를 '대한민국임시정부 주석 겸 한국광복군창설위원회 위원장'이라고 한 데서 나타난다.

는 일이었다. 이 일은 군무장인 이청천이 주관하였던 것으로 보인다. 이청천은 후일 국내로 돌아와 「광복군과 나의 투쟁」이란 글을 통해 광복군 창설 당시의 상황을 다음과 같이 회고하였다.

나는 다시 광범위한 광복군을 조직코저 임시정부 군무부장을 수락하고 무대를 중경으로 옮겨 광복군 조직에 전력을 다하였다. … 중국정부에서도 우리들의 독립운동이 얼마나 자기네들에게 유익한 가를 알기 때문에 제반 사정에 자연히 동정을 얻게 되니 이 기회를 놓치지 않고 광복군 조직계획을 수립하여 중국정부에 제출하였던 바 쾌히 승인을 얻어 나 자신이 광복군총사령관의 중책을 맡게 되었던 것이다.[5]

중국정부에 제출하였다고 하는 광복군 창설계획서가 남아 있다. 1940년 5월 한국독립당 중앙집행위원장 김구 명의로 주가화를 통해 장개석蔣介石에게 제출한 '한국광복군편련계획대강韓國光復軍編練計劃大綱'이 바로 그것이다.[6] 이는 광복군을 편성하여 한중연합군으로 중국군과 함께 연합작전을 전개한다는 전제하에, 광복군의 임무·병액·예속·편제·징모방법·훈련방법과 장소·활동구역·동북방면에 있는 한인무장대오에 대한 처리방법·광복군의 속성방법 및 선전요령·특무기관 부설 및 진행방략 등 광복군 창설에 대한 총체적인 계획서였다. 이 '계획대강'은 장개석의 승인을 얻게 되었다. 장개석이 '한국광복군이 중국항전에 참가한다'는 전제하에 이를 승인하고, 중국군사위원회 군정부로 하여금 조속한 실현을 준비하도록 지시한 것이다.[7]

장개석의 승인이 떨어진 후 광복군을 창설하는 작업이 구체적으로 추진되었다. 우선 병력이 확보되지 못한 상황에서 당시 임시정부에서 활동하고 있던 군사간부들을 중심으로 지휘부인 총사령부를 먼저 조직하기로 하였다. 1940년 8월 4일 임시정부 국무회의에서는 총사령부를 조직하기로 결정하고, 이청천을 총사령관으로 임명하였다. 이에 따라 이청천은 간부들을 인선하여 총사령부를 구성하는 작업에 들어갔고, 8월 10일 국무회의에서는 이청천이 추천한 총사령부의 조직을 그대로 임명하였다. 이청천이 조직한 총사령부는 다음과 같다.[8]

총사령관: 이청천

참모장: 이범석

참 모: 채원개蔡元凱, 이복원, 이준식李俊植, 김학규, 공진원公震遠

부 관: 황학수黃學秀, 왕중량王仲良, 조시원趙時元

전령장교: 고일명高一鳴, 유해준兪海濬

주 계: 안훈安勳, 김의한金毅漢, 이상만李象萬, 민영구閔泳玖

군 의: 유진동劉振東, 임의택林義澤, 엄익근嚴益根

광복군을 창설하는 작업에 이청천이 수행한 역할이 분명하게 드러나는 기록이 많지 않다. 그렇지만 임시정부의 군무장이었던 이청천의 역할이 적지 않았을 것임은 짐작할 수 있다. 중국정부에 제출한 '한국광복군편련계획대강'은 이청천이 주관하여 작성한 것으로 생각된다. 광복군 창설에 대한 총체적인 계획을 추진한 것이다. 그리고 직접 총사령부를 구성하기도 하였다.

광복군 총사령관

이청천은 임시정부의 군무장으로 광복군 창설을 추진하였다. 광복군의 창설은 우선 지휘부인 총사령부를 조직한다는 방침이었다. 그리고 총사령관을 임명하고 총사령관으로 하여금 총사령부를 구성하도록 하였다. 이에 따라 이청천은 임시정부 국무회의에서 총사령관으로 임명되었다.

이청천이 총사령부를 구성한 후, 임시정부는 광복군 창설을 공식적으로 선언하였다. 1940년 9월 15일 '대한민국임시정부 주석 겸 한국광복군창설위원회 위원장' 명의로 광복군 창설을 대내외에 알리는 다음과 같은 「한국광복군선언문」을 발표한 것이다.

> 대한민국임시정부는 원년에 정부가 공포한 군사조직법軍事組織法에 의거하여 중화민국 총통 장개석 원수의 특별 허락으로 중화민국 영토내에서 광복군을 조직하고 대한민국 22년 9월 17일 한국광복군총사령부를 창립함을 자玆에 선언한다.[9]

이 선언은 임시정부가 9월 17일 광복군을 창설한다는 것을 대내외에 공포한 것이다. 창설식을 거행하기 전에 창설 사실을 대내외에 공포한 데는 이유가 있었다. 장개석은 임시정부에서 제출한 '계획대강'에 대해 비준하였지만, 그 지시를 받은 중국군사위원회 실무자들이 광복군과 중국군이 대등한 관계일 수 없다며 광복군을 중국군사위원회에 예속시키려 한 때문이었다.[10] 이에 임시정부에서는 중국군사위원회의 승인과 협조를 받지 않은 채 광복군을 창설하고자 하였고, 장개석이 허락한 사실을 들어 일방적으로 대내외에 공포한 것이다.

임시정부는 선언을 통해 공포한 대로 1940년 9월 17일 한국광복군총사령부성립전례식을 거행하였다. 전례식은 가릉빈관嘉陵賓館 호텔에서 거행되었다. 총사령부 직원을 비롯하여 임시정부·임시의정원·한국독립당 인사들, 그리고 중국 각 기관을 대표하는 다수의 인사들과 중경에 있던 외교사

한국광복군총사령부성립전례식을 마치고 가릉빈관 호텔 앞에서(1940. 9. 17)
앞 줄 중앙에 홍진(의정원 의장), 이청천(광복군 총사령), 김구(임시정부 주석).

절 및 신문사 대표 등 200여 명이 참석하였다.

성립전례식은 성황을 이룬 가운데 일본 공군기의 공습을 피해 아침 7시부터 개최되었다. 임시정부 주석이며 한국광복군창설위원장인 김구와 총사령관 이청천이 행사를 주관하였다. 먼저 창설위원장 김구의 대회사와 임시정부 외무부장 조소앙의 '한국광복군총사령부성립보고'가 있었다. 이어 임시정부를 대표하여 내무장 홍진의 훈사, 한국독립당 대표 조완구의 축사, 중국측 인사들인 유치劉峙·장서만張西曼·왕관지汪觀之의 순으로 축사가 진행되었고, 장개석 중국군사위원회 위원장에게 보내는 치경문致敬文이 낭독되었다.

이어 이청천이 총사령관으로 단상에 올랐다. 총사령관에게 광복군기를 헌기獻旗하는 순서였다. 이청천은 배달기술청년연구회가 비단에 '광복조국光復祖國'이란 글자를 새겨 만든 광복군기를 받았다. 이로써 광복군기가 중국대륙에 휘날리게 되었다. 이청천은 총사령관으로서 답사를 하였다. 그 상황을 '광복군총사령부성립전례배관기光復軍總司令部成立典禮拜觀記'에서는 다음과 같이 묘사하고 있다.

헌기를 마치자 총사령관은 늠름한 기상과 장엄한 태도로써 정면을 향하야 다시 축립하였다. …… 그는 간곡하고도 겸손하며 견결하고 비장한 어조로써 간명한 열변을 토하야 청중을 감동시켰다. 그는 벽두에 한중양방의 당·정·군·민 각계의 열렬한 원조에 대하야 감사하다는 것을 말하는 동시에 더욱 현명한 장개석 장군에게 경의를 표하였다. 다음에 그는 말하기를 비록 자기의 재덕은 중임을 맡기에 부족하나 각계의 호의를 보답하며 군인의 천직을 다하기 위하야 '국궁진취하야 사이후이'하겠다고 하였다. 비록 그 말은 겸손하지만 그 중에 비장한 뜻이 가득찼었다. 그는 중국 각방에 산재한 우리 무장청년들과 또 기타 각 방면의 우리 열혈청년들이 광복군 성립되는 소식을 듣고 바람에 구름 밀리듯이 일제히 모혀드는 중이라고 보고하고, 동시에 우리 조국과 민족의 해방 여부가 전혀 광복군이 목적을 관철하고 못하는데 달렸으니 동지동포는 인력·정력·물력을 군으로 집중하여 달라고 호소하였다.[11]

성립전례식은 고운기高雲起의 '고중국전방장사서告中國前方將士書' 낭독을 마지막으로 끝났다. 3시간에 걸쳐 성립전례식이 거행된 것이다. 이로써 이청천을 총사령관으로 한 한국광복군이 공식적으로 창설되었다. 이후 광복군은 1946년 5월 환국할 때까지 중국대륙에서 활동하였고, 이청천 역시 광복군과 함께 6년여 동안 총사령관으로 활동하였다.

총사령관으로 활동

중국과 교섭

광복군을 창설하였지만, 곧바로 군사활동을 전개하는 것이 어렵게 되었다. 중국군사위원회에서 광복군의 활동을 저지한 것이 가장 큰 이유였다. 창설을 추진하는 과정에서 중국군사위원회가 광복군을 예속하려고 하자 이를 거부하고, 임시정부는 중국군사당국의 양해와 승인없이 광복군을 창설하였다. 임시정부가 광복군을 창설하자 중국군사위원회에서는 각지 군사장관들에게 광복군의 활동을 엄밀취체하라는 통령을 내려, 광복군의 활동을 저지하고 나선 것이다.[12]

이러한 상황에서 이청천이 총사령관으로서 해결해야 할 과제는 크게 두가지였다. 하나는 광복군의 군사활동을 추진하는 것이고, 다른 하나는 중국측과 교섭하여 광복군 활동을 보장받는 일이었다. 이청천은 광복군의 군사활동을 전개하기 위해 총사령부를 전방지역인 서안으로 이전하도록 하였다. 1940년 11월 부관처장 황학수를 총사령 대리로 한 '총사령부잠정부서'를 편성하고, 이들을 서안으로 파견한 것이다.[13] 이로써 총사령부가 서안에 설치되었고, 이를 중심으로 광복군의 군사활동이 시작되었다.

이청천은 참모장 이범석과 함께 중경에 남았다. 중국측과의 교섭을 전개하기 위해서였다. 중국과의 교섭은 중국군사위원회에 광복군 창설을 승인해 줄 것과 광복군의 활동을 취체하는 통령을 철회해 줄 것을 요청하는 것

대한민국임시정부 주석 김구와
한국광복군 총사령 이청천

으로 추진되었다. 광복군이 군사활동을 전개하기 위해서는 이 문제를 해결
하지 않으면 안되었다. 이것을 해결하는 것이 총사령관으로서 당면한 과제
가 되었던 것이다.

　중국과의 교섭은 두 통로를 통해 이루어졌다. 하나는 임시정부 주석 김구
가 주가화를 창구로 하여 추진하였다. 주가화는 중국국민당 조직부장으로,
임시정부와 중국의 교섭창구 역할을 하던 한국담당자였다. 김구는 1941년
1월부터 주가화에게 '중국군 군사참모와 정치지도원을 받아들여 일정한 통
제를 받을 것'이라는 조건을 제시하고, 중국군사위원회 당국자들과 광복군

문제를 교섭하여 '광복군 창설을 인준하고 광복군 활동을 취체하는 지시를 취소해달라'는 내용으로 교섭을 추진하였다.[14]

다른 하나는 이청천이 중국정부 행정원 부원장 공상희孔祥熙를 대상으로 교섭을 추진한 것이다. 이청천은 1941년 1월 29일 '광복군은 지난 해 5월 18일 장개석 위원장의 비준을 얻어 성립한 것'이라는 사실을 강조하고, 또 '광복군은 임시정부와 한국독립당을 배경으로 하고 있으며 총사령부는 서안에 있고, 중국군관학교 및 각지의 정식 군관학교를 졸업한 간부만도 170명에 이르며 동북과 시베리아에서 항전에 참가하였던 군인 2,000여 명이 화북 각지에 산재해 있다'는 내용의 절략을 행정원에 보냈다. 이와함께 다음과 같은 5가지 요구사항을 제출하였다.

1. 각지의 군정장관에게 통령하여 가능한 협조를 제공해 줄 것.
2. 부대 성립을 비준하여 주고, 간부를 훈련할 조직의 설립을 허락해 줄 것.
3. 참모인원을 파견하여 지도와 협조를 해 줄 것.
4. 필요한 경비를 지급하거나 보조해 줄 것.
5. 무기를 발급해 줄 것.[15]

행정원이 나서서 광복군의 창설을 인준하고, 광복군의 활동을 보장해 달라는 교섭을 하고 있는 것이다. 공상희를 상대로 한 이청천의 교섭은 계속되었다. 이청천은 1941년 2월 8일 다시 공상희에게 '현재 서안에 모여든 간부가 200여 명이고 화북 각지에 산재한 독립군 출신 2000여 명이 서안을 향해 모여들고 있다'는 상황과 함께 향후 광복군의 활동계획을 설명하면서, 중국군사위원회와 교섭해 줄 것을 요청하고 있다.[16]

그리고 장개석과의 면담을 요청하기도 하였다. 장개석과의 면담을 요청한 사실은 1941년 7월 19일 주가화가 김구에게 보낸 온 편지를 통해 알 수 있다. 이는 면담 요청에 대한 답신이었다.

> 광복군 조직문제는 지난 달 말 재차 총재님께 올려 지시를 청해줄 것을 청하였습니다. 아울러 선생과 이청천·이범석·박찬익 등 4명의 면담해주시기를 청하였습니다. …… 총재께서 광복군 성립을 비준하나 활동에 일정한 제한을 두어야 할 것 같아 하총장(군사위원회 참모총장)에게 명하여 신속하게 방안을 마련하도록 하였습니다"라며, "김구 등 4명을 불러 이야기를 나눠보도록 하겠습니다.[17]

장개석이 면담 요청을 허락하였음을 전달한 것이다. 그렇지만 일본군의 공습이 계속되는 관계로 면담은 실현되지 못하였다.

이청천이 중국과의 교섭을 위해 중경에 남고, 또 공상희를 통해 교섭을 추진하고 장개석에게 면담을 신청한 데는 배경이 있었다. 장개석 역시 일본육군사관학교 출신으로 이청천의 1년 선배였다. 그리고 공상희는 장개석과 동서지간이었다. 공상희의 부인 송애령宋靄齡은 장개석의 부인 송미령宋美齡의 큰 언니였던 것이다. 김구가 임시정부와 중국과의 공식적인 창구를 통해 교섭을 추진한 것이라고 하면, 이청천은 선후배라는 관계를 통해 교섭을 추진한 것이라고 하겠다.

중국과 교섭을 벌이고 있을 때, 조선의용대가 화북지역으로 이동한 사건이 일어났다. 조선의용대는 조선민족혁명당을 비롯한 좌익진영에서 1938년 10월에 조직한 무장세력으로 중국군사위원회 정치부에 소속되어 활동하고 있었다. 이러한 조선의용대가 1941년 3월과 5월에 걸쳐 비밀리에 중국공산당 지역인 화북으로 이동한 사건이 일어났다.[18] 이 사건은 중국군사위원회는 물론이고 중국정부에 상당한 충격을 주었다. 보고를 받은 장개석은 1941년 10월 30일 참모총장 하응흠何應欽에게 "한국광복군과 조선의용대를 동시에 군사위원회에 예속케 하고 참모총장이 직접 통일 장악하여 운용하라"는 지시를 내렸다.[19]

이로 인해 중국과의 교섭은 무위로 돌아갔고 광복군이 중국군사위원회에 예속되는 결과를 초래하였다. 장개석의 지시를 받은 중국군사위원회가 광복군을 예속하는 조치를 취한 것이다. 1941년 11월 13일 중국군사위원회 판공청에서 총사령관 이청천에게 "한국광복군을 본회에 귀속시켜 통할 지휘한다"고 하면서, 통할 지휘에 따른 광복군 활동을 규제하는 9개항의 '한국광복군행동9개준승'을 보내왔다.[20] 이로써 광복군 창설을 인준해주고 활동취체를 취소해 달라는 교섭은 수포로 돌아갔다.

광복군은 중국군사위원회에 예속되면서, 독자적인 활동을 할 수 없었다. 중국측의 조처에 대한 불만이 폭발하고, 9개준승을 취소하자는 논의가 일어났다. 특히 1942년 10월에 개최된 임시의정원 의회에서 여야 의원들이 모두 나서서 분통을 터뜨렸고, "9개준승을 즉시 취소하고 국제간에 평등한 입장에서 우호적으로 적극 원조하기를 요청한다"는 결의안을 채택한 것이다.[21] 그리고 9개준승의 수정을 위한 기구를 발족시키는 한편, 임시정부로 하여금 이를 적극 추진하도록 요청하였다.

의정원의 요구에 따라 임시정부에서는 9개준승 취소를 위한 작업에 착수하였다. 1943년 1월 국무회의에서 조소앙·김규식 등 5명을 선정하여, 이들로 하여금 9개준승 취소방안을 마련토록 한 것이다. 이들은 9개준승을 폐지하고 중국과 새로이 군사협정을 체결한다는 원칙하에, 전문 및 10개조로 구성된 '한중호조군사협정초안韓中互助軍事協定草案'을 마련하였다. 그 핵심은 '광복군을 임시정부에 예속토록 하고, 광복군 인원의 임면任免 및 정치훈련은 임시정부가 담당하며, 광복군에 대한 지원은 차관으로 한다'는 것이 었다.[22] 임시정부는 이 안을 중국 외교부에 제출하여 협상을 전개하였으나 별다른 진전을 보지 못하였다.

협상의 진전이 없자, 협상 주체를 임시정부와 총사령관이 맡도록 하였다. 이에 의해 이청천은 1944년 6월 22일 총사령관이 주최하는 형식으로 중국 군사위원회 실무자들과 협상을 벌였다. 협상은 네 차례 이루어졌고, 이를 통해 9개준승을 취소한다는 원칙에 합의를 이루었다.[23] 중국군사위원회에 서는 이를 장개석에게 보고하였다. 그리고 장개석은 1944년 9월 8일 중국 국민당 조직부장으로 한국담당자인 오철성吳鐵城에게 광복군을 임시정부에 예속케 하고, 9개준승을 취소하라는 지시를 내렸다.[24]

이로써 광복군은 중국군사위원회의 예속에서 벗어남과 동시에 임시정부 가 통수권을 행사할 수 있게 되었다. 이청천은 1944년 10월 광복군총사령부 조직조례 및 지대 편제표를 마련하여 광복군의 독립적인 조직체제를 확립 하였다.[25] 그리고 중국군 계급을 사용해 왔던 것을 환원시켜 광복군의 계급 을 사용토록 하는 등의 조처를 단행하였다. 광복군의 독립성과 자주권을 회 복시킨 것이다. 이후 광복군은 독자적인 활동을 전개할 수 있었다.

광복군의 확대 발전

1940년 9월 17일 광복군의 창설은 총사령부만으로 이루어졌다. 지휘부인 총사령부를 먼저 조직하여 광복군을 창설한 것이고, 이후 병력을 모집하여 예하에 단위부대를 편성해 나간다는 계획이었다. 총사령부를 기초로 하여 병력이 확보되는 대로 단위부대를 편성하려는 일종의 하향식 편제방법으 로 군대로서의 조직을 갖추어가고자 한 것이다.

이청천은 총사령부의 조직체제부터 확립하였다. 광복군을 창설한 직후인

1940년 10월 9일 '한국광복군총사령부조직조례'를 발표한 것이 그것이다.[26] 이는 총사령부의 위상 및 지휘계통, 간부진의 역할 및 부서 등을 규정한 것이었다. 우선 총사령부를 임시정부 주석 직할하에 둔다고 하여 광복군이 임시정부의 국군임을 명백히 하였다. 그리고 총사령부의 조직과 부서를 총사령과 총사령을 보좌하는 참모장을 중심으로 비서처·참모처·부관처·정훈처·관리처·편련처·포병공처·경리처·군법처·위생처 등 10개 처를 두어 조직체제를 갖추었다.

총사령부 산하에 단위부대로 지대支隊를 설립하였다. 지대는 독립여단의 병력규모를 상정한 것이다. 1940년 11월 서안에 총사령부를 파견하고, 그곳에 있는 총사령부의 인원과 군사특파단원을 중심으로 3개 지대를 편성하였다. 이로써 광복군은 창설 직후 총사령부와 3개 지대를 조직하여 군대로서의 편제를 갖추었다.

이청천이 총사령부와 지대를 편제하여 군대로서의 조직을 갖춘 직후 서안에서 활동하고 있던 한국청년전지공작대가 광복군에 참여해 왔다. 전지공작대는 나월환羅月煥을 대장으로 한 무정부주의 계열의 청년들이 중심이 된 무장세력이었다. 이들은 광복군보다 한발 앞서 서안을 중심으로 초모활동을 전개하며 100여 명에 이르는 대원들을 확보하고 있었다. 이들이 1941년 1월 1일 광복군에 편입한 것이다.[27] 이를 제5지대로 편제하였다.

총사령부와 4개 지대를 편제하였지만, 제5지대 이외에는 병력이 확보되지 않은 상태에서 이루어졌다. 우선 군대로서의 조직을 갖추어 놓고, 병력을 확보하여 충원하고자 한 것이다. 당시 일본군이 점령하고 있던 화북지역 일대에는 약 20만에 달하는 한인들이 이주해 있었고,[28] 이외에 중국대륙 각지에도 적지 않은 한인들이 있었다. 광복군 대원들로 하여금 일본군 점령지역에 들어가 그곳에 이주해 있는 한인청년들을 모집하는 것이 초모활동이었다. 이청천은 각 지대로 하여금 초모활동을 전개하여 병력을 충원하도록 하였다.

각 지대별로 초모활동 구역이 정해져 있었다. 제1지대는 산서성山西省 대동大同, 제2지대는 수원성綏遠省 포두包頭, 제3지대는 안휘성安徽省 부양阜陽, 제5지대는 섬서성陝西省 서안西安을 중심으로 활동을 전개한 것이다. 이외에 강서성江西省 상요上饒에도 대원들을 파견하였으며,[29] 북쪽으로는 포두에서부터 남쪽으로는 상요에 이르기까지 중국대륙에서 초모활동을 전개하였다.

이청천은 아들 지달수池達洙와 딸 지복영池福榮도 참여시켰다. 낙양군관학교 출신인 지달수는 1941년 2월 공진원·나태섭羅泰燮·고시복高時福·유해준兪海濬 등과 함께 수원성 포두로 초모활동을 위해 떠났다. 그리고 20살을 갓 넘긴 지복영은 서안에 있는 총사령부에서 활동하다가 초모활동에 동원되었다. 지복영은 1942년 4월 김학규·오광심吳光心·신송식申松植·서파徐波·오희영吳姬英 등과 함께 안휘성 부양으로 파견되었고, 그곳에서 활동을 전개하였다.

초모활동에는 적지 않은 희생도 있었지만 많은 성과를 거두었다. 일본군 군속 및 상업 등을 위해 중국 각 지역에 나와 있던 한인청년들이 초모공작 대원들에 포섭되어 광복군에 참여한 것이다. 그리고 1944년 2월 학병들이 강제징집되어 중국전선에 배치되기 시작하면서 일본군을 탈출하기도 하였다. 특히 안휘성 부양과 중국 제9전구지역인 계동桂東·의춘宜春 등지에는 많은 학병들의 탈출이 이어졌다. 부양에서 초모활동을 전개하고 있던 김학규는 이들을 한국광복군훈련반으로 편성, 군사훈련을 실시하여 광복군에 편입시켰다. 이외에 중국군에 포로가 되었던 한적사병들이 광복군에 인계되어 편입된 경우도 적지 않았다.

이러한 초모활동과 일본군으로 끌려나온 한적사병들이 탈출하여 광복군에 참여해 오면서, 광복군의 조직과 병력이 크게 확대되고 발전되었다.

1940년 9월 창설 당시 병력은 대략 30여 명 정도였다. 5년이 지난 1945년 8월경에 이르면 광복군은 총사령부와 3개 지대를 갖춘 군사조직으로 발전하였고, 병력도 700여 명을 헤아리게 되었다.[30] 창설 이래 열악한 물적·인적 기반과 중국 땅에서 활동해야 하는 제약적 조건하에서 700여 명에 달하는 무장세력으로 발전한 것은 놀라운 성과였다.

연합군과 공동작전 추진

총사령관으로서 이청천이 갖고 있던 전략은 연합군과 함께 대일항전을 전개하는 것이었다. 이청천은 1930년대 만주에서 한국독립군을 조직하여 중국의 길림 구국군 등과 연합하여 항일무장투쟁을 전개한 경험을 갖고 있었다. 광복군을 창설하던 1940년에는 이미 중국과 일본간의 전면적인 전쟁이 한창이었고, 유럽에서는 2차 세계대전이 일어났다. 이청천은 이러한 세계정세 변화에 대응하며 연합군과 함께 대일전쟁을 수행하려는 전략을 수립하였다. 창설 직후 총사령부에서 수립한 당면전략에 그 방향이 나타나 있다.

1. 군의 경비 및 장비는 외국원조로 충당한다.
2. 대량으로 군사간부를 단기 훈련하여 양성하는 한편, 국내·만주·남북 중국에 전원專員을 파견하여 동포 사병을 초모 훈련한다.
3. 군 창립 1개년 후에는 최소한 3개 사단을 편성하며 중·미·영 등 연합군에 교전단체交戰團體로 참가하여 전투를 전개한다.
4. 선전전宣傳戰을 실시하여 밖으로는 종전의 투쟁역사와 현재의 분투상황을 소개하는 동시에 우리 민족의 독립자격이 충분함을 천명 선양하며, 안으로는 적후방의 동포들을 고무 격동하여 총궐기하게 해서 폭동을 일으킬 것과 군사행동에 향응 협력하도록 촉진한다.[31]

論現階段吾人之任務　　李青天

階遇積道演之最後階段，日寇失敗之後，德意亦戰敗支持，反使敵國
裏之必然敢得最後勝利，已為既定事實，惫無遲疑的餘地。

一

自去年十二月八日因日寇偸襲英美及太平洋諸根據地掀起了太平
洋上有史以來空前的大戰，使世界局勢突變，演順拉三洲的戰爭匯合
一流，好澳兩洲接入戰爭的漩渦。造成目下的第一次世界大戰。

太平洋下戰爭一朝爆發，中、波、英、荷、澳，以及南嵩諸國共
二十餘個叮倭啾國家，鄉向海憲日俊略者宣戰，同時，德灣日也免發
叮向盂戮宣戰，以致敝個世界俊略集團與反俊略集團劃分成兩大陣營
「你先死你活」的搏鬥。

就今日戰爭的情形而論，不可諱言的，日寇在太平洋上精佔優勢
，日寇似杖德國的閃電戰，偏其全力，一面由濱陝兩方圓攻斬加坡，
一面濱改北傳南以及要感要。太平洋上若幾桃讓地受它的威脅。英

二

上次大戰，可說是有史以來一次過激烈最慘酷的戰爭
，在四年三個月的戰傷裏，傷外四向閣關盪力的死亡，得過一百四
十萬，嗜後二千一百多萬，戰傷的預失、不可勝數。經濟道
一個慘勝的戰爭，我世界人士、對于戰爭每懷世界問題，才有苅的覺體
，與體悟，透次戰爭，比上次更激烈慘酷，說積世界的戰

現代的戰爭，是人力、物力的決鬥，在這兩方面具有優勢的，
方可談家標勝算。我們試首，日寇那一樣抵消下上民主國家呢？就人力
談，日寇的人口，原來只有七萬，為，荷，被發勢動太平洋戰
爭以後，原來叮英，法，美等致力的富分之一。自從他發動太平洋
尤其對戰後的形勢看，在當兩護，英美荷，北面受森物
的威脅，西面有人案動情的中國。在這種曲面包圍之下，他的朋友森德
意因園，也旅把予以切曾援助。說到物力，日寇原保先天不足，後天
不余的小園家，現在他與英，美，荷，澳作戰的大部分原料與機捕，一向仰賴於外國，後天
絕，其國內重工業，一時無法提高。可說日寇已路於日暮途窮之境，
其是英國，現在他與英，美，荷，澳

前，自然更深刻的，在上次戰爭，人想得到的戰爭，有三間。
（一）戰爭是可怕的，人類的失敗，莫過於戰爭。
（二）謀求友誼便利，料靠濟進步，經濟發展，世界已成為一個不
可分的整確。世界上海連的岡部的和平與局洲的戰爭，有和平，只有

聚個的和平，有戰爭，只有說界戰爭。
（三）戰爭的根源，是不平等。這克階段戰爭，橫介永久和平，必
須打破不平等現象。戰國際前會，打破政治經濟的不平等制度，
道次大戰的爆發，令人痛心地叮想到上次戰後消滅的不盡。在巴
黎和會中，戰勝國的代表，以戰勝國為藉口，勒蛮戰敗國不知談人
類正義發利平等的，因此，對於戰役剝割各民族的根本利益，並移其
仇怨關，乃遂使世界剝分勢力範圍才，並沒有解決了真正剝剝的根本需
求，地反而埋下今日窓前未有的浩正戰
果，上次戰爭，為戰亡的應洋不優自派，終是移民
世界大戰的因素。

就次大戰後，能各徹底改造世界，鄭定世界的永遠和平，途晉鎖
勝利的懷悟與今說界被壓迫民族的努力，德意日政權的崩潰，除着就
是世界被壓迫民族的勝利，日寇的失敗，也不能說就是我們民族困吉

연합군과 함께 대일항전을 수행할 것을 천명한 「현단계 우리의 임무를 논함」

이는 광복군이 연합군에 교전단체로 참가하여 대일전쟁을 수행한다는 것을 궁극적인 목표로 설정하고, 이를 실현하기 위한 당면전략 방침으로 수립한 것이었다. 광복군의 경비와 장비는 외국의 원조를 받고, 초모활동을 통해 1년 이내에 최소한 3개 사단을 편성한다고 하였다. 3개 사단을 편성하면 연합군의 일원으로 참전할 수 있다는 생각이었던 것이다.

이청천은 자신의 글을 통해, 또는 기자회견을 통해서도 연합군과 함께 대일전쟁을 수행할 것을 천명하였다. 광복군의 기관지『광복光復』에 발표한 「현단계 우리의 임무를 논함」이란 글이 그러한 예이다. 이를 통해 이청천은 "현단계에서 우리의 가장 절박한 임무는 국제지위를 획득하는 것"이라고 하면서, 중국과 연합하여 대일전쟁을 전개해야 함을 강조하였다.

> 우리의 사명은 항일전쟁에 참가하는 데 있다. 우방 중화민족과 더불어 공동으로 노력하고 분투하여 우리의 공동의 적인 일구日寇를 섬멸하여 일면으로는 조국의 독립 자유를 쟁취하고 일면으로는 동아시아의 평화를 수립하는 일이다. 현재 중국의 항전은 이미 세계 전쟁에서 중요한 부분이 되었고, 또한 우리 한민족의 독립문제도 세계 민족문제의 일환이 되어 있다.[32]

당시 전개되고 있는 중국과 일본과의 전쟁은 세계 전쟁에서 중요한 부분이 되었다고 보고, 중국과 더불어 대일항전을 전개하는 것이 국제적 지위를 획득할 수 있는 길이며, 조국의 독립을 쟁취할 수 있는 길이라는 논리이다. 중국과 연합하여 대일전쟁을 수행할 필요성을 역설한 것이다.

이청천은 기회가 있을 때마다 광복군이 연합군 함께 대일전쟁을 전개할 것임을 언급하였다. 1943년 9월 16일에는 광복군 창설 3주년을 기념하여 중경시의 신문기자들을 초청하여 광복군의 현상을 보고한 일이 있다. 이때도 이청천은 광복군이 동맹국가들과 함께 대일전쟁을 전개할 것임으로 천명하였다.

> 광복군은 의병운동과 3·1대혁명의 위대한 민족정신을 계승하였고, 금후 한국혁명에서 건군建軍과 건국建國의 중임重任을 지고 있다. 광복군은 성립 이래 중국의 정신적 물질적 지원으로 크게 발전하였고, 조국을 광복하는 사명을 갖고 민주를 옹호하며 파시스트 축심軸心을 궤멸시켜야 한다는 결심을 갖고 있다. 아울러 원컨대 동맹국가가 총반공反攻할 때 국내민중의 무력武力과 연합하여 최전선에서 적인敵人을 공격하고자 한다.[33]

광복군은 연합군과 함께 대일항전을 전개한다는 방침을 갖고 있고, 동맹국이 총반격을 개시할 때 광복군도 전쟁에 참여할 것임을 밝힌 것이다. 이청천은 기회가 도래하면 연합군과 함께 대일전쟁을 전개한다는 생각을 갖고 있었다.

영국군과 연합하여 대일항전을 전개할 수 있는 기회가 마련되었다. 인도 버어마 전선에서 일본군과 전쟁을 전개하고 있던 영국군이 광복군에 대원들을 파견해 줄 것을 요청한 것이다. 이청천은 각 지대에서 신체조건과 영어를 할 수 있는 인원을 선발하였다. 그 결과 한지성韓志成·문응국文應國을 비롯한 9명의 대원이 선발되었고, 1943년 8월 이들을 인도로 파견하였다.[34] 이들은 교육을 마친 후, 영국군에 배속되었다. 이후 이들은 1944년 초 영국군과 일본군이 대접전을 벌였던 임팔전투를 비롯하여 비센푸르·우크룰·띠마플·티미·비센플·만달레이 등에서 벌어진 전투에 참여하였고,[35] 1945년 7월 일본군이 완전히 패퇴할 때까지 2년여 동안 인도 버어마전선에서 영국군과 함께 대일항전을 수행하였다.

인면전구공작대 대원들은 일본군과의 전투에서 적지 않은 공헌을 하였다. 이에 영국군에서는 광복군측에 더 많은 인원을 파견해달고 요구해 왔다. 임시정부측에서는 인원을 증파하려고 하였지만, 이청천이 이에 반대하였다고 한다.[36] 그 이유는 분명하게 밝혀져 있지 않다. 당시 광복군에서 미군측과 공동작전을 추진하고 있었던 것으로 보면, 이청천은 미군측과의 공동작전에 큰 기대를 갖고 있었던 것이 아닌가 생각된다.

미국의 전략첩보기구인 OSS^{Office of Strategic Services}와도 공동작전을 추진하였다. 일본과의 작전에 한국인들을 이용하려는 OSS측의 의도와 연합군과 연계하려는 광복군측의 의도가 맞물려 광복군과 OSS와의 합작이 이루어지게 되었다. 미국과의 공동작전은 광복군 대원들에게 OSS훈련을 실시하고, 이들을 국내에 진입시킨다는 것을 내용으로 한 '독수리작전'으로 추진되었다.

이청천은 OSS와 공동작전을 하기로 결정하였다. 1945년 4월 1일 이를 준비해 온 이범석과 싸전트 대위를 만나 공동작전을 수행하기로 결정한 것이다.[37] 그리고 4월 3일 임시정부 주석 김구의 승인을 받았다. 이에 따라 1945년 5월부터 서안의 제2지대와 부양의 제3지대가 대원들을 선발하여 광복군 대원들에 대한 OSS훈련이 실시되었다. 훈련은 3개월 과정이었고, 1945년 8월 4일 제1기생의 훈련이 완료되었다.

이청천은 OSS훈련을 받은 대원들을 국내로 침투시키는 국내진입작전을 추진하고자 하였다. 제1기생의 훈련이 완료되자, 이청천은 김구 주석과 함께 서안으로 갔다. 그리고 제2지대 본부에서 OSS책임자인 도노반^{William B. Donovan} 소장과 국내진입작전을 협의하였다. 이 과정을 이청천은 다음과 같이 기록해 놓았다.

우리들의 염원인 우리 조국 삼천리강토에의 진주進駐를 실현코저 그 공작에 착수하였던 것이니 당시 미국의 주중미군 현지 사령관이었던 웨드마이어 장군의 정신적 물질적인 원조를 받아 그 휘하 장병들과 긴밀한 연락하에서 다수의 우리 광복군 젊은이들을 선발하여 특수비밀훈련을 시작하였던 것이다.

그리하여 총사령관인 나는 임시정부 김구 주석 및 제2지대장 이범석 장군과 더불어 우리 광복군 제2지대 사무실에서 미국의 주중미군 현지 사령부 작전참모장 다노배 장군과 우리 임시정부와 미국 사이에 전쟁의 종막終幕에 이르는 시기까지 군사협의를 맺었던 것이며, 이 협의에서 미국은 제1차로 특수훈련을 받고 있는 우리 광복군 선발군인들을 각종 비밀책임을 명하여 산동山東에서 미국 잠수함으로 우리 조국 삼천리 강토내에 잠입시켜 중요 지점을 파괴 또는 점령케 하는 동시에 때를 잃지 않고 우리 광복군 및 미지상군美地上軍을 미공군기로서 낙하하는 동시에 해상으로는 속속 진주군進駐軍을 상륙시켜서 점령할 계획이 있었던 것이다.[38]

이청천은 미국의 OSS와 공동으로 국내진입작전을 추진하는데 합의를 이루었다. 국내진입작전은 두 단계로 계획되었다. 광복군 대원들을 잠수함으로 국내에 진입시켜 중요 지점을 파괴하거나 점령하는 적후공작을 전개하는 것이 1단계였다. 2단계는 광복군과 미국육군을 비행기와 선박으로 상륙시켜 한반도를 점령한다는 계획이었다. 그러나 합의된 국내진입작전은 실행에 옮겨지지 못하였다. 이 작전이 실행되기 직전인 8월 10일 일본의 항복 소식이 전해진 것이다.

확군 활동과 광복군 복원

확군 활동

일제가 패망한 후, 광복군의 임무는 바뀌었다. 건국군으로서의 새로운 임무가 부여된 것이다. 해방을 맞은 임시정부는 환국을 추진하는 것과 더불어 건국에 필요한 건군建軍을 준비하였다. 확군擴軍활동이 그 준비였다. '확군'이란 중국 각지에 산재해 있는 한인청년들을 광복군으로 흡수·편입하여 광복군의 조직과 세력을 확대하는 것을 말한다.

중국대륙 각지에는 적지 않은 한인들이 있었다. 중일전쟁 이후 일제는 많은 한인들을 중국으로 이주시켰고, 일본군으로 끌려나왔던 한인청년들도 많았다. 일본군에 학병·징병 등으로 끌려나온 한적사병만도 약 2만 8천 명 정도에 이르렀다.[39] 이외에도 일본군을 상대로 상업활동을 하거나 생계를 위해 이주해 있던 한인들도 많았다. 이러한 한인청년들을 흡수 편입하여 광복군의 조직과 세력을 확대하고자 한 것이다.

확군은 중국에 있는 한인교포들의 생명과 재산을 보호하는 일과 더불어 임시정부가 추진할 주요한 활동방향으로 설정되었다. 임시정부는 1945년 9월 3일 주석 김구 명의로 발표한 「국내외 동포에게 고함」을 통해 임시정부가 추진해나갈 활동방향을 천명한 일이 있다. 이 가운데 제13항에서 "적군敵軍에게 피박출전被迫出戰한 한적군인을 국군國軍으로 편입하되 맹군盟軍과 협상진행할 것"이라고 하였다.[40] 맹군은 중국군을 말하는 것이다. 임시정부는 중국측과 협상하여 일본군으로 끌려나온 한인청년들을 광복군에 편입시키는 것을 주요 활동으로 결정한 것이다.

임시정부는 중국측에 확군문제를 교섭하였다. 1945년 8월 24일 김구는 장개석에게 비망록을 제출하면서 "일본군 항복접수 때 한적사병은 특별히 우대하여 줄 것과 이들을 무기와 함께 광복군에 편성하여 임시정부의 기간대오基幹隊伍를 편성하도록 해 줄 것”을 요청한 것이다.[41] 일본군에 있는 한인청년들을 그들이 가지고 있는 무기와 함께 광복군에 넘겨달라는 요구였다. 장개석은 이를 수락하였다.

이를 계기로 중국대륙 각지에서 광복군의 확군활동이 시작되었다. 확군활동은 총사령관 이청천이 책임을 맡았다. 이청천은 중국의 주요 도시에 광복군 간부들을 파견하여, 이들로 하여금 일본군에 있는 한적장병 및 한인청년들을 접수하여 광복군에 편입시키도록 하였다. 이에 따라 1945년 8월말부터 중국 각지에 광복군 간부들이 파견되었고, 이들은 각지에서 한인청년들을 받아들여 광복군 잠편지대暫編支隊를 편성하기 시작하였다. 10월말에 이르면 중국 주요 도시에 잠편지대가 편성되었다.

한구漢口 잠편지대: 지대장: 권준權晙, 부지대장: 장흥張興

남경南京 잠편지대: 지대장: 안춘생安椿生, 부지대장: 지달수

항주杭州 잠편지대: 지대장: 김관오金冠五

상해上海 잠편지대: 지대장: 박시창朴始昌, 부지대장: 이하유李何有

북경北京 잠편지대: 지대장: 최용덕崔用德

광동廣東 잠편지대: 지대장: 최덕신崔德新[42]

국내에도 잠편지대를 편성하였다. 1945년 11월 국내에서 오광선吳光鮮이 상해에 도착, 이청천을 찾아왔다.[43] 이청천은 오광선에게 국내에 잠편지대를 편성하도록 지시하고, 그를 국내 지대장에 임명하였다.

이청천은 각 도시에 있는 잠편지대를 순방하였다. 1945년 10월 7일 상해에 도착하여 총사령부 주호판사처駐滬辦事處를 찾아 지대장 박시창으로부터

보고를 받았다. 그리고 10월 10일에는 상해 호강대학滬江大學을 방문하여, 그곳에 수용되어 있는 한적사병 6,000명의 사열을 받기도 하였다. 이어 남경과 항주 등지도 순방하였다.

이러한 확군활동으로 광복군의 조직과 세력이 크게 확대되었다. 기존에 편성된 3개 지대와 더불어 중국과 국내에 7개의 잠편지대를 편성한 것이다. 이로써 광복군은 총사령부와 10개 지대의 조직을 갖추게 되었다. 잠편지대로 편성된 대원의 숫자는 1945년 10월 말 현재 9만 명 정도였다고 한다.[44]

광복군 복원 선언

이청천은 일제가 패망한 후, 중국에서 확군사업을 추진하며 건군의 기틀을 마련하고자 하였다. 중국 6개 도시와 국내에 잠편지대를 편성하여 그 기반을 마련하였지만, 여러 가지 이유로 장애에 부딪치게 되었다. 내부적인 문제도 있었지만, 제2차 세계대전 종결에 따라 급변하는 국제정세와 중국의 국내사정 변화가 그 요인이었다.

중국내의 정세가 변하면서, 중국정부의 광복군 확군활동에 대한 방침이 달라졌다. 중국공산당이 활동영역을 넓혀가고 있는 상황에서 한인무장단체를 불안요소로 여기게 된 것이다. 이에 따라 중국군사위원회에서 광복군이 전개하고 있는 확군활동을 중단하도록 하였다. 1945년 12월 22일 '한적포로처리판법韓籍捕虜處理辦法'을 통해 "각지 한국광복군의 지대·구대·분대는 본 군사위원회의 조사를 거쳐 원상태를 유지하며 허락없는 활동은 금지한다"고 한 것이다.[45] 원상태를 유지하라는 것은 기존의 광복군 조직 이외에 다른 조직을 편성하지 말라는 것이었다. 광복군의 확군활동을 중지하라는 명령이었다. 이로써 중국에서의 확군활동은 사실상 어렵게 되었다.

또 다른 요인은 경제문제였다. 광복군 간부들이 중국의 주요 도시에 파견되어 일본군으로 끌려나왔던 한적사병들을 비롯하여 한인청년들을 광복군으로 편입하고 있었지만, 이들의 숙식을 해결하는 문제가 간단치 않았다. 상해 잠편지대의 경우를 예로 들면, 1945년 10월 현재 약 1,300명에 달하는 인원이 광복군으로 편입되었다.[46] 이들을 상해의 호강대학에 수용하였지만, 침구나 의복을 비롯하여 식량문제를 해결할 수 없었던 것이다.

또 잠편지대로 편성된 대원들의 의식이나 자질도 문제가 되었다. 광복군 간부들은 이들을 훈련시켜 조직적인 광복군으로 만들어서 귀국하려고 하였지만, 일본군으로 끌려나왔다가 편입된 사람들 중 상당수의 소원은 오로지 귀국에 있었다.[47] 이로 인해 적지 않은 마찰이 빚어진 것이다. "귀국 반대자는 원수怨讎이며, 귀국 위해 노력하는 사람들은 양친보다 더 감사하다"거나 "광복군에 있는 것도 내 팔자, 소금국하고 밥 먹는 것도 내팔자, 귀국 방해하는 놈 만난 것도 내 팔자"라고 쓴 글들이 그러한 실상을 짐작케 한다.[48]

이청천은 확군사업과 함께 재중 동포의 생명과 재산을 보호하는 한편, 이들의 환국을 주선하는 활동을 전개하였다. 임시정부는 이를 위해 주화대표단을 설치하였고, 이청천은 화남한교선무단華南韓僑宣撫團 단장의 임무를 맡았다.[49] 그는 각지에 파견되어 있는 광복군으로 하여금 교포들의 생명과 재산을 보호하는 활동을 전개하고, 또 교포들의 귀국과 수송을 주선하는 활동을 전개하였다.

이청천은 교포들의 수송을 완료한 후, 광복군의 해산을 선언하였다. 그의 의도는 광복군 총사령으로 광복군 명의를 가지고 광복군과 함께 귀국하고자 하였지만, 미군정이 임시정부가 환국할 때 개인자격으로 귀국해야 한다는 조건을 제시한 것과 마찬가지로 광복군의 공식적인 입국을 거부한 것이다. 이에 이청천은 1946년 5월 16일 "이제 숙적宿敵 일본이 항복하여 연합군은 승리를 획득하고 우리 국토는 광명을 되찾았으니 본군本軍의 중국경내에서의 작전임무도 이로써 끝났다"라는 내용의「한국광복군복원선언」을 발표,[50] 광복군의 해산을 선언하였다.

이청천은 광복군과 함께 귀국하지 않았다. 1946년 5월 이범석으로 하여금 광복군 대원들을 인솔하여 귀국하게 하였고, 자신은 중국에 남았다. 그리고 임시정부의 주중대사관이나 마찬가지인 주화대표단에서 활동을 계속하였다. 이청천은 남경에 있는 주화대표단에서 활동하다가, 1947년 4월 21일 남경을 방문하였던 이승만과 함께 귀국하였다.[51]

항일무장투쟁의 선봉장

항일독립운동 과정에서 무장투쟁을 주도하였던 군사간부들이 많다. 대한제국 육군무관학교 출신들을 비롯하여 일본 육군사관학교 출신, 그리고 황포군관학교를 비롯한 중국의 각종 군관학교 출신들이 독립운동전선에서 활동한 것이다. 이들 중 가장 오랜기간 동안, 또 일관되게 군사활동을 전개한 대표적인 인물이 이청천이 아닌가 싶다.

이청천은 광복군을 창설하고, 총사령관으로 이를 이끌었던 광복군의 최고 지도자였다. 임시정부가 광복군 창설을 추진할 때, 이청천은 군무장이었다. 군무장으로서 이청천은 광복군을 창설하는 실무 역할을 담당하였다. 광복군 창설을 위한 계획서를 작성하고, 총사령부를 조직한 것이 그였다. 그리고 창설 당시 총사령관으로 임명되어 1946년 5월 환국할 때까지 6년여동안 총사령관으로 광복군을 이끌었다.

광복군은 중국 땅에서, 그리고 인적 기반이나 재정적 뒷받침도 없는 열악한 상태에서 창설되었다. 광복군의 창설은 임시정부에서 활동하고 있던 군사간부를 비롯하여 30여명의 인원으로 총사령부만 조직하여 이루어진 것이었다. 더욱이 창설과 더불어 중국군사위원회가 '9개준승'으로 광복군의 활동을 제한하고, 예속하에 두었다. 이청천은 임시정부 주석 김구와 이를 타개해 나갔다. 김구는 공식적인 창구를 통해 교섭하였고, 이청천은 개인적인 관계를 이용하여 교섭을 전개하였다. 이청천은 장개석과 일본 육군사관학교 선후배 사이였다. 끈질긴 교섭의 결과 1944년 8월 광복군은 중국군사위원회의 예속에서 벗어났고, 임시정부의 국군으로 독자적인 활동을 전개하게 되었다.

광복군은 총사령부만 조직하여 창설되었다. 이후 병력을 확보하여 군대로서의 조직을 갖추어 나갔다. 일본군 점령지역을 대상으로 그곳에 이주해 있는 한인청년들을 모집하는 초모활동을 전개하였다. 그리고 학병·징병 등 일본군으로 끌려나왔던 한인청년들이 일본군을 탈출하여 참여해 왔고, 광복군의 병력이 크게 증강되었다. 창설 당시 30여 명이었던 것이 5년 후에는 7백여 명을 헤아리게 된 것이다. 그리고 총사령부와 더불어 그 산하에 3개 지대를 편제한 군대조직으로 발전하였다.

이청천은 연합군과 함께 대일전쟁을 수행하여 전후 연합국의 지위를 획득한다는 전략을 갖고 있었다. 그리고 이를 실행하였다. 중국군과 항일전을 전개하였고, 1943년 8월에는 인도 버어마 전선에 광복군을 파견하여 영국군과 연합작전을 전개한 것이다. 또 미국의 OSS와도 공동작전을 추진하였다. 광복군 대원들에게 OSS훈련을 실시하였고, 1945년 8월 4일 제1기생의 훈련이 완료되자 그 책임자 도노반과 국내진입작전을 결행하기로 합의한 것이다. 이는 일제의 항복소식이 전해지면서 실행되지 못하였다.

일제가 패망한 후 이청천은 확군활동을 전개하였다. 중국지역에 나와 있던 한인청년들을 광복군에 편입시켜 광복군의 조직과 세력을 확대하고자 한 것이다. 상해·한구·북경·항주·남경·광동 등에 잠편지대를 편성하며 광복군의 조직을 확대해 나갔다. 그러나 중국군사위원회가 확군활동을 저지하면서 더 이상 활동할 수 없게 되었다. 이청천은 1946년 5월 광복군의 해산을 알리는 복원선언을 발표하였다. 그리고 주화대표단에서 활동하다가 1947년 4월 21일 귀국하였다.

일본 육군사관학교 출신인 이청천은 1919년 서간도로 망명한 이래, 해방을 맞기까지 항일무장투쟁의 최전선에서 활동한 인물이다. 만주에서 서로군정서·한국독립군을 조직하여 항일무장투쟁을 전개하였던 그는 임시정부에 참여하여 한국광복군을 창설하고, 최고 지휘관인 총사령관으로 활동하였다. 한국독립운동사에서 가장 오랜 기간동안 항일무장투쟁의 최선봉에 서서 활동한 것이다. 항일무장투쟁의 상징적인 인물이라 할 수 있다.

1 『大韓民國臨時政府公報』 제65호, 1940년 2월 1일(국사편찬위원회, 『대한민국임시정부자료집』 1, 2005, 210쪽).

2 독립운동사편찬위원회, 『독립운동사』 6, 1975, 143쪽.

3 『대한민국임시정부공보』 제65호. 1940년 2월 1일.

4 남파박찬익전기간행위원회, 『南坡朴贊翊傳記』, 을유문화사, 1989, 251쪽.

5 池靑天, 「光復軍과 나의 鬪爭」, 『希望』 1953년 2월호, 19쪽.

6 '한국광복군편련계획대강'은 대만의 중앙연구원근대사연구소에서 발행한 『國民政府與韓國獨立運動史料』, 1988, 236~242쪽에 수록되어 있다.

7 「1940년 5월 18일자로 朱家驊가 金九에게 보낸 公函」(백범김구선생전집편찬위원회, 『백범김구전집』, 대한매일신보사, 1999, 294~295쪽.

8 『대한민국임시정부공보』 호외, 1940년 8월 15일(앞의 『대한민국임시정부자료집』 1, 222쪽).

9 대한민국임시정부선전위원회(趙一文 역), 『韓國獨立運動文類』, 건국대 출판부, 1976, 87~88쪽.

10 한시준, 「한국광복군과 중국군사위원회와의 관계」, 『국사관논총』 47, 1993, 226~227쪽.

11 三角山人이 기록한 「光復軍總司令部成立典禮拜觀記」.

12 독립운동사편찬위원회, 『독립운동사자료집』 별집 2, 1976, 97쪽.

13 한시준, 『한국광복군연구』, 일조각, 1993, 143쪽.

14 한시준, 「한국광복군과 중국군사위원회와의 관계」, 235쪽.

15 「한국광복군총사령부의 절략과 행정원의 조치」(국사편찬위원회, 『대한민국임시정부자료집』 10, 2006, 87~92쪽).

16 「李靑天이 행정원 부원장에게 보낸 절략」(『대한민국임시정부자료집』 10, 2006, 159~163쪽).

17 「蔣介石이 면담 요청을 허락했음을 알리는 편지」, 『대한민국임시정부자료집』 10, 102쪽.

18 김영범, 「조선의용대연구」, 『한국독립운동사연구』 2, 1988, 503~504쪽.

19 한시준, 『한국광복군연구』, 108쪽.

20 「軍事委員會辦公廳30年11月13日辦一參字 第18066號代電抄件」, 『國民政府與韓國獨立運動史料』, 335~342쪽.

21 국회도서관, 『大韓民國臨時政府議政院文書』, 1974, 585~586쪽.

22 추헌수, 『資料韓國獨立運動』 3, 연세대 출판부, 1975, 248~249쪽.

23 「光復軍交涉에 관한 제1차 會商內容略錄」 및 「光復軍交涉에 관한 제4차 會商內容略錄」, 『대한민국임시정부자료집』 10, 378~402쪽.

24 「光復軍의 臨政歸屬에 관한 指示」, 『資料韓國獨立運動』 3, 258쪽.

25 『대한민국임시정부공보』 제83호, 1944년 12월 20일.

26 『대한민국임시정부공보』 호외, 1940년 10월 9일.

27 「韓國靑年戰地工作隊爲韓國光復軍第5支隊」, 『光復』 창간호, 1941년 2월.

28 韓志成, 「目前環境與朝鮮義勇隊今後工作方向」, 『朝鮮義勇隊』 제34기, 1940년 5월.

29 한시준, 『한국광복군연구』, 237쪽.

30 한시준, 『한국광복군연구』, 307쪽.

31 독립운동사편찬위원회, 『독립운동사』 6, 201쪽.

32 『光復』 제2권 제1기 (1941년 1월 20일, 8~10쪽).

33 『新華日報』 1943년 9월 17일자.

34 김광재, 『한국광복군』, 독립기념관 한국독립운동사연구소, 2007, 219쪽.

35 박민영, 「한국광복군 印緬戰區工作隊 연구」, 『한국독립운동사연구』 33, 2009, 163~173쪽.

36 김광재, 『한국광복군』, 225~226쪽.

37 한시준, 『한국광복군연구』, 279쪽.

38 池靑天, 「光復軍과 나의 鬪爭」, 20쪽.

39 염인호, 「해방 후 한국독립당의 중국관내지방에서의 광복군 擴軍運動」, 『역사문제연구』 창간호, 1996, 274쪽.

40 「國內外 同胞에게 告함」, 『白凡金九全集』 5, 670~671쪽.

41 『白凡金九全集』 5, 662~663쪽.

42 『독립운동사』 6, 546쪽.

43 金斗燦, 「吳光鮮將軍」, 『新東亞』 1971년 2월호, 257~258쪽.

44 『독립운동사』 6, 566쪽.

45 「韓僑俘虜의 處理方法」, 『資料韓國獨立運動』 1, 495~496쪽.

46 염인호, 「해방 후 한국독립당의 중국관내지방에서의 광복군 확군운동」, 286쪽.

47 장석흥, 「해방 직후 상해지역의 한인사회와 귀환」, 『한국근현대사연구』 28, 2004, 264쪽.

48 상해 잠편지대의 실상을 기록한 『上海暫編大隊記』와 그 대원들이 펴낸 『流浪의 발자

옥』에 이러한 글들이 보인다.

49 이연복, 「대한민국임시정부 주화대표단에 대하여」, 『대한민국임시정부30년사』, 국학
    자료원, 1999, 289쪽.
50 대한민국임시정부선전위원회 편(趙一文 역), 『韓國獨立運動文類』, 건국대 출판부,
    100~103쪽.
51 『조선일보』1947년 4월 22일자, 「李靑天將軍歸國」

황학수

황학수(1879~1953)는 대한제국 육군무관학교 출신으로 한국광복군의 총사령 대리로 활동하였던 인물이다. 1907년 8월 1일 일제에 의해 군대해산을 당할 때, 대한제국 군인들은 이를 거부하고 일제와 항전을 벌였다. 그리고 나라가 망하자 많은 대한제국 군인들이 만주로 망명하여 독립군을 조직하고 일본군과 무장투쟁을 전개하였다.

황학수도 그런 인물 중 한 사람이다. 황학수는 대한제국 군대가 해산된 후 고향에 은거하고 있다가 1919년 3·1운동이 일어난 것을 보고, 중국으로 망명하였다. 처음 찾아간 곳이 대한민국 임시정부였다. 군무부에서 활동하던 그는 무관학교 동기생인 김학소金學韶를 찾아 만주로 갔다. 이후 서로군정서, 신민부 등을 거쳐 북만주에서 한국독립군을 조직하고 총사령 이청천과 더불어 부사령의 직책을 맡았다. 그리고 중국의 항일군과 연합하여 일본군과 치열한 무장투쟁을 벌였다.

한국독립군의 활동이 어렵게 되자 중국관내로 이동하여 다시 대한민국

임시정부에 참여하였다. 군무부의 군사위원으로 군대편성을 위한 정책과 계획을 수립하고, 중경에 정착하면서 이를 실행에 옮겼다. 병력을 모집하기 위해 군사특파단을 조직하고, 자신이 직접 최전방인 서안西安으로 나갔다. 서안을 거점으로 일본군 점령지역에 들어가 병력을 모집해오는 초모활동을 전개하여 광복군의 인적 기반을 마련하였다.

1940년 9월 17일 중경에서 한국광복군이 창설되었고, 총사령 이청천과 참모장 이범석은 중국군사위원회와의 교섭을 위해 중경에 남았다. 총사령부는 일본군 점령지역인 화북지역과 최전선을 이루고 있던 서안으로 이전하였다. 서안 총사령부가 설치되면서, 황학수는 총사령 대리로 임명되었다. 창설 직후 광복군의 최고 지휘부는 서안 총사령부였고, 황학수가 실질적인 최고 지휘관이 되어 초창기 광복군의 기반을 마련하였다.

대한제국 군인 출신이 1940년대까지 활동한 사례는 찾아보기 어렵다. 황학수가 유일한 경우가 아닌가 생각된다. 이 글은 대한제국 육군무관학교 출신인 황학수가 만주지역의 독립군을 거쳐 한국광복군 총사령으로 활동하기까지의 과정을 살펴보려는 것이다.

대한제국 군인

황학수는 1879년 6월 10일 서울 화동花洞에서 부친 황두연黃斗淵과 모친 홍洪씨 사이에서 3남으로 태어났다. 본관은 창원昌原이고, 자는 필옥弼玉, 호는 몽호夢乎이다. 만주지역에서 독립운동을 할 때는 이국현李國賢이란 가명을 사용하기도 했다. 그의 가계에 대해서는 알려진 것이 없다. 그의 회고록에도 이를 짐작할 수 있는 직접적인 언급은 없지만, 아마도 그의 아버지는 서울에서 상업을 하였던 것 같고, 상당한 재력가였던 것으로 짐작된다.

그가 태어난 무렵은 개항 이후 혼란한 시기였다. 1881년에는 전국의 유생들이 정부의 개화정책을 반대하는 신사척사운동을 일으켰고, 다음해에는 임오군란이 일어나 정국이 어수선하였다. 서울의 정세가 혼란하자, 그의 아버지는 부인과 가족들을 안전한 곳으로 피난시키고자 하였다. 황학수는 6세 때인 1884년 어머니 홍씨와 함께 충청북도 단양군 어상천면 대전리 삼화동이라는 곳으로 내려왔다. 이곳은 강원·경북·충북이 접경을 이루는 깊은 산골이었다. 이후 황학수는 서울로 올라갈 때까지 어머니와 함께 이곳에서 성장하였다.

황학수는 어머니 홍씨의 지극정성한 보살핌을 받으며 자랐다. 홍씨는 이곳에 내려온 후 뒷뜰에 단을 만들어 놓고 매일 '녹음메'(놋쇠로 만든 새옹에 짓는 밥)를 지어 기도하기를 작고하는 순간까지 하였다고 한다.* 이러한 어머니의 모습에 황학수는 크게 감동하고 있었다. 그의 회고록에는 어머니의 기도하는 모습이 상세하게 언급되어 있고, 부친에 대한 언급보다는 어머니에 대한 애틋한 감회가 흠뻑 배어있다.

홍씨는 당시 이곳에서 학행절범學行凡節로 유명한 허許선생을 찾아, 황학수를 그의 서당에 보냈다. 허선생이 누구인지는 명확하지 않으나, 황학촌黃鶴村에 살고 있었고 그의 생전에 효자비각이 세워졌다는 것으로 보아 효자로 유명한 인물이었던 것 같다.** 황학수는 허선생의 지도를 받으며, 서울로

---

*　황학수의 「회고록(回顧錄)」: 이는 해방후 황학수가 후손들에게 자신의 활동상을 전하기 위해 작성한 것으로 보인다. 그러나 수재로 인해 원본이 물에 잠겨, 이를 다시 옮겨 적어 놓은 것이다. 분량은 A4용지로 13쪽 정도가 된다.

**　許선생과 관련하여 황학수는 그의 회고록에 "허선생님을 방문하기 위하여 黃鶴村에

이사할 때까지 10여년 동안 한학을 공부하였다.

황학수는 16세 되던 해인 1894년 정월에 19세 된 정희섭丁喜燮의 딸과 결혼하였다. 정희섭은 서울에서 책방을 경영하던 사람이었던 것 같고, 어릴 때에 부모들 사이에 정혼을 해두었다고 한다. 이 무렵 동학농민군이 봉기하였다. 이 일로 인해 사회가 혼란해지자 그의 부친은 서울에 남아있던 가족들을 모두 데리고 낙향하였다. 이로써 가족들이 함께 생활하게 되었다.

하지만 이곳도 평온하지만은 않았다. 1894년 정월 전라도에서 봉기하였던 동학농민군들이 일본군을 몰아내기 위해 다시 봉기하였고, 제천에도 동학농민군들이 활동하고 있었던 것이다. 이러한 소식을 듣고 황학수는 '동학당'에 가담하였다. 동학당에 가담하는 과정을 그는 회고록에서 "동학당이 사방에서 봉기하여 구국지도救國之道를 선포하면서 당원을 모집하는지라, 나는 혈기의 왕성함으로 의분심義憤心을 참지 못하여 자의로 입당하였다"라 하고 있다. 그는 1894년 7월 일본군이 경복궁을 침입한 '갑오왜란'과 일본이 자행한 '명성황후시해사건'에 대한 소식을 들었을 것이고, 이에 동학농민군이 봉기하여 구국救國을 내세우자 의분을 참지 못하고 동학당에 참가하였던 것 같다.

그러나 그는 곧 동학당을 탈당하였다. 그가 동학당에 참가하였다는 소문을 듣고, 아버지와 서울에 있는 장인까지 동원되어 만류하였기 때문이다. 비록 동학당에서 활동하지는 못하였지만, 황학수는 외세가 조국을 침략하는 현실을 당하여 구국의 길을 모색하였던 것이고, 이것이 그의 인생행로를

이르렀더니 洞口에 孝子碑閣이 서 있는지라, 下馬하여 碑文을 낭독하니 此가 허선생님의 碑더라. 선생님께서는 自少時로 부모에게 孝誠이 지극하심으로 一鄕에서 出天大孝라고 칭송이 자자하더니"라 적고 있다.

결정짓는 계기가 되었던 것으로 보인다. 그가 대한제국의 육군무관학교에 입학하고, 대한제국의 군인이 된 것도 이 때문이라 할 수 있다.

황학수는 양부모가 모두 돌아가신 후 서울로 올라왔다. 서울에 올라 온 그는 대한제국 육군무관학교에서 생도를 모집하자, 이에 응시하였다. 육군 무관학교는 신식군대의 지휘와 훈련에 필요한 초급장교를 양성하는 기관 으로 1896년 1월에 설립된 적이 있었다.[1] 그러나 설립 직후 아관파천이 발 생하여 제대로 운영되지 못하였다. 대한제국이 성립된 후 군부대신 이종건 李鍾健이 고종황제에게 무관학교의 부활을 건의하였고, 1898년 5월 칙령 제 11호로 무관학교관제武官學校官制가 개정 공포되면서 무관학교가 다시 설립 되어 생도를 모집한 것이다.[2]

당시 무관학교에 응시하려면 우선 추천을 받아야 했다. 칙령으로 발표 된 무관학교 관제에는 학도의 선발에 대해 "학도인원學徒人員은 군부장령위 관軍部將領尉官과 각부원청各府院廳 칙임관勅任官이 각보천기인各保薦幾人하되 물 구지별勿拘地閥하고 택인재擇人才할 사事"라 하여,[3] 군부의 장將·영領·위관尉官 의 추천이나 칙임관의 추천을 받도록 규정하고 있다. 이와 아울러 추천인은 추천학도가 졸업하기 이전까지 그에게 일어나는 모든 일에 대해 책임을 지 도록 하였다. 이러한 규정에 의해 추천된 응시생들은 대부분 군부의 장교나 칙임관의 자제들이었다.

황학수가 누구의 추천을 받았는지, 또 어떤 경로로 응시하게 되었는지는 분명치 않다. 그 역시 생도 선발규정에 따라 추천되었을 터이지만, 그 배경 이 든든했던 것 같지는 않다. 무관학교에 입학하는 과정에 대해 "무관학교 를 신설하고 처음으로 생도를 모집하는데, 그 응모자가 다수였으므로 나 역 시 지원은 하였으나 자신이 적더니 요행으로 ······"라 하고 있는 것이 그것 이다.[4]

무관학교의 경쟁률은 대단했다. 200명 모집에 1,700명이나 응시한 것이다. 이렇듯 지원자가 많았던 것은 대한제국 선포 후 신설되는 무관학교이기 때문도 하였지만, 당시 무관의 품계가 다른 직종에 비해 높았던 데도 주요한 원인이 있었다.[5] 학도의 선발은 2단계 시험을 거쳤던 것 같다. 1차로 300명을 선발하였고, 이들을 대상으로 육무정六武亭에서 어전御前시험을 실시하여 최종적으로 200명을 합격시켰다는 것이다.[6] 황학수는 1·2차 시험에 모두 합격, 무관학교에 입학하였다.

황학수는 무관학교에 입학하여 1년 6개월 정도의 교육을 받았다. 무관학교관제에는 학도를 3과로 나누고, 1·2과는 속성과, 3과를 졸업과로 정하되 졸업과는 그 연한이 5년으로 되어 있었다.[7] 그러나 당시에는 졸업과는 운영되지 않았던 것 같고, 속성과만 운영되었던 것으로 보인다. 이들에 대한 교육과 훈련이 시작된 것은 1898년 7월 1일부터였고, 이들이 교육을 마치고 졸업한 것은 1900년 1월이었다. 무관학교의 교육은 매우 엄격했던 것 같다. 교육 도중 44명이 입격부족자入格不足者라 하여 퇴학당하였고, 졸업 때에 이르러서는 30여명이 낙제하였다고 한다.[8]

황학수는 1년 6개월 과정의 무관학교 교육을 마치고 대한제국 육군 참위로 임관되었다. 1900년 1월 19일 장연창張然昌·박용준朴容俊·김학소金學韶 등을 비롯한 128명이 졸업, 모두 육군 참위로 임관된 것이다.[9] 이들이 대한제국 육군무관학교 제1회 졸업생들이었다. 졸업식은 고종이 참가한 가운데 성대하게 거행되었다. 함녕전咸寧殿에서 개최된 졸업식에 고종이 대원수의 자격으로 참석하였고, 이들에게 직접 졸업장을 수여하였다고 한다.[10]

대한제국 군인

1900년 1월 육군 참위로 임관한 황학수는 1907년 군대해산으로 낙향할 때까지 7년여 동안 대한제국 군인으로 활동하였다. 무관학교 졸업과 더불어 황학수는 친위제1연대 제1대대에 견습생으로 명령을 받았다가, 1900년 9월 21일에 시위제1연대 제3대대로 부임하였다.[11] 시위대는 고종이 러시아 공사관에서 경운궁으로 환궁한 직후인 1897년 3월에 창설된 것으로,[12] 황실의 경비를 주요 임무로 하는 황실 호위부대였다.

황학수는 강직하고 충성스런 군인이었던 것 같다. 이용익李容翊과 관련된 그의 행동에서 그러한 면을 엿볼 수 있다. 이용익은 황실의 재정을 장악하고 고종의 측근으로 활동하면서 정부대신들로부터 많은 시기와 비판을 받고 있던 인물이었다.[13] 이런 이용익이 시위대대장을 겸직하고 있던 1902년에 집중적인 성토를 당하고 있었다. 윤용선尹容善·심순택沈舜澤·조병세趙秉世 등이 '귀비貴妃 엄씨嚴氏를 능핍凌逼하였고, 조정의 신하로서 체모를 손상시킴이 형언할 수 없으므로 우선 면관免官하고 법부法部로 하여금 처벌하라'는 내용의 상소문을 연일 올린 것이다.[14]

이들은 상소뿐만 아니라 이용익을 배척하기 위한 집회도 개최하고 있었다. 정부인사들은 백목전도가白木廛都家에 모여 회의를 열고, 민중들은 보신각 앞에 모여 연설 등을 하면서 이용익에 대한 배척분위기가 고조되어 갔다. 이용익은 이러한 분위기에 신변의 위협을 느껴 고종의 옆을 잠시도 떠나지 않고 있었다. 황학수는 대대장 이용익이 이렇듯 위험한 상황에 직면해 있을 때, 단독으로 50여 명의 병력을 동원하여 종로에 나아가 유진留陣하면서 이들의 배척운동을 막은 일이 있었다고 한다. 이러한 일을 그는 회고록에서 '대대장의 형편이 여차如此하여 위경危境에 지至하였으므로 묵시黙視할 수 없으니'라 적고 있다.[15]

이 일을 계기로 황학수는 군대 내에서 커다란 신임을 얻게 되었던 것 같다. 황학수 자신은 명령없이 군대를 동원하여 시위군중들을 해산한 행위가 군법을 위반한 것이기 때문에 당연히 처벌될 것으로 알았다. 그러나 의외로 '쾌활한 남자'라는 칭찬을 받았을 뿐만 아니라 이후 '대소사大小事를 막론하고 복잡한 문제가 발생할 때에는 필히 문의케 되었다'는 것이다.[16] 상관이 곤경에 처해 있을 때, 자신의 처벌을 돌보지 않고 상관의 위급상황을 해결한 데 대해 높은 평가를 받았던 것이라 할 수 있다.

이후 황학수는 대한제국 군대의 여러 곳으로 발령을 받아 근무하였다. 1904년 5월 28일 시위대에서 진위대(제1연대 제3대대)로,[17] 그해 10월 20일에는 다시 친위대(제1연대 제3대대)로 옮겼다.[18] 이 무렵 일제에 의해 대한제국 군대의 감축문제가 추진되고 있었다. 러일전쟁을 계기로 한반도에 군대를 주둔시킨 일제는 대한제국의 군사력을 축소시키려 하였고, 1904년 12월 주차일본군사령관 하세가와 요시미치長谷川好道는 고종에게 「한국군제韓國軍制 개정에 관한 의견」을 건의하였다.[19] 이를 계기로 대한제국 군대에 감원 바람이 일어났다. 황학수는 이용익과 관련된 것을 비롯하여 그동안의 일로 인해 자신은 당연히 감원대상이 된다고 생각하고 있었다.

그러나 감원의 회오리가 일고있던 무렵 황학수는 육군연성학교 교관에 임명되었다. 육군연성학교는 육군의 교육을 통일·개량하기 위해 1904년 9월에 설립한 것으로서,[20] 내면적으로는 러일전쟁을 계기로 군사권을 장악하려는 일제가 그동안 실시된 러시아식 군대교육을 일본식 군대교육으로 전환하려는 의도를 갖고 구식장교들을 재훈련하기 위해 설치한 것이었다. 황학수는 1905년 4월 19일 연성학교 교관으로 임명되었다.[21] 그가 연성학교 교관으로 임명된 데에는 군부협판으로 연성학교 교장을 겸하고 있던 이희두李熙斗가 크게 작용하였다. 자신이 연성학교 교관에 임명된 것을 매우 의외라고 여겼던 황학수는 자신의 임명과정을 조사했다고 하면서, 그 과정을 "의외意外에도 일본사관학교 졸업생으로 무관학교 학도대장學徒隊長으로 있다가 군부협판으로 승인한 이희두가 연성학교 교장을 겸임하는 동시에 교관으로 상주上奏하여 칙령으로 임명된 것을 알았으므로 ……"라 설명하고 있다.[22] 이희두는 일본육군사관학교 출신이었다.

황학수는 연성학교 교관으로 임명된 지 얼마 안 되어 다시 안동진위대로 발령을 받았다. 군부협판 이희두가 경북 일대의 '토비土匪'를 진압하라는 지시와 함께 안동진위대 대장으로 임명한 것이다. '토비'는 각 지방에서 일어나 활동하던 의병을 일컫는 것 같다. 당시 각지에서 의병들이 봉기하자 대한제국 군대의 일부가 동원되어 이들을 진압하고 있었다. 황학수는 이들이 '순토비純土匪'라 아니라 '의적義賊'이라는 소문을 듣고, 안동진위대 대장을 사퇴하였다고 한다.[23] 그러나 이희두는 칙령이라고 하며 이를 받아들이지 않았고, 황학수는 안동진위대에 부임하였다.

'토비'의 진압을 위해 안동진위대에 부임한 황학수는 나름대로 두 가지 방침을 세웠다. 하나는 관할 각 구역에 고시告示하여 '토비'의 귀화를 권유하였고, 다른 하나는 병졸들에게 '토비'에 대한 사살은 피하고 생포에 주력하라고 명령한 것이다.[24] 그리고 귀화 및 생포한 '토비'들은 그의 재량으로 모두 석방하였다. 황학수는 자신의 회고록에서 이 과정을 비교적 상세히 서술하고 있다.

> 당번병當番兵에게 명령하여 야간 후원後園에다가 주효酒肴를 준비하게 하고 평복으로 옥문獄門 앞에 당도하니, 죄인들이 경동불이驚動不已어늘 희안喜顔으로 안심을 시키고 전부 후원으로 인도한 후 친히 이삼배씩二三盃式 권하고 음주불능자飮酒不能者에게는 과병果餠을 친수親授하고, 위부모爲父母 위처자爲妻子와 충군애국지도忠君愛國之道를 충분히 설명한 후 …… 군법으로 말하면 제군 등을 상부에 보고없이 석방하는 것은 위법이라, 나의 책임문제는 중하지만

단지 제군 등의 전정前程을 생각하여 특별히 석방하는 것이니.

상부의 명령 없이 생포한 '토비'들을 석방하는 것은 그의 말대로 군법을 위반하는 것이었다. 그렇지만 황학수는 독자적인 결심과 의도대로 이들을 모두 석방하였다. 이들을 석방한 데 대해 하사下士들이 상부에서 이 사실을 알면 중대한 문제가 될 것이라고 문제를 제기하였으나, 황학수는 "이는 책임이 나에게 있는 것이니 너희들은 소물염려小勿念慮하고 안심들 하라"면서[25] 자신의 고집을 꺾지 않았다.

황학수는 2년 동안 안동진위대 대장으로 복무한 뒤, 다시 서울로 올라와 육군유년학교陸軍幼年學校 교관이 되었다. 육군유년학교는 15~18세의 학도들을 모집하여 군사훈련을 실시하는 곳으로, 일종의 무관학교 예비과정에 해당된다고 할 수 있다.[26] 그가 유년학교 교관이 되었을 무렵인 1907년에는 일제가 대한제국 군대의 해산을 획책하고 있었다. 러일전쟁을 계기로 한반도에 조선주차군사령부를 설치한 일제는 점진적으로 대한제국 군대를 감축하다가, 1907년 7월 30일 일본군 사령관 하세가와 요시미치가 총리대신 이완용李完用과 함께 군부대신 이병무李秉武를 앞세우고 순종을 강박하여 군대해산조칙을 재가받았다.[27] 그리고 대한제국 군대는 8월 1일 해산되었다.

군대해산을 추진하는 과정에서 일제와 대한제국 군부는 군인들에 대해 여러자기로 회유하였다. 장교들에게는 군수郡守 또는 각부 과장課長을 지원하든지 그렇지 않으면 현직을 그대로 유지하고 일본에 유학하라는 권유를, 그리고 하사下士 이하 사병士兵들에게는 은급恩級(하사 80원, 1년 이상 복무한 병사 50원, 1년 이하 복무 병사 25원 등)을 준다는 것이었다.[28] 황학수는 이러한 군부軍部의 권유를 뿌리치고 낙향의 길을 택하였다.

상해로의 망명과 임시정부 참여

상해로의 망명

군대해산 후 낙향한 황학수는 제천에 근거를 마련하였다. 황학수는 제천에서 생활하면서 무엇보다도 교육기관이 필요하다는 생각을 갖게 되었다. 이러한 생각은 이곳에서 자란 자신의 경험도 주요한 작용을 하였을 것이고, 또 당시 계몽운동이 전개되는 과정에서 각지에 수 많은 학교들이 설립되는데 따른 경향이기도 했다. 그는 지방유지들과 함께 1909년 6월에 부명학교薄明學校를 설립하였다.[29]

제천에서의 생활은 은거나 다름없었던 것으로 보인다. 이러한 그의 생활에 일대 전환을 가져온, 더나아가서는 그의 일생을 변하게 만든 일이 일어났다. 무관학교 동기생인 김학소(일명 김혁金爀)와의 만남이었다. 서울에 올라갔던 황학수는 무관학교 동기생으로 만주에 이주하여 활동하던 김학소를 만났고, 그로부터 만주일대에서 독립운동가들이 활동하는 상황과 함께 그곳이 지리적으로 독립군을 양성하는데 적합하다는 이야기를 듣게 된 것이다.[30] 김학소와의 만남을 통해 황학수는 향후 자신의 활동방향을 설정하게 되었다.

김학소와의 만남을 계기로 황학수는 만주지역으로 가 독립군을 양성하기로 마음 먹었다. 그는 독립군을 양성하는 사업을 위해서는 무엇보다도 군자금이 필요하다고 생각하였다. 이를 위해 먼저 군자금을 마련하고자 하였고, 그 방법으로 강원도 오대산에서 금광을 시작하였다. 그러나 금광사업은 뜻대로 이루어지지 않았다. 금광사업은 실패로 돌아갔고, 오히려 그의 가산마저 탕진하게 되었다. 군자금을 마련한다는 계획이 수포로 돌아간 후 그는 적수공권으로라도 만주에 가서 활동해야겠다는 생각을 가졌다.

그가 국외로의 망명을 결행한 것은 3·1운동 직후였다. 1919년 3월 1일 발발한 3·1운동은 산골이나 다름없던 제천에서도 일어났다. 이러한 3·1운동의 열기를 목도하면서, 그는 해외로의 망명을 결심하게 되었다. 일제 경찰로부터 감시를 받고 있던 그는 온양 온천에 다녀온다는 소문을 내고, 서울로 올라왔다. 이때 서울에서 차남 길성吉性을 만났다. 길성은 당시 의학강습소의 학생으로 3·1운동에 관여하였다고 한다. 황학수는 아들에게 국외 독립운동에 대하여 상세한 소식을 들을 수 있었고, 마침내 의주 국경을 넘어 만주로 망명하였다.

국경을 넘을 때까지만 해도 그는 무관학교 동기생인 김학소를 찾아가려고 했다. 만주에서 옛 고구려의 유적지를 구경하면서, 그는 김학소의 소재처를 수소문 하였다. 그러나 김학소가 어디에 있는지를 정확히 알지 못했다. 황학수는 우선 중국 상해에 있는 임시정부를 찾아가기로 하고, 안동安東에서 외국기선을 타고 상해로 망명하였다.

황학수가 상해에 도착한 것은 적어도 1919년 11월 3일 이전이었다. 임시정부와 관련한 자료에서 그의 이름이 처음으로 보이는 것은 국무총리 취임식에 참석한 내빈명단이다. 3·1운동 직후 국내외에서 수립된 3개 처의 임시정부(대한국민의회·한성정부·상해 임시정부)는 1919년 9월에 통합을 이루었고, 통합임정에서 선임된 국무총리를 비롯한 정부 각원들이 1919년 11월 3일에 취임식을 거행하였는데, 여기에 황학수가 참여하고 있는 것이다.[31]

임시정부 참여

상해에 망명한 황학수는 곧바로 임시정부에 참여하여 활동하기 시작하였다. 그는 주로 군무부에서 임시정부의 군사활동과 관계된 일을 맡았다. 당시 군무부의 주요 간부는 대한제국 군인출신들이 맡고 있었다. 1920년 말 현재 군무부는 총장 노백린, 차장 김희선金羲善, 참사 황학수·도인권都寅權, 서기 김근하金根河·이영남李永南·김명준金明俊 등으로 구성되어 있었는데.[32] 이중에서 총장 노백린과 차장 김희선은 일본육군사관학교를 졸업하고 1901년 4월부터 대한제국 육군무관학교에서 교관으로 활동하던 인물이었다.[33]

대한제국 군대의 장교 출신인 황학수도 군무부에서 활동하였다. 그는 상해에 도착한 직후인 1919년 11월 17일 도인권과 함께 군무부 참사에 임명되었다.[34] 이후 황학수는 1920년 말경 북경으로 갈 때까지, 1년여 동안 군무부에서 활동하였다. 이 기간 동안 군무부 비서국장으로 승진되기도 했다.[35]

당시 군무부에서는 두 가지 사업을 추진하고 있었다. 하나는 군무총장 노백린이 미국 캘리포니아주에서 미주동포 김종림의 재정적 후원을 받아 비행사양성소를 설립하여 운영하고 있었고, 다른 하나는 차장 김희선 주도하에 상해에 육군무관학교를 설립하여 초급장교를 양성하고 있었다. 황학수는 김희선과 함께 육군무관학교에 관여하면서, 임시정부의 군사간부를 양성하는 책임을 맡게 되었다.

육군무관학교는 임시정부의 육군사관학교에 해당하는 것으로서, 임시정부가 군사간부를 양성하기 위해 설립한 것이었다. 임시정부는 1919년 12월 군대를 편성한다는 목표하에 임시정부에서 추진할 군사활동에 대한 계획을 수립하였다.[36] 이 가운데 하나가 군가간부를 양성하는 것이었다. 이러한 계획은 「임시육군무관학교조례」로 공포되었고, 이에 의해 1920년 초 상해에서 육군무관학교가 설립된 것이다.[37]

무관학교는 군무부 직할로 설립되었고, 군무부에서 그 운영 및 교육 훈련을 담당하였다. 무관학교의 초대 교장은 군무부 차장인 김희선이었다. 황학수는 도인권·황일청과 함께 교관이 되어 무관학교 학도들에 대한 교육과 훈련을 담당하였다.[38] 그러나 교장인 김희선이 변절하여 일제에 투항한 후, 도인권과 황학수가 교장과 교관으로 무관학교를 운영해 갔다.[39]

무관학교의 훈련과정은 6개월이었고, 설립 이후 1921년까지 3기생을 배출하였다. 무관학교 개교와 더불어 입교한 제1기생 19명이 1920년 5월 8일 졸업식을 거행하였고,[40] 제2기생은 1920년 6월 1일에 입교하여 그해 12월 24일에 24명이 졸업하였다.[41] 그리고 제3기생은 1921년 5월에 17명이 입교한 것으로 나타나 있다.[42] 정확한 이유는 알 수 없지만, 무관학교는 제3기생이 입교한 이후 제대로 운영되지 못하고 폐교된 것으로 보인다.

군무부에서의 활동과 함께 황학수는 임시정부의 국내조사원과 임시의정원 의원으로도 활약하였다. 임시정부는 연통부와 교통국을 설치함과 더불어 국내의 실태를 파악하기 위하여 각 군 단위로 조사원을 두고, 이들로 하여금 국내의 사정을 임시정부에 보고하도록 하였는데, 황학수는 충청북도 제천군의 조사원으로 임명되었다.[43] 조사원은 국내에 있는 사람을 임명하는 것이 일반적이었으나, 상해에 와 있는 인물들로 하여금 자기 고향에 관한 정보를 보고하게 한 경우도 있었다.

황학수는 임시의정원 의원으로도 활약하였다. 임시의정원은 요즈음의 국회와 같은 것으로, 각 도 단위로 의원을 선출하여 구성되었다. 1920년 1월 20일 현재 의정원 의원 명단에 황학수는 유정근兪政根·이규갑李奎甲·이정규李丁奎·조동호趙東祜·유흥식柳興湜과 함께 충청도 의원으로 올라 있다.[44] 의정원에서도 그는 군사관계를 담당하고 있었다. 의정원은 분야별로 각 상임위원회를 구성하고 있었는데, 황학수는 군무관계를 담당하는 제4과에 배속되어 있다.[45] 그러나 의정원 의원으로서 활동한 기간은 짧았다. 이유는 밝혀져 있지 않지만, 그는 1920년 3월 8일 의원직을 사면하였다.[46]

이와같이 임시정부에 참여하여 활동하고 있었지만, 황학수의 꿈은 무관학교 동기생인 김학소를 찾아가 그와 함께 무장활동을 전개하는 것이었다. 그는 상해에 있으면서도 만주지역에 대한 정보를 탐문하고 있었다. 김학소의 소재를 찾기 위해서 였다. 이 무렵 김학소는 백두산 서쪽 무송현撫松縣에서 흥업단興業團을 조직하고 부단장으로 활동하다가 북간도의 북로군정서에 합류하여 활동하고 있었다.[47] 마침내 황학수는 김학소와 연락이 닿았던 것 같다. 그의 회고록에 "상약相約한 김학소金學韶를 상봉할 작정으로 현직을 사퇴하고 만주방면으로 향하던"이라고 한 것이 그것이다. 황학수는 김학소와 연락이 닿게 되자 임시정부의 모든 직책을 사퇴, 곧바로 만주로 향했다.

군사통일회

황학수는 곧바로 김학소를 찾아가지 못하였다. 상해의 임시정부를 떠나 만주로 향하던 그의 발길이 북경에서 멈추게 된 것이다. 그가 북경에 들렀을 때, 마침 그곳에서는 각지역 독립군단이 모여 통일을 모색하기 위한 군사통일회를 추진하고 있었다. 보다 적극적인 군사활동을 꿈꾸며 만주로 향하던 그는 각 지역 독립군단의 통일을 모색하기 위한 군사통일회에 참여하게 되었다.

군사통일회는 임시정부의 독립운동 노선에 반대하던 세력들이 주도한 것이다. 북경을 중심으로 독립전쟁 방략을 주장하면서 세력을 결집하고 있던 박용만朴容萬·신숙·신채호 등은 1920년 9월 군사통일촉성회를 발족시켰다.[48] 이 시기는 북간도지역 독립군들이 봉오동전투에서 승리를 거둔 직후로서, 각 지역 독립군단체들의 통일을 도모하려고 한 것이다. 이를 위해 배달무裵達武와 남공선南公善을 각각 남북만주로 파견, 독립군대표들의 회합을 준비하고자 하였다. 그러나 10월에 독립군을 토벌하기 위해 만주에 침입한 일본군과 독립군 사이에 청산리대첩이라 칭하는 대접전이 벌어졌고, 이후 독립군들은 노령으로 이동해 갔다. 이로써 독립군단체들을 통일하려는 노력은 잠시 정돈상태에 빠지게 되었다.

1921년에 들어서면서 이러한 노력은 다시 재개되었다. 청산리대첩 이후 대부분의 독립군들이 노령으로 이동하면서, 또 만주를 침입한 일본군에 의해 '경신참변'을 겪게 되면서, 분산되고 약화된 독립군과 그 단체들을 통일해야 한다는 필요성이 대두된 것이다. 이외에 정치적인 의도도 작용하였다. 임시정부 대통령 이승만이 1920년 12월 상해에 부임하여 활동하기 시작한 것이다.[49] 이러한 요인들을 계기로 군사통일회의 소집문제가 급진전 되어 갔다. 그 결과 1921년 4월 17일 국내외 10개 단체의 대표 17명이 참석한 가운데 군사통일주비회가 소집되었고, 이어 회의의 명칭을 군사통일회라고 결정지었다.[50]

황학수가 군사통일회에 참여하게 된 과정이나 경위는 분명하게 알 수 없다. 하지만 그는 군사통일회가 개최되는 4월 17일부터 참여하고 있고, 신숙·신달모申達模와 함께 통일당 대표로 참석하였다.[51] 통일당은 신숙이 상해에서 천도교 교인들을 중심으로 결성한 것이라고 한다.[52] 상해에 있을 때 통일당에 관여하였거나, 아니면 북경에 도착하여 통일당 대표로서의 명의를 갖게 된 것이 아닌가 생각된다.

4월 17일 소집 당시의 명칭은 군사통일주비회였다. 이 회의에서 각 단체대표원 자격 심사를 거쳐 4월 19일 회의의 명칭을 군사통일회로 결정하고, 신숙을 의장으로 선출하였다. 황학수는 박용만 등과 함께 군사위원에 선임되었다.[53] 군사통일회는 연일 회의를 개최하며 여러 가지 사항들을 결정하였지만, 핵심적인 것은 크게 두 가지였다. 하나는 군사위주의 노선과 방략을 채택한 것이다. "아我조선국가朝鮮國家의 광복운동은 아국민 전체의 공동일치적 군사행동으로 종사하기를 목적"한다는 것을 전제로 하고, '군사행동

은 진공進攻과 준비準備'를 동시에 추진한다는 것이었다.[54]

다른 하나는 상해에 수립된 임시정부와 임시의정원을 부정하고, 1919년 4월 국내에서 국민대회 명의로 발표된 '대조선공화국임시정부'를 계승하는 새로운 임시정부를 조직한다는 것이었다. 이러한 방법의 하나로 상해에 부임한 대통령 이승만에 대해 집중적인 공격을 가하고 있다. 회의가 소집된 직후인 4월 19일 "아我이천만 형제자매에게 향向하야 이승만·정한경 등 대미위임통치청원對美委任統治請願(매국매족賣國買族의 청원)을 제출한 사실을 거擧하여 그 죄악을 성토하노라"로 시작되는 성토문을 작성, 54명의 공동명의로 발표하였다.[55] 당시 하와이 독립단 대표로 출석한 권성근權聖根이 위임통치 기사가 실린 영자신문을 제시하였다고 하며,[56] 이를 근거로 위임통치청원을 제출한 이승만의 행동을 매국매족 행위로 규정하여 성토한 것이다. 이승만에 대한 성토는 여기에서 그치지 않았다. 정식으로 군사통일회가 결성된 후 참가한 단체 및 대표들 전원이 서명한 가운데 대조선공화국군사통일회의 명의로 「대미위임통치청원對美委任統治請願에 대對하야 이승만등李承晚等을 성토聲討 일반국민一般國民에게 경警홈」이란 성토문을 5월에 또다시 발표하였다.[57]

이승만에 대한 집중적인 성토와 더불어 임시정부와 임시의정원 자체를 부인하였다. 4월 23일 회의에서 임시정부 및 임시의정원을 불승인하기로 결정하고, 27일에는 상해에 대표를 파견하여 임시정부와 의정원을 불신임한다는 결의를 전달하는 한편, 3일 이내에 해체하라는 최후 통첩을 발하였다.[58] 이들의 방안은 상해에 수립된 임시정부를 완전히 해체하고, 국내에서 국민대회 명의로 선포된 '대조선공화국'을 건설한다는 것이었다. "1919년 4월 23일 내지內地 국민대회에서 발포된 대조선공화국임시정부의 계통을 승承하야 새로 조직할 사事. 이것을 조직함에는 전국 민의에 부付하기 위하여 국민대표 소집할 사事를 선언하노라”고 한 것이 그것이다.[59] 새로이 대조선 공화국을 조직하기 위해 국민대표회의를 주장한 것이기도 하였다.

군사통일회의 이러한 결의와 주장은 독립운동계에 커다란 파문을 일으켰고, 적지 않은 반발에 부딪혔다. 우선 임시정부가 크게 반발하였다. 임시정부에서는 군사통일회를 규탄함과 동시에 각 단체의 경계를 촉구하는 내무부령 제121호를 발한 것이다.[60] 그리고 각지에서 이에 반발하는 움직임이 일어났다. 특히 군사통일회의 근거지나 다름없던 천진天津지역의 동포들이 민중대회를 개최하고 군사통일회의 주동자들을 ‘국적’ ‘야욕한’으로 규정, 국민이 일치단결하여 이들을 토벌하자고 나선 것이다.[61] 임시정부를 비롯한 동포사회의 발발과 비난이 거세지면서, 군사통일회의 주장이나 활동은 점차 약화되어 갔다.

황학수는 처음부터 군사통일회에 관여하고 있었지만, 강경노선은 아니었던 것 같다. 여러 차례 계속된 회의과정에서 그의 역할이나 주장을 거의 찾아볼 수 없는 것이 그것이다. 그리고 채근식이 ‘황학수의 수기’라고 하면서 인용한 다음의 글을 통해 그 일단을 짐작해 볼 수 있다.

북경에 있는 동지들이 군사통일주비회를 열고 만주의 군사단체대표를 일처무루一處無漏히 소집 중이라. 이왕 북경에 온 바에야 해회該會에 참석이 오른 듯하야 시종始終을 다 보게 되었으나, 최후 결과에는 아모 효과가 없게 되었다. 물론 모사某事하고 형식이 실지를 떠나면 매양 이와같은 운공수류雲空水流가 된다함을 다시 깨닫게 되었다.[62]

이 글은 황학수 자신이 군사통일회에 관해 써놓은 유일한 글이다. 이것만을 가지고 속단할 수는 없겠지만, 적어도 황학수는 군사통일회의가 진행되는 과정에서 주도적인 역할을 담당할 입장이 되지 못하였거나, 또는 군사통일회의 활동에 대해 나름대로의 불만을 갖고 있었던 것으로 보인다. 그는 군사통일회의가 유회되면서, 발길을 다시 만주로 향했다.

만주에서의 독립군 활동

서로군정서의 재건

황학수가 만주로 향한 것은 김학소를 찾아가기 위한 것이었다. 이 무렵 김학소는 노령 자유시로 이동하고 있었다. 무송현에서 흥업단을 이끌고 있던 김학소는 1920년 10월 청산리대첩 직후 안도현安圖縣에서 홍범도의 대한독립군과 이청천의 서로군정서와 통합하여 대한의용군大韓義勇軍을 결성하고,[63] 군사부장의 직임을 맡아 사령관 홍범도·부사령관 이청천과 북만주 밀산으로 향했다. 그리고 이곳에서 남북만주의 독립군단체들이 통합하여 대한독립군단을 편성하고,[64] 장기적인 군사항전을 준비하기 위해 노령의 자유시로 이동한 것이다.

황학수는 북경에서 군사통일회의에 관여하고 있을 때 만주지역 독립군들이 노령으로 이동하고 있다는 사실을 알고 있었고, 김학소를 찾아갈 목적으로 북경을 출발한 것이다. 그는 길림성 화전현樺甸縣에 이르러, 이곳에 이상룡이 머물고 있다는 것을 알고 그를 방문하였다. 이상룡은 서간도의 대표적 지도자의 한 사람으로 서로군정서 독판督辦을 맡고 있던 인물이었고,[65] 일본군의 간도침입과 경신참변으로 인해 일시 이곳에 머물고 있었다. 황학수는 이상룡으로부터 노령 자유시로 이동한 독립군들이 자유시참변을 겪었다는 사실과 이로 인해 독립군들이 뿔뿔이 흩어졌다는 소식을 상세하게 들었다.

황학수는 김학소를 찾아가는 것을 단념하였다. 자유시참변 이후 그의 소재를 알지 못한 것도 주요한 요인이었지만, 이상룡이 함께 일하자는 권유도 있었다. 당시 이상룡은 이곳을 근거로 서로군정서의 재건을 추진하고 있었다. 잘 알려져 있듯이, 서로군정서는 유하현柳河縣 삼원포三源浦를 중심으로 활동하던 서간도의 대표적인 독립군단체였다. 그러나 1920년 10월 일본군의 '간도침입'과 이로 인한 '경신참변'을 계기로 핵심 병력은 이청천 인솔하에 노령 자유시로 이동하였고, 독판 이상룡과 부독판 여준呂準을 비롯한 지휘부는 서로군정서의 기관을 북만주 액목현額穆縣으로 옮겼다.[66] 이로써 서간도의 대표적 독립군단체인 서로군정서의 세력은 분산되어 있었다.

액목현에 있는 본부도 세력기반이나 조직이 제대로 갖추어져 있지 않았다. 부대원들은 남만 각지로 분산되었고, 독판 이상룡은 화전현에, 부독판 여준은 액목현의 황지강자黃地崗子에서 검성중학원儉城中學院을 설치하여 별도로 교육사업을 전개하고 있었던 것이다.[67] 이상룡은 황학수를 만나게 되면서 서로군정서의 재건을 추진하고자 하였다. 화전현에 있던 이상룡은 황학수를 데리고 본부가 있는 액목현으로 와 중앙총회를 개최하고, 1921년 5월 조직을 재정비하였다. 서로군정서의 재조직된 상황은 다음과 같이 나타나 있다.[68]

집행위원장: 이탁李沰
경리위원장: 이진산李震山
학무위원장: 이척서(이상룡의 제弟)
법무위원장: 김동삼(불취임)
참모장: 황학수
총사령관: 박용만(후에 김창환金昌煥)

별동대

정무청장政務廳長이었던 이탁이 새로이 집행위원장에 선임되었다. 그리고 독판 이상룡과 부독판 여준이 재조직 당시에는 모두 빠져있고, 참모장이었던 김동삼은 법무위원장에 선임되었으나 취임하지 않았다. 새로운 인물로 북경에서 군사통일회의를 주도하였던 박용만이 포함되어 있다. 박용만이 총사령관으로 선임된 데에는 황학수의 적극적인 추천이 있었다고 한다.[69] 하지만 박용만은 군자금을 마련한 후 부임하겠다고 하여 취임하지 않고 있었다.

재건된 서로군정서를 실질적으로 이끌어 간 것은 이탁과 황학수였다. 참모장에 선임된 황학수는 군무부장도 겸임하고 있었다. 노령으로 이동한 군무부장 양규열梁圭烈이 귀환할 때까지 군무부장을 겸임하게 된 것이다. 참모장과 군무부장으로 서로군정서의 군사관계 일을 책임지게 된 그는 군사조직의 재건에 착수하였다. 이 과정을 그는 회고록에 "관하管下각지를 순회하면서 군사강습을 실시하였으며, 18세 이상 40세 이하 자는 군적軍籍에 등록케 하고, 노동야학을 실시하였으며, 별동대別動隊를 조직하여 각 지방을 정돈시켰다"라 적고 있다. 이러한 노력이 얼마나 성과를 거두었는지는 알 수 없지만, 그는 서로군정서의 재건을 위해 상당한 노력을 기울이고 있었다.

황학수가 서로군정서의 재건을 위해 힘쓰고 있을 무렵, 남만주지역에서 독립군단체들의 통합운동이 일어났다. 1921년 북경에서의 군사통일회가 무산된 후, 남만지역을 근거로 활동하던 독립군단체들 사이에 통합운동이 추진된 것이다. 이 통합운동에는 김동삼·양규열·김창환 등 서로군정서의 주요 간부가 참여하고 있었다. 1922년 초 서로군정서를 비롯한 대한독립단·광한단 등의 대표들이 남만통일회를 통해 대한통군부大韓統軍府를 결성하

였고, 이를 기반으로 다른 단체들도 참여시켜 그해 8월에는 통합군단인 통의부統義府가 성립되었다.[70]

이러한 통합운동 과정에서 서로군정서 간부들 사이에는 이견이 있었던 것 같다. 구체적인 내용은 알 수 없지만, 황학수는 "내부 싸움에 실증이 나서 취원창에 있는 한교농촌에 가서 농사를 지었다"고 한다.[71] 통합문제를 둘러싸고 의견차이가 있게 되자, 그는 한때 은거생활을 하였던 것으로 보인다.

그의 은거생활은 그리 오래 끌지는 않았다. 그는 1923년에 다시 서로군정서의 군사부장에 취임하여 활동하기 시작하였다. 그러나 황학수의 처지와 입장을 난처하게 만든 일이 발생하면서, 그는 서로군정서를 떠나게 되었다. 그가 총사령관으로 추천하였던 박용만*이 '일제에 항복'하였다는 보고가 들어왔고, 서로군정서에서는 이를 근거로 박용만에게 사형선고를 내린 일이 일어난 것이다.[72]

박용만 문제로 인해 황학수는 곤경에 처했던 것 같다. 그가 박용만을 추천하였다는 사실이 알려지면서 의심의 눈초리를 받게 된 것이다. 뿐만 아니라 그는 박용만과의 내응여부 문제를 두고 조사까지 받게 되었다. 이 과정에서 황학수는 "박용만의 사정을 확실히 알지도 못하고 사형선고까지 하니, 만약에 이것이 일본군의 모략이라면 어찌하느냐, 아무리 보고가 있더라도 좀더 신중히 조사한 후 처리할 필요가 있지 아니하냐"고 신중히 처리할 것을 당부하였다고 한다.[73] 그러나 이 문제는 간단하게 해결되지 않았던 것 같

---

* 박용만은 군사통일회의가 무산된 후 중국의 軍閥인 馮玉祥에게 일본군의 세력이 미치지 않는 內蒙古에 근거지를 마련하고 屯田兵을 양성한다는 제의를 하였고, 이 사업을 추진하기 위해 1924년 풍옥상의 사절단의 일원으로 서울에 들어온 일이 있었다. 이때 박용만이 일제와 타협하여 변절하였다는 소문이 일어났다. 이 일로 인해 박용만은 1928년 10월 북경에서 의열단원에게 암살당하였다.

고, 그는 군사부장의 직을 사면하고 서로군정서를 떠났다.

신민부에서의 활동

황학수는 다시 북만으로 향하였다. 북만으로 향하는 그의 길은 방랑이나 다름없었다. 뚜렷한 목적지도 없이 그냥 북만으로 향하고 있었다. 도중에 마적단에게 체포되어 위험에 처하기도 했다. 다행히 서로군정서에 체포되었다가 풀려난 마적단 중 한 사람이 그를 알아본 덕분에 위험을 모면할 수 있었다.

그가 발걸음을 멈춘 곳은 액목현의 무치하武致河란 곳이었다. 북만으로 향하던 중, 이곳에서 활동하고 있는 최남표崔南表를 만난 것이다. 최남표가 누구인지는 확인되지 않지만, 황학수의 회고록에 의하면 무치하에서 농지를 개척하며 독자적으로 활동하고 있던 인물이었다고 한다. 황학수는 그로부터 이곳 청년들에 대한 군사훈련을 부탁받게 되었다. 이로써 황학수는 한동안 무치하에 머물면서 군사강습을 실시하였다.

김학소와 연락이 닿은 것은 이 무렵이었다. 노령으로 이동하였던 김학소는 자유시참변을 겪은 후 북만으로 귀환하여 활동하고 있었다. 노령에서 돌아온 그는 일본군의 간도침입과 경신참변으로 붕괴된 기반을 재건하면서 각지에 흩어져 있던 독립군들을 규합, 1924년 3월 현천묵玄天黙·조성환曹成煥 등과 함께 옛 북로군정서 세력을 중심으로 대한군정서를 재조직하였다.[74] 이러한 활동은 남북만주 각지에서 전개되었고, 새로운 조직을 갖춘 독립군단체들 사이에 통합운동이 일어났다. 그 결과 남만주지역에서는 참의부(1923. 8)와 정의부(1924. 12)가 성립되었다. 북만지역에서도 통합운동이 일어났고, 1925년 3월 영안현寧安縣 영고탑에서 대한군정서(김혁·조성환·정신)와 대한독립군단(김좌진金佐鎭·남성극南星極·최호崔灝)을 비롯한 독립군단체들이 통합을 이루어 신민부新民府를 결성하였다.[75] 신민부는 하얼빈 이남과 북간도 전지역을 관할구역으로 한 북만주의 대표적 독립운동단체였고, 김학소가 중앙집행위원장을 맡고 있었다.

신민부를 조직하여 활동하고 있던 김학소와 연락이 닿은 것이다. 국외로 망명할 때도, 상해의 임시정부를 떠난 것도, 그리고 북경에서 북만을 향한 것도 김학소를 찾아가기 위한 것이었다. 김학소의 서신을 받은 것은 1925년 말경이었던 것으로 보인다.[76] 황학수는 곧바로 무치하를 떠났다. 그러나 그의 발길은 액목현 황지강자黃地崗子에서 지체되었다. 이곳에는 서로군정서의 부독판을 지낸 여준이 검성학원을 설립 운영하고 있었다. 인사차 여준을 방문하였던 황학수는 그로부터 군사강습을 해달라는 간곡한 부탁을 받은 것이다.

황학수가 김학소를 찾은 것은 1926년이었다. 흑룡강 연안을 돌아 신민부의 관할구역인 중동선中東線 이도하자二道河子에 도착, 김학소를 만났다.[77] 김학소를 찾아갈 계획으로 국외로 망명하였던 그는 그동안 상해·북경·서간도를 거쳐, 결국 7년여만에 김학소를 만난 것이다. 군대해산 직후 만주로 망명하였던 김학소는 그동안 독립군의 주요한 지도자로 활약하고 있었고, 신민부의 중앙집행위원장이 되어 있었다. 김학소와 만나게 되면서 황학수는 비로소 자신의 활동처를 찾게 되었다.

황학수는 신민부에서 주로 군사활동 관계를 담당하며 활동하였다. 당시 신민부는 관할구역의 자치행정을 담당하는 기구(민사부·외교부·법무부 등)와 더불어 군사활동 기구로 군사부(위원장 김좌진)·참모부(위원장 나중소)가 있었는데, 그는 참모부 위원으로 임명되었다.[78] 황학수는 이미 서로군정서에서 참모장과 군사부장으로 활동한 경험이 있었고, 이를 바탕으로 신민부의 군구軍區를 조직 확대하는 데 크게 활약하였다.

신민부는 관할구역의 자치제를 실시하는 한편, 각 지역을 군구로 편제하며 세력을 확대하고 있었다. 군사행정의 기본은 군구제였다. 각 군구 내에서 17세 이상 40세 미만 장정의 군적軍籍을 작성, 이를 기초로 독립군의 기본대오를 편성하였고, 이들을 평상시에는 농업에 종사케 하다가 유사시에는 정규군에 편입시키는 방식이었다.[79] 일종의 둔전제였다. 황학수는 관할구역 각지를 돌아다니며 군구를 개척 확대해가는 활동을 전개하였다. 이를 위해 그는 서로군정서에서와 같이 때로는 군사강연도 하고, 노동야학을 설치하여 교육도 실시하였다. 그리고 별동대를 조직하여 지방의 치안을 담당케 함으로써 각 지방이 점차 정돈되어 갔다.

이러한 활동 중에서 돈화敦化 지역을 개척한 것은 커다란 성과였다. 동만東滿의 돈화지역은 일본의 세력범위에 있었던 관계로 신민부의 지방자치조직이나 군사조직이 설치되지 못하고 있었다. 황학수는 안전지대에서만 활동하는 것이 혁명의 본의本意가 아니라고 하면서, 1927년 별동대원 30여명과 함께 돈화로 향했다.[80] 돈화지역을 개척하기 위해서 였다. 돈화에는 자유시참변 후 이곳에 내려온 독립군들이 흩어져 농사를 짓고 있었고, 황학수는 이들을 중심으로 군구제를 실시하려고 했다. 그러나 이들은 중국관헌에 발각될 경우 곧바로 일본영사관에 넘어가게 된다면서, 중국측의 협조가 있지 않으면 불가능하다는 반응이었다.

황학수는 중국측 책임자와 교섭하기로 하고, 중국 도대道臺 왕삼덕王三德에게 서신을 보내 군사시설의 묵인을 요청하였다. 그러나 왕삼덕은 관할구역에 "일본경찰서가 많고 도대 소재지인 혼춘琿春에는 일본 병대兵隊도 주둔해 있어 독립군이 보이면 일본군은 물론이요 중국군도 할 수 없이 총화銃火를 겨누지 않을 수 없는 사정"이라고 하면서,[81] 요청을 들어줄 수 없다고 하였다.

황학수는 물러서지 않았다. 왕삼덕을 직접 찾아가 담판을 짓기로 했다. 부하 1명만을 대동한채 중국관리로 변장하고 한 밤중에 왕삼덕을 찾아갔다. 그는 "본인들은 망국여생亡國餘生으로 해외에서 방랑하면서 오로지 조국 광복에만 전력하여 왔거니와 아등我等은 무장준비를 하여 입국투쟁入國鬪爭할 준비만 하고 귀국에 해를 끼치지 않을 터이니 아我독립운동을 묵인하여 달라"고 요청하였고, 왕삼덕은 이러한 황학수의 태도에 감복하여 협조를 약속하였다고 한다.[82] 이로써 신민부의 관할구역이 동만의 돈화에까지 미치게 되었다.

황학수가 돈화에서 활동하고 있을 때, 김학소가 일경에게 체포된 일이 발생하였다. 신민부가 북만을 근거로 세력을 확장해나가자 1927년 2월 하얼빈의 일본영사관 경찰과 중국경찰이 합동으로 위하현葦河縣 석두하자石頭河子에 있던 신민부 본부를 습격, 중앙집행위원장 김학소를 비롯하여 12명의 간부를 체포한 것이다.[83] 김학소의 피체는 황학수에게는 엄청난 충격이었다. 김학소는 그의 무관학교 동기생이자 그를 독립운동으로 이끌었던, 그리고 유일하게 믿고 의지하던 정신적 지주나 다름없었기 때문이다. 황학수는 급히 본부로 귀환하였다. 그러나 이 일로 인해 큰 타격을 입은 신민부는 간부들 사이에 의견이 대립, 민정파와 군정파로 갈리게 되었다.

사건의 수습방안을 논의하는 과정에서 의견이 대립된 것이다. 군사부위원장 겸 총사령관인 김좌진 등은 이러한 희생을 계기로 능동적이고 적극적인 무장투쟁을 전개하자고 한 반면, 민사부위원장 최호 등은 우선 교육과 산업을 발전시킬 것을 주장한 것이다.[84] 향후 활동방향과 관련한 의견의 대립은 상호 합의에 이르지 못하였다. 결국 1927년 12월에 개최된 총회를 계기로 김좌진을 중심한 군정파와 최호를 중심한 민정파로 분화되고 말았다.

황학수는 김좌진과 함께 행동하였다. 대한제국 무관학교를 졸업한 이래 신민부에 참여하기까지 줄곧 군사활동과 관련한 일을 해왔던 그로서는 당연한 선택이었다고 할 수 있다. 또 그가 믿고 의지했던 김학소와의 관계로 보아도 김좌진과 함께 활동하는 것이 의리이기도 했다. 군정파에서는 신민부의 조직을 재정비하였다. 김좌진이 중앙집행위원장과 군사부위원장을 겸직하였고, 황학수는 참모부위원장에 임명되었다.[85] 이후 황학수는 김좌진과 함께 활동하면서 군정파의 주요 인물로 역할하였다.

그동안 관할구역 각지를 돌아다니며 군구를 확대 개척하는 일에 주력하였던 황학수는 본부에서 활동하게 되었다. 그는 우선적으로 중국 호자와 긴밀한 관계를 맺어두어야 한다고 생각했다. 호자鬍子란 좋게 보면 구국무장군대이고, 나쁘게 보면 마적단을 말한다.[86] 황학수는 김좌진과 함께 백두산 서록 북대영北大營에서 호자측의 대표인 중국구국군제13군사령관 양우일楊宇一 등과 회합을 갖고, 그들의 관할구역에서 '신분증명서를 제시하는 한인의 통과' '교포의 재산약탈 금지' 등에 대한 협력을 얻어냈다.[87] 이는 마적단으로부터 교포의 생명과 재산을 보호하기 위한 조처였다.

다른 한편으로는 국내진공을 위한 준비를 진행하였다. 장교 중에서 자원자를 선발, 국내진입을 위해 필요한 지리 및 작전지도 작성·일본군 주둔지 등을 조사토록 한 것이다. 이를 위해 3개조가 편성되었다. 제1조는 압록강을 건너 강계江界를 거쳐 평양까지, 제2조는 백두산으로부터 함경·강원·경상도의 산맥을 따라 전라도 지리산까지, 제3조는 두만강을 건너 종성鍾城을 경유하여 북청北靑까지로 정하였고, 조사원들은 반년에서 1년만에 목적을 달성하고 무사히 귀환하였다.[88]

신민부가 군정파와 민정파로 나뉘어 독자적으로 활동하고 있을 때, 만주지역에서는 유일당을 조직하려는 움직임이 일어났다. 유일당조직운동은 1927년 초 안창호가 길림에서 민족의 대동단결을 역설한 연설회를 개최한

데 이어, 8월에 정의부가 '신민부·참의부와의 연합을 도모, 유일당 촉성을 준비할 것'이란 내용의 결의안을 채택하면서 본격화되기 시작하였다.[89] 그 방법은 만주지역을 3분하고 있는 정의부·신민부·참의부의 3부를 통합하는 것으로 추진되었다.

신민부에서도 대표를 선정, 3부통합운동에 참여하였다. 황학수는 신민부 대표의 일원으로 3부통합운동에 참여하였는데, 그는 자신이 저술한 『신민부사新民府史』에서 신민부가 이 운동에 참여하는 과정을 다음과 같이 서술하고 있다.

> 1928년 4월 정의부 수령 김동삼金東三, 김원식金元植 등이 3부통일문제를 의논하기 위하여 먼길을 헤매며 신민부 본부를 찾아왔다. 김동삼은 독립운동의 거성巨星으로 그 인격과 열성과 역량은 독립운동자간에 잘 아는지라, 총사령관 김좌진 이하 각 부장들은 환영접대하였는데, 김동삼은 동석同席에서 다음과 같이 역설하였다. 광복의 제일요第一要는 혈전血戰인바 혈전의 숭고한 사명 앞에는 각 단의 의견과 고집을 버려야 할 것이며, 독립군이 무장하고 입국하여 광복절을 감행하기 전에 3단체 군부가 합작하지 않으면 안된다. 합작은 지상명령이니 어떠한 장애가 있더라도 합작하여야 한다.[90]

정의부는 유일당조직을 제창·주도하고 있던 단체로, 그 대표자인 김동삼이 신민부 본부를 찾아와 3부의 합작을 종용한 것이다. 신민부도 이에 참여하기로 하면서, 1928년 5월 유일당조직을 협의하기 위한 제1차 회의가 개최되었다. 그러나 회의는 순조롭게 진행되지 못하였고, 유일당을 조직하는 방법과 절차를 둘러싸고 서로 다른 의견들이 나타났다. 크게 보면 단체본위조직론과 개인본위조직론이었고, 전자를 주장하는 세력들은 '전민족유

일당협의회'를, 후자를 지지하는 세력들은 '전민족유일당촉성회'를 조직하자고 주장한 것이다.[91]

이러한 유일당운동은 만주지역을 3분할하고 있는 정의부·신민부·참의부의 통합을 목표로 하여 추진되고 있었다. 3부의 통합을 위한 제2차 회의가 3부의 대표들이 참여한 가운데 1928년 10월 길림에서 개최되었고, 황학수는 김좌진·김동진·김칠돈 등과 함께 신민부 대표의 일원으로 이 회의에 참여하였다.[92] 그러나 회의가 개최되면서 통합방법을 둘러싼 대립이 노출되고, 또 3부 각각의 내부사정으로 인해 결렬되고 말았다. 이 과정을 황학수는 다음과 같이 적고 있다.

> 신민부에서 군정위원회와 민정위원회가 서로 반목갈등으로 지내오다 마침내 통일대표가 길원吉垣에 도착하야 민정위원회 기인幾人이 자칭 신민부대표라 하고 정의부와 관계를 맺게 되며, 참의부에서는 제4중대가 반란을 일으켜 참의부와 분열되었으며, 정의부에서는 중앙집행위원 임기만료로 인하야 김동삼·이청천 등등은 정의부와 손을 끊게 되었다. 이리하여 김동삼·이청천 등은 신민부 간부들과 손을 맞잡게 되었다.[93]

3부통합운동이 결렬된 데에는 일제측의 방해공작도 적지 않았지만, 3부의 내부사정이 통일되지 않았던 것도 주요한 이유였다. 통합의 방법에 대해 내부적으로 합의를 이루지 못한채 회의에 참여한 것이라 할 수 있다. 신민부의 경우도 '군정파'와 '민정파'가 각각 대표임을 자처하면서, 전자측은 '개인본위'를, 후자측은 '단체본위'를 주장하고 있었던 것이다. 그 결과 통합운동이 결렬되면서, '단체본위'와 '개인본위'를 중심한 통합방법에 따라 3부의 세력들이 재결합을 이루었다.

신민부의 '군정파'는 '개인본위'를 주장하는 세력들과 통합, 새로이 혁신의회革新議會를 결성하였다. 통합회의 과정에서 신민부 군정파는 참의부의 일부 세력과 3부를 완전 해체하고 촉성회에 합류할 것을 주장하였다.[94] 기존의 단체들은 해체하고 개인이 참여하는 형식으로 통일된 새로운 단체를 결성하자는 것이었다. 그러나 통합운동은 결렬되고 말았다. 이후 신민부 군정파는 단체본위를 주장하고 있던 정의부에서 이에 반대하며 이탈한 김동삼·이청천 등의 세력과 연합, 1928년 12월 신민부와 참의부의 해체를 선언하고 혁신의회를 조직한 것이다.[95]

혁신의회는 신민부 군정파와 참의부, 그리고 정의부의 일부 세력이 연합하여 결성한 단체였다. 정의부의 김동삼과 김원식이 각각 의장과 중앙집행위원장으로 선출되었고, 참의부의 김승학金承學이 민사위원장, 황학수는 군사위원장으로 선출되었다.[96] 혁신의회는 과도적 임시기관이었고, 이를 토대로 군정부軍政府를 설립한다는 구상을 갖고 있었다. 혁신의회의 설립과 함께 '군정파'가 주도하던 신민부는 해체되었다.

한국독립군

3부통합운동은 결렬되었지만, 그 결과는 만주지역 독립운동의 판도와 세력에 커다란 변화를 가져왔다. 기존의 3부는 완전히 해체되었고, 통합방법을 달리하였던 두 세력이 각각 세력을 결집하여 새로운 독립운동 단체를 결성한 것이다. 개인본위를 주장하던 신민부 군정파와 참의부 세력이 혁신의회를 조직하였다는 것은 앞에서 언급하였다. 반면 단체본위를 주장하던 세력은 1929년 4월 정의부의 주도하에 신민부 민정파와 참의부의 심용준沈龍俊 계열이 통합하여 새로이 국민부國民府를 결성하였다.[97] 그리고 그해 12월 조선혁명당과 조선혁명군을 편성, 독자적인 활동기반을 마련해갔다.

한편 혁신의회를 조직하였던 개인본위중심론자들은 곧바로 군정부를 설립하지 못하고, 생육사生育社와 한족총연합회韓族總聯合會를 조직하여 활동하고 있었다. 생육사는 1929년 봄 오상현五常縣에서 홍진·황학수·이청천·이장녕·김창환 등이 중심이 되어, 독립운동자금의 확보와 혁명인재를 양성할 목적으로 조직한 것이었다.[98]

홍진은 상해의 임시정부에서 파견된, 그리고 이청천 등은 서로군정서에서 활동하였던 인물들이다. 김좌진을 비롯한 신민부의 핵심세력들은 북만으로 돌아갔다. 그리고 이들은 무정부주의자들과 연합하여 1929년 7월 영안현 산시역山市驛을 근거로 한족총연합회를 조직하였다.[99] 이들이 지역을 달리하여 각기 독자적인 단체를 결성하여 활동한 것은 자신들이 활동하였던 지역적 기반과 과거의 활동경험 때문이었던 것 같다. 황학수는 옛 서로군정서 인물들과 함께 활동하고 있다.

생육사와 한족총연합회를 조직하여 활동하고 있던 이들은 김좌진의 암살을 계기로 세력을 결집, 한국독립당을 창당하였다. 북만주지역에는 1926년 5월 영안현에 조선공산당 만주총국滿洲總局이 결성된 이래 공산주의 운동이 활발하게 전개되고 있었다. 한족총연합회와 이들의 활동지역이 동일하였던 관계로 양측사이에 충돌이 적지 않게 일어났다. 그러다 1930년 1월 공산주의자 박상실朴尙實이 김좌진을 암살한 일이 발생한 것이다.[100]

이를 계기로 공산주의 세력에 대한 위기의식이 팽배되었고, 여기에 국민부가 성립되어 활동하고 있는 것까지 겹쳐지면서, 민족주의 세력을 결집할 필요성이 절박해졌다. 한족총연합회와 생육사는 두 세력을 모체로 1930년 7월 위하현葦河縣에서 한국독립당을 창당하였다.[101]

한국독립당이 창당되면서, 만주지역 독립운동전선은 새로운 판도로 재편되었다. 1920년대 중반 이래의 3부가 해체되고, 국민부·조선혁명당·조선혁명군을 핵심으로 한 세력, 그리고 한국독립당과 그것의 무장부대인 한국독립군이 양대 세력을 이루게 된 것이다. 전자의 세력은 남만주를, 그리고 후자의 세력은 북만과 동만을 근거로 하여, 1930년대 전반 만주를 점령한 일본군과 치열한 독립전쟁을 전개하였다.

황학수는 한국독립당의 주요 간부로 활동하였다. 그는 홍진·이청천·이장녕·신숙 등 40여명과 더불어 한독당을 창당하였고, 위원장 홍진과 더불어 부위원장으로 선임되었다.[102] 비밀결사로 조직된 한독당은 창당 이후 한족자치연합회 등과 같은 표면단체를 조직하여, 북만과 동만지역을 중심으로 세력기반을 확대해 갔다. 당원의 모집과 각 지역에 군구를 설치하였고, 1931년에는 군구의 숫자가 36개에 이르렀다고 한다.[103]

한독당은 만주사변 직후 한국독립군을 편성하였다. 1931년 9월 일제가 만주를 침략하자, 한독당을 긴급 중앙회의를 개최, '당내 일체공작을 군사방면에 집중할 것' '군사행동을 개시할 것' 등을 결정하였다.[104] 그리고 각 군구에 있는 청장년들을 소집, 1931년 11월 한독당의 당군으로 한국독립군을 편성한 것이다. 군사위원장인 이청천을 총사령장관으로, 남대관南大觀을 부사령장관으로 편성된 한국독립군은, 이후 중국의 각종 반만항일군反滿抗日軍과 연대하여 대일항전을 전개하였다.[105]

황학수는 오상현 사하자沙河子 지방을 중심으로 활동하고 있었다. 이곳은 교포들이 많이 거주하고 있는 곳으로, 한독당 제15지당부인 동시에 한국독립군 제12군구였다.[106] 그는 이곳에서 청장년들을 소집 훈련하는 한편, 중국측과의 연합을 추진하고 있었다. 한독당에서는 1932년 11월 이곳에서 당 중앙회의를 소집, 한국독립군의 활동방향을 결정하였다. 주요 결정사항은 '길림구국군吉林救國軍에 특파원을 파견하여 한중합작을 논의한다'는 것이었고, 이와 아울러 황학수를 부사령으로 선임한다는 것이었다.[107] 총사령관은 이청천이었고, 황학수는 김창환에 이어 부사령관이 되었다.

황학수는 이청천과 협의, 길림구국군과의 합작을 추진하였다. 당시 길림구국군은 동녕현東寧縣에 있었고, 왕덕림王德林이 사령관이었다. 그는 왕덕림과의 교섭을 위해 강진해姜振海·공진원·심만호沈萬湖 3인을 파견하였다.[108] 왕덕림과의 직접 교섭은 이루어지지 못했다. 일본군에게 타격을 입은 왕덕림이 무기교섭을 위해 장개석을 만나러 갔기 때문이었다. 그러나 그 휘하에 있던 길림구국군 시세영柴世榮부대와의 합작이 성사되었고, 연합부대의 명칭을 '중한연합토군中韓聯合討軍'이라고 하였다.[109]

이로써 한국독립군과 길림구국군이 연합한 한중연합군이 편성되었고, 이들은 일본군과 치열한 항전을 전개하였다. 1933년 2월 시세영부대와 함께 경박호鏡泊湖를 지나던 한국독립군은 일본군이 진격해온다는 정보를 입수하고, 호수주변에 매복하고 있다가 일본군을 급습하여 일본군 1개 대대를 거의 섬멸시킨 전과를 거두었다.[110] 유명한 경박호전투였다. 이후에도 한중연합군은 사도하자四道河子전투(1933. 3)와 동경성東京城전투(1933. 6), 그리고 한국독립군의 최대 격전으로 일본군 73연대인 반총련대飯塚聯隊를 거의 섬멸한 대전자령大甸子嶺전투(1933. 6) 등을 전개하였다.

황학수는 사도하자전투를 치른 후, 모병활동을 전개하게 되었다. 일본군과의 계속되는 전투로 병력보충이 긴급해진 것이다. 한국독립군에서는 1933년 5월 29일 황학수로 하여금 편의대 1대를 인솔하고 각 군구로 나가 장정을 모집하여 전투지역으로 동원하라고 한 것이다.[111] 그는 여러 군구를 다니며 병력을 모집하였다. 이러한 활동 중 사하자에 이르러 옛 신민부군을 모집하고 있을 때, 남경에 파견되었다가 돌아온 이규보李圭輔로부터 임시정부가 낙양군관학교에 한국청년들을 입학시키려 한다는 소식을 듣게 되었다. 이는 윤봉길의거를 계기로 중국정부의 적극적인 지원을 얻게 된 김구가 낙양군관학교에서 한인청년들을 훈련시킬 계획하에, 이청천을 그 책임자로 하고 한국독립군을 비롯한 만주지역 한인청년들의 입교를 제의한 것이었다.[112]

이때 한국독립군이 중국군으로부터 무장해제 당하는 일이 일어났다. 1933년 10월 중국의 오의성吳義成부대와 연합하여 작전을 준비하던 중, 오의성부대가 한국독립군 총사령부를 기습 포위하고 총사령 이청천 이하 330여 명의 한국독립군을 체포 구금한 사건이 발생한 것이다.[113] 이 사건은 대전자령전투에서 노획한 무기를 연합한 시세영부대와 분배하는 과정에서 빚어졌던 대립이 한 원인이 되었지만, 오의성부대에 참모로 있던 중국공산당 만주성위원회 서기 주보중周保中의 음모도 있었다고 한다.[114] 오의성이 주보중의 음모임을 알고 10월 하순 한국독립군 간부들을 모두 석방함으로서 이 사건은 일단락되었다. 하지만 이 사건을 계기로 독립군 대부분은 사방으로 흩어졌고, 더 이상 만주에서 활동하기가 어려워졌다.

한국광복군 총사령 대리와 임시정부에서의 활동

중국관내로 이동

만주에서의 활동이 어렵게 되면서, 한국독립군은 한국독립당과 함께 중국관내로 이동하였다. 이들이 중국관내로 이동하는 데는, 활동이 어렵게 된 것 뿐만 아니라, 앞에서 언급한 김구의 권유도 크게 작용한 것이었다. 1933년 말 총사령 이청천은 오광선·이복원·공진원 등을 비롯한 한국독립군 간부, 그리고 군관학교 입학지원자를 포함하여 39명과 더불어 북경을 거쳐

남경으로 향하였다.[115]

황학수는 이들과 함께 행동하지 못하였다. 모병의 임무를 띠고 관할군구에 나가 있었기 때문이다. 한국독립군이 오의성부대에 무장해제를 당할 때, 황학수는 사하자에서 모병활동을 하고 있었다. 이 소식이 전해지면서 황학수는 신변의 위협을 느꼈던 것 같다. 그는 모병활동을 중지하고, 이탁과 함께 중국인 토옥土屋에 은거하였다. 이탁은 그와 함께 서로군정서를 재건하여 집행위원장을 맡았던 인물로, 만주지역의 대표적 독립운동가의 한 사람이었다.

그의 은거생활은 오래가지 못하였다. 자신의 은거지가 노출된 것이다. 전에 함께 활동하다가 일제에 투항한 청년이 찾아와 황학수와 이탁에게 투항을 종용하였다고 한다.[116] 그 청년을 질책하여 쫓아버린 그와 이탁은 급하게 피신하지 않으면 안되었다. 길림성 근처에 본가가 있던 이탁의 권유로 그와 함께 관전까지 내려왔다가, 여기서 이탁과 헤어졌다. 이후 그는 혼자서 임시정부를 찾아 중국관내로 발길을 옮겼다. 그러나 임시정부를 찾아가는 길은 험난 그 자체였다. 1933년 말 만주를 떠난 그는 1938년 초반 무렵에 가서야 장사에 있던 임시정부에 합류할 수 있었다.

만주를 떠나 임시정부와 합류하는 4년여의 여정은 고난의 행군이었다. 그리고 이 과정에 대해서는 그의 회고록 이외에는 다른 자료를 찾아 확인할 길이 없다. 이탁과 헤어진 후 황학수는 단독으로 임시정부를 찾아 중국관내로 향하였다. 농민복으로 변장한 그는 영구營口를 거쳐 북경에 도착하였다. 북경 교외의 중국인 소점小店에 머물면서 동지들을 수소문하였지만, 동지들의 소식을 알기도 전에 일본경찰에 쫓기게 되었다.

그는 수원성綏遠省 방면에 한인들이 다수 거주하고 있다는 소문만을 듣고, 포두包頭로 향했다. 그의 수중에는 달랑 3원만이 들어 있었다. 천여리길의 사막을 통과하여 포두에 도착하였지만, 한인동포들의 소식을 알 수 없었다. 포두는 내몽고지역이다. 이곳에 살고 있는 중국인과 몽고인은 외국인을 좀처럼 상대하지 않는 관계로 그는 온갖 어려움을 겪지 않으면 안되었다. 그는 동포도 만나지 못하고, 임시정부를 찾아갈 방책도 찾지 못하게 되면서 좌절에 휩싸이고 말았다. 당시의 상황을 그는 회고록에서 다음과 같이 술회하고 있다.

천신만고하여 포두성외包頭城外에 도착하니 …… 나는 천애만리天涯萬里미귀신未歸身으로 전도前途 막연할 뿐이다. 연然이나 수모誰某에게 문問하든지 한인거주지대를 지知하는 자 무無하고 임시정부를 향하여 갈 방책이 없으므로 결국 최후 방법으로는 황하 투신외投身外에는 별도리가 없으므로 시내를 통하여 서문밖으로 나오게 되는데 …….

황학수는 황하에 빠져 죽을 생각을 하였던 것 같다. 그러나 황하로 향하던 길가에서 그는 우연히 의주인義州人 한인동포를 만났다. 동포는 포두의 서문밖 황초안黃草岸에 집이 있었고, 그는 이곳에 머물면서 한인들의 소식과 함께 서간도에서 활동하던 조병준趙秉準이 이곳에 있다는 이야기를 들었다. 이 당시 내몽고에 한인들이 이주해 있다는 것은 아마도 처음으로 알려지는 것이라 생각된다. 그 내용을 소개하는 것도 의미가 있다고 여겨, 황학수가 회고록에서 설명하고 있는 내용을 그대로 전재한다.

근 200리 되는 중탄中灘에 도착하니 과연 조국동趙菊東 동지를 상봉하게 되었는데, 차처此處는 한인 수백 명이 자작일촌自作一村하여 황지를 개척하고 규모있게 생활하는데, 황토로 삼위三位의 제단祭壇을 건축하고 춘추春秋로 동중

남녀洞中男女가 회집하여 제사를 드리는데 제1위는 단군황조檀君皇祖이시고, 제2위는 고구려 태조 주몽朱蒙이시며, 제3위는 이조충신 임경업林慶業 장군이시더라.

당시 내몽고지역에는 한인들이 거주하고 있었다. 서간도의 광복군참리부光復軍參理部에서 활동하던 조병준(호 국동菊東)이 1923년경에 10여가 80여 명을 인솔하고, 포두에서 20km 떨어진 중탄색등호로두中灘色登葫蘆頭라는 곳에 정착, 이곳에 약 60만 평에 농지를 개간하여 배달농장倍達農場이라 이름하면서 임시정부와 연계하며 활동하였다고 한다.[117] 황학수가 찾아간 곳은 바로 이곳이었다. 그는 여기서 임시정부에 대한 소식과 중국관내의 실정을 들을 수 있었다. 그가 이곳에 머무른 기간을 정확히 확인할 수는 없지만, 이 때는 중일전쟁이 발발한 이후였던 것 같다. 그는 임시정부를 찾아 다시 남쪽으로 향했다.

남쪽으로 향한 그의 행로는 순탄치 않았다. 포두를 출발하여 대동大同에 이른 그는 이곳에서 의원을 하고 있는 이동필李東弼을 만나 잠시 체류하였다. 그러나 일본군이 이곳을 점령하게 되면서, 그는 마점산馬占山부대가 있다고 하는 오원五原을 향해 떠났다. 그러나 안북현安北縣에 이르렀을 때 중국군 문병악門炳岳부대에 체포되어, 곤욕을 치르기도 했다.

일본군의 정탐이냐 묻는 것을 일본어로 묻는지라. 기시其時 나는 불쾌한 어조로 나는 한국인 혁명자로 마점산馬占山을 방문하러 가는 길이거늘 어찌 일본인으로 대하느냐고 고성반문高聲反問하면서 창피막심猖披莫其하니 지급총살至急銃殺하라 하고 파금로흉披襟露胸하니 군장이하 각 감내들이 비장한 안색顔色을 하면서도 죄수로 취급하는데 무등화無燈火한 철창냉돌鐵窓冷突에 장고하기 극난極難하므로.

이는 회고록에서 자신이 겪었던 상황을 서술한 부분이다. 일본군 정탐으로 오해를 받아 자칫 총살을 당할 뻔한 것이다. 이러한 경우는 황학수에게만 있었던 것은 아니었다. 만주와 중국대륙에서 활동하던 많은 독립운동자들이 겪어야 했던 상황이었다. 철창에 갇힌 그는 군장에게 서한을 보냈고, 다행히 오해가 풀려 석방되었다고 한다.

그는 오원에 도착, 마점산을 방문하였다. 마점산은 흑룡강성을 근거로 활동하던 중국의 군벌로, 이때는 중국국민정부로부터 동북정진군東北挺進軍 총사령에 임명되어 이곳에 주둔하고 있었다.[118] 만주에서 한국독립군의 활동상황을 비교적 잘 알고 있던 마점산은 그를 환대해 주었고, 고문으로 있어 달라는 청을 받기까지 하였다. 그가 마점산부대에 머물고 있을 때, 남경에 이동해 있던 옛 동지들로부터 통지를 받았다. 곧바로 내려오라는 연락이었다.

황학수는 마점산으로부터 후한 여비와 호송을 받으며 남쪽으로 향했다. 그는 유림楡林을 거쳐 호남성湖南省 장사長沙에 도착하였다. 당시 장사에는 임시정부가 머물고 있었다. 임시정부는 1932년 윤봉길의거를 계기로 근거지였던 상해를 떠난 이래 항주로 이전하였다가, 중일전쟁이 발발하면서 진강·남경·한구를 거쳐 1938년 2월 장사에 도착하였던 것이다.[119]

이로써 황학수는 긴 여정과 고난의 행군 끝에 임시정부와 합류하게 되었다. 그가 장사에 도착한 시기는 정확하지 않지만, 적어도 1938년 2월 이후였다.* 1933년 말 임시정부를 찾아 만주를 출발하였던 그는 4년여의 행군

---

* 황학수가 1937년에 중국관내에서 활동한 자료도 보인다. 즉 1937년 4월 남경에 있던 민

끝에 임시정부와 다시 합류하게 된 것이다.

한국광복군 창설과 총사령 대리

황학수가 임시정부에 합류하였을 무렵, 임시정부는 전시체제에 대처하기 위한 군사활동을 추진하고 있었다. 1937년 7월 7일 일본군의 중국대륙 침략으로 중일전쟁이 발발하자, 임시정부는 일주일만인 7월 15일에 군사위원회를 설치하였다. 중일전쟁을 조국독립의 절호의 기회로 여기고 적극적인 군사활동을 추진하려고 한 것이다. 군사위원회는 유동열·이청천·이복원·현익철·김학규·안공근 등 6명을 위원으로 하여 조직되었다.[120] 이들은 1920년대 이래 만주에서 독립군을 조직 운영하면서 실전경험을 쌓았던 군사전문가들이었고, 이들로 하여금 임시정부의 군사정책 및 활동을 담당하도록 한 것이다.

임시정부에 합류한 황학수가 처음으로 맡게 된 임무도 이러한 군사활동이었다. 황학수 역시 임시정부에서 몇 안되는 군사전문가였다. 그는 1938년 7월 나태섭羅泰燮과 함께 군사위원회 위원에 선임되었다.[121] 이를 계기로 다시 임시정부에서 활동하게 되었다. 1920년 말 임시정부를 떠난 지 18년

족혁명당에서 김원봉계와 이청천계가 대립하였을 때, 이청천·현익철·유동열·김학규 등과 함께 비상대회소집을 요구하였다는 것(앞의『독립운동사』4, 669쪽), 그리고 1937년 8월 우익진영의 3당(한국국민당·한국독립당·조선혁명당)이 연합하여 한국광복운동단체연합회를 결성하였을 때 조선혁명당 당원 명단에 그의 이름도 올라가 있다(앞의『독립운동사』6, 148쪽). 민족혁명당에서 비상소집을 요구한 것은 만주에서 한국독립군과 조선혁명군으로 활동하였던 인물들이다. 이들은 중국관내로 이동한 이후 신한독립당·조선혁명당을 결성하여 활동하고 있었고, 1935년 민족혁명당 결성에 참여하였다가 김원봉계와의 대립으로 이를 탈당하여 1937년 4월 조선혁명당을 결성하여 함께 활동하였다. 이러한 과정에서 만주에서 함께 활동하였던 황학수의 이름도 올라가 있었던 것이 아닌가 생각된다.

여 만이었다. 이후 황학수는 1945년 해방 때까지 임시정부를 중심으로 활동하였다.

군사위원회는 초급장교 양성과 군대편성을 일차적 목표로 한 계획을 수립하였다. "속성 군관학교를 설립하여 최단 기간내에 우선 1기로 초급장교 200명을 양성하고, 기본군대로 1개 연대를 편성한다"는 것이었다.[122] 그러나 일본군의 점령지역이 확대되면서 임정은 여러 곳으로 피난처를 옮겨 다녀야 했다. 또 다시 장사를 떠나, 광주와 유주를 거쳐 1939년 5월 사천성 기강에 도착하였다. 이곳은 중국국민당 정부가 임시수도로 정하고 있던 중경에서 남쪽으로 백여 리 떨어진 곳으로 비교적 전란으로부터 안정된 지역이었다.

기강에 도착한 임정은 군사계획을 실행에 옮기기 시작하였다. 군사계획의 일차적 목표는 임시정부의 군대로 한국광복군을 편성하는 것이었다. 그 방법은 세 가지로 추진되었다. 그 중 우선적으로 추진한 것이 병력의 모집이었다. 당시 기강이나 중경에는 한인들이 거의 없었다. 그러나 일본군이 점령한 화북지역에는 20만에 달하는 한인들이 이주해 있었다.[123] 이들을 대상으로 병력을 모집하는 초모활동을 전개하기로 한 것이다.

임정과 함께 기강에 도착한 황학수는 초모활동의 주요한 책임자가 되었다. 1939년 10월 1일 국무회의에서는 조성환을 주임위원으로 하여 황학수와 왕중량(나태섭)·이웅李雄(이준식李俊植)을 군사특파원으로 선임, 이들로 하여금 초모활동을 담당케 한 것이다.[124] 조성환은 당시 군무부장이었고, 황학수 등은 군사위원회 위원들이었다. 임정에서는 이들을 책임자로 한 군사특파단을 구성, 1939년 11월 섬서성 서안으로 파견하였다.[125] 서안은 중경에서 2천여리 떨어진 곳으로, 당시 화북지역을 점령한 일본군과 최전선을 이루고 있던 곳이었다.

서안에서 한국청년전지공작대 대원들과 함께(1940. 11. 11)
가운데가 황학수. 그의 왼쪽은 나월환, 조성환

　서안으로 파견될 당시 황학수의 나이 61세였다. 환갑을 맞은 나이에 병력
을 초모하는 임무를 띠고 최전선에 파견된 것이다. 서안에 도착한 군사특파
단은 서안성 안의 통제방通濟坊에 판사처를 마련하였다.[126] 이로써 임정의 군
사교두보가 서안에 마련되었다. 군사특파단이 서안에 거점을 마련한 이후,
안춘생安椿生 · 노태준盧泰俊 · 조인제趙仁濟 등 중국중앙군관학교를 졸업하고 중
국군에 복무하고 있던 한인청년들이 계속 참여해 왔다.[127]

　군사특파단은 화북지역의 한인교포들을 대상으로 선전 초모활동을 전개
하기 시작하였다. 1940년 6월 이준식을 비롯한 노태준 · 안춘생 등의 청년단
원들이 산서성으로 진출, 초모활동에 들어갔다.[128] 이들은 중국군 제2전구
사령관 염석산閻錫山의 협조를 받아, 일본군 점령지역으로 들어가 그곳에 있
는 한인청년들을 대상으로 초모활동을 전개하기 시작하였다. 병력을 모집

하기 위한 초모활동은 광복군을 창설하는 준비작업이었고, 동시에 광복군의 활동기반과 영역을 개척하는 것이기도 했다.

황학수가 군사특파단의 일원으로 서안에서 초모활동을 전개하고 있을 때, 중경에서 광복군이 창설되었다. 임정은 군사특파단을 파견하여 우선적으로 병력을 모집하는 외에, 한편으로는 중국정부를 대상으로 군대창설에 대한 교섭을 전개하고, 다른 한편으로는 미주교포들에게 재정적 지원을 요청하면서 광복군 창설을 추진하고 있었다. 그리고 중경에 정착한 직후인 1940년 9월 17일 한국광복군총사령부 성립식을 거행, 임정의 국군인 한국광복군을 창설하였다.[129] 광복군의 창설은 병력이 확보된 상태에서 이루어진 것이 아니었다. 군사특파단으로 하여금 병력을 모집하는 활동을 추진하게 하면서, 당시에 동원이 가능한 인원들을 중심으로 우선 총사령부만을 조직하여 창설되었다.

황학수는 서안에 나가 있었기 때문에 총사령부 성립식에는 직접 참여하지 못하였다. 하지만 그는 병력을 모집하면서 광복군 창설에 필요한 준비작업을 담당하였고, 창설 당시 총사령부의 부관처장副官處長에 임명되었다.* 광복군이 창설되면서 서안의 군사특파단도 변화가 있었다. 총사령이 된 이청천 후임으로 군사특파단 단장 조성환이 군무부장이 되어 중경으로 돌아간 것이다. 이로써 황학수가 군사특파단의 최고 책임자 역할을 맡게 되었다.

---

* 광복군 창설 당시 총사령부의 조직과 인원에 대해서는 두 가지 자료가 있다. 하나는 총사령부 성립식이 거행된 지 이틀 후인 9월 19일 金九가 朱家驊에게 보고한 문건이고, 다른 하나는 일제 정보자료이다. 두 가지 자료에 차이점이 있지만, 총사령 李靑天, 참모장 李範奭을 중심으로 조직되었다. 황학수는 전자의 자료에는 부관처장으로, 후자의 자료에는 부관으로 나타나 있다.

그리고 총사령부가 서안으로 이전하면서, 황학수는 총사령 대리가 되었다. 총사령부 성립식을 거행한 후 임정에서는 "우선 제1기 임무로 장병을 급속 모집, 단기훈련을 실시하여 최소한 3개 사단을 편성, 항일전선에 참가한다"는 방침하에, 군사특파단이 근거지를 마련해 놓은 서안으로 총사령부를 이전하기로 결정하였다.[130] 그리고 총사령 이청천과 참모장 이범석은 중국군사당국과의 협정문제를 처리하기 위해 중경에 남도록 하고, 부관처장 황학수를 총사령대리로 한 '총사령부잠정부서總司令部暫定部署'를 편성한 것이다.[131] 서안총사령부의 조직과 인원은 다음과 같다.

총사령 대리: 황학수

참모장 대리: 김학규

참모조 조장: 이복원　　　　참모: 이준식 · 고운기高雲起

부관조 조장: 황학수　　　　부관: 김용의金容儀 · 조시원趙時元 · 왕중량

경제조 조장: 조경한　　　　조원: 민영구閔泳玖 · 이달수李達洙 · 전태산全泰山

선전조 조장: 김광金光　　　　조원: 지복영 · 조순옥趙順玉 · 오광심吳光心

편집조 조장: 송동산宋東山　　조원: 조시제趙時濟[132]

이 '잠정부서'는 중경의 총사령부 간부와 서안의 군사특파단 인원을 합하여 편성한 것이다. 중경의 총사령부 인원들은 1940년 11월 29일 서안에 도착, 군사특파단과 합류하였다.[133] 그리고 서안시내 이부가二府街 4호에 총사령부가 설치되었다. 이로써 황학수를 총사령 대리로 한 광복군 총사령부가 서안에 설치되었고, 이와 더불어 군사특파단은 해제되었다. 서안총사령부의 성격은 전방사령부 내지는 전선사령부였다고 할 수 있다.

서안에 총사령부가 설치되면서 광복군의 본격적인 군사활동이 추진되었

다. 서안총사령부가 제일 먼저 착수한 것은 단위부대의 편성이었다. 중경에서 온 인원과 서안에서 활동하던 군사특파단 인원을 중심으로 제1·제2·제3지대를 편성하였다. 그리고 서안에서 독자적으로 활동하고 있던 무정부주의 계열의 군사단체인 한국청년전지공작대가 1941년 1월 광복군에 합류하게 되자, 이들을 제5지대로 편성함으로써 모두 4개 지대를 갖추게 되었다.[134]

황학수는 4개 지대로 부대편제를 갖춘 이후, 이를 기반으로 초모활동을 전개토록 하였다. 광복군의 인적 기반을 확대하는 일이 무엇보다도 시급했기 때문이다. 이를 위해 각 지대단위로 징모분처徵募分處의 임무를 부여하고, 활동지역을 나누어 초모활동을 전개하기 시작하였다. 그리고 초모해 온 한인청년들은 한국청년전지공작대가 운영하던 한국청년훈련반에 입교시킨 후 일정한 기간 교육과 훈련을 실시하여 광복군에 편입토록 하였고, 황학수 자신도 군사교관으로 이들에 대한 교육을 직접 담당하고 있었다.[135]

황학수가 환갑을 넘긴 나이에도 최전방에 나와 광복군을 지휘 통할할 수 있었던 데는, 조국광복에 대한 희망과 확고한 신념을 갖고 있었기 때문이었다. 그는 광복군총사령부에서 발행하는 『광복』에 여러 편의 글을 발표하고 있는데, 그 내용은 조국광복에 대한 신념으로 가득차 있다. 왜구가 신라를 침입하였을 때 당나라 유인궤劉仁軌가 군대를 파견하여 도운 것과 임진왜란 때 중국이 이여송을 파견하여 한중연합으로 일본을 물리친 것을 예로 들면서, 한중 양국이 합작하면 최후 승리를 거둘 수 있다는 것이었다.[136]

한중합작을 이룰 수 있는 근거는 광복군이었다. 그는 광복군이 창설된 이후 중국군에 복무하고 있던 한인청년들과 만주지역에서 활동하던 독립군들이 참여해오고 있는 상황에 크게 고무되어 있었고, 이들을 통일된 지휘체계하에 조직 훈련하여 압록강으로 진격한다는 포부를 갖고 있었다.[137] 이와 더

서안 총사령부 총무처 직원 일동(1940. 12. 26)
가운데 털모자 쓴 사람은 군무부장 조성환, 그 오른쪽이 총사령 대리 황학수

불어 그가 조국광복에 대한 확신을 갖게 된 또 하나는 국내 동포들의 독립 의지였다. 특히 그는 부산지역의 학생들이 운동대회에서 '타도왜구打倒倭寇 쟁취독립爭取獨立'이란 구호를 외쳤다는 사실을 크게 주목하고,[138] 일본이 대륙침략의 늪으로 점점 깊이 빠져들고 있는 상황에서 광복군과 국내외 동포들이 함께 전면투쟁을 전개하면 반드시 일제의 통치를 전복시킬 수 있다고 하였다.[139]

또한 황학수는 미일간의 전쟁발발을 예견하고 있었다. 그는 1941년 6월에 발표한 '미국적연해방어여태평양전선美國的沿海防禦與太平洋戰線'이란 글을 통해, 미국의 해군과 공군의 군사력 및 그것이 태평양 연안에 배치된 상황을 각종 통계자료와 지도를 통해 자세히 설명하면서, "태평양문제가 날로 엄

미국과 일본 간의 전쟁이 발발할 것을 예견한 황학수의 글 《光復》제1권 제4기, 1941년 6월 20일)

중해지면서 미일간에 충돌은 피할 수 없다"고 하였다.[140] 미일간의 전쟁발발을 예견한 것이다. 그리고 같은 글에서 전쟁이 발발하게 되면 '미국은 3대 진공선進攻線을 통해 일본의 군사거점 및 주요 도시를 공격할 것'이라고 하면서, 단기간내에 일본은 치명적인 타격을 입을 것이라고 전망하고 있다. 군사활동가로서 뿐만 아니라, 군사전략가로서의 면모를 엿볼 수 있는 점이다.

서안에 있던 광복군 총사령부는 중경으로 철수하지 않으면 안되었다. 중국군사위원회가 광복군의 행동을 규제하면서, 서안에 있던 광복군 총사령부를 중경으로 이전토록 한 것이다. 이로써 서안총사령부는 1942년 10월 중경으로 이전하였고,[141] 황학수는 총사령부와 함께 중경으로 돌아왔다. 이후 그는 고급참모로 광복군에서 직책을 갖고 있었지만, 주로 임시정부와 한국독립당의 주요 간부로 활동하게 된다.

임시정부와 한국독립당

황학수가 중경에 돌아왔을 때, 임시정부는 커다란 변화를 맞고 있었다. 그동안 임시정부에 대해 불관주의 노선을 견지하고 있던 좌익진영이 임시정부 참여를 결정한 것이다. 당시 임시정부는 한국독립당을 기반으로 유지 운영되고 있었다. 여기에 김원봉이 주도하는 조선민족혁명당을 비롯한 좌익진영 세력들이 임시정부에 참여, 중국관내 독립운동세력이 임시정부 산하로 통일을 이루게 된 것이다.

좌익진영의 임시정부 참여는 중국관내 독립운동세력이 임시정부를 중심으로 통일전선을 실현하였다는 의미와 더불어, 임시정부의 세력 및 조직이 크게 확대되는 계기가 되었다. 우선 좌익진영의 무장세력인 조선의용대가 1942년 7월 광복군에 편입하여 제1지대로 편성되면서,[142] 광복군이 크게 증강된 것이다. 그리고 그해 10월에는 좌익진영의 인사들이 임시의정원 의원에 선출되어 제34차 의정원회의에 참여하였다.[143] 좌우익진영의 군사통일과 정치통일이 실현된 것이다. 이로써 한국독립당을 기반으로 하고 있던 임시정부의 세력이 크게 확대되었고, 그 결과 임시정부는 명실공히 독립운동을 지휘 통할할 수 있는 최고 영도기관이자 민족의 대표기구로서의 위상을 회복하게 되었다.

좌익진영의 참여를 계기로 임시정부의 조직도 확대되었다. 1942년 10월 개최된 제34차 의정원회의에서 국무위원 증선안과 정부 부서 확충안에 대한 논의가 이루어졌다. 이는 좌익진영의 참여에 따라 조직을 확대한다는 당위성과 더불어 좌익진영의 인사들도 임시정부 조직에 참여시키려는 의도였다. 이에 따라 기존의 7인이던 국무위원을 11인으로 증원하고, 정부의 부서도 종래의 외무·내무·법무·재무·군무부 외에 학무부·선전부·교통부·생계부 4부를 증설하기로 하였다.[144]

황학수가 중경에 돌아왔을 때, 의정원에서 이러한 논의가 진행되고 있었다. 그리고 11월 의정원 회의에서 증원된 4인의 국무위원에 유동열·황학수·김규식·장건상을 선출하고, 국무회의에서는 유동열을 학무부장, 황학수를 생계부장, 김규식을 선전부장, 장건상을 학무부장에 각각 임명하였다.[145] 이로써 황학수는 중경에 돌아와 임시정부의 국무위원 겸 생계부장을 맡게 되었다.

생계부는 중경에 거주하고 있는 동포들의 생활문제를 담당하는 부서였다. 당시 중경에는 임시정부를 비롯하여 3백여명에 가까운 한인들이 거주하고 있었다.[146] 이들은 대부분 독립운동과 관련된 인사들이거나 그 가족들로서, 임시정부를 따라 이곳에서 생활하게 된 것이다. 이들의 생활유지가 임시정부로서는 커다란 문제의 하나였다. 임시정부에서는 중국정부로부터 이들에 대한 생활지원을 받았고, 이를 식구수에 따라 월급으로 지급하고 일정한 양의 쌀을 배급하기도 하였다고 한다.[147]

생계부는 1944년 정부조직을 개편할 때 폐지되었다. 1944년 4월 개최된 제36차 의정원회의에서는 임기만료된 국무위원을 새로이 선출함과 동시에 정부부서도 새로이 조정하였다. 주요 내용은 국무위원을 14명으로 증원한다는 것과 정부부서는 7부로 한다는 것이었다.[148] 이 과정에서 생계부가 폐지된 것이다. 이로써 황학수는 무임소 국무위원으로 남아 활동하게 되었다.

황학수는 임시의정원 의원으로, 그리고 한국독립당의 주요 간부로도 활약하였다. 그가 임시의정원 의원으로 선출된 것은 임시정부가 기강에 도착한 직후였다. 기강에 도착한 임시정부는 1939년 10월 임시의정원 회의를 개최, 기존의 17명이던 의원 외에 새로이 18명의 의원을 선출하였다.[149] 이당시 황학수는 중국관내로 이동한 만주의 한국독립군과 조선혁명군 세력들이 중심이 되어 조직한 조선혁명당 당원으로 의정원 의원에 선출되었다. 그러나 그는 군사특파단의 임무를 띠고 서안에 파견되어 활동하게 되면서, 의정원에서는 거의 활동하지 못하였다.

그가 서안에서 활동하고 있는 동안 새로이 한국독립당이 창당되었다. 우익진영의 3당인 김구의 한국국민당·조소앙의 한국독립당·만주세력인 조선혁명당이 합당하여, 1940년 5월 새로이 한국독립당을 창당한 것이다.[150] 이로써 황학수의 당적도 한국독립당 당원으로 바뀌게 되었다. 한국독립당은 임시정부를 옹호 유지하는 기초세력이었고, 좌익진영이 참여한 이후에는 임시정부의 여당으로 역할하던 정당이었다.

황학수가 한국독립당에서 주요 간부로 선출된 것은 제4차 전당대회 때였다. 제4차 전당대회는 1945년 7월에 개최되었다. 여기서 당의 조직과 체제를 재정비하는 개편이 이루어졌다. 그 결과 김구와 조소앙이 중앙집행위원장과 부위원장으로 선출되었고, 조완구·안훈(조경한)·엄항섭·양우조·최용덕이 중앙상무집행위원에, 그리고 황학수·민필호·왕중량(나태섭)이 중앙감찰위원으로 선임되었다.[151] 1943년 이래 중앙집행위원장 조소앙체제로 운영되던 한국독립당에 다시 김구가 복귀, 김구·조소앙체제로 운영되기 시작한 것이다. 그리고 중앙감찰위원들 사이에 위원장을 호선, 황학수가 중앙감찰위원장에 선임되었다.[152]

임시정부의 국무위원으로, 그리고 한국독립당의 중앙감찰위원장으로 활동하고 있던 황학수는 중경에서 해방을 맞았다. 그는 임시정부 요인들과 함께 1945년 12월 1일 제2진으로 환국하였다.[153] 1919년 김학소를 찾아 떠난지 27년만에 고국땅을 다시 밟은 것이다. 환국 이후 황학수는 임시의정원을 계승한 국민의회에서 정치분과 위원장과 한국독립당의 중앙감찰위원장으로 활동을 계속하는 한편,[154] 단군전봉건회檀君殿奉建會 고문·단군귀일회檀君歸一會 부총재·대종교 교의회 의장 등을 역임하기도 하였다.[155] 그러나 미군정하에서 제대로 뜻을 펴기가 어려웠고, 6·25전쟁이 일어나자 향리인 제천군 금성면 중전리로 피난하였다가 1953년 3월 12일 그곳에서 75세로 일생을 마감하였다.

대한제국 군인, 독립군, 광복군으로 활동

황학수는 한말과 일제 식민지시기, 그리고 해방으로 이어지는 '격동의 시대'에, 오직 군인의 길을 걸으면서 조국과 민족을 위해 활동한 민족운동가였다. 1894년 '구국'이란 말에 이끌려 '동학당'에 가담하였던 그는, 1898년 대한제국 육군무관학교에 입학, 군인의 길로 들어섰다. 이후 대한민국 임시정부의 군무부와 육군무관학교 교관으로 만주에서 독립군으로, 한국광복군으로, 50여년 동안 오직 군인으로서의 삶을 살았다.

황학수의 군사활동은 크게 세 시기로 나누어 볼 수 있다. 하나는 임시정부 군무부와 육군무관학교에서 활동한 시기이다. 3·1운동 직후 상해로 망명하여 1919년 11월 군무부 참사에 임명되었다. 당시 군무부는 대한제국 군인출신들이 주도하고 있었고, 대한제국 군대의 장교출신인 그 역시 군무부에서 활동하였다. 군무부는 임시정부의 군사활동을 기획·총괄하는 부서였다. 군사간부를 양성하기 위해 산하에 육군무관학교를 설립하고, 교관을 맡아 활동하였다.

둘째는 1921년 북경에서 소집된 군사통일회에 참여하였다가 만주로 이동, 1933년까지 독립군으로 활동한 시기이다. 대한제국 무관학교 동기생인 김학소를 찾아 만주로 향했던 그는 서간도에서 이상룡을 만나 분산된 서로군정서를 재조직하고, 참모장과 군무부장을 맡아 활동하였다. 하지만 그가 총사령관으로 추천한 박용만에 대한 문제가 발생하면서, 서로군정서를 떠났다. 자유시로 이동했다가 돌아와 북만주에서 신민부를 조직하여 활동하고 있던 김학소와 연락이 닿게 되면서 신민부에 참여, 군구를 개척하며 참모부위원장으로 활약하였다. 그리고 3부통합운동이 결렬된 후, 1930년 홍진·이청천 등과 한국독립당을 결성하고 그것의 당군인 한국독립군을 편성, 부사령관이 되었다. 총사령관 이청천과 함께 중국의 반만항일군과 연합하여, 경박호전투·사도하자전투·동경성전투를 비롯하여 한국독립군의 최대 격전으로 일본군 반총련대飯塚聯隊를 거의 섬멸한 대전자령전투 등을 전개하였다.

셋째 시기는 임시정부에서 한국광복군을 창설하여 활동한 시기이다. 1933년 말 한국독립군이 중국의 오의성부대에 무장해제 당한 일을 계기로 중국관내로 이동하였다. 1938년 호남성 장사에서 임시정부와 합류한 그는 군사위원회 위원에 임명, 임정의 군사정책을 계획 추진하게 되었다. 1939년 기강에 도착하면서 한국광복군의 창설을 추진하고, 군사특파단의 일원으로 섬서성 서안으로 나아가 병력을 모집하는 초모활동을 전개하였다. 1940년 9월 중경에서 한국광복군총사령부가 성립되면서 부관처장에 임명되었고, 그해 11월 광복군총사령부가 서안으로 이전하면서 총사령대리를 맡게 되었다. 서안총사령부는 일종의 전방사령부였고, 총사령대리로서 초창기 광복군을 지휘 통할하였다.

한국근현대사에서 대한제국 군인출신으로 만주 독립군에 이어 광복군에 이르기까지 일관되게 군인으로서 활동한 인물은 황학수가 유일한 존재가 아닌가 생각된다. 1898년 대한제국 육군무관학교에 입학한 이래 1945년 해방될 때까지 50년 가까운 세월 동안, 그는 대부분 군인으로서 활동하였다. 다른 무엇보다도, 이러한 점이 황학수가 갖고 있는 커다란 역사적 의미라고 할 수 있다.

1   차문섭, 「구한말 육군무관학교 연구」, 『조선시대 군사관계 연구』, 단국대 출판부, 1996, 300쪽.

2   『官報』 제952호, 光武 2년 5월 18일자.

3   임재찬, 「구한말 육군무관학교 연구」, 동아대 대학원 박사학위논문, 1989, 26~27쪽.

4   황학수의 「회고록」.

5   대한제국 군인의 계급과 품계는 다음과 같다. 大將(正從1품), 部將(正2품), 參將(從2품), 正領(3품), 副領(3품), 參領(3품), 正尉(3품), 副尉(6품), 參尉(6품), 正校·副校· 參校는 階外(車文燮, 앞의 논문, 291쪽). 당시 무관의 품계는 장교 이상만 되면 모두 6품 이상의 奏勅任官이 될 정도로 높았다.

6   황학수의 「회고록」.

7   차문섭, 「구한말 육군무관학교 연구」, 304쪽.

8   황학수의 「회고록」.

9   『官報』 제1478호, 光武 4년 1월 23일자.

10   황학수의 「회고록」.

11   『官報』 제1688호, 光武 4년 9월 25일자.

12   서인한, 「대한제국 군사제도 연구」, 국민대 대학원 박사학위논문, 1996, 158쪽.

13   오연숙, 「대한제국기 이용익 연구」, 단국대 대학원 석사학위논문, 1991, 31쪽.

14   『高宗實錄』 光武 6년 11월 27일~30일.

15   황학수의 「회고록」.

16   황학수의 「회고록」.

17   『官報』 제2842호, 光武 8년 6월 2일자.

18   『官報』 제2969호, 光武 8년 10월 28일자.

19   윤병석, 「'주한일본군'의 대한제국 강점과 지배」, 『근대한국 민족운동의 思潮』, 집문당, 1996, 149쪽.

20   「陸軍研成學校官制」(『官報』 호외, 光武 8년 9월 27일자).

21   『官報』 제3125호, 光武 9년 4월 28일자.

22   황학수의 「회고록」.

23   황학수의 「회고록」.

24   황학수의 「회고록」.

25   황학수의 「회고록」.

26 차문섭, 「구한말 육군무관학교 연구」, 313쪽.

27 서인한, 「대한제국 군사제도 연구」, 237 - 238쪽.

28 채근식, 『무장독립비사』, 6쪽.

29 溥明學校는 1909년 6월 16일 私立學校令에 의하여 설립되었고, 1911년 5월 8일 제천
    공립보통학교라 칭하였다가, 해방 후인 1945년 9월 제천 東明學校로 변경되어 현재까
    지 존속되고 있다(堤川·堤原史編纂委員會, 『堤川·堤原史』, 1988, 871쪽).

30 황학수의 「회고록」.

31 『독립신문』 1919년 11월 4일자, 「國務總理三總長 就任式의 光景」.

32 독립운동사편찬위원회, 『독립운동사자료집』 9, 1975, 278쪽.

33 김형섭, 『金亨燮大佐回顧錄』, 고려서림, 1987, 203쪽.

34 『대한민국임시정부공보』 제7호, 1919년 11월 17일.

35 황학수는 1920년 2월 21일 군무부 비서국장에 임명되었다가(『독립신문』 1920년 4월
    8일자), 그해 9월 7일에 사직하였다(『독립신문』 1920년 12월 25일자).

36 임시정부는 1919년 12월 18일자로 「大韓民國陸軍臨時軍制」, 「大韓民國陸軍臨時軍
    區制」, 「臨時陸軍武官學校條例」를 발표하였다. 이는 임시정부가 추진해나갈 군사활
    동에 대한 방향과 계획을 정립한 것이다.

37 『독립신문』 1920년 6월 10일자, 「意義깊흔 0000第一回卒業式」. 이는 1920년 5월 8
    일에 있었던 무관학교 제1회 졸업식에 대한 보도기사로, 여기에 "民國二年初에 0000
    을 設하고"라 되어 있다.

38 국가보훈처, 『獨立軍團名簿(1921)』, 1997, 327쪽.

39 高秘제18634호(국가보훈처 소장 자료). 이는 무관학교 제2기 졸업생인 金麟模를 체포
    하여 취조한 내용을 福岡縣知事 安河內麻吉이 1921년 9월 20일자로 내무대신(床次竹
    二郎)과 외무대신(內田康哉)에 보고한 문건이다.

40 『독립신문』 1920년 6월 10일자.

41 『독립신문』 1921년 1월 1일자, 「陸軍武官學校第二回卒業式」.

42 앞의 高秘제18634호.

43 在上海日本總領事館 警察部第二課, 『朝鮮民族運動年鑑』, 1932, 59쪽.

44 국회도서관, 『대한민국임시의정원문서』, 1974, 68쪽.

45 위의 『대한민국임시의정원문서』, 73쪽.

46 위의 『대한민국임시의정원문서』, 78쪽.

47 독립운동사편찬위원회, 『독립운동사』 5, 1975, 365쪽.

48 김희곤, 「국민대표회의와 참가단체의 성격」, 『중국관내 한국독립운동단체 연구』, 지식산업사, 1995, 145쪽.

49 한시준, 「이승만과 대한민국임시정부」, 『이승만의 독립운동과 대한민국 건국』, 연세대학교 국제대학원 부설 현대한국학연구소 제2차 국제학술회의, 1998, 14·15쪽.

50 『大同(週報)』 제3호, 1921년 7월 9일. 이는 군사통일회에서 발행한 주간신문으로, 겉표지에는 『大同』, 내표지에는 『大同週報』로 되어 있다.

51 군사통일회에 참가한 단체 및 대표들은 다음과 같다.
　　內地 國民公會: 朴容萬
　　布哇 國民軍: 金天浩·朴承善·金世畯
　　北間島 國民會: 姜九禹
　　西間島 軍政署: 成駿用(중간 사퇴)·宋虎
　　內地 光復團: 權敬止
　　布哇 獨立團: 權承根·金鉉九·朴健秉
　　內地 朝鮮靑年團: 李光東·李章浩
　　俄領 大韓國民議會: 南公善
　　內地 勞動團: 金甲
　　內地 統一黨: 申肅·黃學秀·申達模(추후 가입)
　　西間島 光韓團: 魚秀甲·洪南杓(중간 탈퇴)
　　(칙, 『大同(週報)』 제3호)

52 申肅, 『나의 一生』, 日新社, 1956, 55-56쪽.

53 당시 선출된 임원은 다음과 같다.
　　議　長: 申肅
　　書　記: 朴健秉
　　査　察: 權敬止·魚秀甲
　　軍事委員: 金世畯·黃學秀·朴容萬·成駿用·姜九禹
　　時局問題硏究委員: 申肅·金甲·李章浩·朴容萬·南公善
　　財政委員: 申肅·姜九禹·李章浩
　　議案審査委員: 朴健秉·洪南杓·李光東
　　庶務委員: 金甲·金世畯·權敬止

(『大同(週報)』제3호).

54 4월 23일 회의에서 통과된 '各團體統一的聯合案'과 '軍事行動主要計劃及各團體任務分擔案'(『大同(週報)』제3호).

55 국회도서관, 『한국민족운동사료』 3·1운동편 1, 1977, 628~630쪽.

56 신숙, 『나의 一生』, 63쪽.

57 연세대 현대한국학연구소, 『雩南李承晩文書』 동문편8, 1998, 292~310쪽.

58 1921년 5월에 발표한 「宣言書」(『大同(週報)』 제3호).

59 『조선민족운동년감』, 138쪽.

60 윤병석, 「1920년대 독립군단과 통합운동」, 『국외한인사회와 민족운동』, 일조각, 1990, 109쪽.

61 채근식, 『무장독립운동비사』, 92~93쪽.

62 『大同(週報)』 제3호; 윤병석, 『독립군사』, 지식산업사, 1990, 229쪽.

63 지복영, 『역사의 수레를 끌고 밀며 – 항일무장독립운동과 백산 지청천 장군』, 문학과지성사, 1995, 81~82쪽.

64 채근식, 『무장독립운동비사』, 98·101쪽.

65 윤병석, 『독립군사』, 지식산업사, 1990, 115쪽.

66 채영국, 「정의부연구」, 인하대 대학원 박사학위논문, 1998, 27쪽.

67 채근식, 『무장독립운동비사』, 124쪽.

68 채근식, 『무장독립운동비사』, 124·125쪽.

69 황학수의 「회고록」.

70 채영국, 「정의부연구」, 32~33쪽.

71 채근식, 『무장독립운동비사』, 124~125쪽.

72 박용만의 활동과 암살 경위에 대해서는 方善柱의 「朴容萬評傳」, 『在美韓人의 獨立運動』, 한림대 아시아문화연구소, 1989.

73 황학수의 「회고록」.

74 한국독립유공자협회 엮음, 『중국동북지역 한국독립운동사』, 집문당, 1997, 454·455쪽.

75 윤병석, 『독립군사』, 268·269쪽.

76 정확한 일자는 언급되어 있지 않지만, 황학수는 "額穆 黃地崗子를 경유하여 가면 明年 春期가 될 것이고, 만약 黑龍江 부근으로하여 간다면 明年秋期가 될 것 같으나, 여하튼 明年中으로 相逢하자"는 내용의 회답을 보냈다고 한다(황학수의 「회고록」).

77 황학수의 「회고록」.

78 독립운동사편찬위원회, 『독립운동사』 5, 513~514쪽.

79 채근식, 『무장독립운동비사』, 109쪽.

80 채근식, 『무장독립운동비사』, 109~110쪽.

81 독립운동사편찬위원회, 『독립운동사』 7, 490쪽.

82 채근식, 『무장독립운동비사』, 110쪽.

83 독립운동사편찬위원회, 『독립운동사』 5, 516쪽.

84 한국독립유공자협회 엮음, 『중국동북지역 한국독립운동사』, 468쪽.

85 독립운동사편찬위원회, 『독립운동사』 5, 516쪽.

86 채근식, 『무장독립운동비사』, 111쪽.

87 황학수의 「회고록」.

88 채근식, 『무장독립운동비사』, 115 · 116쪽.

89 채영국, 「정의부연구」, 281 · 282쪽.

90 황학수의 『新民府史』(채근식, 『무장독립운동비사』, 146 · 147쪽에서 재인용).

91 채영국, 「정의부연구」, 283 · 284쪽.

92 이 회의에 참석한 3부의 대표들은 다음과 같다. 정의부: 金東三 · 玄益哲 · 崔東旿 · 金履大 · 金元植, 신민부: 金佐鎭 · 金東鎭 · 金七敦 · 李淵 · 宋相夏 · 呂虎林 · 黃學秀, 참의부: 沈龍俊 · 金篠夏 · 林炳武(채근식, 『무장독립운동비사』, 147쪽).

93 황학수의 『新民府史』(채근식, 『무장독립운동비사』, 148쪽에서 재인용).

94 국사편찬위원회, 『한국독립운동사』 4, 1968, 876쪽.

95 채영국, 「정의부연구」, 292쪽.

96 채근식, 『무장독립운동비사』, 151쪽.

97 조범래, 「국민부의 결성과 활동」, 『한국독립운동사연구』 2, 1988, 415 · 416쪽.

98 국사편찬위원회, 『한국독립운동사』 5, 1968, 745 · 746쪽.

99 박환, 『만주한인민족운동사연구』, 일조각, 1991, 207쪽.

100 박환, 『만주한인민족운동사연구』, 233쪽.

101 위와 같음.

102 한국독립당의 중앙조직 및 간부에 대해서는 자료마다 차이가 있다. 이는 창당 직후 조직 및 간부를 다시 선출한 데 따른 것으로 보인다. 중앙조직은 고문(呂準 · 李鐸 · 金東三), 중앙위원장(洪震), 부위원장(李震山 · 黃學秀 · 李章寧 · 金奎植), 총무위원장(申肅),

조직위원장(南大觀), 선전위원장(趙擎韓), 군사위원장(李靑天), 경리위원장(崔灝), 감찰위원장(李章寧)으로 구성되었다(蔡根植, 앞의 책, 157쪽; 趙擎韓, 『白崗回顧錄』, 한국종교협의회, 1979, 90·91쪽).

103 金學奎, 「三十年來韓國革命運動在中國東北」, 『光復』 제1권 제3기, 1941. 5.

104 一靑(趙擎韓), 「九一八後韓國獨立軍在東北殺敵略史」, 『光復』 제2권 제1기, 1942. 1.(독립기념관 한국독립운동사연구소, 『韓國獨立運動史資料叢書』 제1집, 413쪽).

105 한국독립군의 편성과 활동에 대해서는 장세윤의 「한국독립군의 항일무장투쟁연구」(『한국독립운동사연구』 3, 1989)를 참조.

106 장세윤, 「한국독립군의 항일무장투쟁연구」, 346쪽.

107 一靑(趙擎韓), 「九一八後韓國獨立軍在東北殺敵略史」, 『光復』 제2권 제1기, 1942. 1.

108 황학수의 「회고록」.

109 위와 같음.

110 장세윤, 「한국독립군의 항일무장투쟁연구」, 346~347쪽.

111 장세윤, 「한국독립군의 항일무장투쟁연구」, 349쪽.

112 지헌모, 『靑天將軍의 革命鬪爭史』, 三星出版社, 1949, 162쪽.

113 지헌모, 「청천장군의 혁명투쟁사」, 151쪽.

114 조경한, 『백강회고록』, 150~151쪽.

115 池靑天, 「광복군과 나의 투쟁」, 『希望』 1953년 2월호, 18쪽.

116 황학수의 「회고록」.

117 「故菊東趙秉準先生略歷」 및 趙秉準의 아들이 쓴 「나의 회고」(이는 원고로 작성된 것으로, 김병기 씨가 필자에게 제공하였다). 이에 의하면, 조병준은 중국국민정부의 알선으로 包頭 서쪽 20Km 떨어진 中灘色登葫蘆頭라는 곳에 24頃(약 60만 평)의 농지를 15년 기간으로 얻어, 이를 개간하여 배달농장이라 명명하였으며, 이곳에 倍達小學校와 大倧敎綏光施敎堂을 설립하여 항일교육과 민족의 얼을 고취하였다고 한다. 그리고 임시정부 직할의 義民府(총재: 조병준, 부총재: 申禹鉉, 총무부장: 金承學 등)가 설립되었다고도 한다.

118 이범석, 『우둥불』, 사상사, 1971, 346쪽.

119 胡春惠 저, 辛勝夏 역, 『중국안의 한국독립운동』, 단국대출판부, 1978, 75~81쪽.

120 한시준, 『한국광복군연구』, 일조각, 1993, 15쪽.

121 국회도서관, 『대한민국임시정부의정원문서』, 1974, 245~246쪽.

122 국회도서관,『대한민국임시정부의정원문서』, 247쪽.

123 葛赤峰,「朝鮮革命記」(추헌수,『자료한국독립운동』1, 연세대 출판부, 1971, 114쪽);
韓志成,「目前環境與朝鮮義勇隊今後工作」,『朝鮮義勇隊』제37기, 1940, 5.

124 『대한민국임시정부공보』제65호, 1940년 2월 1일.

125 애국동지원호회,『한국독립운동사』, 1956, 371쪽.

126 通濟坊은 후에 서안총사령부가 설치되었던 二府街 4호에서 우측으로 300여 미터 떨
어진 곳에 있다.

127 「大韓鐵血男兒四方에서 雲集」(嚴恒燮이 新韓民報에 송고한 것으로 보이는 자료, 독립
기념관 자료실 소장).

128 위와 같음.

129 한시준,『한국광복군연구』, 89쪽.

130 한시준,『한국광복군연구』, 142~143쪽.

131 독립운동사편찬위원회,『독립운동사』6, 205~206쪽.

132 「在支不逞鮮人團體組織系統表」(內務省 警報局 保安課,『特高月報』1943년 1월호,
95쪽).

133 『대한민국임시정부공보』제72호, 1941년 10월 17일.

134 한시준,『한국광복군연구』, 144쪽.

135 한시준,『한국광복군연구』, 244~245쪽.

136 황학수,「韓國光復軍之成立與中國抗戰」,『光復』제1권 제1기, 1941년 2월 1일, 8~10쪽.

137 황학수,「光復軍成立後一年間的回顧與前瞻」,『光復』제2권 제1기, 1942년 1월 20일,
11~13쪽.

138 위와 같음.

139 황학수,「韓國革命的新階段」,『光復』제1권 제2기, 1941년 3월 20일, 6~8쪽.

140 황학수,「美國的沿海防禦與太平洋防線」,『光復』제1권 제4기, 1941년 6월 20일.
52~56쪽.

141 애국동지원호회,『한국독립운동사』, 1956, 380쪽.

142 한시준,『한국광복군연구』, 166쪽.

143 한시준,「중경시대 임시정부와 통일전선운동」,『쟁점 한국근현대사』, 한국근대사연구
소, 1994, 135~137쪽.

144 앞의『대한민국임시정부의정원문서』, 636쪽.

145 독립운동사편찬위원회, 『독립운동사』 4, 981~982쪽.

146 김준엽 편, 『石麟 閔弼鎬傳』, 나남출판, 1995, 108쪽.

147 정정화, 『녹두꽃』, 미완, 1987, 147쪽.

148 독립운동사편찬위원회, 『독립운동사』 4, 1009쪽.

149 독립운동사편찬위원회, 『독립운동사』 6, 160쪽.

150 한시준, 「중경한국독립당의 성립배경 및 과정」, 『윤병석교수화갑기념 한국근대사논총』, 지식산업사, 1990, 962~963쪽.

151 추헌수, 『자료 한국독립운동』 2, 연세대 출판부, 1975, 170쪽.

152 위와 같음.

153 독립운동사편찬위원회, 『독립운동사』 6, 563쪽.

154 노경채, 『한국독립당연구』, 신서원, 1996, 135쪽.

155 박영석, 「민족광복 후의 대종교운동」, 『일제하 독립운동사연구』, 일조각, 1984, 291쪽.

참고문헌

신문·잡지

『舊韓國官報』, 『獨立新聞』, 『新韓民報』, 『태평양잡지』, 『大同』, 『大韓民國臨時政府公報』, 『상해타임쓰』, 『上海韓聞』, 『新天地』, 『朝鮮日報』, 『東亞日報』, 『自由新聞』, 『新華日報』, 『大公報』, 『大韓興學報』, 『震光』, 『光復』, 『朝鮮義勇隊』

국내 자료

국가보훈처, 『要視察人名簿』, 1996.

국가보훈처, 『北間島地域 獨立軍團名簿』, 1997.

국사편찬위원회, 『韓國獨立運動史』, 1968.

국사편찬위원회, 『韓民族獨立運動史資料集』, 1994.

국사편찬위원회, 『대한민국임시정부자료집』 1~45, 2005~2011.

국회도서관, 『大韓民國臨時政府議政院文書』, 1974

국회도서관, 『韓國民族運動史料』, 1979.

대한민국임시정부선전위원회(趙一文 역), 『韓國獨立運動文類』, 건국대 출판부, 1976.

도산안창호선생기념사업회, 『島山安昌浩全集』, 2000.

독립운동사편찬위원회, 『독립운동사자료집』, 1971.

백범김구선생전집편찬위원회, 『白凡金九全集』 4-8, 1999.

백암박은식선생전집편찬위원회, 『白巖朴殷植全集』 6, 2002.

三均學會, 『素昻先生文集』 上·下, 횃불사, 1979.

우남이승만문서편찬위원회, 『우남이승만문서』 동문편, 1998.

尹炳奭 편, 『韓國獨立運動史資料集』 중국편, 한국정신문화연구원, 1993.

張時華 편, 『建國訓化』, 敬天愛人社, 1945.

秋憲樹, 『資料韓國獨立運動』 2-3, 1972.

韓詩俊 편, 『韓國獨立運動史資料集』 趙素昻篇 1-4, 1997.

韓詩俊 편, 『大韓民國臨時政府法令集』, 국가보훈처, 1999.

국외 자료

金正明, 『朝鮮獨立運動』2, 原書房, 1967.

金正柱, 『朝鮮統治史料』, 韓國史料研究所, 1971.

社會問題資料研究會, 『思想情勢視察報告集』, 東洋文化社, 1974.

森田芳夫, 『朝鮮終戰の記錄』資料篇, 嚴南堂書店, 1979.

楊昭全 편, 『關内地區朝鮮人反日獨立運動資料匯編』上·下, 遼寧民族出版社, 1987.

在上海日本總領事館警察部第二課, 『朝鮮民族運動年鑑』, 1932.

朝鮮總督府 警務局, 『國外ニ於ケル容疑朝鮮人名簿』, 1934.

中央研究院近代史研究所, 『國民政府與韓國獨立運動』, 1987.

회고·전기

金斗燦, 「吳光鮮將軍」, 『新東亞』 1971년 2월호.

金學奎, 「三十年來韓國革命運動在中國東北」, 『光復』 제1권 제3기, 1941.

金亨燮, 『金亨燮大佐回顧錄』, 고려서림, 1987.

南坡朴贊翊傳記刊行委員會, 『南坡朴贊翊傳記』, 을유문화사, 1989.

申肅, 『나의 一生』, 日新社, 1963.

申昌鉉, 『海公申翼熙』, 해공신익희선생기념사업회, 1992.

유치송, 『海公申翼熙一代記』, 해공신익희선생기념사업회, 1984

李光洙, 「己未年과 나」, 『李光洙全集』 13, 삼중당, 1962.

李奎甲, 「한성임시정부 수립의 전말」, 『신동아』 1969년 4월호.

李萬珪, 『呂運亨先生鬪爭史』, 민주문화사, 1946.

李範奭, 『우둥불』, 사상사, 1971.

이정식 면담, 김학준 편집 해설, 『혁명가들의 항일회상』, 민음사, 1988.

林炳稷, 『林炳稷回顧錄』, 여원사, 1964.

정정화, 『녹두꽃』, 미완, 1987.

鄭華岩, 『이 조국 어디로 갈 것인가』, 자유문고, 1982.

張俊河, 『돌베개』, 청한문화사, 1971.

趙擎韓, 『白岡回顧錄』, 한국종교협의회, 1979.

趙炳玉, 『나의 回顧錄』, 민교사, 1959.

주요한, 『안도산전서』 상, 범양사, 1990.

池靑天, 「光復軍과 나의 鬪爭」, 『希望』 1953년 2월호.

池憲模, 『靑天將軍의 抗日鬪爭史』, 삼성출판사, 1949.

현순, My Autobiography, 연세대 출판부, 2003.

黃學秀, 『回顧錄』(윤병석 교수 소장).

연구서

강만길, 『조선민족혁명당과 통일전선』, 화평사, 1991.

고정휴, 『이승만과 한국독립운동』, 연세대 출판부, 2004.

金光載, 『한국광복군』, 독립기념관 한국독립운동사연구소, 2007.

김영범, 『한국근대민족운동과 의열단』, 창작과비평사, 1997.

金喜坤, 『中國關內韓國獨立運動團體硏究』, 지식산업사, 1995.

金喜坤, 『대한민국임시정부연구』, 지식산업사, 2004.

노경채, 『韓國獨立黨硏究』, 신서원, 1996.

박환, 『滿洲韓人民族運動史硏究』, 일조각, 1991.

반병률, 『성재 이동휘 일대기』, 범우사, 1998.

방선주, 『재미한인의 독립운동』, 한림대 출판부, 1989.

孫世一, 『이승만과 김구』, 일조각, 1970.

손염홍, 『근대 북경의 한인사회와 민족운동』, 역사공간, 2010.

신용하, 『申采浩의 社會思想硏究』, 한길사, 1984.

염인호, 『조선의용군의 독립운동』, 나남출판, 2001.

유영익, 『이승만의 삶과 꿈』, 중앙일보사, 1996.

윤대원, 『상해시기 대한민국임시정부 연구』, 서울대 출판부, 2006.

윤병석, 『韓國近代史料論』, 일조각, 1982.

윤병석, 『國外韓人社會와 民族運動』, 일조각, 1990.

윤병석, 『獨立軍史』, 지식산업사, 1990.

이명화, 『島山 安昌浩의 獨立運動과 統一路線』, 경인문화사, 2002.

李延馥, 『大韓民國臨時政府30年史』, 국학자료원, 1999.

이한우, 『거대한 생애 이승만 90년』, 조선일보사, 1995.

이현희, 『大韓民國臨時政府史』, 집문당, 1982.

정병준, 『우남 이승만 연구』, 역사비평사, 2005.

池復榮, 『역사의 수레를 끌고 밀며―항일무장투쟁과 백산 지청천 장군』, 문학과지성사, 1995.

蔡根植, 『武裝獨立運動秘史』, 대한민국공보처, 1949.

蔡永國, 『韓民族의 만주독립운동과 正義府』, 국학자료원, 2000.

한국독립유공자협회, 『中國東北지역 韓國獨立運動史』, 집문당, 1997.

한상도, 『韓國獨立運動과 中國軍官學校』, 문학과지성사, 1994.

한상도, 『중국혁명 속의 한국독립운동』, 집문당, 2004.

韓詩俊, 『韓國光復軍硏究』, 일조각, 1993.

韓詩俊, 『의회정치의 기틀을 마련한 홍진』, 탐구당, 2006.

韓詩俊, 『대한민국임시정부』 중경시기, 독립기념관 한국독립운동사연구소, 2009.

胡春惠 저(辛勝夏 역), 『中國안의 韓國獨立運動』, 단국대 출판부, 1978.

洪善熹, 『趙素昻思想－三均主義의 定立과 理論體系』, 태극출판사, 1975.

황묘희, 『重慶 大韓民國臨時政府史』, 경인문화사, 2002.

연구논문

고정휴, 「독립운동기 이승만의 외교노선과 제국주의」, 『역사비평』 1995년 겨울호.

고정휴, 「세칭 한성정부의 조직주체와 선포경위에 대한 검토」, 『한국사연구』 97, 1997.

權寧建, 「趙素昻의 三均主義論」, 한양대 대학원 박사학위논문, 1985.

金榮範, 「朝鮮義勇隊硏究」, 『한국독립운동사연구』 2, 1988.

김용달, 「대한민국임시정부의 국내특파원」, 『대한민국임시정부수립80주년기념논문집』 상, 1999.

김용달, 「도산 안창호와 국내 특파원」, 『도산사상연구』 6, 2000.

김용달, 「韓族勞動黨의 조직과 활동」, 『한국독립운동사연구』 17, 2001.

김용달, 「海公申翼熙의 家學과 민족교육운동」, 『한국근현대사연구』 22, 2002.

김용달, 「안창호와 박은식의 민족운동론」, 『도산학연구』 9, 2003.

金昌洙, 「한국민족독립운동사에서의 朴殷植의 位相」, 『한국민족운동사연구』 10, 1994.

金喜坤, 「韓國唯一獨立黨促成會에 대한 일고찰」, 『韓國學報』 33, 1983.

金喜坤, 「상해시대 백범 김구의 독립운동」, 『오세창교수화갑기념 한국근현대사논총』, 1995.

金喜坤, 「대한민국임시정부와 중국관내지역 독립운동」, 『대한민국임시정부수립80주년기념논문집』 상, 1999.

朴杰淳, 「대한민국임시정부의 역사서 편찬」, 『대한민국임시정부수립80주년기념논문집』 하, 1999.

박만규, 「초기 임시정부의 체제정비와 안창호」, 『도산사상연구』 4, 1997.

박민영, 「대한민국임시정부의 연통제 시행과 운영」, 『대한민국임시정부수립80주년기념논문집』상, 1999.

박민영, 「도산 안창호와 임시정부 연통제」, 『도산사상연구』6, 2000.

박민영, 「한국광복군 印緬戰區工作隊 연구」, 『한국독립운동사연구』33, 2009.

박진희, 「해방 직후 정치공작대의 조직과 활동」, 『역사와 현실』21, 1996.

반병률, 「대한국민의회의 성립과 조직」, 『한국학보』46, 1987.

반병률, 「대한국민의회와 상해임시정부의 통합정부 수립운동」, 『한국민족운동사연구』 2, 1988.

반병률, 「안창호와 통합 상해 임정의 수립」, 『도산사상연구』5, 1998.

裵京漢, 「中國亡命시기 朴殷植의 언론활동과 중국인식」, 『동방학지』121, 2003.

徐仁漢, 「大韓帝國 軍事制度 研究」, 국민대 대학원 박사학위논문, 1996.

孫世一, 「大韓民國臨時政府의 政治指導體系」, 『3·1운동50주년기념논집』, 1969.

신복룡, 「대한민국임시정부와 金九」, 『韓國史論』10, 1981.

신용하, 「백범 김구와 한국노병회」, 『백범연구』4, 1989.

신용하, 「백범 김구와 한인애국단의 독립운동」, 『조동걸선생정년기념논총 한국민족운 동사연구』, 1997.

안병욱, 「대한민국임시정부와 안창호」, 『韓國史論』10, 1981.

廉仁鎬, 「해방후 韓國獨立黨의 중국관내지방에서의 광복군 擴軍運動」, 『역사문제연 구』창간호, 1996.

廉仁鎬, 「1940년대 재중국 한인 좌파의 임시정부 참여」, 『대한민국임시정부수립80주 년기념논문집』하, 1999.

이현주, 「3·1운동 직후 국민대회와 임시정부 수립운동」, 『한국근현대사연구』6, 1997.

이현주, 「국민대표회의에서의 개조론 연구」, 『도산사상연구』6, 2000.

林在讚, 「舊韓末 陸軍武官學校 研究」, 동아대 대학원 박사학위논문, 1989.

張錫興, 「대한민국임시정부의 환국과 민족대학 설립」, 『충북사학』11·12 합집, 2000.

張錫興, 「해방 직후 상해지역의 한인사회와 귀환」, 『한국근현대사연구』28, 2004.

張世胤, 「韓國獨立軍의 抗日武裝鬪爭研究」, 『한국독립운동사연구』3, 1989.

鄭秉峻, 「朝鮮建國同盟의 조직과 활동」, 『한국사연구』80, 1993.

鄭秉峻, 「남한진주를 전후한 주한미군의 對韓정보와 초기 점령정책」, 『사학연구』51, 1996.

鄭秉峻, 「해방 직전 임시정부의 민족통일전선운동」, 『대한민국임시정부수립80주년기 념논문집』하, 1999.

鄭用大, 「조소앙의 유럽 외교활동 연구」, 『三均主義論選』, 1990.

趙東杰,「臨時政府樹立을 위한 大同團結宣言」,『韓國學論叢』9, 1987.

趙東杰,「海公申翼熙의 臨時政府 活動」,『韓國學論叢』18, 1996.

趙東杰,「대한민국임시정부의 헌법과 이념」,『대한민국임시정부수립80주년기념논문집』상, 1999.

趙凡來,「國民府의 結成과 活動」,『한국독립운동사연구』2, 1988.

趙凡來,「韓國國民黨硏究」,『한국독립운동사연구』4, 1990.

崔起榮,「한말 法官養成所의 운영과 교육」,『한국근현대사연구』16, 2001.

崔起榮,「일제강점기 申采浩의 언론활동」,『韓國史學史學報』3, 2001

崔忠植,「三均主義와 三民主義」,『三均主義論選』, 1990.

한규무,「현순의 인물과 활동」,『국사관논총』40, 1992.

韓相禱,「金九의 한인군관학교 운영과 그 입교생」,『한국사연구』58, 1987.

韓相禱,「金九의 抗日特務組織과 활동」,『한국민족운동사연구』4, 1988.

韓詩俊,「趙素昻硏究−독립운동을 중심으로」,『史學志』18, 1984.

韓詩俊,「上海韓國獨立黨 연구」,『차문섭박사화갑기념 사학논총』, 1989.

韓詩俊,「大韓民國臨時政府의 光復후 民族國家建設論」,『한국독립운동사연구』3, 1989.

韓詩俊,「重慶韓國獨立黨의 성립배경 및 과정」,『윤병석교수화갑기념 한국근대사논총』, 1990.

韓詩俊,「韓國光復軍과 中國軍事委員會와의 관계」,『國史館論叢』47, 1993.

韓詩俊,「중경시대 임시정부와 통일전선운동」,『쟁점한국근현대사』4, 1994.

韓詩俊,「1940년대 전반기 독립운동의 특성」,『한국독립운동사연구』8, 1994.

韓詩俊,「상해의 임시정부 청사 소재지에 관한 고찰」,『한국근현대사연구』4, 1996.

韓詩俊,「獨立運動 政黨과 海公 申翼熙」,『조동걸선생정년기념논총 한국민족운동사연구』, 1997.

韓詩俊,「후기 임시정부의 위상 강화와 金九」,『도산사상연구』4, 1997.

韓詩俊,「이승만과 대한민국임시정부」,『이승만연구』, 연세대 출판부, 2000.

韓詩俊,「대한민국임시정부의 환국」,『한국근현대사연구』25, 2003.

韓哲昊,「대한민국임시정부의 대통령제」,『대한민국임시정부수립80주년기념논문집』상, 1999.

찾아보기

대한민국 임시정부의 **지도자들**

1판 1쇄 2016년 11월 17일
1판 2쇄 2018년 8월 17일

글 쓴 이 한시준
펴 낸 이 주혜숙
책임편집 성미애
디 자 인 오신곤, 박윤희

펴 낸 곳 역사공간
등   록 2003년 7월 22일 제6-510호
주   소 03996 서울특별시 마포구 월드컵로100 4층
전   화 02-725-8806, 070-7825-9900
팩   스 02-725-8801
전자우편 jhs8807@hanmail.net

ISBN   979-11-5707-086-2 03900